IMPRESSÕES DE MINHA ANÁLISE COM WILFRED R. BION

Blucher

IMPRESSÕES DE MINHA ANÁLISE COM WILFRED R. BION

e outros trabalhos

José Américo Junqueira de Mattos

Impressões de minha análise com Wilfred R. Bion e outros trabalhos
© 2018 José Américo Junqueira de Mattos

Imagem da capa: Gustave Doré, *The savoury pulp they chew, and in the rind, Still as they thirsted, scoop the brimming*, 1866, ilustração para a obra *Paradise lost*, de John Milton

1ª reimpressão – 2019

Blucher

Rua Pedroso Alvarenga, 1245, 4º andar
04531-934 – São Paulo – SP – Brasil
Tel.: 55 11 3078-5366
contato@blucher.com.br
www.blucher.com.br

Segundo o Novo Acordo Ortográfico, conforme 5. ed. do *Vocabulário Ortográfico da Língua Portuguesa*, Academia Brasileira de Letras, março de 2009.

É proibida a reprodução total ou parcial por quaisquer meios sem autorização escrita da editora.

Todos os direitos reservados pela Editora Edgard Blücher Ltda.

Dados Internacionais de Catalogação
na Publicação (CIP)
Angélica Ilacqua CRB-8/7057

Mattos, José Américo Junqueira de

Impressões de minha análise com Wilfred R. Bion e outros trabalhos / José Américo Junqueira de Mattos. – São Paulo : Blucher, 2018.

476 p.

ISBN 978-85-212-1330-7 (impresso)

ISBN 978-85-212-1332-1 (e-book)

1. Psicanálise 2. Bion, Wilfred R. (Wilfred Ruprecht), 1897-1979 - Crítica, interpretação etc. I. Título.

18-0763	CDD 150.195

Índice para catálogo sistemático:
1. Psicanálise

Dedico este livro a Dr. Bion,
que foi o ponto de virada (turning point)
em minha vida.

Conteúdo

Prefácio	9
1. Impressões de minha análise com Dr. Bion	19
2. Impressões de minha análise com Dr. Bion: comentários do autor	75
3. Análise concentrada: três décadas de experiência	119
4. A contratransferência e a obra de Bion	153
5. Contratransferência: uma re-visão	189
6. Do soma ao psíquico: em busca do objeto psicanalítico	221
7. Pré-concepção e transferência	267
8. Transferência e contratransferência como fatores da transiência	313
9. Anorexia nervosa: um novo paradigma para as perversões	357

8 CONTEÚDO

10. Dos distúrbios obsessivo-compulsivos às relações
continente-conteúdo   391

11. Tomar notas e o uso de memória e desejo   425

12. Os cinco últimos quartetos de Beethoven   459

13. O *Amadeus* de Miloš Forman: um olhar psicanalítico   471

Prefácio

Já era tempo de dispormos de uma coleção dos trabalhos psicanalíticos de José Américo Junqueira de Mattos. Mesmo trazendo apenas uma parte de seus artigos, os textos escolhidos para este livro fornecem uma visão de seu pensamento e da importância de sua contribuição à psicanálise. Dessa maneira, Dr. Junqueira (como é habitualmente referido por seus muitos analisandos e supervisionandos) está mais uma vez colaborando para a continuidade do desenvolvimento da psicanálise entre nós.

Nesta coletânea de treze de seus trabalhos, temos uma visão panorâmica de suas contribuições. São todos (com exceção de dois) trabalhos publicados inicialmente em português, sendo que a maioria já foi traduzida para o inglês e alguns para o espanhol. Vários deles foram apresentados em congressos internacionais.

Nos artigos, podemos destacar diversas dimensões e acompanhar ricos registros históricos das passagens de Bion pelo Brasil, transcritas, traduzidas e editadas por Junqueira (as *Entrevistas* 1 e 2, de 1973). De modo ainda mais significativo, pelos depoimentos

10   PREFÁCIO

e pelas reflexões de Junqueira sobre sua análise com Bion ("Impressões de minha análise com Dr. Bion", de 1980, e "Impressões de minha análise com Dr. Bion: comentários do autor", de 1983), podemos ter vislumbres de como o psicanalista trabalhava na clínica. Pessoalmente, avalio que esses dois trabalhos são germinais, registros originais e raridades históricas do trabalho clínico de Bion. Sua importância pode ser avaliada pelo fato de constituírem os únicos depoimentos conhecidos de um analisando de Bion sobre a experiência analítica que com ele teve em seus últimos anos de vida (1976-1979), período em que o psicanalista passou a interessar-se de maneira decidida na presença de sinais na personalidade de uma vida mental primordial, pré-natal.

Ainda nessa perspectiva histórica, podemos destacar o trabalho sobre análises concentradas ("Análise concentrada: três décadas de experiência", de 1995). Para os que hoje se beneficiam da possibilidade de concentrar as sessões em dois ou três dias da semana, esse trabalho surge como uma lembrança de um momento específico do movimento psicanalítico no Brasil, que evoluiu para uma controvérsia com a International Psychoanalytical Association (IPA) em torno da validade da concentração de sessões na formação analítica. Essa forma de análise, que foi um instrumento essencial para a difusão da psicanálise no Brasil, nas décadas de 1960 a 1980, teve em Junqueira, possivelmente, o seu mais importante defensor entre nós. Esse trabalho, inclusive, foi decisivo nas nossas argumentações sobre a legitimidade dessa forma de análise.

Passando agora para os artigos teórico-clínicos, podemos ter acesso a três ordens de trabalho: (1) textos dirigidos ao exame de questões técnicas advindas das compreensões decorrentes da teoria do pensamento de Bion; (2) artigos reveladores de como o pensamento clínico de Bion passou a demandar mudanças de referenciais, com a adesão dos analistas a essa forma de trabalhar; e (3) um

JOSÉ AMÉRICO JUNQUEIRA DE MATTOS   11

trabalho sobre a maneira como o analista pensa sua condição no desempenho da função analítica, aproximando o pensamento de Bion que caracterizou a parte final de suas contribuições.[1]

Sobre a forma de pensar a técnica de trabalho clínico, temos cinco textos nesta coletânea: "A contratransferência e a obra de Bion" (1992); "Contratransferência: uma re-visão" (1994); "Do soma ao psíquico: em busca do objeto psicanalítico" (1994); "Pré--concepção e transferência" (1995); e "Transferência e contratransferência como fatores da transiência" (2001). Percebem-se neles os esforços para o transitar das concepções clássicas de transferência e de contratransferência para ideias que privilegiem as contribuições de Bion de experiência emocional, de relação e situação analítica, de destacamento das funções do pensar, de priorização do crescimento mental.

Esses trabalhos oferecem elementos sobre os esforços envidados por Junqueira para demonstrar o valor teórico-clínico dessas ideias e, assim, ajudar os colegas noviços a alcançar a importância dessas mudanças. Por exemplo, no trabalho "Do soma ao psíquico: em busca do objeto psicanalítico", o autor aproxima o conceito de Freud de instintos ao de Bion de pré-concepção e ilustra suas superposições e diferenças.

Já no texto "Pré-concepção e transferência", Junqueira discrimina os conceitos de transferência como repetição do passado e de transferência como meio de surgimento de pré-concepções. Propõe ser importante essa distinção e sugere usarmos a palavra *misconceptiva* para a forma de transferência como repetição do passado e o termo *pré-conceptiva* para aquilo que surge nos momentos de elaboração da experiência emocional na sessão. Como corolário, também a distinção entre inconsciente inato e dinâmico:

---

1 Bion, W. R. (1967). Notes on memory and desire. *The Psychoanalytic Forum*, *2*(3).

12 PREFÁCIO

"o inconsciente inato, formado das pré-concepções, é herdado, enquanto o inconsciente dinâmico, que é estruturado com base na 'repressão primária', é adquirido" (p. 268).

No artigo "Transferência e contratransferência como fatores da transiência", o autor continua a elaboração da ideia de que, na transferência, o que acontece é sempre novo; entende que são padrões inatos que buscam realização. Ele parte de uma busca na clínica por uma aproximação com a verdade última.

Quanto às mudanças de referenciais no trabalho clínico, podemos acompanhar a passagem do enfoque nos sintomas como sinais de uma psicopatologia para uma visão que aborda sinais de dificuldades de desenvolvimento das funções do pensar. Vamos encontrar dois textos ilustrativos dessas novas compreensões da prática clínica: "Anorexia nervosa: um novo paradigma para as perversões" (1998) e "Dos distúrbios obsessivo-compulsivos às relações continente-conteúdo" (1999). Esses trabalhos se integram com os mesmos esforços de elaboração dessa nova forma de pensar que identificamos nos textos citados sobre técnica.

Já as mudanças em como o analista pensa a sua própria condição na sala de sessão estão bem elaboradas no trabalho "Tomar notas e o uso de memória e desejo" (1977). Nesse texto, vale a pena destacar a postura de atenção de Junqueira a outra inflexão no pensamento de Bion – agora parte de suas propostas de buscar um contato direto com a realidade psíquica –, para além das teorias do conhecimento de 1962-1965. Penso tratar-se, entre nós, de um trabalho pioneiro sobre um tema com o qual ainda hoje temos dificuldades.

Há, porém, dois trabalhos inéditos, que não se encaixam nas categorizações mencionadas: "Os cinco últimos quartetos de Beethoven" (1979) e "O *Amadeus* de Miloš Forman: um olhar psicanalítico" (2017). Coincidentemente, o primeiro é cronologicamente anterior a todos os outros, e o segundo, posterior. Esses dois trabalhos oferecem um contraponto estético ao olhar essencialmente psicanalítico dos outros trabalhos: a presença de uma das paixões de Junqueira, a música.

"Os cinco últimos quartetos de Beethoven" revela uma profunda aproximação com as formulações de Bion após 1965. Embora nos trabalhos de Junqueira esse texto seja cronologicamente anterior aos outros aqui publicados, é posterior em termos da cronologia da evolução do pensamento psicanalítico de Bion, pois nos aproxima das concepções que caracterizam a segunda revolução no pensamento psicanalítico trazida por Bion (considerando-se a primeira revolução a sua teoria do conhecimento de 1962). Nesse curto, e despretensioso, trabalho, Junqueira põe o dedo no cerne do, ainda hoje, futuro da psicanálise, isto é, a proposta de uma psicanálise se constituir em uma experiência que aproxima o indivíduo do âmago de si mesmo, de potencialidades germinais de um *self* a um só tempo inato e impossível de conhecer, mas, no entanto, podendo *ser sido*. Nessa perspectiva, é o texto de Junqueira analiticamente mais seminal, de uma clara importância psicanalítica. Essa importância é ampliada pelos adendos recentemente acrescentados pelo autor, em que ganha destaque a abordagem psicanalítica da experiência criativa pela vertente das transformações em *sendo a realidade*, assim como o papel da intuição como ferramenta comum à criatividade mostrada por cientistas, artistas e psicanalistas.

Já "O *Amadeus* de Miloš Forman: um olhar psicanalítico" é um projeto há muito idealizado e que ganhou forma somente agora, com a perspectiva de publicação desta coletânea. De maneira simples e precisa, Junqueira entrelaça informações históricas sobre Mozart a elementos oferecidos pelo filme de Miloš Forman, *Amadeus*. Além de proporcionar essa contraposição,

14 PREFÁCIO

surgem observações profundas de qualidade psicanalítica, apontando a dinâmica da inveja maligna, como a desenvolvida por John Milton em *Paraíso perdido*: "incapaz de derrotar o criador, volta-se contra a criatura" (p. 471).

Posso também identificar outros méritos no conjunto de trabalhos aqui reunidos: os artigos selecionados não só nos trazem valiosas observações, que continuam úteis hoje para reflexões sobre o trabalho clínico do analista, como também nos oferecem importantes elementos para uma aproximação mais afinada do pensamento de Bion.

Oferecem, ainda, elementos para formar uma visão evolutiva do pensamento psicanalítico entre nós desde a década de 1980, período em que passamos de um pensamento psicanalítico fortemente calcado nas ideias de Melanie Klein, para uma forma de pensar a psicanálise com preponderância no pensamento de Bion. Essa mudança pode ser vista ganhando força após as visitas de Bion ao Brasil, em 1973, 1974, 1975 e 1978, o que também coincide com os períodos de análise de Junqueira com ele (1977-1979). Neles, é possível ter vislumbres de como a influência do pensamento de Bion entre nós foi surgindo, tanto na prática clínica como nos referenciais teóricos. Pessoalmente, vivi plenamente esse período de transição e as perplexidades que acompanhavam o embate com essa diversidade de referenciais. Tive o privilégio, como muitos outros contemporâneos, de poder ter contado com os trabalhos de Junqueira e de, assim, ter um intermediário com o pensamento de Bion, tornando mais assimiláveis essas novas ideias.

Em nossa história psicanalítica, Junqueira desempenhou um importante papel de referência para o novo que surgia. Para um grupo significativo de interessados no pensamento de Bion, a atenção por suas ideias vem se deslocando mais decididamente dos limites da teoria do conhecimento (contribuições entre 1962 e 1965) para os movimentos mentais propiciadores de um contato direto com a realidade psíquica (contribuições após 1965). Isso traz a constatação de estarmos, no momento presente, mais uma vez em uma transição, na qual fica importante mantermos viva a compreensão das primeiras contribuições de Bion, já que as ideias surgidas a partir dos últimos capítulos de "Transformations"[2] (1965) não tornam obsoletas as anteriores, mas oferecem a visão de o analista estar operando, simultaneamente, em ambas as dimensões (do *conhecer* e do *ser*), em um sistema de mão dupla. A busca por estarmos em uníssono com a realidade complementa as compreensões que advêm de explicações sobre o funcionamento e as disfunções das nossas operações psíquicas no âmbito do conhecer.

Ainda com relação a essa nova mudança, outra contribuição de Junqueira tem a ver com os indícios, nos seminários e nas supervisões de Bion, de que tenha, no período de 1976 a 1979, modificado a maneira de se colocar na situação analítica, adotando o que Rudi Vermote chamou de "atitude socrática, de investigação",[3] modificando a ênfase na busca inalcançável da realidade. Essa ideia ganha apoio nas descrições da experiência de Junqueira em sua análise com Bion. Contrastando com a visão de um "Bion kleiniano" que outras descrições de ex-analisandos de Bion oferecem, como as de James Grotstein (2002)[4] e James Gooch (2002, 2011),[5] de suas análises nos anos iniciais de sua estadia na Califórnia, Estados Unidos (mudou-se para lá em 1968). Essa postura "socrática", que busca "parir" o conhecimento pré-concebido, e sua diferença da atitude de privilegiar decididamente a busca de contato direto com a

---

2 Bion, W. R. (1977). Transformations. In *Seven servants: four works by Wilfred R. Bion*. New York: Jason Aronson. (Publicado originalmente em 1965.)
3 Vermote, R. (2011). Resposta de Rudi Vermote a David Taylor. *Livro anual de psicanálise, 27*(1), 63.
4 Citado por Vermote, R. *Era Bion um kleiniano?* Palestra na SBPSP em 28/10/16.
5 *Op. cit.*

16 PREFÁCIO

realidade psíquica fica bem ilustrada nos momentos em que Junqueira descreve passagens de sua análise com Dr. Bion.[6] Nas descrições de Junqueira, Bion é como um companheiro em uma conversa íntima, pessoal e elaborativa, enquanto aguarda o surgimento de uma aproximação na experiência emocional compartilhada, para emitir uma intervenção que aproxime o indivíduo de sua realidade psíquica. Veja, por exemplo, a descrição de Junqueira sobre como experimentava as interpretações de Bion:

> *Suas interpretações nunca tiveram um sentido de crítica ou possuíram um caráter moralista. Ou seja, não eram produtos do desejo... Embora eu não saiba explicar, porque objetivamente ele não fazia nada para me agradar, só (?) interpretava, eu sentia nele um continente amorável, sábio e generoso...*
>
> *Embora suas interpretações fossem, quase sempre, dirigidas para o aqui e agora da relação transferencial, eram, outras vezes, um prelúdio para "construções" de uma abrangência até cosmológica. É assim que elas, iluminando o assunto tratado, situavam-me no tempo, no universo, na história da raça, sentindo as relações existentes entre as incontáveis gerações e culturas que nos antecederam e que nos seguirão... (p. 45)*

A penetração de ideias novas acontece em "doses homeopáticas", tanto no grupo como no indivíduo, embora alguns de seus membros possam aceitá-las com maior facilidade – aqueles mais dotados de confiança em sua capacidade de paixão pela verdade

---

6 *Impressões de minha análise com Dr. Bion* (1980) e *Minha análise com Dr. Bion: impressões – comentários do autor* (1983).

(a "função mística", nas palavras de Antonio Sapienza).[7] Podemos conjecturar que é esse o gérmen presente em Junqueira que reencontramos nestes seus trabalhos psicanalíticos, frutos diretos de sua decisão pessoal de suspender seu consultório e ir buscar análise com Dr. Bion, em 1977. Hoje, quarenta anos depois, ainda estamos buscando integrar o que quase meio século atrás ele já enxergara!

É, de fato, um longo caminho para todos nós o percorrido desde a década de 1960 até hoje. E Junqueira, mais uma vez, nos ajuda a continuar esse percurso.

João Carlos Braga

Membro efetivo e analista didata da Sociedade Brasileira de Psicanálise de São Paulo (SBPSP) e do Grupo Psicanalítico de Curitiba (GPC)

---

7 Sapienza, A. (2010). Destinos dos místicos e de suas obras. *Berggasse 19, 1*(1).

1. Impressões de minha análise com Dr. Bion[1]

Essas ideias, que ouvimos no curso de análise, foram em uma época interpretações, mas agora são associações. Estamos tratando uma série de camadas que foram epidermes ou conscientes, mas agora são associações livres.

Wilfred R. Bion, *Two papers: the grid and caesura*, 1977/1989, p. 47 (tradução livre)

Introdução

Um dia, passeando pelo Kenwood Park, em Londres, uma semana antes do término de minha análise com Dr. Bion, eu meditava sobre a interpretação em psicanálise, quando, após uma depressão no terreno, deparei com uma imensa, frondosa e acolhedora árvore, cujos galhos – braços enormes a saudar e a brincar com a brisa fria de outono – convidavam a entreter na memória

---

1 Uma versão anterior deste texto foi publicada em Junqueira de Mattos (2016). Todas as traduções dos textos originalmente em inglês foram feitas pelo autor.

20 IMPRESSÕES DE MINHA ANÁLISE COM DR. BION

lembranças há um tempo caras e doridas... Surpreendi-me com a singular semelhança dela com as árvores de minha terra, de minha infância...

E esse vento? Não lembrava os ventos frios de julho lá na Fazenda Melancias, a trazer o mugido triste do gado que, sequioso e mudo, seguia trilha adiante em busca de capim ou de uma fonte?

Na análise, relatei ao Dr. Bion as emoções provocadas e as reminiscências evocadas no passeio pelo bosque, destacando as semelhanças e diferenças entre a vegetação da Inglaterra e do Brasil. Em seguida, falei sobre o desejo que sentia de escrever um artigo sobre interpretação em psicanálise. Porém, como poderia escrever se, na verdade, o que eu estaria fazendo seria repetir o que eu havia aprendido com ele? Não seria algo original, mas sim uma cópia. Dr. Bion interpretou dizendo: "Assim como a árvore lembra as de sua infância, mas não é a mesma, o que escrever também não será exatamente o mesmo...".

O que relato aqui não é a mesma coisa, não é igual ao que se passou lá no consultório dele. Um dia foram interpretações, hoje são associações...[2]

Entretanto, a lembrança do que ele disse, que eu reproduzo aqui, encorajou-me a aceitar o convite do Dr. Cecil José Rezze – que, na época, era o presidente da Sociedade Brasileira de Psicanálise de São Paulo (SBPSP) – para escrever sobre o tema por ele sugerido: a minha experiência de análise com o Dr. Bion.

Naquela época, assim como agora, selecionei entre minhas reminiscências não só os temas que tiveram importância para mim

---

2 O registro de uma experiência analítica após a sessão e sua lembrança passados muitos anos é tratado de modo muito criativo e interessante por Bion em "Comentários", parte da obra *Second thoughts* (1967).

como também, principalmente, os que, no meu sentir, poderiam ser úteis para outrem.

Não me ative a um assunto só. Cada tópico tem um título e é desenvolvido *per se*, de forma condensada. Isso exige algum conhecimento prévio de suas ideias, para um entendimento mais amplo.

Procurei sempre trazer partes de alguma sessão. Assim, posso mostrar como os assuntos aqui relatados foram por mim captados no trabalho com Bion. Penso que esta é a melhor e a mais viva maneira de transmitir, hoje, alguma coisa do que foi essa minha experiência de análise.

Estive em análise com Dr. Bion de 2 de setembro de 1977 até 10 de novembro do mesmo ano, uma semana em maio de 1978, quando de sua última visita ao Brasil e, depois, de 4 de setembro de 1978 até 5 de outubro de 1979, isto é, um mês antes de seu falecimento. Neste último período, não houve férias na análise, o que me levou, a meu pedido, a ter análise durante as férias dele, de março a abril de 1979, em Londres, Inglaterra, e Saint-Cyprien, na França, e, posteriormente, após seu regresso para a Inglaterra, em setembro de 1979. Até outubro de 1978, fiz cinco sessões semanais. Depois, a meu pedido, Dr. Bion arrumou-me mais uma, ficando com seis sessões, sendo uma dupla, de cem minutos, às segundas-feiras. Toda a análise foi feita em inglês.

Sobre a pré-concepção: um conteúdo em busca de um continente

Quando fui pela primeira vez a Los Angeles, Estados Unidos, estava inseguro. Temia que o anseio, há muito acalentado, da análise com o Dr. Bion fosse produto de minha voracidade ou, quiçá, da idealização de sua pessoa... Não havia, perguntava a mim mesmo, esgotado as minhas possibilidades de desenvolvimento em minhas análises anteriores? Por outro lado, como fazer análise em inglês, idioma que eu ainda não dominava? Dr. Bion entenderia o meu inglês amineirado? No entanto, essas dúvidas eram muito menores que um sentir intimamente forte de que ele poderia ajudar-me. Bem, cheio de angustiantes incertezas *contidas* pela certeza nascida não sei de onde, talvez da esperança, em um dia no início da primavera, em setembro, parti...

Ao me deitar no divã, na primeira sessão, disse a ele que eu não sabia por que, mas achava que ele poderia me entender e me ajudar. Ao que Dr. Bion observou o seguinte: "Se o senhor soubesse o porquê, não estaria aqui, não teria perdido seu tempo em vir. Exatamente porque o senhor não sabe, veio". Em seguida, falei-lhe que o meu desejo de análise com ele despertou quando, em uma de suas conferências, na primeira vez em que veio ao Brasil, falou de *Paraíso perdido*, de John Milton. Contei-lhe que, de *Paraíso perdido*, o papai tinha uma edição toda ilustrada por Gustave Doré e que eu me lembrava de folheá-lo ainda quando criança. Ao que Dr. Bion interpretou dizendo mais ou menos o seguinte: "O senhor sente que fala uma língua que eu entendo. Mas, que língua é essa? Inglês? Português? Ou a língua de Milton?".

Falei-lhe que sentia que ele poderia me ajudar e era esse sentimento que, irresistivelmente, me pressionara a procurá-lo.[3] Ao que disse: "O que sentimos é uma das poucas coisas das quais podemos ter certeza. O problema é que nem sempre se presta atenção ou se respeita o que se sente".

Ainda na mesma semana dessa sessão, enquanto dirigia o carro a caminho de seu consultório, ouvia o rádio. Era um noticiário que

---

3 Em inglês, "*to feel or to have a feeling*" [sentir ou ter um sentimento] tem uma conotação mais forte que em português, expressando mais um conhecimento intuitivo.

falava a respeito da seca na Califórnia, ressaltando a possibilidade de ocorrer um racionamento de água no futuro, caso não chovesse. Ao deitar-me no divã, falei a Dr. Bion desse noticiário. Aí, lembrei-me do cajueiro-do-campo, um arbusto que grassa, contei-lhe, no Cerrado do Brasil central. Sua raiz principal tem a peculiaridade de, ao penetrar vários metros de terra, ir buscar a água nas camadas mais profundas. Dr. Bion observou mais ou menos o seguinte: "Assim como essa árvore sabe, por um hidrotropismo singular, encontrar a água, tão importante para a sua sobrevivência, o senhor também, por uma qualidade que o senhor não sabe explicar, sente que soube me procurar e encontrar".

Nesses dias, houve uma sessão em que me lembrei de um poema de Castro Alves, que memorizei quando tinha, provavelmente, uns 13 anos. Ele sempre me comoveu, sem que eu soubesse, até então, o porquê. Encontra-se no início das *Espumas Flutuantes*. Quando ele surgiu em minhas associações, tentei traduzi-lo para o inglês, Dr. Bion pediu-me que o declamasse em português e que depois o traduzisse, como pudesse. É assim:

Dedicatória

A pomba d'aliança o vôo espraia

Na superfície azul do mar imenso,

Rente... rente da espuma já desmaia

Medindo a curva do horizonte extenso...

Mas um disco se avista ao longe... A praia

Rasga nitente o nevoeiro denso!...

O pouso! ó monte! ó ramo de oliveira!

Ninho amigo da pomba forasteira!...

> *Assim, meu pobre livro as asas larga*
>
> *Neste oceano sem fim, sombrio, eterno...*
>
> *O mar atira-lhe a saliva amarga,*
>
> *O céu lhe atira o temporal de inverno...*
>
> *O triste verga à tão pesada carga!*
>
> *Quem abre ao triste um coração paterno?...*
>
> *É tão bom ter por árvore – uns carinhos!*
>
> *É tão bom uns afetos – fazer ninhos!*
>
> *(Alves, n.d.)*

Dr. Bion disse mais ou menos o seguinte: "Assim como o autor da poesia buscava um leitor que lesse o seu livro, o senhor espera que eu possa também 'ler' o senhor e lhe revelar o que o senhor não pode ler e saber a seu respeito". E prosseguiu:

> *Assim como a pomba, o senhor alçou vôo, cruzou o oceano, em busca de um ramo, o ramo da esperança; com a esperança, com a expectativa de que houvesse alguém que correspondesse ao seu anseio de ser entendido, para entender-se. Ela existiu sempre... Antes não tinha um nome, mas agora o senhor pode chamar de psicanálise aqui comigo.*

Profundamente emocionado, recordei-me de uma litogravura, de Caulas, intitulada *O deserto*, que arrematei em um leilão de arte. Essa gravura mostra um pássaro voando sobre uma mata devastada; e voando pensava em uma árvore para pousar. O pintor retrata isso à maneira de desenhos em quadrinhos, em que os diálogos

– aí uma árvore íntegra – são colocados em retângulos. No leilão fui imediatamente atraído pelo quadro e o arrematei *incontinenti*.

Hoje, quando olho para ele, ali pendurado na sala de minha casa, sinto uma saudade profundamente terna do Dr. Bion... De sua figura sábia e generosa, a quem tanto devo...

Sobre a interpretação

> *Qual, entre todas as interpretações corretas, nós escolheremos para formular? A liberdade do analista, embora grande, pode ser vista como sendo limitada a um único domínio, a necessidade de ser verdadeiro, dar uma interpretação que é verdadeira. Se o analisando é sincero em seu desejo de tratamento, ele, da mesma forma, é limitado; suas associações livres devem ser tão próximas daquilo que ele considera ser a verdade quanto ele pode obter.*
>
> Wilfred R. Bion, *Two papers: the grid and caesura*, 1977/1989, p. 43 (tradução livre)

A interpretação é o fator essencial que emerge, de um lado, das associações do analisando que, buscando um sentido profundo, revelador, encontra, de outro lado, na *atenção flutuante* do analista um estado mental propício para apreendê-las, revelá-las... Do interjogo dinâmico desse binômio, eis que a interpretação surge a catalisar ideias e emoções, dando coerência ao que antes estava vago, disperso... (Poincaré citado por Bion, 1962/1977a). É o inconsciente a se tornar consciente... É o desconhecido que assusta ao se transformar no conhecido que liberta, abrindo o caminho para novas expansões, para o mais além, para o incognoscível...

Novas associações surgem imprecisas, angustiosas... A intuição se liberta das peias turvas opacificadas, da memória e do desejo, a ideia é captada... Outra interpretação se vislumbra, é comunicada... Eis que tudo novamente se transforma nesta forja dinâmica conteúdo-continente. Assim, de indagação em indagação, nessa turbulência criadora, duas mentes, analista-analisando, agitam-se, preparando-se para novas buscas, novas des-cobertas e novos des-conhecidos... É o trabalho incessante da análise em busca da síntese unificadora...

Sendo a interpretação elemento assim tão primordial, como avaliá-la? Como comprovar seu acerto ou desacerto? Sua precisão ou imprecisão? Se na análise lidamos com fatores que são funções de duas personalidades a emergir deste cadinho continente-conteúdo, é aí que devemos encontrar uma resposta.

Algo que notei desde o início de minha análise foi a atenção e a importância que Dr. Bion dava, levando a sério, a tudo o que eu dizia. (Isso pode parecer o óbvio ululante, no entanto, aprendi com ele que o óbvio não é assim tão fácil de ser visto. Aliás, penso até que é muito difícil. Sem exagero, diria que a minha análise com ele foi, em grande parte, a conscientização do óbvio.)

Lembro-me de que um dia, após várias associações que fiz, fiquei em silêncio. Então Dr. Bion me disse que ele não via nenhum sentido naquilo que lhe falei e perguntou-me o que eu achava do que havia dito. Respondi-lhe, depois de alguma reflexão, que não achava nada e que certamente o que eu havia dito não tinha importância. Aí ele falou algo que nunca mais esqueci: "Se o senhor acha que o que diz não tem importância, por que diz então? Ou será então que o senhor é tão rico em tempo e dinheiro para vir aqui e dizer coisas fúteis, sem importância?".

Percebi que, nas minhas associações, eu trazia parte de algo que sabia e parte que eu ignorava. Sua função era mostrar a mim o que eu ignorava. Com isso, percebi claramente – novamente o óbvio – que eu só retirava da análise aquilo que eu colocava. Passei a sentir a responsabilidade de tudo o que eu verbalizava e de dizer tudo o que associava... À medida que a análise se expandia, minha ligação com Dr. Bion se fortalecia...

Todo silêncio maior que, porventura, eu tive, ele sempre, sempre, em cem por cento das vezes, interpretou como uma dificuldade minha em ser sincero, espontâneo, dizer o que pensava...

Sentia nele integridade, retidão e honestidade a toda prova. Ele não tinha nenhum escrúpulo em interpretar o que sentia, sem medo de errar. Logo aprendi – outra vez o óbvio – que ele queria dizer exatamente o que dizia. *"I mean what I say and I say what I mean"*,[4] disse-me ele um dia, penso, parafraseando William Shakespeare.

Lembro-me de que eu entendia como erradas algumas observações e interpretações que ele fazia. Ao lhe dizer que eu não sentia que era verdadeiro o que ele havia dito, ou que não correspondia ao que eu sentia no momento, ou ele se calava ou dizia mais ou menos o seguinte: "Eu penso que minha observação é correta. O senhor diz que não. Respeito a sua opinião. Quem sabe se no futuro podemos esclarecer esse impasse". Percebia que Dr. Bion não tinha o menor desejo de polemizar comigo e que se, por um lado, ele respeitava minha opinião, por outro, eu também sentia que ele não havia feito uma interpretação sem estar baseado em algo que havia percebido durante a sessão. Desde logo, aprendi a valorizar e respeitar muito o que ele interpretava, pois, frequentemente, o futuro confirmava a veracidade das interpretações por mim questionadas.

Recordo-me de que algumas vezes, logo após eu *não* concordar com uma de suas interpretações, eu trazia uma associação que era assim interpretada: "O senhor aparentemente não concordou com

---

4 Tradução: "Quero dizer o que digo e digo o que quero dizer".

o que eu disse. Preste atenção no que acaba de dizer. Parece-me que confirma minha observação anterior". Com isso dava-me a oportunidade de confrontar o que achava que estava sentindo ou pensando, com o que realmente a última associação mostrava que sentia ou pensava. Dando-me a oportunidade de comparar as duas; isto é, uma visão bi-ocular entre meu consciente e inconsciente.

Algumas vezes, após Dr. Bion ter feito uma interpretação que eu achei errada, não correspondendo ao que eu sentia, ele me dizia algo extremamente sábio e curioso:

> *O senhor poderá agora tirar bom proveito de uma interpretação ruim, porque poderá comparar o que eu digo que o senhor é, sente ou pensa com o que realmente o senhor julgar ser, sente ou pensa. Com isso, essa interpretação não esclarecerá de fato quem o senhor é, sente ou pensa. Porém, poderá ter a certeza e a vantagem de saber que aquilo que estou dizendo que o senhor é, sente ou pensa o senhor não é, não sente e não pensa. E assim, por um caminho, ainda que tortuoso e indireto, se aproximar daquilo que o senhor verdadeiramente é, sente ou pensa.*

Após certas interpretações, eu trazia uma associação, que era assim interpretada: "O que o senhor acaba de dizer confirma minha observação anterior. Com isso, o senhor me mostra que eu estou no caminho certo". Ele percebia que minhas reações, verbais ou não, a suas interpretações eram de fundamental importância para confirmar ou negar a veracidade delas, norteando-o se estava ou não no caminho verdadeiro. (Elas serviam para: *"to keep me in the right track"*,[5] como frequentemente ele dizia).

---

5 Tradução: "manter-me no caminho certo".

Se associarmos o que Dr. Bion disse, citando Kant (1989): "*Intuition without a concept is blind, concept without intuition is empty*" [Intuição sem conceito é cega, conceito sem intuição é vazio], em referência aos versos 51 a 55 de Milton, na introdução do "Livro III" de *Paraíso perdido*:

> *So much the rather thou Celestial light*
>
> *Shine inward, and the mind through all her powers*
>
> *Irradiate, there plant eyes all mist from thence*
>
> *Purge and disperse, that I may see and tell*
>
> *Of things invisible to mortal sight.*
>
> *(Milton, 1894)*

Uma possível tradução é

> *Brilha, pois, ainda mais interiormente, ó Luz Celestial.*
>
> *E que a minha mente, através de todos os seus poderes,*
>
> *Irradie, plante ali olhos, limpa e dispersa deles, toda*
>
> *A névoa, para que eu possa ver e revelar.*
>
> *Coisas invisíveis para o olhar mortal.*

Podemos entender que o genial poeta, sentindo ser continente para essa luz-intuição, colocava-se em um estado de mente adequado para "ver" o conteúdo e revelá-lo àqueles que não tinham possibilidades de "ver" sozinhos.

A função do analista, então, seria, despojando-se de memória e desejo, tentando ainda "cegar-se artificialmente" (Freud citado por Bion, 1977/1989, p. 58) para ver interiormente (*inward-insight*), colocar-se em um estado de mente propício para *transformar* em conceito o que a intuição do paciente está lhe apresentando.

Sobre o sentimento de dependência e solidão do ser humano

Na primeira vez que fui a Los Angeles, fui só. Nos primeiros dias, estranhei tudo: a língua, os alimentos, o ambiente físico, a cultura etc. Houve um dia em que, estando muito triste, comecei a chorar durante a sessão, enquanto falava da estranheza que sentia em tudo, destacando particularmente a língua. A dificuldade que sentia de me expressar em inglês. Ao me ouvir, as pessoas pediam para que eu repetisse. Eu admirava, dizia a ele, que ali fosse diferente, não havia dificuldade na comunicação, ele me entendia... E interpretou mais ou menos o seguinte:

> *O senhor se sente em um mundo estranho, incompreensível; e, como não sabe como se expressar, o senhor chora. O choro é a língua que o senhor conhece neste instante, para se comunicar. Por outro lado, neste universo estranho, incompreensível, o senhor sente que alguém o entende e que entende seu choro, neste momento este alguém sou eu. Houve um tempo, porém, quando o senhor nasceu, em que deve ter sentido pela primeira vez este mundo estranho, incompreensível... e dependia de alguém, naquela época (sua mãe), que entendesse o que a sua língua ou o seu choro diziam.*

E prosseguiu:

O senhor parece ter tido a experiência de ter encontra-
do alguém que o entendia e, ao mesmo tempo, de quem
o senhor era dependente. Hoje, o senhor não é mais
criança... No entanto, o sentimento de que o senhor é
só e ao mesmo tempo dependente continua... (You feel
that you are dependent and all alone*)*.

Não me recordo se foi nessa mesma sessão ou em outra posterior que, após o Dr. Bion interpretar que eu era dependente e só, lembrei-me de um quadro de Picasso: *A família de saltimbancos.*[6]

Falei-lhe dos sentimentos que essa obra me despertava. Disselhe que as figuras pintadas me impressionavam não só pela solidão e por uma tristeza profundamente terna que delas emanavam, mas também, e principalmente, pelo fato de não se comunicarem. Dr. Bion disse mais ou menos o seguinte: "Um artista genial como Picasso pode pintar algo que mostra não só um sentimento dele ou neste momento seu, mas que é característico do ser humano em geral".

Num instante, abate a catástrofe

Ainda no primeiro mês de análise com o Dr. Bion, como comentei no início do texto, grassava em Los Angeles uma seca muito forte e com ameaça de racionamento de água. Nos arredores, inclusive em um bairro de luxo, havia vários focos de incêndio de difícil controle e que já tinham destruído algumas casas. Cheguei para minha análise e mencionei esse fato para Dr. Bion, e em

---

6 O quadro encontra-se na Galeria Nacional de Arte, em Washington, DC, Estados Unidos. Foi pintado em 1905, numa fase intermediária entre a fase azul e a rosa.

seguida veio-me a lembrança uma tragédia familiar acontecida com um parente meu. Ele perdeu quatro casas de um valor bastante alto localizadas em São Paulo, em uma única noite, em um jogo de pôquer! Esse parente vivia do aluguel de tais propriedades; o que levou a família a ter muitas dificuldades para sobreviver. Ao me lembrar disso, eu me entristeci, e em seguida veio-me à mente o seguinte soneto:

Bagatela

O vento corre uivante e desempedra

Alvo seixo engastado na montanha.

A pedra solta cai sobre outra pedra,

Brotam faíscas de uma luz castanha...

Novo golpe do vento e o fogo medra

Na alfombra ressequida, em doida sanha...

Há luta que se alteia e se desmedra

No incêndio arrasador em fúria estranha...

Mais forte zune o vento e a tudo encrispa,

Sobem chamas cruéis de chispa em chispa...

O homem chora a perdida sementeira...

Também no mundo é assim... Por bagatela

Surge a paixão que se desencastela,

Queimando a safra de uma vida inteira...

(Vieira, 1962, pp. 169-170)

Ao que Dr. Bion interpelou: "O fundamental é saber quem ou o que desencadeia a primeira chama!!!".

Revendo toda essa passagem, entendo que a primeira chama é a imensa voracidade desse meu parente, que causou a desgraça que se abateu sobre ele e sua família.

O uso do modelo na construção e na interpretação

> *Quais são as regras para serem obedecidas se o analisando pode razoavelmente esperar entender o analista e vice-versa?*
>
> Wilfred R. Bion, *Two papers: the grid and caesura*, 1977/1989, p. 37 (tradução livre)

Algo que desde o início de minha análise com Dr. Bion chamou minha atenção foi a maneira, a forma, que ele usava para interpretar. Além de usar a palavra correta para o momento adequado, falava como se fosse um pintor que, em geniais pinceladas, colocava diante de mim, para que eu pudesse "ver" o que ele estava "vendo". A cada momento ele usava um modelo no qual as suas interpretações se transformavam em construções a iluminar a relação, por analogia, entre as teorias psicanalíticas e as minhas próprias teorias, os meus mitos e vivências.[7]

Cerca de quinze dias antes de meu regresso de Los Angeles para o Brasil, eu estava particularmente sensibilizado, agradável e tristemente surpreso por perceber o porquê de *Paraíso perdido* de Milton ter sido sempre uma obra pela qual me sentia particularmente atraído. Falei-lhe da figura de Satã, de suas qualidades extraordinariamente humanas, de seu nobre orgulho, de sua altivez

---

7 Cf. Bion, 1977/1989, p. 36.

inquebrantável, que, permeados de uma vingativa inveja, compeliram-no a se rebelar e desafiar o Onipotente, custando-lhe a expulsão do Paraíso... Dr. Bion falou-me que William Blake (poeta e pintor inglês) escreveu que Milton, inconscientemente, estava ao lado de Satã em sua insubmissão e rebelião contra Deus.

Figura 1.1 *The savoury pulp they chew, and in the rind, Still as they thirsted, scoop the brimming*, Gustave Doré, 1866. Fonte: Milton, 1894.

No fim daquela semana, fui conhecer o Parque Nacional de Yosemite, famoso pelos bosques de sequoias. Ali, por entre vales tortuosos, regatos de águas claras, habitados por pássaros e animais diversos, numa parafernália de cores e sons, elas imperam. Árvores majestosas, de porte sábio e nobre, congregam-se formando abóbodas magistrais, por onde a luz se infiltra, como que encontrando prismas invisíveis que a decompõem em luminescências multiformes... Cenário natural e digno da *Sexta Sinfonia*, a "Pastoral", de Beethoven... Bem, caminhando por esse recanto paradisíaco, deparo com uma imensa sequoia tombada, que é chamada *The Fallen Monarch* [O Monarca Caído].

Figura 1.2 *The Fallen Monarch*, **Parque Nacional de Yosemite. Crédito: Jeremy Reding, The Fallen Monarch, Flickr, cc 2.0, recuperado de: https://www.flickr.com/photos/jmr/4654968663.**

Reflexões diversas acudiram à minha mente. Atribuindo a ela qualidades antropomórficas, refletia que, mesmo os mais poderosos, os mais longevos, um dia caem, tombam ou são destronados... Junto à administração do parque, vi um cartão-postal dessa sequoia. Comprei alguns. Tal foi, porém, a pressão interna, que não resisti ao desejo de dar um ao Dr. Bion. Na segunda-feira seguinte, antes de deitar-me no divã, dei-lhe o postal. O Dr. Bion o recebeu e o leu.

Deito-me no divã e minhas primeiras associações levam-me à Fazenda das Melancias, onde passei minha primeira infância... Revejo nas telas da imaginação aquele casario colonial, acolhedor, enorme...

Figura 1.3 Cartão-postal de *The Fallen Monarch*.
Fonte: acervo do autor.

Figura 1.4 Fazenda das Melancias. Fonte: acervo do autor.

Vejo a sala com a mesa imensa, onde meus irmãos e eu brincávamos despreocupados... A roda-d'água, junto à casa de força... A cantiga dolente do monjolo... As jabuticabeiras... A serraria movida à roda-d'água, que foi projetada pelo meu tetravô, na década de 1830, com o madeirame lavrado a machado por braço escravo... Minhas associações se detêm em uma fotografia que tirei ali há anos debaixo de um pé de manga sabina, onde, sentado avidamente, mordia uma manga...

Figura 1.5 O autor comendo manga na Fazenda das Melancias. Fonte: acervo do autor.

Então, o Dr. Bion interveio, dizendo mais ou menos o seguinte:

> *O senhor sofre a perda de sua infância... Porém, além desse sentido, há outro. O senhor sofre a perda de sua mãe, a perda do seio (essas mangas deliciosas), que já naquela época o senhor sentia que não pertencia só a si, era também de seu pai e dos irmãos que o precederam e dos que viriam depois do senhor. Um dia, teve de renunciar a esse seio, esse paraíso, esta fazenda acolhedora, como um dia o senhor foi expulso também do corpo de sua mãe... Isso, porém, tem uma versão moderna... Hoje, aqui, agora comigo acontece o mesmo. A seu ver, o senhor encontrou em mim essa fazenda, essa mãe, esse seio e que agora vai perder... Monarca caído, o senhor perde novamente o paraíso... Entregando-me o postal, o senhor mostra como se sente, como esse* fallen monarch; *triste, volta para o Brasil.*

Realmente, naquela época eu estava com muito medo de perder Dr. Bion, porque, apesar de ter posto minha casa à venda já havia um ano, não havia ainda conseguido vendê-la, para converter seu valor em dólares e financiar a análise e a estada em Los Angeles.

De outra feita, apontava para Dr. Bion a admiração que sentia por *Paraíso perdido*, de Milton, que, a meu ver, contém implicitamente a teoria kleiniana, bem como a teoria dos sonhos, como realização de desejos, de Freud. Dr. Bion disse-me que uma obra como aquela, escrita há mais de três séculos, que encontra quem a lê ainda hoje, é porque não é apenas uma peça de extraordinária beleza como também contém uma mensagem, que, de forma mítica, expressa uma verdade e uma maneira de pensar, inerentes ao ser humano.

Ficam implícitas, na construção mencionada anteriomente, as teorias do complexo de Édipo, genitais e pré-genitais, a teoria da transferência, as teorias de Melanie Klein sobre a inveja, sobre o seio como repositório de toda a bondade, poder e satisfação, bem como as ideias de Bion sobre a *caesura*.[8]

Além de usar frequentemente um modelo, como no exemplo citado, suas observações e interpretações tinham uma qualidade peculiar: nunca eram *saturadas*. A cada construção que fazia, o universo da discussão se expandia, apontando para algo além, desconhecido. Suas respostas, ao iluminar o assunto, traziam em seu bojo novas questões, novas indagações. Aprendi com ele como é de importância fundamental saber o que se ignora e onde se ignora, ou, como ele dizia: "Estar melhor preparado para mostrar a ignorância".

Sobre o self

Uma vez, falando de meu avô materno, lembrei-me de uma fotografia na qual eu estou no colo dele na Fazenda das Melancias. Falei-lhe do quanto era afeiçoado a esse meu avô. Discorri sobre as tradições da família, da "casa-grande", que havia sido construída pelos escravos do meu tetravô. Nela, há uma sala muito grande, onde, além dos troféus de caçadas do vovô, estão os retratos dos meus antepassados. Falei-lhe de como eu gostava, quando criança, de ver esses retratos e de ouvir as histórias que mamãe contava a respeito dos meus avós, dos meus antepassados, da construção da fazenda etc. Em resposta, Dr. Bion disse aproximadamente o seguinte:

---

8   Cf. Bion, 1977/1989.

O senhor sente que é parte integrante do senhor, não só o senhor, mas também seus pais, seus avós, seus antepassados. Bem como sua esposa, seus filhos e os filhos de seus filhos. O mesmo pode ser dito a respeito de sua personalidade analítica, dela fazendo parte seu analista, o analista de seu analista, bem como seus analisandos e os analisandos de seus analisandos.

Após esse dia, levei para ele ver várias fotografias dessa fazenda. Dr. Bion não só as observou como também fez várias perguntas a respeito.

De outra feita, em resposta a uma observação de Dr. Bion, lembrei-me de um quadro de Renoir: *A indiferença.*[9] Nele é mostrado um fuzilamento. A cena é presenciada por alguns meninos que, de um muro, observam o pelotão executando sua macabra tarefa. Dr. Bion observou mais ou menos o seguinte: "O senhor se identifica ao mesmo tempo com a pessoa que é fuzilada, com os carrascos e com os que observam a execução".

Mais de uma vez, observou que, durante a análise, seria possível dizer que havia ali três pessoas: "O senhor que fala, eu que o ouço e o senhor que ouve o que o senhor fala e ouve o que eu digo".

Quando Dr. Bion esteve pela última vez em São Paulo, em maio de 1978, fiz uma semana de análise. Como eu estava querendo participar também das supervisões, indaguei a ele se não haveria alguma objeção de sua parte. Ele perguntou-me o que eu pensava a respeito e eu disse-lhe que não via inconveniente algum,

---

9 Ao escrever este trabalho, constatei o engano que, na ocasião, durante a análise, não percebi; o quadro mencionado é *A execução do Imperador Maximiliano*, de Édouard Manet, parte do acervo da Galeria de Arte de Mannheim, na Alemanha. A descrição feita a Dr. Bion corresponde, porém, ao quadro citado erroneamente, ou seja, enganei-me quanto ao autor do quadro e ao seu título.

mas que tinha medo, não sabia por que, de que ele não gostasse e que isso pudesse atrapalhar a minha análise. Ele interpretou dizendo mais ou menos o seguinte:

> *O senhor sente que a análise comigo está lhe ajudando... Sente também que participar das supervisões pode lhe ser útil... Atribuindo a mim o não gostar que o senhor participe, o senhor mostra o próprio medo de o senhor progredir, se desenvolver. Penso que existe uma parte sua que não quer o progresso, seu desenvolvimento. Essa parte inveja a outra que progride, se desenvolve.*

Em Los Angeles, houve um dia em que o dono do prédio onde eu morava foi indelicado, na minha ausência, com minha esposa. Eu fiquei com muita raiva dele e depois de me entender (ou desentender) com ele, relatei na sessão seguinte o ocorrido a Dr. Bion, que observou o seguinte: "O senhor fica indignado porque sente que, ofendendo sua esposa, o dono o ofendeu também. Sua esposa é parte do senhor e vice-versa. O que o senhor faz a afeta e o que ela faz, da mesma forma, o atinge".

Essas noções de um *self* multifacetado, familiar, bem como o dinamismo das relações dele consigo mesmo, com a família e sociedade, ajudou-me a entender minhas complexas relações comigo mesmo e com minha família e iluminou a importância de meus antepassados na formação de minha personalidade. Sinto que encaro hoje a morte com mais tranquilidade... Algo vai ficar... Vai continuar... Vai perpetuar-se... Ficam raízes, ficam novas árvores, ficam novos frutos, para novas transformações...

O presente, o passado e o futuro

Um dos aspectos que mais me impressionaram na análise com Dr. Bion foi o sentido que ele me mostrava da continuidade, da semelhança e da coerência existente no ser humano, ainda mesmo quando separado por barreiras diversas como cultura, língua, tempo etc. Por outro lado, via o homem num sentido histórico-evolutivo...

Certa vez, falei-lhe de uma pescaria que eu fizera na Ilha do Bananal, no Tocantins. Estava interessado, na ocasião, em matar alguns jacarés para, racionalizava eu, curtir sua pele e aproveitar a carne. Junto com um amigo, fomos a uma lagoa a alguns quilômetros de distância do acampamento, onde existiam jacarés às centenas. Após escolher os que mais me convinham, matei cinco.[10]

Fiquei um pouco deprimido porque percebi em mim o prazer em matá-los... Como, reverberava minha consciência, pode você, um dito "civilizado", matar assim por prazer? Contei a Dr. Bion esse acontecimento, e ele me disse o seguinte:

> *Os crocodilos são os remanescentes dos imensos sáurios pré-históricos e representantes atuais dos primitivos habitantes deste planeta. Também esse impulso para matar que o senhor sentiu, tem suas raízes no homem primitivo, cujos remanescentes o senhor percebe ainda hoje aí dentro do senhor, sentindo prazer em matar.*

---

10 De volta da viagem, sentado à mesa do almoço junto a minha família, me vangloriava dos meus feitos de caçador. Aí, meu filho caçula virou-se para mim e disse: "Papai, como pode o senhor, um homem supostamente civilizado, um psicanalista, um psicanalista que trata de psicanalistas, sentir prazer em matar jacarés? Se muitos fizerem como o senhor, dentro em breve já não existirão mais jacarés!". Ao que eu então respondi: "Então não posso perder tempo, tenho que matar logo o meu, senão acaba".

Um dia, mencionou a suposição – aliás, bem conhecida – de que o ser humano aproveita apenas um oitavo de seu cérebro. E prosseguiu: "O nosso cérebro como que aguarda o dia em que, expandindo nossa capacidade de pensar, poderemos utilizá-lo plenamente".

Em Saint-Cyprien, margeando o rio Dordogne – que, calmo, serpenteia por entre vales férteis –, encontramos, no topo de altos montes, castelos medievais que protegiam seus habitantes das guerras e dos vizinhos da época. Agora, não mais buscando os céus para protegê-los, mas sim as profundezas da terra, deparamos com as cavernas pré-históricas, lar primitivo de nossos antepassados trogloditas. Uma delas, a Font-de-Gaume, é coberta por pinturas, admiravelmente conservadas, datadas de 12 mil anos...

Essas pinturas são muito conhecidas e encontram-se reproduzidas em livros de história da arte. Algumas, mostrando enormes bisões ou despreocupadas corças pastando, são de grande beleza. Um dia, ao falar delas, o Dr. Bion disse-me que são, talvez, o primeiro esforço que o homem fez para conter a "fera" que existe dentro de nós. Uma das funções da arte seria então, assim entendi, pacificar essa "fera". Ao escrever isso, lembrei-me de *Guernica*, de Picasso. Nessa pintura, eu penso que esse tema está de volta... Nessa obra-prima do espírito humano, o gênio extraordinário de Picasso traça um libelo contra a guerra... Nela, por entre corpos estraçalhados, mães a chorar segurando bebês despedaçados, impera uma besta, que, incontida, solta, se refestela em carne e sangue, a gotejar de sua bocarra enorme, insaciável, em macabro festim...

Um dia, falando ao Dr. Bion sobre uma pintura de Renoir que eu acabara de ver na Galeria Nacional de Jeu de Paume,[11] em Paris, mencionei a funda impressão que ela me causara, era tão

---

11 Atual Musée d'Orsay, em Paris, França.

bonita, mas tão bonita, que eu não conseguia descrever. E ele disse-me então: "Claro que o senhor não consegue. Se o senhor conseguisse reproduzi-la, o senhor seria Renoir". Depois, não me lembro como, fiz uma relação das pinturas de Renoir com as de Font-de-Gaume. Aí, Dr. Bion disse mais ou menos isto: "Não estariam as origens de Renoir ali na Font-de-Gaume? Qual a relação existente e que o senhor percebe aqui hoje, entre Renoir e o pintor da Font-de-Gaume?"

A seis quilômetros de Saint-Cyprien localiza-se a comuna Les Eyzies-de-Tayac-Sireuil, chamada de capital da pré-história, região na qual viveu o homem de Cro-Magnon. Nessa região, existe um museu de paleontologia, que está edificado na encosta de uma montanha. Dele divisa-se todo o vale do rio Vézère, afluente do Dordogne. De frente para um terraço, na parte mais alta do edifício, existe uma escultura da aproximadamente uns três metros que retrata o homem de Neandertal, olhando para o vale. O que me impressionou nela é que o artista conseguiu imprimir uma força, que, partindo de dentro desse "símio-homem", parece impeli-lo a vencer a animalidade... Bem, 150 mil anos se passaram e, de repente, estou eu ali comtemplando o mesmo cenário, o mesmo vale, e meditando... Levando o assunto para a sessão, Dr. Bion disse-me mais ou menos isto: "O importante é saber, se possível, que força é essa, e se existe, se está ainda hoje em operação dentro do senhor; se estiver, em que direção está pressionada agora e em que direção pressionará no futuro...". Em resposta ao meu comentário de que o homem representado na estátua parecia meditar, Dr. Bion disse mais ou menos o seguinte: "O que o senhor acha que ele sentiria se pudesse hoje, no século XX, voltar àquele mesmo vale, àquele mesmo local e contemplar o que ele se tornou?". Disse a Dr. Bion que eu não saberia responder...

Suas observações eram vazadas sempre em uma profunda compreensão do ser humano, quer de suas grandezas, quer de suas vilanias... Um dia, falei-lhe a respeito de alguém a quem fui relacionado, e que, talvez por ignorância, indiretamente quase me prejudicou. Dr. Bion, parafraseando Shakespeare, disse: "Se se fizer justiça, quem não merece ser enforcado?". Nesses momentos, era perceptível nele uma profunda bondade, plasmada, quiçá, por uma sabedoria que emanava de sua mente privilegiada... Sem dúvida essas eram as qualidades que eu mais admirava nele, e penso terem sido também as que contribuíram para que eu me sentisse à vontade para falar de mim, de minhas coisas... Suas interpretações nunca tiveram um sentido de crítica nem possuíram um caráter moralista. Ou seja, não eram produtos do desejo... Embora eu não saiba explicar, porque objetivamente ele não fazia nada para me agradar, só (?) interpretava, eu sentia nele um continente amorável, sábio e generoso...

Embora suas interpretações fossem, quase sempre, dirigidas para o *aqui e agora* da relação transferencial, eram, outras vezes, um prelúdio para "construções" de uma abrangência até cosmológica. É assim que elas, iluminando o assunto tratado, situavam-me no tempo, no universo, na história da raça, sentindo as relações existentes entre as incontáveis gerações e culturas que nos antecederam e que nos seguirão...

A Terra, pequena nave espacial, a navegar incógnita na imensidão dos espaços siderais, infinitos...

O homem (autointitulado *Homo sapiens*) visto em toda a sua dependência e restrição a uma natureza absolutamente indiferente aos seres que a habitam...

O indivíduo, célula singular, peculiar e única de um organismo social complexo, é essencial; merecendo, por isso, toda a atenção,

46   IMPRESSÕES DE MINHA ANÁLISE COM DR. BION

tempo e esforço que nós analistas a ele dedicamos. A psicanálise, dizia Dr. Bion, "tem um preconceito em favor do indivíduo".

A psicanálise – planta tenra, ainda na primeira infância – necessita de clima e espaço mental adequado para crescer... E ela será, no futuro, o que dela nós, psicanalistas, fizermos hoje.

O pensamento sem pensador

Na primeira vez em que fui a Los Angeles, houve dias em que eu estava muito, muito triste... Sentia uma nostalgia, uma saudade de um não sei quê... Na véspera, no jantar, tomei duas ou três doses de uísque, que não adiantaram nada, não me aliviaram, pelo contrário, agravaram meu estado de ânimo, e naquela manhã sentia-me pior ainda... Não sabia por que continuava aquela tristeza... Dr. Bion disse-me mais ou menos o seguinte: "O senhor não está se sentindo confortável em sentir o que está sentindo. Tentou afogar esse sentimento no álcool, foi inútil... Como o senhor não sabe o porquê do que está sentindo, o senhor está falando no assunto, na esperança de se sentir melhor...". Lembrei-me, em seguida, do quadro de Picasso, da fase azul, *La pobre acurrucada*.[12] Falei-lhe dos sentimentos que emanavam daquela mulher, que, solitária, triste, se protegia do frio... Aí, minhas associações se detiveram no Quinto Movimento do Quarteto *Opus* 130, de Beethoven, *A cavatina*,

---

12 Pintado em Barcelona, em 1902, hoje no Museu de Toronto, no Canadá. Apesar de conhecer o quadro pessoalmente, nos livros de arte que possuo, não encontrei nenhuma reprodução dele que me permitisse transmitir ao leitor, ainda que pálida, a ideia da constelação de sentimentos e ideias que me assolaram ao entrar em contato com esse quadro... Porém, como ao meu sentir, *As duas irmãs* – obra pintada por Picasso também na fase azul – contém invariantes, que são análogas ao quadro *A pobre acurrucada*, penso que elas dão, também, uma ideia da tristeza, da solidão e do isolamento que *A pobre acurrucada* transmitiu-me e que tentei retransmitir ao Dr. Bion.

que, em minha opinião, é a coisa mais bela e sublime, de uma nostalgia extraordinariamente pungente, que o compositor escreveu. Bem, naquele momento, as lágrimas jorraram incontidas... Depois de longos minutos de silêncio, recordei-me do soneto de Raimundo Correia, "Mal secreto", e o declamei ao Dr. Bion:

Mal secreto

Se a cólera que espuma, a dor que mora

N'alma, e destrói cada ilusão que nasce

Tudo o que punge, tudo o que devora

O coração, no rosto se estampasse;

Se se pudesse o espírito que chora,

Ver através da máscara da face,

Quanta gente, talvez, que inveja agora

Nos causa, então piedade nos causasse!

Quanta gente que ri, talvez consigo

Guarda um atroz, recôndito inimigo

Como invisível chaga cancerosa!

Quanta gente que ri, talvez existe,

Cuja ventura única consiste

Em parecer aos outros venturosa!

(Correia, 1948, p. 16)

Depois de algum tempo, o Dr. Bion esperou, talvez, que o meu pranto se amainasse e observou:

> *Como o senhor não sabe expressar a sua tristeza, o senhor lança mão de Picasso, Beethoven, Correia, que souberam, de uma forma que o senhor não sabe, expressar sentimentos de tristeza, colocando-os em pintura, música ou poesia. Entretanto, mesmo Picasso, Beethoven ou Correia não foram capazes de colocar em pintura, música ou poesia tudo o que sentiram, viram ou observaram. O que foram capazes de expressar era uma parte apenas do que sentiram, viram ou observaram.*

Compare o que Dr. Bion disse com este extraordinário soneto de Augusto dos Anjos, no qual a sua musa, em um momento de genial inspiração, tange o mesmo tema:

A idéia

De onde ela vem?! De que matéria bruta

Vem essa luz que sobre as nebulosas

Cai de incógnitas criptas misteriosas

Como as estalactites duma gruta?!

Vem da psicogenética e alta luta

Do feixe de moléculas nervosas,

Que, em desintegrações maravilhosas,

Delibera, e depois, quer e executa!

Vem do encéfalo absconso[13] que a constringe,

Chega em seguida às cordas da laringe,

Tísica, tênue, mínima, raquítica...

Quebra a força centrípeta que a amarra,

Mas, de repente, e quase morta, esbarra

No molambo da língua paralítica!

(Anjos, 1998, p. 6)

Sobre a verdade

Um dia, após tocarmos na importância da verdade – ainda mesmo quando não sabemos o que ela seja, como dizia Dr. Bion –, lembrei-me de que os indígenas da Ilha do Bananal arpoam o pirarucu quando ele sobe à superfície para respirar, expondo a cabeça ou parte do corpo. É nesse preciso momento que lançam o arpão que, rápido, traiçoeiro, fisga-o. Ao que o Dr. Bion disse o seguinte:

> *Assim como o oxigênio é indispensável para a vida do corpo, a verdade também é para a mente; mas assim como o pirarucu, ao buscar o oxigênio essencial para sua vida, expõe-se eventualmente até a morrer, assim*

---

13 Bueno, no *Grande dicionário etimológico e prosódico da língua portuguesa*, a respeito de absconso, diz: "ADJ. O masculino do precedente. Lat. *absconsus*. Absconsa – Oculta, escondida. Aplicava-se às lanternas de corredores, ditas cegas por terem a luz velada e também às estrelas que desaparecem ao pôr do sol" (1968, p. 22). No entanto, sobre esse verbete, talvez tenha passado despercebido, ao autor ou revisor, que as estrelas só poderiam desaparecer ao *nascer* do sol. O que estaria, a meu ver, mais de acordo com a metáfora empregada por Augusto dos Anjos no poema.

> *também ocorre aos que procuram a verdade, ficam expostos, vulneráveis... Daí o medo que ela inspira no senhor e em todos os que a buscam...*

De outra feita, falei-lhe do acidente com um DC-10 que, saindo de Chicago com destino a Los Angeles, teve um motor desprendido da asa, vindo ao solo e explodindo. Num átimo, 274 pessoas morreram... Acompanhei pelo *Los Angeles Times* o desenrolar das pesquisas para descobrir a causa ou as causas do acidente. Fiquei impressionado com o resultado dessas pesquisas, que apontavam como provável fator responsável um parafuso que, ao se partir, desarticulou todo o sistema de sustentação do *pylon* [pilone] com a asa e, numa reação em cadeia, foram se quebrando e se soltando outras estruturas, até que o motor se desprendeu... Bem, 250 toneladas de avião desintegraram-se porque um parafuso de alguns gramas se quebrou... Suspeitava-se, dizia a Dr. Bion na análise, que o parafuso se quebrou porque não fora seguido, nas revisões periódicas, o procedimento recomendado pelo fabricante, isto é, que o motor fosse desparafusado no *pylon* e este na asa. Contrário ao preconizado, o motor e o *pylon* estavam sendo retirados em blocos da aeronave, o que levou à quebra do mencionado parafuso. O Dr. Bion observou o seguinte: "O senhor observa aí as consequências da negligência e do desprezo à verdade...".

Certa vez, ao descontar um cheque de quinhentos dólares, pedi para a caixa notas de cinquenta dólares. Como ela não tinha, pediu à tesouraria que, naquele banco, ficava em outro recinto. Ela colocou o dinheiro sobre o balcão, no ato de pagar-me. Ao contar o dinheiro, verifiquei que faltava uma nota de cinquenta dólares; isto é, ela me entregou nove notas, em vez de dez. Ela recontou o dinheiro e verificou, surpresa, existirem apenas nove notas, de fato. Disse-me haver contado certo quando recebeu da tesoureira.

Voltou lá, e a tesoureira disse haver dado o dinheiro certo. Procurou no chão, na mesa, nada... Para onde foram os cinquenta dólares? A tesoureira afirmava haver dado o dinheiro certo... A caixa disse ter contado certo... Eu, de minha parte, tinha certeza de não o haver embolsado... Onde estava então? Fiquei intrigado com o fato, porque ambas pareceram estar dizendo a verdade... Na sessão, contei o ocorrido a Dr. Bion, que observou o seguinte: "Veja, num simples fato como esse, o senhor pode observar como é difícil descobrir a verdade. Mesmo aqui, o senhor pode estar sendo sincero, eu posso estar sendo sincero e a verdade última não aparecer...".

O ser responsável

Quando, após me comunicar que tiraria férias nos meses de março e abril de 1979, eu perguntei a Dr. Bion se haveria possibilidades de continuar a me ver nas férias, ele disse que sairia do país, que iria para a Europa e se seria possível que eu me deslocasse até lá. Disse-lhe que sim. Quando, algum tempo mais tarde, disse que seria possível me atender, passei a ficar preocupado. Porque, se de um lado, eu não queria perder tempo e continuar minha análise, por outro, raciocinava, como seria para a minha esposa e para os meus cinco filhos ficarem naquele país estranho, ainda com dificuldades de comunicação; praticamente sós, contando só com um casal amigo, em caso de emergência; assim mesmo, amigos novos... Consultando minha esposa, senti nela, apesar de toda sua fibra e determinação, certa angústia, uma indisfarçável apreensão... Mas ela me disse: "Se você acha que ir é fundamental, vá. Nós nos viramos por aqui". Angustiado, levei o assunto a Dr. Bion, que me disse mais ou menos o seguinte:

O senhor gostaria que eu dissesse vá ou não vá. Tomasse a decisão pelo senhor. O senhor pode não saber qual é a melhor decisão a tomar, mas é o senhor quem sabe o que é sentir o que o senhor está sentindo, não eu nem sua mulher. Ainda que o senhor possa não saber qual é a melhor decisão, é o senhor quem melhor sabe, embora o senhor relute, como agora, em aceitar este fato. Nem sua esposa nem eu poderemos dizer o que o senhor deverá fazer. Hoje, o senhor é pai, e não tem seu pai nem sua mãe para dizer o que o senhor deverá fazer. Hoje o senhor, queira ou não, é um adulto e está numa posição responsável. Ser responsável é optar, quando não se sabe a melhor resposta. Por exemplo, se o senhor soubesse que, indo a Londres ou Saint-Cyprien, tudo fosse dar certo para o senhor e que, da mesma forma, sua família aqui em Los Angeles estaria bem, sem dificuldades nem emergências, o senhor não teria dúvidas, não precisaria optar... Porém, como o senhor não sabe, o senhor tem que fazer uma opção. Ser responsável é decidir quando não se tem uma resposta.

Em outra ocasião, disse-me: "Quando o senhor escolhe algo, também escolhe o que deixou de ser escolhido; neste momento, o senhor está só, absolutamente só, para tomar esta decisão ou fazer esta escolha".

Isso foi verdade também, quando em setembro de 1979, decidi terminar minha análise. Quando cheguei a Londres, no início daquele mês, disse ao Dr. Bion que estava disposto a parar em outubro, ao que ele me respondeu: "Só o senhor sabe quando parar sua análise e decidir se já teve o suficiente".

Sobre as transformações e as invariantes

"O analista praticante, o pintor de retratos, o músico, o escultor, devem 'ver' e demonstrar, de tal maneira que os outros possam ver a verdade que é usualmente feia e ameaçadora para a pessoa para quem a verdade é mostrada."
Da mesma maneira o feio e o ameaçador são usualmente tidos como idênticos à verdade para a pessoa a quem eles são mostrados.

Wilfred R. Bion, *Two papers: the grid and caesura*,
1977/1989, p. 38 (tradução livre)

Certa vez, não me recordo a propósito de que disse a Dr. Bion que Gertrude Stein disse a Picasso que, após ele ter terminado o retrato dela,[14] disse que não estava parecido com ela, ao que Picasso retrucou: "Ficará um dia". Dr. Bion interpretou mais ou menos assim:

> *Um artista como Picasso é capaz de captar características da pessoa humana que estão ocultas para os olhos da maioria. Assim, também aqui, o senhor espera que eu capte traços de sua personalidade, que estão presentes hoje, aqui, mas que estiveram, também, presentes quando o senhor era criança e que estarão presentes na sua velhice, se o senhor chegar lá.*

De outra feita, conversando a respeito de música – que está entre as coisas de que eu mais gosto –, contei ao Dr. Bion uma história

---

14 *Retrato de Gertrude Stein* foi pintado entre 1905 e 1906 e, atualmente, está exposto no Museu Metropolitano de Nova York, nos Estados Unidos.

que minha mãe dizia com frequência, principalmente quando ela me observava ouvindo música. Contava que, nos últimos meses de gravidez, quando ela entrava em um local onde estava tocando algo, eu começava a me mexer em seu ventre. Isso se tornou tão frequente e curioso para ela, que imaginava que eu seria músico. Dr. Bion disse: "Se pudermos confiar na percepção de sua mãe, sua capacidade para gostar de música nasceu antes do senhor".

A propósito desse assunto, estou me lembrando do famoso pintor surrealista inglês Graham Sutherland. Na década de 1950 pintou o retrato de *Sir* Winston Churchill, a ser colocado no Parlamento inglês. Churchill detestou tanto essa obra que, após sua morte, sua esposa, num ato de raro vandalismo, fez o que talvez o notável estadista tinha vontade de fazê-lo: queimou-o totalmente... Quais as invariantes captadas por Sutheland, colocadas na tela e mostradas a Churchill, irritaram-no tanto, eu não sei...

Sobre a capacidade de amar

Certo dia, em Saint-Cyprien, recebi uma carta de minha esposa em Los Angeles, relatando-me acontecimentos lamentáveis ocorridos na casa de um familiar nosso no Brasil. Li essas notícias, mas não me importei muito com o fato. Na análise, disse a Dr. Bion que eu havia me chocado com a indiferença com que recebi aquelas notícias e estranhava não ter sido tocado por elas... Ao que Dr. Bion observou mais ou menos o seguinte:

> *O senhor sente que eu não me importo muito com o senhor. O senhor mesmo sente que o senhor não se importa muito com seus parentes. O senhor sente que ou há algo errado com o ser humano, ou a capacidade*

para aquilo que chamamos de amor é muito pequena, incipiente ainda.

Sobre a consciência

Algumas vezes, durante o curso de minha análise, Dr. Bion apontou para uma peculiaridade da consciência, ou seja, que ela está sempre pronta a nos dizer o que *não devemos* fazer ou pensar, mas *nunca* o que devemos.

Sobre a liberdade

> *Mais vale ser Senhor no Inferno do que Escravo no Paraíso.*
>
> Fala de Satã, em John Milton,
> *Paraíso perdido*, 1894 (tradução livre)

Certa vez, em Saint-Cyprien, durante a sessão, lembrei-me de um sonho que havia tido à época de minha primeira análise, há mais de dez anos, na ocasião. Naquele sonho eu via minha avó materna, na casa da Fazenda das Melancias, já mencionada neste capítulo, cantando o hino nacional francês, *A Marselhesa*. E, à medida que ela cantava, eu via a fazenda desmoronando. Vovó, dizia eu ao Dr. Bion, falava relativamente bem o francês, tinha uma voz muito bonita e gostava muito de cantar *A Marselhesa*. Eu me emocionava sempre que a ouvia. Em seguida, lembrei-me de *Vitória da Samotrácia* que havia visto no Louvre naqueles dias. Dr. Bion perguntou-me se eu me referia a *Wings of Victory* [Asas da Vitória], e respondi-lhe que não a conhecia por este nome e descrevi como pude a estátua. Prosseguindo em minhas associações, lembrei-me do quadro, que igualmente havia visto no Louvre – porém já o conhecia por meio de reprodução – de Delacroix, *A Liberdade guiando o povo*. Descrevi esse quadro dizendo a Dr. Bion que ele mostra uma moça de extraordinária beleza, com o tronco nu, armada de espingarda, caminhando à frente do populacho, para a Tomada da Bastilha. A essa altura, Dr. Bion disse-me que, quando o povo tomou a Bastilha, lá encontrou somente seis pessoas presas... Em seguida, minhas associações se detiveram na lembrança da Quinta Sinfonia de Beethoven... De suas palavras a respeito dela: *O destino bate à porta* (em alusão aos acordes iniciais dessa obra ciclópica, obra-prima da música sinfônica). *Agarrarei o destino pela garganta*... Aí, lembrei-me do Quarto Movimento, quando a tonalidade passa de dó menor para dó maior, num crescendo extraordinário, a explodir em sons, a transfundir liberdade, esperança... Esperando algum tempo até que o choro parasse, Dr. Bion disse-me o seguinte:

> *O senhor fala de sua busca pela liberdade. Essa busca está presente desde que o senhor era criança ouvindo sua avó; ou, muito provavelmente, esteve presente antes disso... O senhor percebe ainda que esses não são sentimentos só seus, pertencem à humanidade, desde tempos imemoriais, e que estão expressos em esculturas, pinturas e músicas, apenas para citar os exemplos trazidos hoje aqui. A questão é: do que o senhor quer se libertar? Ou dito de outra forma, o que o prende? Se essas questões puderem ser respondidas, as perguntas seguintes seriam: Por que o senhor quer se libertar disso? Pode a análise aqui comigo auxiliá-lo nisso?*

Um dia, assisti, em Los Angeles, na televisão, ao filme, *Papillon*. Durante a sessão contei ao Dr. Bion como eu me impressionara com aquele personagem, que, durante os trinta anos em que esteve preso na Guiana Francesa jamais abandonara a ideia de fugir, ser livre... Nem castigos, solidão, fome, doenças, humilhações, conseguiram aquebrantar sua indomável fibra... Finalmente, improvisando um saco contendo cocos secos, à guisa de primitiva embarcação e auxiliado pelas correntes e virações marinhas, conquista, por fim, sua liberdade... Dr. Bion observou aproximadamente o seguinte: "O senhor sente que seu corpo é como uma prisão, de onde sua mente quer se libertar."

Sobre a psicanálise em geral

Uma das vantagens da análise, disse-me Dr. Bion: "É que aqui dispomos de tempo e ambiente para conversarmos sobre assuntos e situações que não ocorrem só aqui. Ocorrem também lá fora. Lá fora, porém, nem sempre há tempo ou possibilidade de discuti-los".

Outra vantagem, dizia: "É que a análise possibilita que os assuntos sejam discutidos, pensados, com antecedência, para, quando ocorrerem, o senhor já estar preparado. Porque, às vezes, os acontecimentos ocorrem com tal rapidez que não há tempo de pensar".

Certa vez, falando com ele a respeito do custo da análise, Dr. Bion chamou-me a atenção para um *custo* que não podia ser mensurado em dólares ou cruzeiros. Ele me disse: "Quanto custa ao senhor estar longe de seu país, de seu trabalho? Ou, por exemplo, se o senhor nunca tivesse se submetido à análise, qual teria sido o custo? Quanto o senhor teria 'pago'?". Em seguida, falei do custo econômico da análise ao que me respondeu o seguinte:

Quem deverá pagar a análise? O Estado? A família? Ou o indivíduo? Se o indivíduo não puder pagar, quem arcará com as consequências? O indivíduo só? Ou

58 IMPRESSÕES DE MINHA ANÁLISE COM DR. BION

também a família e a sociedade? O que será, por exemplo, do futuro da psicanálise se ela só for disponível para o unemployed rich *[rico desocupado]?*

Sobre a caesura

Existe muito mais continuidade entre a vida intrauterina e a primitiva infância do que a impressiva caesura *do ato de nascer nos permite acreditar.*

Sigmund Freud, "Inhibitions, symptoms and anxiety",

1926/1959

Ainda durante minha primeira estada em Los Angeles, no restaurante do hotel onde me hospedei, os pratos mais baratos eram numerados de um a três. Certa manhã, ao pedir o *breakfast*, eu disse à garçonete: "*I want the second*". Ela não entendeu o que eu disse, peguei o cardápio e apontei para o prato pretendido. Aí, ela fez um gesto e uma expressão de surpresa e exclamou: "*Ah! number two?!*", ao que repliquei: "*Yes, the second*". Esse foi mais um dos meus desagradáveis tropeços com o inglês norte-americano, de que aquela fase foi prenhe.

Ao sair dali em direção à análise, pelo caminho, meditava sobre as dificuldades que estava tendo em comunicar-me. Como, pensava eu, dominar essa língua? Será que agora terei de falar só de um jeito – o jeito deles – caso contrário não entendem?

Ao me deitar no divã, ainda angustiado e deprimido, contei ao Dr. Bion o episódio descrito, e disse-lhe que eu me sentia como que colocado no leito de Procusto,[15] ao satisfazer as imposições de

---

15 Ao mencionar o leito de Procusto, comecei a explicar ao Dr. Bion seu signifi-

uma língua e de uma cultura que me manietavam. E que, ao expressar-me em inglês, sentia como se estivesse aleijado, roubado da capacidade de me comunicar... Sentia como se tivesse de aprender tudo de novo... Dr. Bion interpretou aproximadamente o seguinte:

> *O senhor sente que não está sendo fácil adaptar-se à América... O senhor saiu do Brasil, lá deixou sua família, seu trabalho, seus amigos... Deixou também sua língua, seus alimentos, seus costumes... Essa mudança, essa ruptura abrupta faz o senhor se sentir aleijado, roubado... E, sente que tem de aprender tudo de novo... Veja o preço que o senhor está pagando para aprender... Há, porém, conhecimento, aprendizado sem dor? Houve um tempo em que o senhor também não sabia falar e apontava para o que queria... O senhor tinha vontade e não sabia como colocá-la em palavras... Poderíamos dizer que o senhor agora está nascendo para um novo mundo... Eu penso, porém, que esta experiência tem uma história mais antiga, não começou agora. Ela revive para o senhor o seu nascimento... Em que o senhor deve ter se sentido, como agora, aleijado e roubado, ou mutilado e castrado. O primeiro leito de Procusto em que o senhor esteve foi ao nascer.*

---

cado! Ele interpelou-me dizendo: *"Procustean bed*? Essas expressões são universais e um patrimônio da sabedoria humana". Procusto – leito de Procusto: "Salteador lendário Ática, morto por Teseu. Segundo a lenda, amarrava as vítimas a um leito: se a vítima era de menor comprimento que o leito, estirava os membros até arrancá-los; se era maior, decepava o que sobejava" (Bueno, 1968, p. 3203).

A criatividade e o trabalhar sem memória e desejo

Evitar memória e desejo durante a sessão é um processo tão perturbador que assim se expressa Bion: "O analista que tenta esta atividade disciplinar a acha extremamente perturbadora, apesar de sua própria análise, por mais completa e prolongada que ela possa ter sido" (1970/1977c, pp. 47-48). Chega ele mesmo a aconselhar esse procedimento só para os analistas, em cujas respectivas análises tenham sido trabalhadas as ansiedades paranoides e depressivas. Se a disciplina de evitar memória e desejo é dolorosa para o analista, não o é menos para o analisando, quando este intui no analista o evitar memória e desejo como sendo o caminho, escolhido pelo analista, da aproximação ao desconhecido, à verdade. O contrário seria a imersão no desejo e na memória, ou, dito em outras palavras, a memória *possuída* pelo desejo, como representantes de uma gratificação momentânea, havendo a dominância do princípio do prazer, "evitando com isso, o desconhecido e, portanto, o conhecimento e o crescimento". Certa vez, após uma interpretação de Dr. Bion que relacionava minhas angústias, ali no trabalho com ele, como frutos do medo do conhecimento de mim mesmo, medo do progresso ali na análise, lembrei-me do ocorrido com uma analisanda minha; ela, pessoa sensível e inteligente, amante da pintura e da música, veio à sessão com um alentado livro de arte sobre Picasso e, antes de se deitar no divã, deu-me o livro, dizendo aproximadamente: "Penso, Dr. Junqueira, que o senhor gostaria de vê-lo, guarde-o emprestado pelo tempo que quiser". Fiquei um pouco aturdido na hora com a inusitada oferta, pois não era aquela uma atitude peculiar da paciente nem eu estava acostumado a ter emprestado pertences de analisandos meus. Dividido entre o impulso inicial de aceitar e a relutância em fazê-lo, acabou vencendo o primeiro e guardei o livro. Ele era de fato muito interessante; continha não só centenas de ilustrações das obras de Picasso como também um texto extremamente rico tanto em dados biográficos como em comentários pertinentes sobre o papel e a pintura do genial artista. Dias depois, a paciente falou-me de um estado de mente em que era estranho o seu relacionamento com sua mãe, havendo um peculiar *entranhamento* que se repetia na transferência, e me afigurava como uma *transubstanciação*: singular interpenetração de sua mente com a minha. Num átimo, lembrei-me de uma reprodução contida no livro, abri-o, mostrando-lhe, enquanto dizia: "O que a senhora acaba de descrever a mim me parece semelhante a isto aqui pintado por Picasso". A paciente mirou a reprodução e, entre surpresa e agradecida, disse: "É assim mesmo que eu sinto".[16] Ao que o Dr. Bion observou: "Como o senhor teve dificuldades em formular o que sentiu, valeu-se de Picasso para expressar, de uma forma rica, pictórica, o que percebeu e não conseguiu traduzir em palavras". Respondi que, apesar de a paciente ter se beneficiado com aquela insólita forma de interpretar, eu havia, antes, não só relutado em aceitar o livro como também, e ainda mesmo depois do acontecido, pensado se aquilo era análise... Não estaria indo longe demais e contra as regras estabelecidas?[17] Ao que Dr. Bion observou:

> *O senhor se angustia quando percebe progresso aqui na análise comigo. Mas não se angustia só aqui. Também como analista o senhor sofre quando trabalha de*

---

16 Assim, graças a Picasso, a analisanda pôde literalmente "ver" a construção formulada e que continha elementos que se aproximavam, no sentir dela e no meu, do que ela estava sentindo naquele momento. Penso que o impulso súbito que senti de mostrar a reprodução para a analisanda é um fenômeno análogo ao que Dr. Bion chama de memória com as qualidades do recordar de um sonho (Bion, 1970/1977c, p. 107).

17 A esse respeito, diz o Dr. Bion (1977/1989, p. 31): "Quais são as regras que devem ser seguidas para que o analisando possa razoavelmente esperar entender o analista e vice-versa?".

forma criativa. Por isso, o senhor recorre ao que é conhecido, às regras estabelecidas, para controlar uma situação dentro do senhor, evitando, com isso, o desconhecido e, portanto, o conhecimento e o crescimento.

O que é perturbador para o analista é se ver preso em um estado de mente caótico, estranho, não raras vezes sentindo-se ameaçado, pois que revive, ainda que fugaz e momentaneamente e, portanto, sem caráter patológico, ansiedades paranoides e depressivas até o emergir do "fato selecionado" (Bion, 1967, p. 131), dando coerência ao que estava disperso – isto é, a passagem do estado de mente de paciência para segurança –, dando sentido ao que antes era caótico, o que o leva novamente para unificação e integração de seu mundo interno, estando apto nesse momento, e só nesse momento, a fornecer ao analisando sua construção, produto final de seu momento criador. Quando isso ocorre, o analista e o analisando, coparticipantes de uma realização similar à criação artística, "não serão mais os mesmos, algo terá mudado dentro deles" (Mello e Silva, 1978).

Shakespeare como precursor da psicanálise

Certo dia, em minha análise, tecia considerações a respeito da releitura de *Macbeth*, de Shakespeare, da qual havia também comprado uma *tape* de uma apresentação com excelentes artistas ingleses. Detive-me particularmente no sonho de Lady Macbeth, em que ela lavava as mãos... E o sangue ficava... Ela cada vez mais aflita... E o sangue... Cada vez mais vivo... Comentei a genialidade de Freud com a sua teoria da interpretação dos sonhos como satisfação de desejos – ainda que em caráter punitivo – e detive-me em considerações entre a loucura de Lady Macbeth e as teorias de Bion sobre as transformações em alucinose (1965/1977b), que lera na ocasião, dizendo-lhe que achava que a psicose dela poderia perfeitamente ser explicada pela sua teoria das transformações em alucinose. Disse-lhe, ainda, achar muito interessante o fato de Shakespeare dizer que ela não precisava de um médico do corpo, e sim da alma (Shakespeare, 1969).

O Dr. Bion não teceu nenhuma consideração de ordem teórica e nenhum comentário acrescentou à minha sugestão de explicar a doença de Lady Macbeth pelas suas teorias sobre a alucinose... Mas fez esta profunda interpretação... Tão simples... Tão ululantemente óbvia: "Parece que o senhor percebe que Shakespeare, já naquela época, sentia a necessidade do psicanalista e ante-via que um dia haveria algo como a psicanálise".

Sobre o tempo e o espaço

Por ocasião das férias de Dr. Bion, saí de Los Angeles em voo direto para Londres, em uma viagem que durou cerca de onze horas. Londres tem um fuso horário com diferença de oito horas de Los Angeles. Cheguei e, naquele mesmo, dia fui atendido por Dr. Bion, sessão em que me lembro de estar cansado e confuso: estava estranhando a mudança de fuso horário, pois quando cheguei em Londres, no fim da tarde, ainda era plena manhã em Los Angeles... Na manhã seguinte, perto do Piccadilly Circus, ao olhar para a esquerda para atravessar a rua, quase fui atropelado, pois os carros vinham pela direita... Aquilo aumentou a minha confusão, pois me parecia que estava, naquelas primeiras horas, desorientado no tempo e no espaço... Meu tempo e meu coração estavam em Los Angeles, onde minha esposa e filhos ficaram, e eu ali naquela cidade estranha, de céu de chumbo, naquela manhã fria e nevoenta...

Ao deitar-me em uma cama à guisa de divã, em um quarto no apartamento em que estava, sentia-me ansioso e confuso, angustiado... Estava quase às lágrimas... Disse a Dr. Bion que eu não podia entender bem aquilo, pois não era a primeira vez que viajava... Falei-lhe do que estava sentindo a respeito de minhas confusões entre esquerda e direita... De que quase fora atropelado... E que o meu tempo não estava batendo com o tempo ali de Londres... Tudo me parecia novo, estranho, diferente... Ao que ele me disse mais ou menos:

> *É possível que, quando o senhor veio ao mundo, também não sabia onde era esquerda ou direita... O senhor saiu de um mundo líquido e penetrou em um gasoso... É possível que aquilo o tivesse feito se sentir mutilado e castrado... Talvez como agora... E precisou de uma mãe que entendesse a sua angústia, sua confusão... Como aqui agora comigo... O senhor não se lembra, é claro, do dia em que nasceu, mas parece que algo disso está sendo revivido neste momento aqui comigo...*

Falei da estranheza que sentia em relação ao tempo, ao que ele disse:

> *Então parece que o senhor, com esta mudança súbita nas horas, está sentindo que o tempo nada mais é do que uma convenção ou algo que se sente, pois o senhor é a mesma pessoa que está sentindo a diferença, já que o tempo está aí... É o senhor quem está passando, mudando... Ainda que o senhor tenha, aparentemente, ganho algumas horas na viagem entre Los Angeles e Londres, na verdade o senhor, de fato, envelheceu mais essas horas... Nesse sentido, o que é o tempo? Como*

*será o tempo na Lua, ou em Saturno, ou em Marte, ou
na estrela Vega, da Constelação de Lira?*

A transferência como transiência

Nos dias em que comecei a escrever o trabalho "Transferência
e contratransferência como fatores da transiência"[18], tentei por diversas vezes me lembrar de uma das sessões de minha análise com
Dr. Bion em que, sabia eu, esse assunto havia aparecido, e mais de
uma vez. Tentei e tentei, e nada... Havia momentos em que algo se
vislumbrava... Tentava lembrar, e todo esforço era inútil... Naqueles
dias eu estive particularmente sensível... Lembrava-me sempre de
Dr. Bion e de minha análise... Sentia uma saudade e uma falta muito grande dessa figura generosa e sábia a quem aprendi a respeitar
e a ser grato... Bem, nesse clima do re-elaborar de um luto, quando
estava escrevendo aquele trabalho, lembrei-me do momento em
que meu neto, naqueles dias, havia nascido e de que eu o tomara nos braços assim que havia saído da sala de parto, quando me
emocionei profundamente pensando que ele talvez pudesse, um
dia, dar continuidade ao meu livro: *Família Junqueira: sua história
e genealogia*, obra na qual estou trabalhando há mais de quinze
anos... Enquanto entretinham em minha mente essas lembranças e
ideias, tão caras ao meu coração, subitamente, como diria Dr. Bion,
como no recordar de um sonho, a coisa estava ali... Vívida e plena
de emoções...

Tudo aconteceu na última semana minha de análise. Minha
esposa, acompanhada da filha mais velha e dos dois filhos mais novos, havia voltado para o Brasil e acabara de alugar nossa nova casa.

---

18 Escrito entre novembro e dezembro de 1995 e apresentado na SBPSP, em 27 de
junho de 1996, e na International Centennial Conference on the Work of W. R.
Bion, em Turim, na Itália, em 1997.

Minha segunda filha havia ficado em Nova York e a caçula em San José, na Califórnia, onde tencionavam continuar aprendendo e dominando a língua inglesa, o que seria mais facilmente alcançado se convivessem com uma família norte-americana. Um dia em análise, eu dizia a Dr. Bion sobre como era estranha a vida: ali estava eu fazendo análise com ele em Londres e a minha família espalhada pelos quatro cantos do mundo. Mas esperava eu que, num futuro próximo, todos estivéssemos de novo reunidos no Brasil. Disse-lhe que me sentia sempre mudando... Daqui para ali, dali para acolá, ora aqui, ora ali e não parando nunca, sempre em busca de algo... Mas que, quem sabe, naquele momento voltando para o Brasil, pudesse parar e as coisas se estabilizarem! Comuniquei-lhe que me sentia alegre e triste: alegre, porque iria em alguns dias me juntar à minha família no Brasil e reiniciar o trabalho no consultório, onde, segundo as últimas notícias recebidas, meus horários já estavam praticamente preenchidos; e triste, porque iria interromper aquela experiência que fora tão produtiva para mim e ter de me despedir dele... Aí me lembrei de dois quadros de Picasso, da fase azul, *Família de acrobatas com macaco*[19] e *A família de saltimbancos*.[20] Disse-lhe que o que me chamava à atenção naquele quadro era o olhar do macaco para seus donos; havia um amor e uma ternura naquele olhar que me parecia um olhar humanizado. Disse-lhe que Picasso havia antropomorfizado o macaco... Recordo-me de que lhe falei das mudanças que a análise com ele havia operado em mim... Que, de fato, me sentia agora uma pessoa diferente... E agradeci-lhe por todo o bem que ele me havia feito... A essa altura, eu já estava emocionado e chorando... Dr. Bion não fez, que eu me lembre, qualquer referência à minha alusão ao macaco ou de que ele, Bion, me houvesse humanizado... No entanto, chamou-me a atenção para

---

19 Quadro de 1905, acervo do Museu de Arte de Gotemburgo, na Suécia.

20 Quadro de 1905, acervo da Galeria Nacional de Arte, em Washington, DC, nos Estados Unidos.

os *saltimbancos*, dizendo que eles também mudam daqui para ali e de ali para acolá... Que fazem *transferência* de um lugar para o outro e, à medida que *transferem*, eles mudam, não mais voltando a serem os mesmos, estando sempre em *trânsito*... Como eu ali sentia que havia feito com ele... Sentindo-me agora mudado e pronto para novas experiências, novas mudanças e novas transferências, agora com os analisandos que me aguardavam no Brasil... Depois, recordo-me que me lembrei de outro quadro, também de Picasso, desta mesma fase: *A vida*,[21] em que Picasso pictoricamente dá vida ao que ele entendia como a transitoriedade e continuidade de nossa existência, retratando uma família: um homem e uma mulher seminus, com uma senhora mais velha segurando um bebê ao colo e um homem idoso curvado, aparentemente morto... Ao que Dr. Bion chamou-me a atenção, dizendo aproximadamente que, assim como havia uma continuidade da vida e uma genealogia da espécie, tinha também uma genealogia de ideias... E que elas, por um peculiar e desconhecido mecanismo, podem aqui e ali também transferir, transitar, transformar... E eram elas que me faziam naquele momento sentir diferente.

Bem, caro leitor, aqui você tem as *invariantes* que por tanto tempo ficaram dentro de mim daquela experiência... Estranha é a vida, estranho é o nosso inconsciente... Essas lembranças de *Família de acrobatas com macaco*, *A família de saltimbancos* e *A vida*, que um dia tanto me enterneceram, e das quais não mais me lembrara, que pareciam "mortas" e "sepultadas" no meu inconsciente, eis que subitamente tocadas e evocadas pelo amor ao meu neto e pela minha gratidão ao Dr. Bion, surgem em toda sua plenitude e significado! É claro que tudo sofreu uma transformação, não podendo aquilatar, hoje, o quanto o meu relato atual é fiel à experiência um dia lá vivida, no entanto, espero que as *invariantes* agora

---

21 Quadro de 1903, acervo do Museu de Arte de Cleveland, nos Estados Unidos.

re-veladas possam ser re-presentações de experiências que agora *são idas e vividas* – como uma vez Machado de Assis disse em um soneto à memória de Carolina, sua esposa:

A Carolina

Querida, ao pé do leito derradeiro

Em que descansas dessa longa vida,

Aqui venho e virei, pobre querida,

Trazer-te o coração do companheiro.

Pulsa-lhe aquele afecto verdadeiro

Que, a despeito de toda a humana lida,

Fez a nossa existência apetecida

E num recanto pois um mundo inteiro.

Trago-te flores, – restos arrancados

Da terra que nos viu passar unidos

E ora mortos nos deixa e separados.

Que eu, se tenho nos olhos mal feridos,

Pensamentos de vida formulados,

São pensamentos idos e vividos.

(Assis, 1913, p. 67)

A *despedida, na última sessão*

Ao término da sessão, pedi-lhe que autografasse o livro *Seven servants: four works by Wilfred R. Bion*. Ele o autografou e, ao despedir-me, agradeci-lhe por tudo o que ele havia feito para mim... Ele me olhou, assim, profundamente nos olhos... E disse que não havia nada a agradecer... Completou citando: "*there is an English saying which says: 'Virtue is its own reward'*" [Existe um provérbio inglês que diz: "A virtude é a sua intrínseca recompensa"]. Em seguida, disse mais ou menos o seguinte: "toda a recompensa em ser o senhor um analista é a de que o senhor seja um analista. Com isso eu me sinto totalmente recompensado...". Quer dizer, o trabalho de todo analista paga-se por si mesmo, ou seja, que a virtude é em si mesma a nossa única recompensa! Em outras palavras, poderíamos fazer variações e dizer: a recompensa do virtuoso é a virtude; a punição do drogado, a droga; do pecador, o pecado; do criminoso, o crime; do viciado, o vício etc.

Conclusão

Quem escuta hoje *Quadros de uma exposição*, de Mússorgsky, e não tem à sua disposição os dez quadros de Gartman (pintor e amigo íntimo de Mússorgsky), que o compositor viu, sentiu e "colocou" nessa extraordinária peça musical, não pode, portanto, comparar os quadros com as "transformações" sofridas na mente de Mússorgsky e que resultaram nessa incomparável peça. Assim, também, não está aqui o Dr. Bion... Não está aqui para dizer o que disse nem como disse... Possam, assim espero, que as impressões ora relacionadas não tenham sofrido tantas "transformações" e que as "invariantes" nelas contidas, ao retratar a experiência aqui descrita, sejam fiéis à experiência lá vivida.

Seria um caso de identificação projetiva exitosa?

Introdução

Quando terminei este trabalho, soube por um colega que fez também análise com o Dr. Bion que o Dr. James S. Grotstein estava editando o livro: *Do I dare to disturb the universe? A memorial to W. R. Bion*. Nisso, apressei-me a traduzi-lo para o inglês e enviar para ele. Passado algum tempo, recebi de Dr. Grotstein uma carta dizendo que gostou muito de meu trabalho, mas que não poderia incluí-lo no livro, pois ele já fora enviado para a editora. Disse-me ainda que sentia muito, pois meu trabalho *"would have graced the book"* [teria embelezado o livro]. Posteriormente, em uma viagem para o Havaí, passei dois dias em Los Angeles e fui jantar com ele, sua esposa Susane, Dr. James Gooch, sua esposa Shirley e minha esposa. Ali discutimos esse trabalho tendo o Dr. Grotstein dito que gostara muito dele, mas que ele tinha uma falha importante: faltava ter colocado a transferência negativa. Disse a ele que não a colocara porque sentia que ela cabia só a mim – como assinalei no começo deste texto. Na verdade, houve muitas sessões onde a transferência negativa apareceu. Apresento uma situação dela na seção a seguir.

Um caso de transferência negativa

Uma vez, quando estava em análise em suas férias em Saint--Cyprien, onde Dr. Bion tinha uma casa de campo, houve uma manhã em que ele caiu no sono. Eu percebi que ele dormia primeiro porque o senti distante, psiquicamente ausente, depois, ouvi o ruído característico de quem ressonava... Bem, fiquei chateado e de chateado não demorei muito a ficar ansioso e com raiva... Estava ali naquela situação peculiar e desagradável sem saber se eu o acordava ou se ficava quieto... Acabei tossindo e mexendo-me, o que deve tê-lo acordado...

Disse a ele mais ou menos que eu estava chateado por ele ter dormido. Ao que ele me surpreendeu com a seguinte observação: "Penso que seria importante nós aqui sabermos o que e em que o senhor fez e contribuiu para que eu adormecesse".

Lembro-me de que senti raiva com essa observação dele e lhe respondi aproximadamente nestes termos:

> *Eu não vejo no que eu estou contribuindo para que o senhor adormeça. Eu penso que não sou tão poderoso assim! Se o senhor dormiu, foi por uma razão sua e não minha. O que me aborrece é que eu não vim aqui para que o senhor dormisse.*

Ao que Dr. Bion respondeu: "Se o senhor pensa assim, olhe! A porta só está trancada do lado de dentro, nada impede que o senhor se levante, destranque a porta e vá embora".[22]

Respondi-lhe mais ou menos desta forma: "Eu penso que não mereço essa resposta e ser tratado assim... Eu acho que o senhor ficou com raiva de ter adormecido e de eu ter percebido, e o senhor simplesmente não quer reconhecer isso!".

O Dr. Bion ficou quieto, nada respondeu... Eu, por outro lado, não levantei, não destranquei a porta, permaneci no divã e minha análise continuou...

Senti que o seu silêncio era um reconhecimento, não verbalizado, de que ele estava enganado, o que, naquele momento, permitiu que minha análise prosseguisse...

---

22 O que equivale, em português, ao dito popular: "A porta da rua é a serventia da casa".

Referências

Alves, C. (n.d.). Dedicatória. In *Espumas flutuantes*. (S.l.: s.n.) Publicado originalmente em 1870. Recuperado de https://www.literaturabrasileira.ufsc.br/_documents/0006-01150.html#Dedicat%C3%B3ria.

Anjos, A. dos (1998). A idéia. In *Eu e outras poesias* (p. 6). 42. ed. Rio de Janeiro, RJ: Civilização Brasileira. Recuperado de http://www.portalentretextos.com.br/download/livros-online/eu.pdf.

Assis, M. de (1913). *Sonetos brasileiros*. Rio de Janeiro, RJ: F. Briguiet & Cia.

Bion, W. R. (1967). *Second thoughts*. London: Heinemann.

Bion, W. R. (1977a). Learning from experience. In *Seven servants four works by Wilfred R. Bion*. New York: Jason Aronson. Publicado originalmente em 1962.

Bion, W. R. (1977b). Transformations. In *Seven servants: four works by Wilfred R. Bion*. New York: Jason Aronson. Publicado originalmente em 1965.

Bion, W. R. (1977c). Attention and interpretation. In *Seven servants: four works by Wilfred R. Bion*. New York: Jason Aronson. Publicado originalmente em 1970.

Bion, W. R. (1989). *Two papers: the grid and caesura*. London: Karnac Books. Publicado originalmente em 1977.

Bueno, F. da S. (1968). *Grande dicionário etimológico-prosódico da língua portuguesa: vocábulos, expressões da língua geral e científica, sinônimos, contribuições tupi-guarani*. São Paulo, SP: Saraiva.

Correia, R. (1948). *Poesias completas* (Vol. 1). São Paulo: Editora Nacional.

Freud, S. (1959). Inhibitions, symptoms and anxiety. In *Standard edition* (Vol. XX, pp. 75-174). London: Hogarth Press. Publicado originalmente em 1926.

Guimarães, J. (1990). *As três ilhoas*. Ouro Fino: (s.n.)

Junqueira de Mattos, J. A. (2016). Impressions of my analysis with Dr. Bion. In H. B. Levine & G. Civitarese (Ed.), *The W. R. Bion tradition lines of development: evolution of theory and practice over the decades* (pp. 5-21). London: Karnac Books.

Kant, I. (1989). *Crítica da razão pura*. 20. ed. Lisboa, Portugal: Fundação Calouste Gulbenkian.

Mello e Silva, M. (1978). Bion the man. *Ide, 4*(6), 169.

Milton, J. (1894) *Paradise Lost: Illustrated by Gustave Doré*. London: Cassell & Company Limited.

Shakespeare, W. (1969). *The complete works*. New York: Viking Press.

Vieira, W. (1962). *Antologia dos imortais*. Brasília, DF: FEB.

2. Impressões de minha análise com Dr. Bion: comentários do autor[1]

A criatividade é filha da tristeza.

Pablo Picasso

Hoje, passados dois anos e meio que escrevi as "Impressões de minha análise com Dr. Bion", parece-me ter sido ontem... Sim, a

---

1 Trabalho apresentado no I Colóquio Científico: W. R. Bion (1980). Publicado recentemente em Junqueira de Mattos (2016). Ao terminar este trabalho, relendo-o, achei estas expressões singularmente familiares... De súbito, recordei-me do soneto de Luiz Guimarães Júnior "Visita à Casa Paterna", tão amado há tantos anos por mim... Dada a profunda associação com tudo o que escrevi, decidi manter o texto em sua forma original:

Visita à Casa Paterna

Como a ave que volta ao ninho antigo
Depois de um longo e tenebroso inverno,
Eu quis também rever o lar paterno,
O meu primeiro e virginal abrigo.

mais vívida lembrança irrompe de minha alma... Lembro-me "Oh! Se me lembro! E quanto!".[2]

Sentado aqui diante da máquina de escrever, nas telas de minha memória, acudia-me a lembrança amargamente doce de Dr. Bion, sua figura nobre, sábia e bondosa, acolhedora e séria... A sala, sua voz, o retrato de Melanie Klein de olhar meigo e penetrante, profundo e cismador, pousado sobre sua escrivaninha... Por vezes, parecia-me ouvir os acordes sublimes e doridos do largo de Händel.

Uma acerba saudade, um legado pungente de sua inesperada morte, invadia todo o meu ser, contingente ferido, tangido por dores fundas... Chorava e escrevia... Outras vezes, só chorava, não escrevia... A angústia, a dor, a tristeza... A alegria... A paz... A despedida alegremente triste lá no Swiss Cottage Hotel, em Londres, onde Dr. Bion atendeu-me no último mês de análise, trinta e poucos dias antes de sua morte...

Durante o período em que escrevi as minhas impressões, fiquei anormalmente sensível, triste... Ao mesmo tempo, uma vontade imensa de escrever, de transmitir um pouco do muito que havia recebido...

Entrei. Um Gênio carinhoso e amigo,
O fantasma talvez do amor materno,
Tomou-me as mãos, – olhou-me grave e terno,
E, passo a passo, caminhou comigo.

Era esta a sala... (Oh! Se me lembro! E quanto!)
Em que da luz soturna à claridade,
Minhas irmãs e minha mãe... O pranto

Jorrou-me em ondas... Resistir quem há-de?
Uma ilusão gemia em cada canto,
Chorava em cada canto uma saudade.

2 V. Bicudo (comunicação pessoal, 1980).

Alguns dias depois de sua apresentação, recebi da professora Virgínia Bicudo uma carta, em que, falando sobre ele, escreveu: "Avalio seu estado emocional de perda mergulhando-o em uma mescla de sentimentos, liberando suas forças criativas".[3] Essas palavras inopinadamente despertaram em mim a lembrança de "Mourning and melancholia" (1917/1957b), de Freud, e o trabalho de Hanna Segal "A psycho-analytical approach to aesthetics" (1952).

Assim escreve Melanie Klein em "Mourning and its relation to maniac-depressive states":

> *Assim, enquanto o pesar é experienciado em toda sua totalidade e o desespero está no seu ponto máximo, o amor pelo objeto brota com intensidade e a pessoa enlutada sente ainda mais fortemente que a vida dentro e fora de si continua, apesar de tudo, e que o objeto perdido pode ser preservado dentro de si. Nesse estágio do luto, o sofrimento pode se tornar produtivo. Todos nós sabemos que experiências dolorosas de toda a natureza, algumas vezes, estimulam sublimações,* ou mesmo despertam intensamente novos dons em algumas pessoas, as quais passam a se dedicar à pintura, ou a escrever ou ainda outras atividades produtivas sob o guante de frustrações e adversidades. *Outros se tornam mais produtivos de modo diferente – mais capazes de apreciar as pessoas e coisas, mais tolerantes em suas relações com os outros – eles se tornam mais sábios. Tal enriquecimento é, de acordo com o meu ponto de vista, ganho por meios semelhantes às etapas no luto, que nós acabamos de investigar. Assim sendo, todo sofrimento causado por experiências dolo-*

---

3 Inclusão minha que remete a *Paraíso perdido*, de John Milton (1894).

rosas, seja qual for a sua natureza, tem alguma coisa em comum com o luto. Reativam a posição depressiva infantil; *o encontro e o sobrepujar de adversidades, de qualquer natureza, envolvem trabalho mental semelhante ao luto.*

Parece que todo avanço no processo do luto resulta em um aprofundamento das relações do indivíduo com seus objetos internos, na alegria de reavê-los depois que foram sentidos como perdidos [Paraíso Perdido e Recuperado][4] *e pela intensificação da sua confiança e de seu amor por eles, porque afinal provaram ser bons e valiosos. Isso é semelhante aos meios pelos quais a criança muito pequena, passo a passo, estrutura suas relações com os objetos externos, porque adquire confiança não somente pelas experiências gratificadoras, mas também pela forma com que ela sobrepuja frustrações e experiências dolorosas, retendo, no entanto, seus objetos bons (externa e internamente). Tais etapas no trabalho do luto, quando as defesas maníacas se relaxam e o renovar da vida internamente se restabelece com o aprofundamento nas relações internas, são comparáveis com as etapas e que no desenvolvimento primitivo a levam a uma grande independência dos objetos externos e internos. (Klein, 1968, p. 328, grifos meus)[5]*

---

4 Os trechos em inglês no original foram traduzidos pelo autor.

5 Pintado por Picasso no dia 26 de outubro de 1937, logo após ter terminado *Guernica* e ainda, penso eu, sob o impacto emocional e na mesma cadeia associativa dessa criação extraordinária. Nas referências junto às reproduções que dela tenho, consta o original pertencer a uma coleção particular, razão pela qual não alimentava esperanças em vê-lo nunca. Penso que isso talvez tenha contribuído para o impacto sofrido... Lembrei-me agora de José Albano quando, em sua singela e sábia trova, diz: "Disto enfim já não duvido / No

E mais adiante:

> *Entretanto, no luto normal, a posição depressiva inicial, que fora reativada pela perda do objeto amado, mais uma vez se modifica ao ser reelaborada por métodos semelhantes àqueles usados pelo ego na primeira infância. O indivíduo, ao reinstalar presentemente o seu objeto amado, está, ao mesmo tempo, reinstalando dentro de si ou seus primitivos objetos de amor – em última instância os pais "bons" – os quais, quando a atual perda ocorreu, ele sentiu em perigo de perder novamente. E é por reinstalar dentro de si os pais "bons", bem como a pessoa recentemente perdida, e por reestruturar o seu mundo interno, o qual estava desintegrado e em perigo, é que ele supera sua dor, ganha novamente segurança, e alcança a verdadeira harmonia e paz. (Klein, 1968, p. 338)*

Estou hoje consciente de que aquele trabalho foi uma consequência do luto pela morte do inestimável Dr. Bion e, concomitantemente, contribuiu para elaborar tão dorida perda...

Penso que a professora Virgínia, ao se referir a uma "mescla de sentimentos", falava das primitivas ansiedades paranoides e depressivas em que me vi imerso durante a elaboração do luto, ativando em mim a re-vivência, ainda que transitória, da posição depressiva, com toda a sua constelação de ansiedades e defesas características, ao re-instalar em meu ser, não apenas o muito amado Dr. Bion como também meus pais e, mais primitivamente ainda, o

---

mundo o maior cuidado / Vem do Bem que foi perdido / Antes de ser alcançado" (Bandeira, 1965).

seio perdido... Aí, forças criativas e reparadoras liberadas compeliram-me irresistivelmente a escrever...

Alguns colegas me disseram que o texto "Minhas impressões..." lhes fizeram sofrer... E que despertaram recordações de suas próprias análises... Hanna Segal, em "A psycho-analytical contribution to aesthetics", afirma:

> *O prazer estético autêntico, isto é, o prazer derivado de um trabalho de arte, é único porque ele só pode ser obtido por um trabalho de arte,* e deve-se a uma identificação de nós mesmos com ele em sua totalidade e com a totalidade do mundo interno do artista como está representado pelo seu trabalho. Do meu ponto de vista todo prazer estético inclui em reviver da experiência do artista no momento da criação. *(1971, p. 399, grifos meus)*

Em seu trabalho "The Moses of Michelangelo" (1914/1955), Freud afirma: "O que o artista objetiva é despertar em nós a mesma constelação mental que produziu nele o ímpeto para criar". E logo adiante: "Eu entendo que esta forma inconsciente de reviver o estado da mente do artista é à base de todo prazer estético". Prossegue Melanie Klein:

> *Meu ponto de vista é que um trabalho de arte satisfatório é alcançado por realização e sublimação da posição depressiva, e que o efeito sobre a audiência é que ela inconscientemente re-vive a experiência do artista e partilha seu triunfo pela sua realização e seu desprendimento final. (1968, p. 404)*

Isso (identificação com o autor) eu penso ser o responsável pela geral acolhida e aceitação de meu singelo trabalho.

Ainda dentro do mesmo tema, guardo uma das mais plangentes e mobilizadoras experiências de toda minha vida... Em março de 1979 fui visitar, pela primeira vez, a Tate Gallery, em Londres. Decidi-me começar pelos impressionistas. Renoir... Cézanne... Toulouse-Lautrec... Monet... Manet... Gauguin... Degas... Van Gogh... Todos esses extraordinários artistas a quem tanto amava e cuja pintura tão cedo aprendi a admirar... E, de repente, como por uma magia, ali estavam... Todos, todos à minha frente... E eu que já antes, na entrada, extasiara-me com a estátua de Rodin, *O Beijo!*... Bem, fortemente emocionado, prosseguia a peregrinação... Isso não era tudo... Algo mais me estava reservado...: Sim, foi lá na sala dezenove... Ao adentrá-la, vi-me diante de *Mulher chorando*,[6] de Picasso. Por momentos tive a impressão de que havia movimento... Meu Deus! Que dor terrível era aquela? Pareceu-me mãe desolada que, ao chorar, extravasava de seu seio todas as dores do mundo e, incontidas, estilhaçavam, dilaceravam em clivagem singular todo seu·rosto em convulsões espasmódicas, para se converter em lágrimas acerbas... Tomado da mais funda impressão, senti meus cabelos, em ondas renovadas, se arrepiarem... As lágrimas, aos borbotões, inundaram meus olhos... Súbito, estava em plena galeria a chorar... Bem, na análise com Dr. Bion falei-lhe do impacto terrível causado pela *Mulher chorando* e o estado de mente em que eu

---

6 A esse respeito, escreve Dr. Bion em "Transformations": "O artista não é a única pessoa envolvida no olhar para uma pintura; o reconhecimento do que a pintura representa pode não ocorrer se o observador depender só do sentido do olfato. Quanto maior for sua experiência de arte, ele provavelmente melhor interpretará a pintura corretamente" (1965/1977c, p. 1). Ainda sobre o mesmo assunto, Dr. Bion, no prefácio do livro *Introdução às idéias de Bion*, escreve: "Quem contempla o quadro de Vermeer 'A Pequena Casa em Delft' pode estar consciente de receber um impacto emocional que nunca experimentou antes" (Grinberg et al., 1973, p. 9).

estava ao sair da Tate. Sentia uma tristeza serena, terna... Falei-lhe que, ao mirar o quadro, recordei-me da bucólica *Guernica*, naquele dia horrendo em que as bombas e a metralha nazistas impiedosamente dilaceraram campesinos e crianças inocentes... Do espectro furibundo de Hitler, trágico e macabro, a ordenar vociferante o teste definitivo das novas armas, para sua máquina de guerra... Lembrei-me (teria sido isso o que mais me enterneceu?) da *Nona sinfonia* de Beethoven... Desde os acordes do primeiro movimento, dolorosos, incoerentes, soturnos, caóticos, a expressar gritos e lamentos desconexos... Depois a transparência luminosa do sublime adágio... Quiçá o mais belo que há na música... Por fim, o profundamente humano Quarto Movimento, em que o coro, com toda força e vibração incomparável da voz humana e pela primeira vem em uma sinfonia, canta *Ode à alegria*, de Schiller... Beethoven a nos conclamar seu testamento para a fraternidade, para o entendimento... para a compaixão... legado sublime para as gerações que nos precederam e para aquelas que hão de vir...

Descobrira, disse a Dr. Bion, ali com Picasso e Beethoven, de uma forma renovada, a importância do amor, da paz, da verdade... Dr. Bion observou o seguinte: "O senhor sente que depois da experiência vivida não será mais o mesmo, algo mudou dentro do senhor". Sim! Hoje eu aduziria que algo mudou em mim, porque da incoerência perseguidora e caótica da posição esquizoparanoide – as bombas, a metralha, o primeiro movimento da *Nona sinfonia* – à integração unificadora da posição depressiva – os sublimes acordes do adágio – fui compelido à gratidão e à reparação – o coro, a *Ode à alegria* –, havendo ainda e, principalmente, a aproximação dos "contrastantes aspectos do objeto" (Melanie Klein) – o bem e o mal, Beethoven e Hitler –, dos externos e internos – graças ao modelo pictórico (C3 da Grade) oferecido por Picasso, cujas invariantes captadas por mim foram transformadas em impressões musicais naquele dia inolvidável.[7]

Um fato que passou completamente despercebido na época e do qual penso ter tido uma percepção inconsciente, levando-me a mencioná-lo. Na conclusão de meu trabalho, uso os *Quadros de uma exposição*, de Mússorgsky, como uma construção, um modelo, para transmitir os conceitos de Dr. Bion sobre a teoria das transformações e invariantes. Ocorre que Gartman (Viktor Aleksandrovitch Gartman, pintor e amigo íntimo de Mússorgsky) havia falecido recentemente (4 de agosto de 1873) e a referida exposição era uma homenagem póstuma que se prestava a ele. Mússorgsky compareceu à exposição e suas impressões foram colocadas em música. Essa admirável peça musical, composta inicialmente para piano,

---

7 Emil Ludwig, em *Beethoven*, conta duas passagens da vida do genial autor da *Nona sinfonia*, em que mostra como Beethoven ficava totalmente imerso em seu processo criador, com abstração total do que se passava ao seu redor: "Demonstra-se o quanto ele se esquecia do seu auditório, por um incidente que teve lugar no Palácio Lobkowitz, quando um famoso tocador de oboé tomou parte num de seus quintetos para piano, no qual o próprio Beethoven tocava a parte do piano. Durante uma passagem do solo, ele começou a improvisar sobre o tema do rondó e entreteve a si próprio e ao auditório durante um bom tempo, o que não deve ter sido muito agradável para seus colegas. Ramim, o tocador de oboé, ficou furioso. A situação era decididamente cômica, com os músicos esperando para recomeçar a qualquer instante, pondo seus instrumentos na boca ou no queixo e tornando a baixá-los. Afinal, Beethoven se satisfez e continuou com o rondó. O auditório ficou maravilhado. Outra ocasião, em casa de um conde, em Linz, os convidados já estavam sentados à mesa. Beethoven, completamente esquecido deles, 'tocou durante uma hora, de maneira que, um por um, todos deixaram a mesa e se reuniram em redor do piano. De repente, ele se lembrou de que o jantar fora anunciado, há já bastante tempo. Ergueu-se e foi depressa para a sala de jantar, mas esbarrou com tanta força na mesa que os pratos caíram no chão'. Devia estar sonhando ainda e se aproximara da mesa sem vê-la; e por isso o seu primeiro passo destruiu um componente do mundo real" (Ludwig, 1945, p. 72). Seria exagerado dizer que Beethoven, há mais de 160 anos, ao compor, trabalhava de forma a evitar memória, desejo ou compreensão?

foi tão apreciada que vários músicos tentaram dar-lhe um colorido mais vivo, só possível com uma grande orquestra. Porém, coube a Ravel orquestrá-la meio século depois, que se tornou a versão mais ouvida hoje. Creio que com *Quadros de uma exposição*, Mússorgsky elaborou o luto pela perda do amigo e, ao mesmo tempo, talvez incidentalmente, nos contemplou com essa obra-prima.

Ao terminar o trabalho, busquei dar-lhe um nome. Tentei a palavra recordações: "Recordações de minha análise com Dr. Bion". Não gostei... Não era um continente adequado ao que sentia. Experimentei lembranças... Embora melhor, senti que algo não estava bem... Havia alguma coisa fora do tom, dissonante... Surgiram-me então impressões... Isso! Isso sim!... Singelas impressões, colhidas aqui e ali... Quais rosas em sol de primavera... Prenhe de luz, de perfume... Prenhe também de agudos e pungentes espinhos... Impressões que de minha alma ainda se enfloram... Parafraseando ou, dito melhor, transformando Camões, diria:

> *Oh! Rosas que em minh'alma estão impressas...*
>
> *Que dias há que nela me tem posto*
>
> *Um não se quê, que nasce não sei onde,*
>
> *Vem não sei como, e dói não sei porquê.*
>
> *(Camões, 1970)*

Todos os fatos relacionados em meu trabalho foram expressos por lembranças e associações que me acudiram espontânea e subitamente no momento em que as escrevia... Não houve nenhuma anotação... Não houve o menor esforço em recordar... Elas ocorriam-me em *flash* e por inteiro. Isso me parece em absoluta concordância com o que expressa Segal em "A psycho-analytical contribution to aesthetics":

De acordo com Proust, um artista é compelido a criar pela sua necessidade de reencontrar o seu passado perdido. Mas uma memória puramente intelectual do passado, ainda mesmo quando possível, é emocionalmente sem valor e morta. Uma lembrança real muitas vezes surge inesperadamente por meio de uma associação ocasional. *O perfume de um bolo traz de volta à sua mente um fragmento de sua infância com uma emoção viva e total. O tropeçar em uma pedra revive a recordação de um feriado em Veneza, o qual antes ele tentara em vão recapitular. Durante muitos anos, ele tentara em vão lembrar e recriar em sua mente a figura viva de sua muito amada avó. Mas somente por uma associação fortuita, foi capaz de se lembrar dela, sentir sua perda e pranteá-la.* Ele chama essas associações fugidias de "intermittences du coeur", mas diz que tais memórias surgem e desaparecem novamente, assim o passado permanece impalpável. *Para capturá-las, para dar-lhes uma vida permanente, para integrá-las ao resto de sua vida, ele necessita criar um trabalho de arte. (1971, p. 388, grifos meus)*

Da mesma forma, penso ser análogo ao que Dr. Bion afirma em "Notes on memory and desire":

Em cada sessão, uma evolução se delineia. Dentro da escuridão e do informe, algo evolve. Essa evolução pode ter uma semelhança superficial com memória, mas, uma vez experenciada, não pode jamais ser confundida com memória. Partilha com o sonho a qualidade de ser totalmente presente ou injustificada e subitamente ausente. *Essa evolução é o que o psicanalista necessita estar pronto a interpretar . . . Eu sinto que é útil se eu puder distinguir entre dois fenômenos diferentes os quais são usualmente e indiferentemente chamados de "memória".* Eu tenho tentado fazê-lo falando de um como sendo "evolução", pelo qual eu denomino a experiência em que alguma ideia ou uma impressão pictórica flutua na mente livre e inteira. *Disso eu desejo distinguir ideias que se apresentam em resposta a uma deliberada e consciente tentativa de recordar; para as últimas, eu reservo o termo "memória". "Memória" eu reservo para a experiência relacionada predominantemente com impressões sensoriais:* evolução eu considero como sendo baseada em experiências que não têm um transfundo sensorial, mas é expressa em termos que são derivados da linguagem da experiência sensorial. Por exemplo, eu "vejo" significando, eu "intuo por meio de uma impressão visual".

Desejo não deve ser distinto de "memória", assim eu prefiro que tais termos representem um fenômeno que é a fusão de ambos. Eu tenho tentado expressar isso dizendo que "memória" é o tempo passado de "desejo"; "antecipação" é o seu tempo futuro. *(1967a, pp. 272, 279, grifos meus)*

Eu sinto que o que Proust chama de "*intermittences du coeur*", os artistas chamam de musa ou inspiração criadora[8] e eu, de *impressões*. Com isso, partilhamos do mesmo fenômeno descrito por

---

8 "Os elementos psicanalíticos e os objetos deles derivados têm as seguintes dimensões:
1. Extensão no domínio do sentido.
2. Extensão no domínio do mito.
3. Extensão no domínio da paixão.

Dr. Bion como memória de um sonho – em um momento presente e no outro completamente ausente – ou, dito em outras palavras, uma presença intermitentemente ausente.

Ao terminar o meu trabalho "Impressões de minha análise com Dr. Bion", relendo-o, surpreendi-me com o quanto havia *recordado* de minha análise. Como, perguntava a mim mesmo, fui capaz de lembrar tudo isso? Se dias havia em que tudo me parecia *esquecido*, distante. Achei o fato tão inusitado e estranho que resolvi, na apresentação no I Colóquio Científico W. R. Bion, levá-lo à apreciação dos analistas presentes, numa tentativa de entendê-lo melhor. Para explicá-lo, eu tinha minha própria teoria, que, aparentemente, convenceu os presentes. Disse-lhes que o fato de Dr. Bion usar em seu trabalho construções – em que as interpretações frequentemente eram um prelúdio e sempre tinham elementos descritos no Capítulo 3 de *Elements of psychoanalysis*[9] – que tinham sempre transfundo de elementos sensoriais (C3) teria facilitado muito o meu recordar... Aludi-me ainda ao

---

Uma interpretação não pode ser considerada satisfatória, a menos que ilumine um objeto psicanalítico e este objeto necessite, no momento da interpretação, possuir essas dimensões" (Bion, 1962/1977a, p. 11).

9 Em *Bion's Brazilian Lectures 2* (1974, p. 17), Dr. Bion fala de um treinar que intensifica a capacidade intuitiva do analista e cita o *Paraíso perdido*, de John Milton (1894, Livro III, linhas 51-55). Depois, reponde à seguinte questão: "Q. Se a intuição é tão importante, por que, no treinamento e educação de um analista não são incluídas as atividades artísticas, poesia em particular? R. Provavelmente por falta de tempo; certamente não por falta de importância. Espera-se que a experiência estética tenha sido adquirida antes de se iniciar a formação analítica" (1974, p. 21).

Para Dr. Bion, a experiência estética é fundamental no desenvolvimento da intuição e ressalta a importância de o analista ter tido essa experiência antes de ingressar nos institutos de psicanálise. Eu acrescentaria ser um pré-requisito essencial.

James Grotstein, no livro *Do I dare disturb the universe? A memorial to W. R. Bion* (1981, pp. 13-15), aborda de diferentes maneiras a importância da estética na vida, no trabalho e na obra do Dr. Bion.

fato de que possuo ótima memória e que esta teria sido "treinada" desde quando criança, pois meu pai, como castigo, dava a mim e a meu irmão preferentemente poesias para decorar[10] e muitas, muitas delas eu ainda sei de coração. Não duvido que isso seja verdade em determinadas situações. Porém, tais construções só foram importantes no momento em que Dr. Bion as formulou. E só naquele momento, porque me permitiram "ver" e sentir o que ele transmitia. No momento em que escrevi meu trabalho, não foram importantes. Tudo me ocorria subitamente, sem nenhum esforço, quando escrevia... Outras vezes tinha tudo ali presente e, como não havia tempo de escrever, se evaporava, escondendo-se não sei onde... Mas, inopinadamente e sem esperar, eis tudo de volta, reaparecendo não sei por quê... Tendo a qualidade do fugidio... Do diáfano... Do intangível... Ao mesmo tempo, estranho paradoxo! Ali está seguro... Por inteiro. Inescapável... O que tentei defender e provar durante a apresentação do trabalho foi pura, dezoito quilates, memória, memória saturada!

Não, absolutamente não foi pelo fato de Dr. Bion usar, qual Picasso da palavra, extraordinárias construções ou pelo fato de eu dispor de excelente memória que eu teria sido capaz da *proeza* de recordar... Não, trata-se de outra coisa, de diverso fenômeno, trata-se da memória com as qualidades do recordar de um sonho.

Em termos da Grade, Dr. Bion considera o primeiro tipo de memória, o saturado, como pertencente a C3. Assim escreve em "Attention and interpretation": "Desde que toda memória tenha um fundo de impressões sensoriais, a categoria apropriada é a fileira C. Como existe um número de situações em que memória e desejo parecem ter uma configuração semelhante, eu proponho considerar somente a função C3 da memória" (1970/1977d, p. 44). Como categorizar o que me lembrei em meu trabalho "Impressões

---

10 Ver *Two papers: the grid and caesura*, 1977/1989, p. 11.

de minha análise com Dr. Bion", o que Proust chamou de "*intermittances du coeur*", o que os artistas chamam de musa ou inspiração criadora e o que estou a *recordar* enquanto escrevo este texto? Por sentir tratar-se de memória com as características do recordar de um sonho e por pertencer à mesma "penumbra de associações" do que Freud (1911/1958) chamou de "atenção flutuante", eu as classifico com C4.[11] Muito embora tais categorias estejam próximas na Grade (C3 e C4), são fenômenos completamente diferentes. Assim se expressa Dr. Bion em *Second thoughts*:

> *Na grade, estas duas categorias aparecem juntas. É comum na vida diária ouvir-se falar de duas pessoas cujos pontos de vista são "polos à parte", isto é, uma expressão de "distância" mental. A imagem visual da grade sugere que essas duas categorias são vizinhas e deveremos nos inclinar a considerar que existe uma correspondente "proximidade" na relação dos objetos representados na grade? No contexto desta discussão eu penso que o valor real da formulação categorizada com C3 é de fato "muito distante" do valor real representado por C4. (1967b, p. 124)*

Embora tenha importância diferenciar essas duas espécies de memórias, a saturada e a memória com as características do recordar de um sonho, como pertencentes a fenômenos diferentes

---

11 A esse respeito, escreve Dr. Bion em "Learning from experience": "Continente e conteúdo são susceptíveis de conjunção e permeação pela emoção. Assim conjugados ou permeados, ou ambos, eles se modificam de uma maneira usualmente descrita como sendo crescimento. Quando separados ou desnudados de emoção, eles diminuem em vitalidade, ou seja, aproximam-se dos objetos inanimados. Ambos, conteúdo e continente, são modelos de representações abstratas das realizações psicanalíticas" (1962/1977a, p. 90).

até mesmo classificando-as com C3 e C4, em termos da Grade, eu sinto que, como "hipóteses definidoras", servem para nomear, saber do que se está falando, tendo, porém, limitado valor na prática psicanalítica. Ali, na solidão de nosso consultório, só com nosso analisando, o importante é ser capaz de trabalhar sentindo a diferença. E uma vez sentida na vivência clínica, jamais a confundiremos, ainda que não lembremos ou não saibamos que há nomes diferentes como memória sonho ou memória saturada... Assim diz Dr. Bion em "Notes on memory and desire": "Estas hipóteses definitórias têm valor limitado e eu sugiro que cada analista sinta por si mesmo, por experiência própria, o que estes termos representam" (1967a, p. 279). O mesmo tema é abordado em *Second thoughts* (1967b, pp. 126-127).

Escreveu Melanie Klein em "A contribuition to psychogenesis of manic-depressive states":

> *Na fase primitiva os objetos perseguidores e os objetos bons (seios) são mantidos dissociados na mente da criança. Quando com a introjeção do objeto total e real, eles se aproximam, o ego repetidamente lança mão do mecanismo – tão importante no desenvolvimento das relações de objeto –, ou seja, da cisão das imagos entre amadas e odiadas, ou boas e perigosas.*

> *Poder-se-ia pensar que, a esta altura, a ambivalência, a qual em última instância refere-se a relações de objeto – isto é, com o objeto total e real – tem início. A ambivalência por meio da cisão das imagos habilita a criança pequena a sentir maior confiança e fé nos objetos reais e, assim, nos internalizados – a amá-los mais e implementar em um grau ainda mais acentuado suas fantasias de restauração do objeto amado. Ao mesmo*

tempo, as ansiedades e defesas paranoides são direcionadas contra os objetos "maus". "O apoio que o ego obtém do objeto real 'bom' é aumentado pelo mecanismo de fuga, que se altera entre os seus objetos bons externos e internos". (1935, p. 308)

E, citando novamente este trecho em "Mourning and its relations to manic-depressive states":

> *Enquanto as primitivas ansiedades não forem suficientemente aliviadas pelas experiências que intensificam o amor e a confiança, não é possível estabelecer o mais importante [all important] processo da aproximação dos vários aspectos do objeto [externo, interno, "bom" e "mau", amado e odiado] e assim fazer que o ódio seja mitigado pelo amor – o que equivale a uma diminuição da ambivalência. Enquanto a separação desses aspectos contrastantes – sentidos no inconsciente como sendo objetos contrastantes – opera de uma forma fortemente ativa, os sentimentos de ódio e amor estão tão separados um do outro que o amor não pode mitigar o ódio. (Klein, 1968, p. 316, grifos meus)*

Este, o mais importante (*all important*), processo de unificação dos diferentes, contrastantes, polarizados e opostos aspectos do objeto, externo e interno, tão importante na elaboração da posição depressiva, é reativado, ainda que transitória e momentaneamente, durante a sessão analítica. Aí, num fluxo e refluxo incessante, interjogo dinâmico entre as posições esquizoparanoide e depressiva, por identificações projetivas e introjetivas entre conteúdo e continente,[12] esse *"all important"* processo acontece novamente em miríades de formas, num dinamismo incessante e renovador em busca de novas expressões e novas unificações.[13]

Isso muito mais facilmente ocorre se o analista usa suas interpretações como um prelúdio para a formação de modelos e de construções. Sim, dada a qualidade de comunicação imediata que o modelo oferece pela sua natureza intrínseca, o analista, se dotado de capacidade artística, há de formulá-lo com muito mais plasticidade, de forma vívida e, portanto, passível de ser "vista" pelo analisando. Dr. Bion algumas vezes me falou da importância de o analista ser também um artista, ou da parte artística do trabalho prático analítico, em que o analista, qual pintor em tela fina, usa as palavras à guisa de pincéis e tintas, a formular (*"on the spur of the moment"*), no perpassar fugidio do "aqui e agora" do momento analítico, suas construções para que o analisando as possa "ver". Nesse instante de turbulência criadora, ele conjura de infinitas maneiras as invariantes do material associativo de seu analisando, em "conjunções constantes", com as invariantes contidas nos modelos que lhe surgem espontaneamente. Aí, terá feito uma "ponte entre a teoria e o material que é manifesto na experiência psicanalítica",[14]

---

12 A importância da unificação dos diferentes aspectos do objeto é da mesma forma ressaltado em "Explanatory notes" por Dr. Roger Money-Kyrle, Dra. Betty Joseph, Dra. Edna O'Shaughnessy e Dra. Hanna Segal (Klein, 1981, p. 436).

13 Em *Two papers: the grid and caesura*, afirma Dr. Bion: "Esses modelos ajudam o psicanalista a fazer uma ponte entre a teoria e o material que é manifesto na experiência psicanalítica" (1977/1989, p. 36).

14 Em "Learning from experience", Dr. Bion ressalta mais uma vez a importância do modelo a oferecer uma visão binocular: "O analista encontra-se na posição daquele que, graças ao poder da percepção 'binocular' e consequente correlação que esta possessão de uma capacidade para pensamento consciente e inconsciente confere, está habilitado a formar modelos e abstrações que servirão para elucidar a inabilidade do paciente em fazer o mesmo" (1962/1977a, p. 104). Penso que esta capacidade perceptiva binocular para o estar consciente e

onde não só o conteúdo é importante como também a forma que se cria ao transmitir é fundamental para a qualidade do trabalho analítico. Importância já referida por Freud em "Construction in analysis" (1937/1964). Dada a qualidade de simetria que os modelos e construções possuem, esses "contrastantes aspectos – bons e maus" (Klein) do objeto são aproximados e unificados de infinitas maneiras no evolver do trabalho analítico. Assim, afirma Dr. Bion em *Two papers: the grid and caesura*:

> *O problema, o objeto da curiosidade, tem de ser aproximado simetricamente. "Muito bom" e "muito mau" não são a formulação de um conflito: é a formulação de uma relação de simetria. É análogo, no domínio da personalidade, ao que a visão bifocal o é no domínio do escrutínio visual. Na experiência sensorial os olhos são focalizados, levados a um ponto onde eles se "encontram". O "aparelho" da intuição não pode ser expresso nos termos simples, disponíveis para a formulação de uma experiência sensorial homogênea. O real e o ima-*

---

inconsciente ao mesmo tempo não é patognomônica do labor psicanalítico, mas sim presente em estados de mente análogos ao trabalhar sem memória e desejo como, a meu ver, nos momentos de inspiração criadora. Compare o que acabo de transcrever de Dr. Bion com o que, a respeito da capacidade criadora de Beethoven, escreve Emil Ludwig, em *Beethoven*: "Tão notável quanto a improvisação semi-inconsciente de Beethoven era o seu controle consciente. Seu amigo Amenda, de quem breve trataremos, tinha freqüentemente permissão de o ouvir tocar, e um dia lamentou que tão preciosos pensamentos se perdessem assim 'Oh, mas está enganado', respondeu Beethoven. 'Posso repetir cada uma das improvisações' e então tocou-as todas de novo sem a menor mudança. Temos aqui a mais espantosa evidência do amálgama da intuição com a clareza que existia na biologia das suas criações, e que dava a seus ouvintes a impressão de que os improvisos estavam sendo criados com segurança, mesmo quando ele se entregava inteiramente à sua inspiração" (Ludwig, 1945, p. 71).

ginário somente se completam quando eles não se encontram: ainda que saibamos que duas linhas paralelas no domínio da experiência sensorial se encontram, no domínio da personalidade, elas se tornam simétricas.

O repensar de Freud ao usar o termo "interpretação", quando "construção" poderia parecer mais apropriado, é certamente compatível, embora eu dificilmente pudesse considerar como conformatório, com minha ideia de que para certos fins, para os quais os analistas usam interpretações, eles requerem construções e que essas construções são instrumentos essenciais para a demonstração de simetria. Um componente sensorial desse aparelho é a imagem visual. Os elementos C que delineei diferem da interpretação, que usualmente é monovalente, enquanto a construção (elemento C) é polivalente e mais rápida do que as formulações F ou G, embora possa não ser mais rápida que as formulações H, se e quando puderem ser descobertas. (Bion, 1977/1989, p. 31)

Portanto, as construções, pelo seu caráter polivalente simétrico, não monovalente – música estereofônica em contraste com música monofônica –, são o meio mais fácil e rápido de transmitir o percebido ao analisando, até que algo mais eficiente, como diz Dr. Bion, seja des-coberto.[15] Devido à "aproximação simétrica" que o modelo oferece, um sentimento de verdade é experienciado pelo

---

15 Ver Freud, "Instincts and their vicissitudes" (1915/1957a), "The unconscious" (1915/1957c) e "Formulations on the two principles of mental functioning" (1911/1958); Susan Isaacs, "The nature and function of phantasy" (1970, Capítulo 3); Hanna Segal: *Introduction to the work of Melanie Klein* (1973, Capítulo 2); e Paula Heimann: "Certain functions of introjection and projection in early infancy" (1970, Capítulo 4).

analista e pelo analisando, quando os "contrastantes aspectos" do objeto são aproximados. Dada a íntima relação das emoções com os instintos, de um lado, e das fantasias inconscientes[16] com a vida psíquica, de outro, essa aproximação não ocorre se o analista interpreta de maneira fria, distante, inodora, insossa, opaca, monovalente, ainda que sofisticada, usando o jargão teórico (F5) e, portanto, impérvio ao paciente. Ao contrário, com o uso do modelo (C4), esses polarizados aspectos do objeto – no cadinho ebuliente do "aqui e agora", quando as qualidades emocionais contrastantes, amor e ódio, bondade e maldade, alegria e tristeza, ameaça e acolhimento, inveja e gratidão – são aproximados, correlacionados, por meio da comunicação polivalente, emocional, vívida, artística e caleidoscópica que o modelo e as construções oferecem. Assim se expressa Dr. Bion no fundamental trabalho "A theory of thinking", em *Second thoughts*:

> *Uma importante função da comunicação é alcançar uma correlação. Enquanto a comunicação é ainda uma função privativa, concepções, pensamentos e suas verbalizações são necessários para facilitar a conjunção de um conjunto de dados sensoriais com outros. Se a conjunção de dados se harmoniza, um sentimento de verdade é experienciado e é desejável que a este sentimento seja dada expressão por meio de uma afirmação análoga à afirmação funcional daquela verdade.*

---

16 Este trecho poderia ser traduzido por: "a contrapartida de um ponto de vista comum no conhecimento privado" ou ainda por "a contrapartida de um senso visual comum no conhecimento privado". Porém, sinto que o que Dr. Bion deseja aqui expressar é a importância da visão bi-ocular – olho esquerdo e olho direito como modelo para uma correlação. Tal importância já era ressaltada por ele desde "The imaginary twin", um de seus primeiros trabalhos. Portanto, entendo que a tradução mais fiel é aquela feita no texto anteriormente.

> *O fracasso em efetuar essa conjunção de dados senso-*
> *riais e, portanto, a um senso comum de visão (um*
> *ponto de vista comum) induz a um estado mental de*
> *debilidade no paciente como se uma fome de verdade*
> *fosse de alguma forma análoga à fome alimentar. A*
> *verdade de uma afirmação não implica que exista*
> *uma tomada de consciências que se aproxima da afir-*
> *mação verdadeira.*
>
> *Nós podemos agora considerar com mais profundidade*
> *a relação da consciência rudimentar para as qualida-*
> *des psíquicas.* As emoções preenchem uma função si-
> milar para a psiquê assim como os sentidos, em rela-
> ção com os objetos no espaço e no tempo. Isto é, a
> contrapartida da visão comum de ambos os olhos[17]
> no conhecimento privado é a visão emocional co-
> mum; um sentimento da verdade é experienciado se a
> visão de um objeto que é odiado puder ser conjugada
> com a visão do mesmo objeto quando ele é amado, e
> esta conjunção confirma que o objeto experienciado
> por meio de diferentes emoções é o mesmo objeto. "A
> correlação está feita". *(1967b, p. 119, grifos meus)*

Os aspectos emocionais contrastantes, contraditórios, confli-
tantes da vida, dos objetos, do ser... são uma constante na obra dos
grandes artistas, como neste magistral soneto de Camões, em que
o genial bardo, ao externar seus sentimentos, expressa não somente um sentir que é seu, mas também põe em palavras para nós,
um sentir que é nosso, e de todos os dias... E não podemos como

---

17 Estou parafraseando, ou melhor, transformando, o que Camões (1970) fala no
Canto Primeiro d'*Os Lusíadas*.

ele exprimir... Isso porque, "para tanto nos falta Saber, Engenho e Arte":[18]

Soneto

Coitado! que em um tempo choro e rio;

Espero e temo, quero e aborreço;

Juntamente me alegro e me entristeço;

Confio de uma coisa e desconfio.

Vôo sem asas, estou cego e guio;

Alcanço menos no que mais mereço;

Então falo melhor, quando emudeço;

Sem ter contradição sempre porfio.

Possível se me faz todo o impossível;

Intento com mudar-me estar-me quedo;

Usar de liberdade e ser cativo;

Queria visto ser, ser invisível

Ver-me desenredado, amando o enredo;

Tais os extremos são com que hoje vivo!

(Camões, 1970, p. 69)

Dr. Bion – ou qualquer analista que assim trabalha – achava o evitar memória e desejo durante a sessão um processo tão

---

18 Ver "Attention and interpretation" (Bion, 1970/1977d, p. 47 e ss.).

perturbador que assim se expressa em "Attention and interpretation": "O analista que tenta essa atividade disciplinar a achará extremamente perturbadora, apesar de sua própria análise, por mais completa e prolongada que possa ter sido" (1970/1977d, p. 47). Chega a aconselhar esse mesmo procedimento para os analistas em cujas respectivas análises tenham sido trabalhadas as ansiedades paranoides e depressivas. Assim se expressa em nota de rodapé: "Existem perigos reais associados com a aparência; é por isso que o procedimento aqui esboçado é recomendado somente para o psicanalista em que sua própria análise tenha sido levada pelo menos a atingir o reconhecimento das posições esquizoparanoide e depressiva" (1970/1977d, p. 47).

Se a disciplina de evitar memória e desejo é dolorosa para o analista, não o é menos para o analisando, quando este intui no analista a "supressão" da memória e do desejo como sendo o caminho à aproximação ao desconhecido, à verdade. O contrário seria a emersão do desejo e da memória, ou, dito em outras palavras, a memória "possuída" pelo desejo, como representante de uma gratificação momentânea, havendo a dominância do princípio do prazer, "evitando, com isso, o desconhecido e, portanto, o conhecimento e o crescimento".[19] Certa vez, após uma interpretação de Dr. Bion que relacionava minhas angústias, ali no trabalho com ele, a frutos do medo do conhecimento de mim mesmo, medo do progresso ali na análise com ele, lembrei-me do ocorrido com uma analisanda minha. Provavelmente em 1976, ela, pessoa muito sensível e inteligente, amante das artes, particularmente da

---

19 Assim, graças a Picasso, a analisanda pôde literalmente "ver" a construção formulada, contendo elementos que se aproximavam, no sentir dela e no meu, do que ela estava sentindo naquele momento. Penso que o impulso súbito que senti de mostrar a reprodução para a analisanda é um fenômeno análogo ao que Dr. Bion chama de memória com as qualidades do recordar de um sonho (Bion, 1965/1977c, p. 107).

pintura e da música, veio à sessão com um alentado livro de arte sobre Picasso e, antes de se deitar no divã, deu-me o livro, dizendo aproximadamente: "Penso, Dr. Junqueira, que o senhor gostaria de vê-lo, guarde-o emprestado pelo tempo que quiser". Fiquei um pouco aturdido na hora com a inusitada oferta, pois não era aquela uma atitude peculiar da paciente nem eu estava acostumado a pegar emprestado pertences de analisandos meus. Dividido entre o impulso inicial de aceitar e a relutância em fazê-lo, acabou vencendo o primeiro e guardei o livro. Ele era de fato muito interessante; continha não só centenas de ilustrações das obras de Picasso como também um texto extremamente rico tanto em dados biográficos como em comentários pertinentes sobre o papel e a pintura do genial artista. Dias depois, a paciente falou-me de um estado de mente em que era estranho o seu relacionamento com sua mãe, havendo um peculiar *entranhamento* que se repetia na transferência, e me afigurava como uma *transubstanciação*: singular interpenetração de sua mente com a minha. Num átimo, lembrei-me de uma reprodução contida no livro, abri-o, mostrando-lhe, enquanto dizia: "O que a senhora acaba de descrever a mim me parece semelhante a isto aqui pintado por Picasso". A paciente mirou a reprodução e, entre surpresa e agradecida, disse: "É assim mesmo que eu sinto".[20] Ao que o Dr. Bion observou: "Como o senhor teve dificuldades em formular o que sentiu, valeu-se de Picasso para expressar, de uma forma rica, pictórica, o que percebeu e não conseguiu traduzir em palavras". Respondi que, apesar de a paciente ter se beneficiado com aquela insólita forma de interpretar, eu havia não só relutado em aceitar o livro como também, e ainda mesmo depois do acontecido, pensado se

---

20 A esse respeito, diz o Dr. Bion (1977/1989, p. 31): "Quais são as regras que devem ser seguidas para que o analisando possa razoavelmente esperar entender o analista e vice-versa?"

100 IMPRESSÕES DE MINHA ANÁLISE COM DR. BION: COMENTÁRIOS...

aquilo era análise... Não estaria indo longe demais e contra as regras estabelecidas?[21] Ao que Dr. Bion observou:

> *O senhor se angustia quando percebe progresso aqui na análise comigo. Mas não se angustia só aqui. Também como analista o senhor sofre quando trabalha de forma criativa. Por isso, o senhor recorre ao que é conhecido,*[22]

---

21 Memória, desejo e compreensão.

22 Dr. Bion prefere os termos paciência e segurança para definir as qualidades necessárias para tolerar o oscilar entre as posições esquizoparanoide e depressiva, durante o trabalho analítico, reservando as últimas para as conotações específicas que Klein emprestou ao definir esses estados. Assim se expressa em *Two papers: the grid and caesura*: "A massa de evidência que se torna disponível em contato com a personalidade do analisando faz que seja necessário tolerar a constante oscilação entre a posição esquizoparanoide e depressiva, ou da paciência para a segurança, as quais sugiro como sendo as descrições mais precisas das flutuações de psicanalista" (1977/1989, p. 21). E em "Attention and interpretation": "Em cada sessão o psicanalista deve ser capaz, desde que tenha seguido o que eu afirmo neste livro, particularmente em relação a memória e desejo, de estar ciente de aspectos do material que, por mais familiar ele possa parecer, é, no entanto, relacionado com aquilo que é desconhecido para ambos, ou seja, para o analista e o analisando. Qualquer tentativa de se ater ao que é conhecido deve ser resistida para se preservar e atingir um estado de mente semelhante à posição esquizoparanoide. Para esse estado eu cunhei o termo 'paciência' para distingui-lo da 'posição esquizoparanoide', que deve ser reservado para descrever o estado patológico para o qual Melanie Klein o usou. Eu emprego esse termo para conservar sua associação com sofrimento e tolerância à frustração.

'Paciência' deve ser mantida evitando-se 'uma irritável busca de fato e razão' até que um padrão 'evolva'. Esse estado é análogo ao que Melanie Klein chamou de posição depressiva. Para este estado, eu uso o termo 'segurança'. Eu o emprego pela sua associação com proteção e uma ansiedade diminuída. Eu considero que nenhum analista está em condições de acreditar que completou o trabalho necessário para dar uma interpretação, a menos que tenha passado por ambas as fases – 'paciência' e 'segurança'. A passagem de uma para a outra pode ser muito rápida, como nos estágios terminais da análise, ou pode ser muito longa. Poucos, ou nenhum psicanalista, devem acreditar que possa escapar a sentimentos de perseguição e depressão que são comumente associa-

às regras estabelecidas, para controlar uma situação dentro do senhor, evitando, com isso, o desconhecido e, portanto, o conhecimento e o crescimento.

O que é perturbador para o analista é ver-se preso em um estado de mente caótico, estranho, não raras vezes sentindo-se ameaçado. Isso porque revive, ainda que fugaz e momentaneamente, e, portanto, sem caráter patológico,[23] ansiedades paranoides e depressivas até o emergir do "fato selecionado" (Bion, 1967b, p. 131), dando coerência ao que estava disperso – isto é, a passagem do estado de mente de paciência para segurança –, fazendo sentido ao que antes era caótico. É novamente levado para a unificação e integração de seu mundo interno, estando apto nesse momento, e só nesse momento, a fornecer ao analisando sua construção, produto final de seu momento criador. Quando isso ocorre, o analista e o analisando, coparticípes de uma realização similar à criação artística, *"não serão mais os mesmos, algo terá mudado dentro deles"*.[24]

A respeito das mudanças operadas no analista e no analisando durante o processo analítico, assim se expressa Dr. Bion, respondendo à colega Márcia Mello e Silva, que o entrevistou em Los Angeles:

---

dos com os estados patológicos conhecidos como posições esquizoparanoide e depressiva. Em resumo, a percepção de ter feito uma interpretação correta será comumente relacionada e seguida quase imediatamente por um sentimento de depressão. Eu considero a experiência da oscilação entre 'paciência' e 'segurança' como sendo a indicação de que um trabalho de valor está sendo efetuado" (1970/1977b, p. 124).

23 Aqui estou parafraseando o que Dr. Bion observou a respeito do que vivi na Tate Gallery, mencionado anteriormente. Os grifos são meus.

24 Ver Bion, 1970/1977d, pp. 46-48.

M. – Eu me interrogava a respeito de algo que estava em minha mente e gostaria de perguntar-lhe. Algumas vezes pessoas vêm até mim e começam a fazer perguntas a respeito de psicanálise, como tratamento ou terapia e toda espécie de assunto. O senhor considera, por exemplo, que a psicanálise é uma forma de terapia ou o senhor pensa que ela é mais um instrumento para se desenvolver pesquisa no sentido de se descobrir coisas relacionadas com a mente, que não foram até agora tocadas? Neste sentido, e se assim for, qual é a sua idéia a respeito e como o senhor considera então o futuro da psicanálise? Aonde o senhor pensa que tudo isto levará?

B. – Eu penso que Freud provavelmente achava que ela era um método de investigação. Isto é verdade, mas o peculiar a respeito é que ela é um método de investigação efetuado por duas pessoas – o analista e o analisando. E o importante é que você não pode descobrir mais a respeito da mente humana sem ao mesmo tempo aprender mais acerca de quem você é. *Isto pode não ser muito, mas é alguma coisa,* assim, no momento que uma pessoa colocou um problema e este problema foi discutido, e no momento em que esta discussão terminou as pessoas envolvidas não são mais as mesmas. Ambas mudaram. *Portanto esta é uma situação dinâmica. (Mello e Silva, 1978, p. 24, grifos meus)*

A supressão de memória e desejo no analista é sentida pelo analisando com um sério ataque ao seu ego, pela ameaça à dominância do princípio do prazer. Se esse "ataque sério ao ego" não for tolerado, se houver o império, a tirania do prazer, as transformações em "O" não se processam. O aparelho psíquico não é saciado em sua fome de verdade, não havendo, portanto, crescimento nem desenvolvimento psíquico e analítico.[25] Ao me referir ao princípio do prazer, lembrei-me num átimo e totalmente da seguinte passagem de minha análise, que ficou completamente *esquecida* quando arrolei as "Impressões de minha análise com Dr. Bion". Teria eu só me *lembrado* de *esquecer*? Ou teria sido como escreveu Drummond um "Esquecer para lembrar"? (Andrade, 1979). Conquanto só possa ser *esquecido* o que puder ser *lembrado*, eis aí tudo de novo, vívido e claro, como se houvesse ocorrido hoje...

Sobre a sedução

Na primeira vez que fui a Los Angeles, em 1977, havia, após a minha sessão de sexta-feira, combinado com um amigo brasileiro de irmos conhecer Las Vegas. Acordei naquela manhã aflito, angustiado, tenso. Tudo estava bem... Aparentemente, não havia motivo algum para aquele desagradável e até ameaçador estado de alma. Pelo contrário, pensava... Las Vegas... A travessia do deserto... Naquela bela e risonha manhã minha atenção não flutuava... Estava fixa na miragem estonteante daquele oásis no deserto... Com a memória possuída pelo desejo, minha compreensão só se entretinha em singulares antecipações... A roleta... O caça-níquel, máquina encantada a despejar, qual cascata de ilusões, moedas em profusão... Hotéis riquíssimos... Promessas mirabolantes de prazeres mil... Sim, Las Vegas... Cidade soturna e feérica, engastada no deserto, como a lhe preservar, da contaminação externa, a pureza impura de seu culto ao prazer... O jogo em frenesi incessante...

---

25 A tradução dessa fábula para o português foi feita pela colega Dra. Lenise Lisboa Azoubel, com a supervisão de Hèléne Marie Sophie Panet, professora de língua e literatura francesa. Quero aqui deixar assinalados os meus agradecimentos pelo desvelo e competência demonstrados.

Cidade sem tempo! Mas, naquela inesquecível manhã pensava... Por que essa angústia? Qual mosca no mel, ela estava ali penetrante a estragar tudo... Na análise, disse a Dr. Bion da inusitada angústia que me invadia, incompreensível, justo naquela manhã. Falei-lhe então da projetada viagem, ao que Dr. Bion observou mais ou menos o seguinte: "O senhor teme ser engolfado pela sedução que Las Vegas está representando neste instante para o senhor e perder algo precioso". Naquele momento, lembrei-me do seguinte soneto de Bocage e, como sempre ocorria, a seu pedido, declamei o soneto em português e depois o traduzi para o inglês:

> *Meu ser evaporei na lida insana*
>
> *Do tropel das paixões que me arrastava*
>
> *Ah! cego eu cria, ah! mísero eu sonhava*
>
> *Em mim, quase imortal, a essência humana!*

> *De que inúmeros sóis a mente ufana*
>
> *A existência falaz me não doirava!*
>
> *Mas eis sucumbe natureza escrava*
>
> *Ao mal, que a vida em sua origem dana.*

> *Prazeres, sócios meus e meus tiranos*
>
> *Esta alma, que sedenta em si não coube,*
>
> *No abismo vos sumiu dos desenganos.*

> *Deus... ó Deus! quando a morte à luz me roube,*
>
> *Ganhe um momento o que perdera anos,*

Saiba morrer o que viver não soube!

(Bocage, 1977, p. 41)

Ao que Dr. Bion interpretou: "O senhor se angustia porque percebe que pode bastar um só minuto de sedução para que toda a sua vida se perca...". Imediatamente recordei-me da fábula da La Fontaine "Le Corbeau et le Renard", que havia memorizado no colégio, quando cursava o segundo ano ginasial, em 1947. Disse a Dr. Bion que sabia em francês e perguntei-lhe se gostaria que traduzisse para o inglês, ao que ele respondeu ser desnecessário. Aí, declamei a tão conhecida fábula, eivada de sabedoria:

O Corvo e a Raposa

Mestre Corvo, sobre uma árvore pousado,

Tinha em seu bico um queijo,

Mestre Raposa, pelo odor atraída,

A ele se dirige quase nesta linguagem:

Olá, bom dia, Senhor Corvo.

Que lindo sois! Como me pareceis belo!

Com franqueza, se vosso canto

For semelhante à vossa plumagem,

Vos sereis o fênix dos habitantes destes bosques.

Diante destas palavras, o Corvo não se contém de
                                                    [alegria,

E para exibir sua bela voz,

Abre um grande bico, deixando cair sua presa.

A raposa a abocanha e diz: Meu bom Senhor,

Aprendei que todo sedutor

Vive às custas daquele que o escuta:

Esta lição vale bem um queijo, sem dúvida.

O Corvo, envergonhado e confuso,

Jura, embora um pouco tarde, que

Nunca mais se deixaria enganar[26]

(La Fontaine, n.d., p. 7)

Ao terminar, Dr. Bion falou-me mais ou menos assim: "Esse problema da sedução já foi tratado, muito, muito antes de La Fontaine, por Virgílio, no Canto V da *Eneida*,[27] quando o Deus Sono tentou Palinuro". Em seguida, declamou em verso e em inglês este belíssimo e tão significativo trecho:

> *Já a Noite úmida havia quase tocado o limite médio do céu; os marujos, deitados nos duros bancos, sob os remos, descansaram os membros em tranquilo repouso, quando Sono ligeiro, descido dos astros do éter, afastou as trevas do ar e expulsou as sombras para ir diretamente a ti, ó Palinuro, e te levar, vítima inocente, funestas visões. Assentou-se o deus na popa elevada, sob a figura de Forbante, e da sua boca deixou cair estas palavras: "Filho de Iásio, Palinuro, os mesmos mares*

---

26 Em *Two papers: the grid and caesura* (1977/1989, pp. 35-36), Dr. Bion refere-se a esse trecho da *Eneida* e chama a atenção, entre outros aspectos muito importantes, para a variedade de vértices que essa história oferece.

27 Evangelhos de São Matheus (17:1-8), São Marcos (9:2-8) e São Lucas (9:28--36) (Bíblia Online, n.d.).

conduzem a armada; os ventos sopram prósperos, a hora é de repouso. Deixa cair tua cabeça e furta ao trabalho teus olhos fatigados. Eu mesmo, por um pouco, farei teu serviço em teu lugar". Palinuro, a custo erguendo os olhos, lhe diz: "É a mim que queres fazer esquecer o que escondem o aspecto de um mar tranquilo e ondas sossegadas? Porventura queres que me fie nesse prodígio? Como poderia eu confiar Eneias aos ventos traiçoeiros, eu que tantas vezes fui enganado por um céu sereno?" Tais eram as palavras que pronunciava Palinuro, agarrado e seguro ao leme, que não largava nem um instante, os olhos fixos nos astros. Mas eis que o deus lhe bate em uma e outra fronte com um ramo úmido das águas do Lete e sonífero pela virtude do Estige; é em vão que ele resiste: fecham-se-lhe os olhos mergulhados em profundo sono.

Apenas este repouso imprevisto começara a relaxar seus membros, que o deus, caindo sobre ele, o lança nas ondas límpidas, com uma parte da popa arrancada e com o leme. Precipitado, é em vão que chama muitas vezes os companheiros. Quando o deus, pássaro voador, eleva-se pelas tênues brisas.

A armada prossegue a sua derrota segura de modo não diferente pelo mar, e, conforme as promessas de pai Netuno, voga sem medo. E já se aproximava dos escolhos das Sereias, outrora dificultoso e todo branco de ossamentas, já os rochedos, assiduamente batidos pela onda salgada, retumbavam ao longe, quando o venerável Eneias percebeu que seu navio vogava ao léu, tendo perdido seu piloto; ele mesmo, então, o dirige nas ondas tenebrosas. Soltando profundos suspiros

e com o coração aflito pela desgraça do amigo, excla-
ma: "Ó Palinuro, que confiaste excessivamente no céu
e no mar sereno, jazerás, insepulto, em praia desco-
nhecida!". (Virgílio, n.d.)

Enquanto Dr. Bion declamava, não sei se tanto pela musicalidade do verso ou se pela profundidade do conteúdo, fiquei arreba-
tado, embevecido... Enlevado... Lembrei-me do êxtase de Pedro na
transfiguração de Jesus no monte Tabor[28] e do pedido que ele fez ao
Mestre, para que armassem três tendas e ali permanecessem... Depois que comuniquei essa minha associação a Dr. Bion, fiquei em
silêncio... Passaram-se longos minutos quando subitamente tudo
mudou dentro de mim... Daquele contentamento imenso, daquele êxtase de alguns instantes, eis que uma ansiedade penetrante,
ameaçadora, apossava-se de meu ser... Comuniquei a Dr. Bion essa
súbita, inexplicável e paradoxal mudança de meu estado de mente
ao que ele respondeu:

*Sim, o senhor fica ansioso porque percebe que, se o se-
nhor vem aqui e recita poesias para mim e eu da mesma
forma declamo para o senhor, teme não suportar entrar
em estado de êxtase, seduzido pela beleza do momento
e não haver mais análise... Cessar nosso trabalho... Daí
toda a ansiedade que o invade agora.*

---

28 Dr. Bion, em *Two papers: the grid and caesura*, refere-se ao processo de transformação que as interpretações sofrem, no analisando, com o passar do tempo.
Assim escreve: "Estas ideias que ouvimos no curso da análise foram em alguma época interpretações, mas agora são associações livres. Nós estamos lidando com uma série de camadas que foram epidermes ou conscientes, mas que
agora são 'associações livres'" (1977/1989, p. 49). Isso me parece, em linhas,
com o que afirmo neste trabalho.

Hoje fico a cismar... Estranha a vida... Estranha a análise... Como foi possível que uma pessoa nascida na Índia e se expressando no mais puro, poético e oxfordiano inglês e outra nascida no Brasil central e falando em um arrevesado inglês, com "invariável" sotaque mineiro, encontrarem-se naquela ensolarada manhã, em um país estranho para ambas, e acharem a invariante comum – sedução – contida em construção dispersas no tempo – Virgílio, Bocage, La Fontaine – e no espaço – Las Vegas, França, Itália, Galileia. Sim, sedução de todos os matizes, de todos os contrastes, de todos os tipos e de todos os tamanhos... Las Vegas, representando o prazer, o mal (?), e o monte Tabor, representando a sedução pelo êxtase religioso, o bem (?).

Sim, e também admirável, como foi possível – isso se passou em setembro de 1977 – eu me recordar subitamente e por inteiro de tudo?

O trabalho analítico pode partilhar as características de um trabalho de arte, transformar não só quem o cria como também quem com ele se identifica, que pode ser o analista e o analisando. Para tanto, necessita preencher as seguintes condições essenciais:

- Que haja uma ligação intuitiva entre o analista e o analisando. Assim escreve Dr. Bion em *Two papers: the grid and caesura*: "A interpretação ou construção formulada pelo psicanalista está na dependência da ligação intuitiva entre o analisando e o analista" (1977/1989, p. 33).

- Que o analisando e, obviamente, o analista, busquem e respeitem a verdade que emerge ali no trabalho analítico. Diz Dr. Bion em *Two papers: the grid and caesura*:

> *Qual, entre todas as interpretações corretas, nós escolheremos para formular? A liberdade do analista, embora vasta, pode ser vista como limitada, em todos os*

> *casos a um único domínio, à necessidade de ser verdadeiro, dar uma interpretação que seja a expressão da verdade. Se o analisando é sincero em seu desejo de tratamento, ele da mesma forma é limitado; sua associação livre deve ser tão próxima, quanto ele possa, da verdade como ele a entende. (1977/1989, p. 43)*

- Que o analista trabalhe sem memória, desejo ou compreensão.

Se essas condições essenciais forem preenchidas, o analista estará em um estado de mente em que toda a sua intuição – e eu hoje acrescentaria toda sua capacidade criadora, artística – está a serviço daquele momento inefável, criativo, no encontro com seu analisando, podendo transformar cada sessão em um momento de arte.

Afirma Dr. Bion em *Second thoughts*:

> *A interpretação dada ao paciente é uma formulação que objetiva revelar um padrão subjacente. É dessa forma similar a uma fórmula matemática, como descrita por Poincaré (Science and Method, Dover Books, p. 30). É também similar a alguns aspectos da pintura, escultura ou da composição musical. Na melhor das hipóteses, essas formulações nos fazem cientes de uma coerência e ordem onde, sem elas, incoerência e desordem reinariam. Na prática, o psicanalista não possui as condições – ainda mesmo que possuísse os atributos para a criação artística –, a menos que suponhamos que a capacidade para a expressão verbal possa ser sublimada em uma arte efêmera menor. (1967b, pp. 131-132)*

Embora as construções feitas pelo analista possam ter o caráter de "arte efêmera", pela transitoriedade do momento fugaz em que são formuladas, elas, no entanto, podem se perpetuar... Sim, não mais em telas, mármores ou pautas musicais, mas, sim, tendo como pano de fundo o inconsciente plástico e dinâmico do analisando. Assim, ainda que medeando anos entre o instante em que foram criadas no consultório e o momento fugidio em que são reavivadas na memória do analisando, elas permanecem...

Lembro-me agora do soneto "Vozes da morte", de Augusto dos Anjos, que expressa o que sinto neste instante:

Vozes da morte

Agora, sim! Vamos morrer, reunidos

Tamarindo de minha desventura,

Tu, com o envelhecimento da nervura,

Eu, com o envelhecimento dos tecidos!

Ah! Esta noite é a noite dos Vencidos!

E a podridão, meu velho! E essa futura

Ultrafatalidade de ossatura,

A que nos acharemos reduzidos!

Não morrerão, porém, tuas sementes!

E assim, para o Futuro, em diferentes

Florestas, vales, selvas, glebas, trilhos,

Na multiplicidade dos teus ramos,

Pelo muito que em vida nos amamos,

Depois da morte, inda teremos filhos!

(Anjos, 1912)

Sim, Tamarindo muito amado!... *Ombra mai fu!*... Tuas sementes dolorosamente plantadas em Los Angeles, Londres e Saint-
-Cyprien viverão, sim! De outros contidos... Para novos continen-
tes... E qual invisível cadeia, em novas florações e transformações
incessantes, elas frutificarão...

Conclusão

Neste trabalho, tento correlacionar os elementos comuns existentes na reelaboração das posições esquizoparanoide e depressiva,
tanto no luto como no criar uma obra de arte, ou na identificação
com ela de um lado e o que se passa no momento analítico do outro, tanto no analista como no analisando.

Todos esses momentos têm como invariante comum a re-apro-
ximação dos "contrastantes – *all important* – aspectos" do objeto,
interno e externo.

Ressalto ainda a importância fundamental de se evitar memória, desejo ou compreensão, durante o trabalho analítico, para levar
o analista a um estado de mente adequado às transformações em
"O". Aí, toda a sua intuição estará a serviço de inspiração criadora,
necessária à captação do "fato selecionado" (Poincaré citado por
Bion, 1962/1977a, p. 72), a transformar o instante analítico em uma
criação artística perpetuada no inconsciente de seu analisando.

Entendo ainda que a memória, com as qualidades do recordar de um sonho – uma presença intermitentemente ausente –, é um estado de mente existente não só no trabalho analítico – a obedecer às características apontadas por Dr. Bion – como também é um estado de mente constante no artista, quando está sob o influxo de sua musa ou de sua inspiração criadora.

Tais estados, a meu ver, participam de uma mesma "penumbra de associações", de uma mesma "conjunção constante". Assim se expressa Dr. Bion:

> *Na prática psicanalítica, eu estou convencido de que a experiência emocional pode ser antevista como um padrão dessa mesma experiência emocional em constante mudança. Se o psicanalista desenvolve sua capacidade para intuir essas experiências, ele pode se tornar consciente de que existem certas experiências que são conjugadas e que tais conjunções constantes são elas mesmas experienciadas como conjunções repetidas. Essas conjunções constantes se tornam manifestas para o psicanalista depois de certo tempo (desde que ele resista a uma irritável busca de certeza) (Keats), como uma mudança caleidoscópica sensorial; a mudança sensorial terá uma semelhança com os elementos da categoria C que se encontram entre os seus modelos. (1977/1989, p. 17)*

Referências

Andrade, C. D. de (1979). *Esquecer para lembrar*. Rio de Janeiro, RJ: José Olympio.

Anjos, A. dos (1998). A idéia. In *Eu e outras poesias* (p. 6). 42. ed. Rio de Janeiro, RJ: Civilização Brasileira. Recuperado de http://www.portalentretextos.com.br/download/livros-online/eu.pdf.

Bandeira, M. (1965). *Poesia da fase simbolista: antologia dos poetas brasileiros*. Rio de Janeiro, RJ: Edições de Ouro.

Biblia Online (n.d.). Recuperado de: https://www.bibliaonline.com.br/

Bion, W. R. (1967a). Notes on memory and desire. *The Psychoanalytic Forum, 2*(3).

Bion, W. R. (1967b). *Second thoughts*. London: Heinemann.

Bion, W. R. (1974). *Bion's Brazilian Lectures 2*. Rio de Janeiro, RJ: Imago.

Bion, W. R. (1977a). Learning from experience. In *Seven servants: four works by Wilfred R. Bion*. New York: Jason Aronson. Publicado originalmente em 1962.

Bion, W. R. (1977b). Elements of psycho-analysis. In *Seven servants: four works by Wilfred R. Bion*. New York: Jason Aronson. Publicado originalmente em 1963.

Bion, W. R. (1977c). Transformations. In *Seven servants: four works by Wilfred R. Bion*. New York: Jason Aronson. Publicado originalmente em 1965.

Bion, W. R. (1977d). Attention and interpretation. In *Seven servants: four works by Wilfred R. Bion*. New York: Jason Aronson. Publicado originalmente em 1970.

Bion, W. R. (1989). *Two papers: the grid and caesura*. London: Karnac Books. Publicado originalmente em 1977.

Bocage, M. M. B. du (1977). *Livro dos sonetos*. Porto Alegre, RS: L&PM Pocket.

Camões, L. de (1970). *Obras de Luís de Camões*. Porto, Portugal: Artes Gráficas.

Freud, S. (1955). The Moses of Michelangelo. In *Standard edition* (Vol. XIII, pp. 211-236). London: Hogarth Press. Publicado originalmente em 1914.

Freud, S. (1957a). Instincts and their vicissitudes. In *Standard edition* (Vol. XIV, pp. 109-140). London: Hogarth Press. Publicado originalmente em 1915.

Freud, S. (1957b). Mourning and melancholia. In *Standard edition* (Vol. XIV, pp. 237-260). London: Hogarth Press. Publicado originalmente em 1917.

Freud, S. (1957c). The unconscious. In *Standard edition* (Vol. XIV, pp. 159-210). London: Hogarth Press. Publicado originalmente em 1915.

Freud, S. (1958). Formulations on the two principles of mental functioning. In *Standard edition* (Vol. XII, pp. 213-226). London: Hogarth Press. Publicado originalmente em 1911.

Freud, S. (1964). Constructions in analysis. In *Standard edition* (Vol. XXIII, pp. 255-270). London: Hogarth Press. Publicado originalmente em 1937.

Fry, E. F. (1966). *Cubism*. London: Thames and Hudson.

Grinberg, L. et al. (1973). *Introdução às idéias de Bion*. Rio de Janeiro, RJ: Imago.

Grotstein, J. (1981). Wilfred R. Bion: the man, the psychoanalyst, the mystic, a perspective on his life and work. In *Do I dare disturb the universe? A memorial to W. R. Bion* (pp. 1-35). Los Angeles: Caesura Press.

Heimann, P. (1970). Certain functions of introjection and projection in early infancy. In Joan Riviere & Melanie Klein (Ed.), *Developments in psycho-analysis* (Chapter IV). London: Hogarth Press.

Isaacs, S. (1970). The nature and function of phantasy. In Joan Riviere & Melanie Klein (Ed.), *Developments in psycho-analysis* (Chapter III). London: Hogarth Press.

Junqueira de Mattos, J. A. (2016). Impressions of my analysis with Dr. Bion. In H. B. Levine & G. Civitarese (Ed.), *The W. R. Bion Tradition Lines of development: Evolution of theory and practice over the decades* (pp. 5-21). London: Karnac Books.

Klein, M. (1935). A contribution to the psychogenesis of manic--depressive states. *International Journal of Psychoanalysis, 16*, 145-174.

Klein, M. (1968). Mourning and its relations to manic-depressive states. In *Contributions to psycho-analysis*. London: Hogarth Press.

Klein, M. (1981). *The writings of Melanie Klein* (Vol. I). London: Hogarth Press.

La Fontaine, J. de (n.d.). *Fables*. Paris: Librairie Garnier Freres.

Ludwig, E. (1945). *Beethoven*. São Paulo, SP: Companhia Editora Nacional.

Mello e Silva, M. (1978). Bion the Man. *Ide, 4*(6).

Milton, J. (1894) *Paradise Lost: Illustrated by Gustave Doré*. London: Cassell & Company Limited.

Rolland, R. (1960). *Beethoven: grandes períodos criadores*. Lisboa: Edições Cosmos.

Rubin, W. (1980). *Pablo Picasso: a retrospective*. New York: The Museum of Modern Art.

Segal, H. (1952). A psycho-analytical approach to aesthetics. *The International Journal of Psychoanalysis, 33,* 196-207.

Segal, H. (1971). A psychoanalytic contribution to aesthetics. In *New Directions in psychoanalysis* (Chapter 16). Tavistock Publications. 1971.

Segal, H. (1973). *Introduction to the work of Melanie Klein*. London: Hogarth Press.

Segal, H. (1979). *Klein*. Glasgow, Escócia: Fontana/Collins.

Virgílio (n.d.). *Eneida*. (S.l.): Enciclopédia Britânica.

3. Análise concentrada: três décadas de experiência[1]

> *La théorie c'est bon, mais ça n'empêche pas d'exister.*
>
> Freud, *Charcot*, 1893/1962, p. 13[2]

Apresentação

O autor traz sua experiência em análise concentrada nos últimos trinta anos, ou seja, quatro sessões em dois dias da semana, como analista e como analisando, e contrapõe essa experiência com os argumentos que foram usados para a proibição da análise concentrada em candidatos em análise didática, determinada pela

---

1 Apresentado no XV Congresso Brasileiro de Psicanálise, de 1995, em Recife (PE). Publicado também em Richards et al. (1997) e em Junqueira de Mattos (1996). Este artigo foi escrito há mais de vinte anos, quando eu tinha 60 anos; hoje tenho 82, e, assim, podemos considerar, então, que são 52 anos de experiência! Algumas palavras aparecem separadas por hífen quando, gramaticalmente, não possuem. A intenção é chamar a atenção do leitor para a sua etimologia. Todas as traduções dos textos originalmente em inglês foram feitas pelo autor.

2 "A teoria é boa, mas não impede que os fatos continuem a existir."

Associação Internacional de Psicanálise (International Psychoanalytical Association – IPA), em carta dirigida à Sociedade Brasileira de Psicanálise de São Paulo (SBPSP), pelo professor doutor Joseph Sandler, então presidente da IPA.

Tem-se a intenção de demonstrar que, se uma adequada internalização das noções de tempo, espaço e consciência tiver acontecido, como frequentemente é o caso nas personalidades não psicóticas, a análise concentrada tem um resultado semelhante à análise regular, tradicional. O autor conclui que, além de ser um tema técnico e teórico, a análise concentrada é uma questão ética, e que os resultados de uma análise, positivos ou negativos, não dependem da periodicidade nem do intervalo de tempo entre uma sessão e outra, mas da singularidade da relação que se cria entre o analista e o analisando.

Ao final do capítulo, essa tese é exemplificada com material clínico.

Introdução

Neste trabalho, tento trazer à baila minha experiência de trinta anos com análise concentrada em quatro sessões em dois dias da semana, tanto como analisando quanto como analista, aproximando-a da experiência, ainda maior, que tenho com a análise regular,[3] ou seja, quatro ou cinco sessões em diferentes dias da semana. A ela vou contrapor a proibição dada pela Associação Internacional de Psicanálise (International Psychoanalytical Association – IPA), consubstanciada na carta dirigida à Sociedade Brasileira de Psicanálise de São Paulo (SBPSP), em 22 de junho de 1992, pelo seu

---

3   Estou usando a palavra *regular* no sentido de comum, usual ou de análise regulamentada.

então presidente, o Prof. Dr. Joseph Sandler. Por outro lado, tento demonstrar que, em sua essência, os resultados, positivos ou negativos, de uma análise não dependem da periodicidade nem do intervalo de tempo entre uma sessão e outra, mas, sim, da singularidade da dupla analista-analisando que se forma.

Quero deixar bem claro que não estou aqui empunhando e desfraldando a bandeira da análise concentrada! Estou lutando por uma *política para as justificadas exceções* em linha com o que está contido nas cartas dos doutores Kernberg e Hanly, que cito adiante. Penso mais, a institucionalização e a regulamentação da análise concentrada devem obedecer principalmente a critérios derivados de fatos da experiência clínica. Portanto, ainda que este trabalho lide com assuntos de natureza política ou possa ter consequências políticas, no relato desta minha experiência, vou privilegiar o aspecto técnico, científico e ético da, assim chamada, análise concentrada.

Quero enfatizar que não vejo diferenças, em essência, entre a análise regular e a, assim chamada, concentrada. Concordo plenamente com Braga, Signorini e Kaio (1994) quando, em seu excelente artigo sobre esse tema, afirmam:

> *Do vértice psicanalítico – ou seja, daquele que privilegia a realidade psíquica – não existe análise em sessões condensadas e nem análise em sessões distribuídas em quatro diferentes dias da semana. Existe análise ou outra coisa; o qualificativo que se segue à análise apenas indica um predicado não determinante da essência.*

Como neste trabalho vou desenvolver outros aspectos desse tema, remeto o leitor interessado para aquele texto.

Breve histórico

Trato aqui da análise concentrada à luz de minha experiência clínica, não porque eu ache que esse tipo de análise possa ser particularmente relevante para outros, mas porque, de certa forma, a minha experiência se confunde com a história da análise concentrada na SBPSP e com a história da difusão da psicanálise promovida por essa sociedade não só no estado de São Paulo como em todo o Brasil. Exemplo disso foi a criação, sob a égide da IPA, do Grupo de Estudos de Psicanálise de Ribeirão Preto (SP), no último congresso internacional, em Amsterdã (Países Baixos), em 1995. Hoje somos sociedade plena.

Em 1964, eu tinha meu consultório e residia em Marília (SP), a 430 quilômetros de distância de São Paulo, e procurei, para ser seu analisando, a professora Noemy da Silveira Rudolfer, residente naquela cidade. Hoje, penso que a professora Noemy já devia conhecer esse tipo de análise, pois não questionou o fato de iniciarmos o trabalho com as quatro sessões concentradas, duas às sextas-feiras, uma pela manhã e outra à tarde, e duas aos sábados pela manhã, com intervalo entre elas. Esse momento foi a partida de uma maratona e peregrinação que iriam se prolongar pelos catorze anos seguintes...

Tempos depois, como tinha interesse em fazer análise didática e estava querendo uma experiência de análise com outra pessoa, procurei, em 1969, o Dr. Frank Philips e lhe contei como trabalhava com a professora Noemy e que achava essa experiência com análise concentrada muito benéfica e produtiva para mim. Dr. Philips respondeu-me que conhecia esse tipo de análise, pois, na Inglaterra, de onde viera após sua formação na Sociedade Britânica de Psicanálise (British Psychoanalytical Society), muitas pessoas vinham do restante da Europa para serem analisadas (isso confirma os dados mencionados por Bicudo, 1971). Assim, a paternidade da análise concentrada não é nossa... O modelo foi por nós importado... Durante mais de sete anos minha análise, ainda que houvesse eventualmente pequenas alterações nos horários, foi feita basicamente com uma sessão às segundas-feiras à tarde; uma sessão às terças-feiras de manhã e outra à tarde; e uma sessão às quartas-feiras pela manhã.

Paralelamente a isso, a professora Virgínia Bicudo, que na época era diretora do Instituto de Psicanálise da SBPSP, a meu pedido, colocou as aulas do curso teórico às segundas-feiras e terças-feiras, permitindo, também, que pudesse matricular-me nas aulas do instituto, isso já em 1971.[4] Assim, a partir de 1971, o curso teórico passou a ser dado regularmente às segundas-feiras e terças-feiras, para atender a demanda de um número crescente de candidatos vindos do interior e de outros estados. Foi dessa maneira que a Dra. Lenise Azoubel iniciou sua análise terapêutica e didática em 10 de janeiro de 1972, e o Dr. David Azoubel, em 11 de agosto de 1972,[5] passando a frequentar o curso teórico nos anos seguintes. Isso foi o ponto de partida para um extraordinário movimento de difusão da psicanálise, cujo resultado todos conhecem: o emergir de núcleos de estudo e de difusão da psicanálise por uma vasta área, abrangendo cidades em vários estados, como Brasília (DF), Curitiba (PR), Londrina (PR), Uberaba (MG), Belo Horizonte (MG), Porto Alegre (RS), Maceió (AL), Bauru (SP), São José do Rio Preto (SP), Santos (SP), Marília (SP), entre outras... Basta consultar a *roster* (lista de membros) para se avaliar a importância que as análises concentradas tiveram nesse criativo movimento.

---

4 A Dra. Honna T. Montovani analisou-se e frequentou o curso teórico em um esquema semelhante a partir de 1963, porém, esse esquema foi descontinuado em 1966.

5 Dados fornecidos pela secretaria da SBPSP.

Isso está muito bem detalhado no trabalho "Sendo onde estamos: pela institucionalização do movimento bandeirante da SBPSP" (Braga, 1992), distribuído aos membros da SBPSP em dezembro de 1992, no qual o Dr. João Carlos Braga enfatiza a importância que as análises concentradas tiveram na expansão da psicanálise. Nesse trabalho, Braga mostra que a quantidade de membros e candidatos da SBPSP residentes fora da cidade de São Paulo era quase zero antes da década de 1970, mas, quando ocorreu a proibição da IPA, em 1992, quase 40% dos membros e candidatos residiam fora de São Paulo!

Em 1978, fui a Los Angeles para fazer análise com Dr. W. R. Bion, que, a meu pedido, atendia-me às segundas-feiras, em sessão dupla de cem minutos sem intervalo, e, no ano seguinte, por ocasião de suas férias em Londres e em Saint-Cyprien, na França, passei a ter às sextas-feiras também uma sessão dupla de cem minutos.

O que ficou dessas minhas experiências como analisando – em que me submeti a uma análise concentrada e na última a uma análise regular com dois analistas, mas que, de certa forma, foi também concentrada ao reverso, pois cheguei a ter sete sessões em cinco dias da semana – foi que as diferenças e os resultados não se deveram à periodicidade das sessões, mas à singularidade das diferentes duplas que se estabeleceram com a mudança de analista...

Em 1983, ao requerer à comissão de ensino da SBPSP minha qualificação como analista didata, tive de apresentar trabalhos, e alguns membros solicitaram também a apresentação de material clínico. Fui então mais uma vez avaliado e, consequentemente, as análises a que me submeti, como já haviam sido ao me tornar membro associado e depois titular.

Em 13 de setembro de 1991, em 14 de abril de 1992 e depois em 22 de junho de 1992, o então presidente da IPA, Prof. Dr. Joseph Sandler, por meio de carta à diretoria da SBPSP, determinou que não mais fossem válidas as análises concentradas para os candidatos à formação analítica, alegando que "A IPA requer que as sessões sejam dadas em dias diferentes, e isto é sentido como extremamente importante para permitir que os candidatos ganhem uma adequada experiência psicanalítica" (1991) e que "A IPA tem o ponto de vista de que é necessário ter análise em dias diferentes da semana e em mais da metade dos dias da semana, para que se tenha uma adequada internalização da experiência psicanalítica" (1992a). Com isso, e de uma só penada e com muita pena para todos nós, encerrou-se, des-conhecendo e contrariando os fatos da experiência analítica em nossa sociedade, um dos círculos mais produtivos e criativos da SBPSP – e, com ele, encerrou-se também uma experiência que poderia servir, penso eu, como modelo para outras sociedades formadas ou em formação em todo o mundo.

Em 1993, depois de requerermos à IPA que se criasse um grupo de estudos em Ribeirão Preto, recebemos a visita do Site Visit Committee, perante o qual muitos de nós, eu inclusive, apresentamos material clínico e discorremos sobre a teoria subjacente ao material apresentado, bem como, um de nós, por sua vez, ministrou uma aula para os candidatos na presença desse comitê, além de que os *curricula vitae* de todos os que constituíam o grupo foram avaliados pelo comitê. Bem, o resultado é que o Grupo de Estudos de Psicanálise de Ribeirão Preto foi aprovado no Congresso de Amsterdã, de 1993, depois de um relatório que soubemos ter sido favorável e elogioso a nós. Quatro de nós foram aprovados como analistas didatas do grupo. E mais, dos treze membros associados e titulares que hoje compõem o grupo de estudos, nove se submeteram à análise didática concentrada, sendo que dois fizeram suas análises didáticas comigo de forma regular. Assim, somente duas pessoas do Grupo de Estudos de Ribeirão Preto não estão diretamente envolvidas em análise concentrada como analisando. Dessa forma, podemos questionar a tese do Prof. Dr. Sandler de que as análises concentradas não foram ainda suficientemente testadas quando afirma: "Entretanto, se é para se aceitar mudanças [nos Estatutos da IPA], isto necessita ser demonstrado, e de uma forma convincente, que as mudanças propostas são apropriadas e que darão resultados idênticos ou melhores do que os nossos atuais Estatutos" (Sandler, 1992b).

Foram aprovados em assembleia geral, sob a égide do Sponsoring Committee da IPA, os estatutos do Grupo de Estudos de Ribeirão Preto e o regulamento de seu instituto, em que as análises concentradas estão *devidamente* proibidas... No entanto, apesar de, como grupo ou futura sociedade, estarmos filiados à IPA e, portanto, concordarmos em nos submeter aos seus *standards*, isso não impede que sejamos contra, em linha com as palavras de Charcot (Freud, 1893/1962), ao texto da mencionada carta. E mais, sinto que, se não fosse pela análise concentrada, provavelmente não teria me tornado um psicanalista, sinto-me um devedor dela... E no dever moral – pois seria injusto e ingrato se não lutasse no *front* que conheço – que é o de escrever e tentar comunicar minha experiência clínica e de teorizar com base nela.

Nesse ano, iniciamos a primeira turma de cursos regulares do Instituto, com três candidatas matriculadas, e selecionamos nove que podem constituir sua segunda turma. Das últimas candidatas, três estavam já em análise terapêutica comigo, sendo que duas, por residirem fora, vinham fazendo, de forma satisfatória, análise de maneira concentrada... Com o início de suas análises didáticas, e cumprindo devidamente os regulamentos, tiveram de distribuir a frequência das sessões pelos diferentes dias da semana... Portanto, já estamos colhendo os "frutos" da proibição das análises concentradas em Ribeirão Preto e São Paulo... Uma candidata que mora a cem quilômetros de distância de Ribeirão Preto, optou por vir às terças-feiras, quartas-feiras, quintas-feiras e aos sábados. Outra, que mora a trezentos quilômetros de distância de Ribeirão Preto, optou por vir às segundas-feiras, terças-feiras, quintas-feiras e sextas-feiras, pernoitando em Ribeirão Preto de segunda-feira para terça-feira e de quinta-feira para sexta-feira. Dessa forma, em um mês, ela percorrerá aproximadamente cinco mil quilômetros, e, em um ano, terá percorrido a distância equivalente a uma vez e meia da circunferência da Terra...

Por outro lado, o número de candidatos residentes fora de São Paulo, que se seguiu à proibição das análises concentradas impostas pela IPA, caiu vertiginosamente, e os poucos aprovados estão fazendo suas análises didáticas nos moldes citados.

Nesse sentido, soube de dois analisandos em análise didática que moram em outra cidade, capital de outro estado, e que ficam em São Paulo durante quatro dias seguidos, embora trabalhem os outros três em sua cidade de origem!... Em casos semelhantes, pergunto: como podem tais pessoas manter suas famílias e ainda ganhar o suficiente para sua análise e supervisões? Será então que, fora das grandes capitais e de outras cidades importantes (São Paulo (SP), Rio de Janeiro (RJ), Porto Alegre (RS), Brasília (DF), Recife (PE), Pelotas (RS) e Ribeirão Preto (SP) – ou seja, apenas cinco estados brasileiros têm sociedades de psicanálise), só terão acesso à formação analítica as pessoas ricas e que têm tempo ocioso? Que tipo de candidatos, nesse caso, vamos selecionar? De onde o candidato tirará a necessária experiência clínica trabalhando de forma tão limitada? E mais, é de nossa experiência em Ribeirão Preto que a existência de um grupo, que estuda e pratica a psicanálise com seriedade, é fator inibidor da proliferação de pseudoprofissionais e mesmo de tratamentos esdrúxulos, quando não exóticos, em nome da psicanálise! Não podemos nos esquecer de que a psicanálise surgiu como uma resposta à dor psíquica. Os pacientes "nervosos" de então procuraram o Dr. Freud porque sofriam... Dessa forma,

128 ANÁLISE CONCENTRADA: TRÊS DÉCADAS DE EXPERIÊNCIA

a investigação psicanalítica foi uma consequência do sofrimento humano... Por isso, a necessidade (*urge*) de algo como a psicanálise existirá independentemente da existência ou não de institutos de psicanálise... Então, vamos realmente deixar que a população, que não sabe a diferença, sofra as consequências de um *purismo doutrinário* paralisante e mortífero?

Penso que tudo o que foi dito caracteriza o que o Dr. Otto Kernberg denominou, em carta particular, de "estatutos masoquistas".[6] Se assim for, penso que cabe aqui, e em casos semelhantes, a "política de exceções" proposta pelo Dr. Charles Hanly.[7]

Como analista e analista de candidatos em análise didática tive, em análise concentrada, o total de 44 pacientes, espalhados por 21 cidades diferentes. A mais distante delas, Goiânia, localizada a 620 quilômetros de distância de Ribeirão Preto – em termos de Europa, uma distância que pode abranger mais de um país. A distância mencionada, por exemplo, é maior que a que existe entre Londres e Paris ou entre Amsterdã e Londres...

---

6 O parágrafo completo da carta de Dr. Kernberg é o seguinte: "Se enormes distâncias geográficas ou equivalentes imposições da realidade (*realistic constraints*) possam tornar as condições psicanalíticas de treinamento (*standard psychoanalytic training*) uma situação de sobrecarga excessiva e, de fato, podem dar origem a estatutos masoquistas (*masochistic enactments*) ou submissão a requerimentos ou exigências de treinamento irrealistas, eu certamente concordo que devemos procurar aquilo que possa ser feito sob tais circunstâncias para prover as possíveis melhores situações de treinamento, e avaliar quais são as condições mínimas sob as quais uma boa formação pode ainda se processar" (O. Kernberg, comunicação pessoal, maio de 1995).

7 O trecho da carta é: "Eu creio que necessitamos de uma política que vai atender (*provide*) as justificadas exceções às mínimas condições de treinamento, como o fim de se desenvolver a psicanálise nos novos centros. Eu poderia elaborar (*design*) um processo para a formulação e aprovação de tal política, assim os colegas brasileiros poderiam ter a total oportunidade de contribuir com sua experiência e idéias para isto" (C. Hanly, comunicação pessoal, 1995).

Atualmente, tenho quatro pacientes em análise concentrada e, obedecendo aos regulamentos da IPA, nenhum candidato a analista.

Entre todos os pacientes, 22 já eram da área (psiquiatras, psicólogos e psicanalistas; um hoje já é analista didata; dois são membros associados e sete são candidatos), dois dos quais em análise com outro didata. Desses dois, um membro associado e um candidato fizeram análise didática com outro analista e se re-analisaram comigo. Dois dos candidatos mencionados iniciaram suas análises concentradamente e depois passaram a fazê-lo de forma regular, por terem se mudado para Ribeirão Preto. Dessas 44 pessoas, somente uma interrompeu a análise concentrada por não se adaptar a esse tipo de periodicidade das sessões e passou a ter três sessões em diferentes e consecutivos dias da semana. Não posso afirmar que das outras pessoas que interromperam suas análises concentradas não houvesse existido, também, como causa da interrupção, o fato de tais análises serem concentradas. O que posso afirmar é que somente em um caso isso apareceu nas associações do analisando e constituiu uma dificuldade, que foi removida com a mudança dos dias da análise. Esse resultado, a meu ver, reflete a escolha do paciente para esse tipo de análise, ou seja, pacientes em que os aspectos não psicóticos prevaleçam sobre os psicóticos em suas personalidades e, obviamente, fora de qualquer surto psicótico.

O tempo biológico e o tempo psíquico

Na entrevista dada ao *Jornal de Psicanálise* (Junqueira de Mattos et al., 1993, p. 21), eu já ressaltava uma diferença fundamental entre o tempo para o neurótico e o tempo para o psicótico. Hoje, tento desenvolver essa linha de pensamento.

Com Kant (1989), entendo que são precondições para o conhecimento que o objeto, objeto do *conhecimento*, seja colocado dentro das *formas de tempo e espaço*. Portanto, a noção de tempo e espaço é fundamental na condução de qualquer análise, pois o que se busca é o *conhecimento* da realidade psíquica.

Vejamos agora como se dá a internalização do tempo e do espaço, que são, de acordo com Kant (1989), *formas de nossa sensibilidade*, ou seja, como formas de nossa sensibilidade passam da percepção de *sensações corporais*, do nível *somático*, para o nível *psíquico* como *conceito* internalizado. Menciono o que escrevi em meu trabalho de 1989:

> *O bebê, se capaz de tolerar a frustração pela ausência da mãe, é capaz também de criar na imaginação uma representação mental dela quando ausente. Isso se dá depois de ter percebido a mãe presente. Ou seja, um fato se sucede ao outro. Portanto, para a criança, aos poucos existe um tempo que passa... Esse assunto é tratado de forma muito interessante, ainda que simplificada, por Money-Kyrle (1968, 1981, p. 544) quando aborda as ideias de Bion sobre o ataque, pelos mecanismos psicóticos, ao sentido do tempo e sugere um ritmo em que o sentido do tempo é internalizado. Ou seja, cria-se o conceito de tempo e espaço pelo movimento periódico que se desenvolve em três etapas: 1) período de satisfação (ser amamentado); 2) período de lembrança (de ter sido amamentado); 3) período de expectativa (esperando ser amamentado). O período de ser alimentado corresponde, neste modelo de Money-Kirle, às experiências gratificantes relacionadas com a concepção (Bion, 1967, p. 111). O período de lembrança e expectativa inclui lidar com a frustração pela ausência*

da mãe, paralela à criação de uma representação mental dela. A noção de espaço é inerente à percepção de que, onde era um seio, existe agora uma representação. Ou seja, o não-seio presente, em termos de Bion (1967). Isso é sincrônico com a formação de símbolos. Mas, se a frustração for dominante, diz Bion (1967, p. 113): "Desde que espaço e tempo são percebidos como idênticos ao objeto mau destruído, ou seja, o não-seio, a realização que deve ser casada com a pré-concepção não é disponível para completar as condições necessárias à formação de uma concepção. A dominância da identificação projetiva confunde a distinção entre self e o objeto externo". Porque, se a criança não pode suportar a frustração, ela sente concretamente o tempo como objeto mau, portanto, não é possível, nessas circunstâncias, o tempo e espaço serem sentidos como "forma de sensibilidade", pois serão sentidos como algo concretamente mal e persecutório, prono apenas para evacuação. (Junqueira de Mattos, 1989)

Freud afirma (1915/1957b, pp. 187-189) que os processos mentais, no inconsciente, são atemporais, ou seja, não são ordenados temporalmente, não se alteram com a passagem do tempo e não há, no inconsciente, qualquer referência ao tempo.

A referência ao tempo está ligada ao trabalho do sistema consciente; é na consciência que está a noção de tempo. Em outras palavras, a noção de tempo está ligada ao trabalho do processo secundário. E mais, em "A note upon the 'Mystic writing pad'" (1925/1961, p. 231), Freud afirma que o conceito de tempo provém do descontínuo método de funcionamento entre os sistemas perceptual e o sistema consciente (Pcpt-Cs). O modelo que ele usa

132 ANÁLISE CONCENTRADA: TRÊS DÉCADAS DE EXPERIÊNCIA

– funcionamento de um "bloco mágico" ou "tábua mágica" de escrever, quando compara o funcionamento do sistema perceptual com o sistema consciente (Pcpt-Cs) – tem, a meu ver, muitas analogias com a proposição de Money-Kirle (1968, 1981) de como se dá a internalização da noção de tempo citada.

Complementando o que disse, vamos ver como se forma a *consciência* – que é inseparável da internalização da noção de tempo e espaço. Novamente, vou reportar-me ao que já escrevi em meu trabalho de 1989:

> *Bion, em seu essencial trabalho,* A theory of thinking *(1967), abre um novo caminho para a psicanálise, aprofundando os nossos conhecimentos da metapsicologia com seus conceitos de pré-concepção, função alfa e da formação do aparelho para pensar os pensamentos. O bebê com fome sente-se "atacado" por ela internamente. Assim, com "medo do aniquilamento", procura se livrar de tais sentimentos projetando-os, através da identificação projetiva, na mãe, ou melhor, originalmente no seio materno. Esta, se capaz de entender a "linguagem" de seu bebê, e de estar em íntima sintonia ou em contato psíquico com ele – o que Bion denominou de rêverie – os acolhe, "desintoxicando-os" de sua qualidade "excessiva" e os "devolve" novamente através da identificação projetiva, de uma forma a ser tolerável. O bebê os introjetará com esta nova qualidade, com esta nova significação. A identificação projetiva assim empregada pelo bebê em sua jornada pelo seio materno e novamente introjetada, e com este identificado, é por Bion denominada de "identificação projetiva realista". Assim sendo, o bebê recebe da mãe não apenas conforto material pela fome saciada, mas também, e principalmente, conforto*

psíquico e emocional, ao se sentir "amado" e "compreendido" por esta mãe, que deu um sentido tolerável à sua angústia. Em outras palavras, a identificação projetiva com que o bebê se "faz" presente "dentro" da mãe, é a mais primitiva e fundamental forma de comunicação existente. Estão aí lançadas as bases de uma teoria da comunicação, não uma teoria de descarga. A mãe pode responder ou reagir de várias maneiras: da forma normal, que Bion denominou de realista, é quando ela reage à necessidade do bebê transformando o pavor em segurança... Desconforto em repouso... Anseio em encontro. Temos aí os primórdios do nomear... O início dos significados... As origens dos símbolos... Esta operação se dá e resulta no que Bion denominou de função alfa. Ou seja, ao se identificar com esta mãe continente, o bebê abre um espaço interno – conteúdo – para a estruturação de uma díade em íntima sintonia (relação + conteúdo-continente), pela internalização da função alfa da mãe – aspecto emocional do amor materno. Para que isto se processe satisfatoriamente é necessário que tanto a capacidade inata do bebê para tolerar frustração, quanto à receptividade materna (capacidade para rêverie) se harmonizem. Assim, quando a mãe, ou melhor, o seio materno não está presente, o "não-seio" ou o "seio-ausente", é imaginativamente criado em sua mente – a dolorosa presença da ausência ou uma ausência dolorosamente presente... Temos aí a matriz inicial de um pensamento e os primórdios do aparelho para pensá-lo, bem como da separação entre o eu e o não eu, ou seja, entre self e objeto. Quando isto não se processa a contento ou realisticamente, uma das primeiras consequências é a formação prematura de uma

> *consciência, que é muito prematura para suportar as exigências que sobre ela pressionam tanto a realidade externa, através de seus órgãos sensoriais, quanto às experiências emocionais, que partem do translado das vivências de seu mundo interno. Uma das consequências disso é que o bebê "ataca" o sentido de dualidade e tenta se "fundir" na mãe, em busca do estado primitivo de fusão, de união com ela ou de unidade, como defesa contra a angústia de perceber a separação. (Junqueira de Mattos, 1989)*

Possivelmente, foi Aristóteles um dos primeiros a assinalar a necessidade de uma mente para perceber as relações entre *movimento* e *tempo* e poder calculá-las. Para ele, o cálculo é a numeração do movimento de acordo com o que é *anterior* e *posterior* (Aristotle, 1978). Com isso, temos que *tempo* não é igual a *movimento*, mas precisa ser calculado com base no movimento. Ora, para se calcular, é necessária uma mente que calcule, logo, não existe tempo sem uma mente consciente que pense ou calcule (Aristotle, 1978). Assim afirma o pensador:

> *Uma questão embaraçosa a de saber se, sem alma, o tempo existiria ou não, pois se nele não existir nada que ordene, ele não conterá nada de ordenável e, nesse caso, não há ordenação, visto que o ordenado e o ordenável são número. Mas se nada, a não ser a alma, pode, por natureza, contar, e na alma conta a inteligência, não pode existir tempo sem alma... (Aristotle, 1978).*

Dessa forma, a noção de tempo deve ser entendida como estando no sujeito que observa e sente e não no objeto, o objeto da percepção (Brun, 1994, pp. 251-252; Ross, 1987, pp. 97-98).

Poderíamos dizer que o fator fundamental que determina uma adequada internalização das noções de tempo e espaço e da formação da *consciência* é uma maior ou menor tolerância à frustração – qualidade que tudo indica ser inata, de acordo com Bion (1962/1977a). Portanto, são os fatores inatos de tolerância à frustração com os concomitantes de tolerância aos sentimentos de separação, isolamento e solidão que determinam em uma pessoa a predominância dos aspectos não psicóticos sobre os aspectos psicóticos em sua personalidade.

Desse modo, um indivíduo que viaja de Paris para Nova York em um avião como o Concorde, pode chegar a Nova York, em termos de tempo, antes de ter partido de Paris... No entanto, isso não impede que ele tenha ficado, biologicamente, algumas poucas horas mais velho...

Assim, muitos psicóticos podem estar com mais de 70 anos e, no entanto, viverem em um tempo em que ainda possam se sentir como uma pequena criança, mas, como o conceito de tempo, derivado da *forma de nossa sensibilidade,* não foi por eles internalizado, estando inserido apenas em um *tempo biológico,* falta a eles a dimensão psíquica, não sensorial, do sentir a passagem do tempo... Que não é sensorial nem pode ser apreendida pelos sentidos.

A distribuição de tais e tantas sessões em tais e tantos dias da semana depende de um tempo biológico-cronológico que está ligado às impressões sensoriais. Posso olhar para o relógio e "ver" o tempo passar... Mas isso não tem nada a ver com a percepção da passagem do tempo que depende da intuição de uma realidade psíquica, que não é sensorial e, portanto, não pode ser medida nem apreendida sensorialmente, pode apenas ser *intuída*. Assim, há uma diferença essencial entre o tempo cronológico, que é concreto, sensorial, e o tempo psíquico, o não sensorial, que depende da noção de consciência e da consciência de uma realidade psíquica, que não pode ser, e de fato não é, medida cronologicamente, sensorialmente – é o tempo inefável, elusivo das associações que ocorrem no trabalho analítico... Ou das associações que ocorrem quando, da mesma forma, estamos acordados, especialmente nos estados de devaneios, do sonhar acordado... Seja no analisando, seja no analista. É o tempo sem tempo de que nos fala Proust em seu *Em busca do tempo perdido*... É o tempo do tempo continente... É o tempo re-visitado, resgatado, restaurado onde o impulso criativo desabrocha transformado... É o tempo do por-vir, o tempo ante-cipado... E do qual Proust teve um *insight* singular, como bem nos mostrou Hanna Segal (1971, pp. 388-389, 1983, p. 250) em seu trabalho sobre a estética e que, tentativamente, procurei relacionar com a criatividade no processo analítico (Junqueira de Mattos, 1983).

Penso que tudo o que afirmei, bem como a noção de tempo em Proust, está muito alinhado com o que, muito antes de todos nós, Santo Agostinho escreveu:

> *De que modo se diminui e se consome o futuro que ainda não existe? E de que modo cresce o passado que não é mais, senão por que na alma existem três coisas: presente, passado e futuro? A alma de fato espera, presta atenção e lembra, de modo que o que ela espera, por meio daquilo a que ela presta atenção, passa para o domínio da memória. Ninguém nega que o futuro ainda não existe; mas já existe na alma a expectativa do futuro; ninguém nega que o passado não mais existe, mas existe ainda na alma a memória das coisas passadas. E ninguém nega que ao presente falte duração porque logo cai no passado; mas dura a atenção pela qual o que é agora presente se afasta em direção ao passado. (Augustine, 1978).*

Essa proposição fundamental de Santo Agostinho está por ele mesmo condensada na afirmação: "Não existem, propriamente falando, três tempos, o passado, o presente e o futuro, mas somente três presentes: o presente do passado, o presente do presente e o presente do futuro" (Augustine, 1978). É nesse contexto que vejo a análise, seja regular, seja concentrada. Somente tolera a análise quem pode tolerar frustrações e, portanto, tem internalizadas as noções de tempo e espaço e consciência. Dado o fato de, com a análise concentrada, o analisando ter de lidar mais com frustrações que ocorrem nos longos intervalos, caso se trate de um paciente com estrutura psicótica ou em surto psicótico, tendo suas representações de *self*, em maior ou menor grau, confundidas com as representações de objeto (analista), ele não suporta a análise concentrada. Por outro lado, com muita frequência, não suporta também a análise regular dentro dos parâmetros e dos *mínimos standards* da IPA... Para esses, o número de sessões tem de ser aumentado para cinco ou seis mais sessões semanais e, eventualmente, até duas sessões em um mesmo dia, quando se diminui o intervalo entre as sessões e, entre outros benefícios, é possível lidar melhor com frustrações, como o que ocorreu no caso a seguir.

O paciente morava em uma cidade a mais de duzentos quilômetros de distância de Ribeirão Preto. Já ao telefone, tentando marcar uma entrevista comigo, percebi que o paciente delirava, alucinava e estava muito confuso, falando de perseguidores que queriam matá-lo e que alguém soprava ao seu ouvido que eu podia ajudá-lo... O paciente já tivera experiência de mais de sete anos com análise regular.

Entendi, ao telefone, que havia uma parte preservada de sua personalidade que buscava a análise, e isso me levou a atendê-lo. Marquei dois horários seguidos, totalizando cem minutos, e, ao toque da campainha, fui abrir o portão.

Junto de minha casa fica o meu consultório. Na entrada há um amplo jardim com três jabuticabeiras que, na ocasião, estavam prenhes de frutos e com um bando de maritacas deliciando-se com eles. Ao abrir a portão, deparei com uma pessoa muito assustada, acompanhada de um familiar que, com os olhos arregalados e olhar mais assustado ainda, em muda e expectante interrogativa, inquiria-me silenciosamente numa tentativa de entender o que subitamente ocorrera com ele... Nesse momento, eis que as maritacas também se assustaram e, em bando e revoada, partiram para paragens mais seguras... Ao ouvir o barulho delas, meu futuro analisando agachou-se e gritou: "Abaixa, Dr. Junqueira, que eles estão atirando...".

Tomado pelo súbito medo que ele nos infundia, os acompanhei, agachando-me, enquanto tentava localizar de onde os tiros vinham... Demorei alguns segundos para perceber que os tiros nada mais eram do que as minhas queridas maritacas que em assustada revoada partiam...

Bem, foi assim que iniciei a primeira entrevista de uma análise concentrada que se revelou extremamente produtiva... No início foram feitas duas sessões diárias, sendo uma dupla, de cem minutos. Após dez dias, o surto psicótico remitiu-se. O analisando tomou também medicação antipsicótica prescrita por um colega psiquiatra. Depois desse período inicial, as sessões passaram a ser concentradas em dois dias da semana, às sextas-feiras e aos sábados.

Dois anos depois, ao interromper sua análise – sentida por mim e por ele como muito intensa e criativa –, ao lembrar-se de como me procurara e do episódio das maritacas, o paciente não pôde conter as gargalhadas...

Por outro lado, vejo algumas vantagens da análise concentrada: a análise concentrada tem uma vantagem adicional, pois, se o indivíduo passa dois dias da semana em análise, ele deve mobilizar recursos próprios para poder lidar com as frustrações que emergem no período de abstinência. E mais, não podemos nos esquecer de que a regra fundamental da psicanálise é que o analisando associe livremente e diga tudo o que lhe passa pela cabeça no momento em que está com o analista. Nesse sentido, ele pode ter *insights* e percepções de seu mundo interno. Sejam as sessões concentradas ou não, o que importa é que haja trabalho enquanto dura a sessão.

Na carta do Prof. Dr. Sandler, quando ele diz que "A IPA tem o ponto de vista de que é necessário ter análise em dias diferentes da semana e em mais da metade dos dias da semana, para que se tenha uma adequada internalização da experiência psicanalítica" (1992a), é claro que, para ele, só há uma "adequada internalização da experiência analítica", quando há o intervalo de uma noite entre as sessões, e que a análise didática só é válida nessas condições... Dessa forma, satisfaria os mínimos *standards* aprovados pela IPA... Ou seja, pode haver uma sessão à noite e outra pela manhã, mas não uma sessão pela manhã e outra à noite!!! O que parece sugerir que o analisando precisa sonhar entre as sessões. Gostaria de ter em mãos algum texto psicanalítico em que essas ideias estão fundamentadas, porque o que vejo é que o próprio Freud, como especifica no trabalho que cito adiante (1907/1959), deixa explícito o poder criativo e elaborativo do sonhar acordado, do devaneio.

Trago um material clínico de um paciente em análise concentrada em que houve, a meu ver, uma "adequada internalização da experiência analítica", muito embora o intervalo fosse de *apenas* cinquenta minutos.

O paciente está em análise há quinze meses, com quatro sessões semanais, duas às terças-feiras e duas às quintas-feiras pela manhã, com intervalo de cinquenta minutos entre elas. Muito poderia ser dito a respeito desse paciente, todavia, limito-me aos fatos que me parecem relevantes para o meu tópico. Essa sessão ocorreu há cerca de quarenta dias e foi a primeira da manhã. Nela, foi discutido o fato de que tinha dificuldades em pensar e expor suas ideias no contato com as pessoas. No intervalo, enquanto esperava sentado na cadeira da sala de espera, adormeceu e sonhou...

Segunda sessão da manhã:

> *Sonhei que estava jogando uma partida de futebol. Eu estava com a bola completamente livre, pois só havia o goleiro na minha frente. Na velocidade em que vinha, bastava eu driblar o goleiro, chutar e marcar o gol; mas, em vez de fazer isso, de eu mesmo marcar o gol, passei a bola para outro companheiro, localizado na diagonal, que chutou e marcou o gol... Não vou direto, parece que fujo de certas situações e não falo direto o que sinto...*

Suas associações se detiveram nas razões do porquê era assim... Falei-lhe:

> *Olha, aqui também, você não vem direto, precisa de sonhar, para dizer em diagonal, através do sonho... Suas dificuldades em pensar e em expor o seu pensamento; o método em diagonal que você usa, tem a ver com o medo de assumir responsabilidades... Você teme e se angustia com a ideia de ser responsável pelo que fala e ser responsável pelas suas atitudes e ações... Com isso, você evita angústias e frustrações que os conflitos e problemas trazem, isso lá fora e aqui na análise comigo. Assim, você aparentemente evita sofrimentos, mas também impede de ter sucesso, porque, não se arriscando, não sofre, mas também, por exemplo, não*

marca gol... Eu pergunto: por que está você evitando marcar ou aparecer aqui neste "futebol" analítico? Do que está querendo escapar aqui e agora comigo? Por outro lado, se você fala em diagonal, não é direto, pode facilmente me driblar, eu como este goleiro analítico, não vou pegar a bola... Mas qual a vantagem em se driblar o analista? Em se ter um analista frangueiro? Se você me driblar e não me mantiver corretamente informado a seu respeito, como vou eu fornecer a você uma interpretação correta?

A terceira sessão ocorreu dez dias depois. Nela, que era a primeira sessão da manhã, o paciente fala de uma discussão que teve com a esposa, durante quase duas horas, em que, no entender dele, ela não o deixou falar e trazia à baila na discussão situações e assuntos passados, que nada tinham relação ao tema da conversa. No final, desanimado com os resultados, desistiu de continuar. Digo a ele:

Veja, você está aqui comigo agora e fala de sua esposa... E diz que é ela quem traz assuntos que não têm nada a ver... Parece-me que você se sente muito dividido; de um lado está aqui procurando análise, de outro lado, sente que há outra parte sua – essa parte, ora você a coloca em sua esposa, ora você a coloca em mim – mas que, na verdade, pertence a você mesmo e que faz com que você fuja dos assuntos aqui na análise comigo. Provavelmente, essa divisão entre o querer e o não querer dificulta a você tanto falar comigo aqui na análise como a falar com sua esposa ou com qualquer outra pessoa lá fora.

142 ANÁLISE CONCENTRADA: TRÊS DÉCADAS DE EXPERIÊNCIA

Depois de um intervalo de cinquenta minutos (quarta sessão), o paciente volta dizendo que havia sonhado, enquanto sentado na cadeira da sala de espera.

> *Sonhei que eu e minha esposa procuramos um lugar para construirmos nossa casa. Íamos de carro procurando por uma serra muito, muito alta. Havia até neve no pico, era uma montanha muito grande. Procurávamos e não achávamos... De repente estávamos diante de um terraço, onde havia uma espécie de mirante na serra, e um patamar com espaço suficiente para a construção. Aí a cena muda e eu me encontro conversando com o meu padrasto. Essa cena passava-se a vários quilômetros de distância. Aponto a montanha e o mirante no platô e digo a ele que era ali que eu pretendia construir a casa, mas que temia que algum de meus filhos caísse no precipício, pois o mirante no terraço acabava em um precipício.*

Em seguida, lembra-se de um terreno que está pretendendo comprar na cidade onde mora, para construir sua casa, mas que não havia ainda chegado a um acordo com a esposa. "Estamos num período difícil de entendimento, espero que a análise dela e a minha possam ajudar a encontrarmos o caminho." Digo a ele mais ou menos o seguinte:

> *Bem, parece que você sente que está querendo construir algo que não é apenas a sua casa... Mas é também o que você está construindo agora dentro de você, com a ajuda da análise... Mas que você não entra em acordo com você mesmo, a sua outra parte, da qual falamos antes... Você sente que o querer e o não querer não são*

um terreno consistente onde possa edificar sua constru-ção interna... Você precisa ter a certeza de que está construindo em terreno firme, que não há perigo de cair em nenhum precipício... Por outro lado, você preci-sa perguntar-me se não há riscos... Se aqui comigo o terreno é consistente... Assim, a responsabilidade do que poderemos construir você quer dividir comigo e reassegurar-se de que eu sei o caminho... E também de que, se você tem estrutura para aguentar as mudanças que, já no presente, estão ocorrendo com você. Obvia-mente, teme também pelo seu casamento e as mudan-ças que podem ocorrer na relação com sua esposa – que você sente já não é mais a mesma... Por outro lado, ao perguntar para o seu padrasto, eu penso que você gos-taria de saber se eu acredito no que faço, se eu acredito em psicanálise, nessa montanha analítica, de cujo mé-todo, de cujo mirante, você poderá di-visar novos hori-zontes... Porém temidos... Daí o querer e o não querer...

Freud, em seu trabalho "Creative writers and day-dreaming" (1907/1959), mostra claramente que a diferença essencial en-tre o sonhar e o "sonhar acordado", reside no maior ou no me-nor grau da censura, da repressão, ou seja, diminuída a censura pelo trabalho analítico, portanto, tendo quantitativamente uma menor repressão, mais possibilidade de sonhar acordado e de ser capaz de um trabalho criativo tem o indivíduo – aliás, isso está implícito no material clínico que relatei. Nesse trabalho, penso que Freud antecipa o conceito, mais tarde desenvolvido por Bion (1962/1977a, 1963/1977b), de função alfa e de *dream work-alfa* (1992, especialmente pp. 179-184). Bion nos mostra ser a função alfa essencial para a formação dos pensamentos, tanto em vigília como dormindo, e de que o psicótico é incapaz de diferenciar entre estar dormindo e acordado, pois é a função alfa que transforma as impressões sensoriais que exteroceptivamente são captadas pelos sentidos ou introceptivamente captadas pela consciência – "órgão sensorial para a apreensão das qualidades psíquicas" (Freud, 1900/1953, p. 615) –, levando à formação dos elementos alfa, os quais, aglutinando-se, levam à formação da "barreira de contato", que permite a separação do inconsciente do consciente, e, portanto, da consciência de estar dormindo ou da consciência de se estar acordado. Ou entre um estado psicótico ou não psicótico, porque, se a barreira de contato não é formada ou se é formada e destruída (Bion, 1962/1977a, pp. 17-27), há um surto psicótico; dessa forma, o psicótico tem consciente o que para o neurótico é inconsciente... Ou, em termos freudianos, o Id inunda o Ego... Assim, não há repressão no domínio da personalidade psicótica! Com o conceito de *rêverie*, Bion trouxe uma contribuição singular à psicanálise... E o que é a *rêverie* senão um devaneio, um sonhar acordado?... Ou seja, o estado de "atenção flutuante" é um estado peculiar de consciência em que o analista, com toda a sua capacidade intuitiva, se oferece às "associações livres" do analisando, portanto, um estado singular de consciência análogo[8] ao que Freud se refere em "Creative writers and day-dreaming". No devaneio comum, ou na *rêverie* do processo analítico, há continuamente o emergir de elementos semelhantes ou análogos aos que recordamos, quando um sonho, do qual tentamos intensamente nos lembrar e não conseguimos, subitamente emerge por inteiro e inopinadamente... São em tudo semelhantes às *associações* de que nos fala Proust, quando o tropeçar em uma pedra o faz se lembrar de um feriado em Veneza

---

8 Utilizo a palavra analogia no sentido com o qual Brugger (1977) a define, ou seja, algo é análogo quando "entre ambos existe, ao mesmo tempo, coincidência e diversidade. Sem coincidência, não há possibilidade alguma de comparação: sem diversidade, a comparação subministra apenas mera repetição do mesmo sem novo esclarecimento".

de que, em vão, tentara se recordar... Proust chama essas elusivas associações de "*intermittences du coeur*" (Segal, 1971, p. 389, 1983, p. 250). Dessa forma, pode haver um intenso trabalho durante, depois e entre as sessões e que não depende do número nem dos intervalos medidos em horas, noites ou dias, mas da capacidade criativa do analista e do analisando.

Penso que Meltzer, em seu livro sobre a vida onírica (1984), desenvolve as ideias de Bion e Melanie Klein afirmando, por exemplo, que o modelo neurofisiológico da mente proposto por Freud destacou o modelo revolucionário de mente divisado por Klein e assinala as diferenças:

> *Não vivemos em um só mundo, mas em dois – vivemos também em um mundo interno, que é um lugar tão real como o é o mundo exterior. Isso dá um significado inteiramente novo ao conceito de fantasia: as fantasias inconscientes são transações acontecendo continuamente no mundo interno. Isso, sem dúvida, atribui um novo significado para os sonhos. Os sonhos não podem mais ser encarados como um processo só para aliviar as tensões e serem os guardiões do sono, porém têm de ser vistos como imagens da vida dos sonhos que acontecem todo o tempo, acordado ou dormindo. Podemos chamar essas transações de "sonhos" quando dormimos e de "fantasias inconscientes" quando estamos acordados. (Meltzer, 1984, p. 38)*

Esse tema do continuar da vida onírica, mesmo em vigília, é retomado, entre nós, por Bockman de Faria em trabalho (1995), em que traz contribuições ao assunto, assinalando a importância do que chama "processo sonho", que está presente de forma contínua

146 ANÁLISE CONCENTRADA: TRÊS DÉCADAS DE EXPERIÊNCIA

em nossa vida psíquica, quer estejamos acordados ou dormindo, portanto, incessantemente atuante no trabalho analítico.

A regra fundamental da psicanálise, des-coberta por Freud, é, e penso que continuará sendo, a das *associações livres do analisando*, que correspondem à da *atenção flutuante do analista*; assim, se o paciente conseguir associar livremente, tais associações podem, como frequentemente acontece, não obedecer a uma ordenação têmporo-espacial, mas traduzir em sua veracidade a experiência emocional do momento, quando duas mentes, analista e analisando, se encontram. Tais associações, como algo brotado do inconsciente – ou um derivado consciente do inconsciente como quer Freud (1915/1957a, p. 150, 1915/1957b, p. 190, pp. 193-194) – são atemporais – momentos fugazes, esvaecentes de *insight* ou de "*intermittences du coeur*", como entendia Proust.

A elaboração, após a sessão, consciente ou inconsciente, ocorre independentemente das horas que separam as sessões. Portanto, a *internalização da experiência analítica* não depende da distribuição do número das sessões. Penso que a argumentação do Prof. Dr. Sandler não leva em consideração as ideias de Freud contidas no citado trabalho de 1907 (1959), bem como os desenvolvimentos metapsicológicos posteriores a ele, como as contribuições de Klein, Bion e Meltzer citadas. Essa elaboração, após a sessão, ocorre de forma adequada ainda quando os intervalos entre as duas sessões são de *apenas* cinquenta minutos, como espero haver demonstrado com o material clínico apresentado, no qual há claros indícios de que houve, nas duas séries de sessões apresentadas, uma elaboração, na segunda sessão, do material tratado na primeira sessão da manhã. Há analisandos e analisandos, assim como há analistas e analistas... O mérito ou demérito de uma análise, isso sim, depende da natureza da díade que se forma e da criação de condições mínimas necessárias para que ela se processe. Agora, essas *condições mínimas necessárias* não podem ser ditadas de fora – devem ser ditadas pela dupla. Assim, penso ter deixado claro com a experiência que tenho que, quando o analisando é adequadamente escolhido, a análise concentrada tem um resultado tão bom quanto a análise regular. Sei que tenho um critério de quais são essas *condições mínimas necessárias* para um analisando ser adequadamente escolhido. Porém, esse critério não pode ser determinado *a priori*, depende do contato, ele se des-cobre na experiência com o paciente. Tive apenas uma interrupção de análise concentrada das 44 análises conduzidas, e algumas até por mais de dez anos. Obviamente, não estou advogando que se faça então quatro ou cinco sessões em um mesmo dia... Isso equivaleria a tomar as quatro refeições do dia de uma vez... Repito, quero deixar bem claro que não estou aqui empunhando nem desfraldando a bandeira da análise concentrada... O que estou querendo defender é uma "política para as justificadas exceções"[9] em linha com o que está contido nas cartas dos doutores Kernberg e Hanly citadas. Prefiro trabalhar com cinco ou até seis sessões semanais e em diferentes dias, no entanto, penso que, havendo uma adequada escolha do analisando – com isso, de uma forma tosca, quero dizer, afastando aqueles que possuam traços de funcionamento psicótico que possam levar a uma perturbação ou distorção da internalização da noção de tempo e espaço e da consciência –, as sessões concentradas funcionam e são perfeitamente eficientes e, portanto, válidas e aceitáveis, o que comprovei em minha experiência de trinta anos.[10]

Por outro lado, no caso de pacientes psicóticos, como o que mencionei inicialmente, serão para eles os mínimos *standards* da IPA – quatro sessões em diferentes dias – suficientes? Estarão

---

9 Ver nota de rodapé número 7 da página 128.

10 Como já mencionei, quando escrevi este trabalho eu tinha 60 anos; no momento da publicação deste livro, minha experiência com análise concentrada é de mais de cinquenta anos.

148 ANÁLISE CONCENTRADA: TRÊS DÉCADAS DE EXPERIÊNCIA

atendendo aos mínimos *standards* necessários e específicos para tais e tantos pacientes? Seria ético atender a um paciente quatro vezes por semana quando suas condições internas exigem mais? Não, responderiam. Esses pacientes exigem seis ou mais sessões semanais. Então, caso se possa aumentar o número de sessões, em diferentes dias da semana, por que não, em casos específicos de pacientes não psicóticos, concentrá-los?

Concluindo, em essência, a utilização da análise concentrada é contraindicada em pacientes com limitada tolerância à frustração, como frequentemente acontece nos pacientes em surto psicótico ou nos pacientes *borderline*, nos quais a internalização das noções de tempo e espaço estão comprometidas. Nesses pacientes estaria indicada uma análise concentrada, no sentido reverso, ou seja, de seis ou mais sessões por semana, e mesmo mais de uma no mesmo dia – como espero ter demonstrado com o material clínico apresentado.

Há um fato curioso e muito importante: por mais de um quarto de século não houve, que eu saiba, nenhuma manifestação ou trabalho que questionasse, entre nós e alhures, a eficiência e a validade da análise concentrada. Se ela não funcionava a contento, por que ninguém protestou antes e só passou a ser discutida com a proibição da IPA?... Das duas uma: ou era eficiente e ninguém sentia necessidade de questionar, ou todos que a praticavam e praticam eram e são incapazes ou aéticos...

Finalmente, por tudo o que disse, parece claro que a análise concentrada é, além de um problema técnico, antes de tudo um problema *ético*. Assim, quero deslocar o vértice do problema do vértice técnico para o ético, onde, penso, se localiza a essência da questão, pois cabe, em última instância, ao analista decidir quais são as condições mínimas necessárias para ele conduzir uma análise. Assim, ele deve ser *competente*, *livre* e *ético* o suficiente para poder decidir. Portanto, é uma questão de *liberdade*, mas, para ser livre, tem de ser capaz de *escolher*, e escolher é *optar*, e optar é *assumir responsabilidades*... Ou seja, não pode ser livre quem não pode ser responsável...

Com Ésquilo (Aeschylus, 1952), aprendemos que Prometeu, por ter ensinado o homem a utilizar o fogo, deu metaforicamente a ele a *consciência* e, portanto, a possibilidade de distinção entre o bem e o mal – ponto de virada entre animalidade e humanização... Devem agora os estatutos que nos regem funcionar qual moderno Zeus e também petrificar a criatividade da psicanálise?

Referências

Aeschylus (1952). Prometheus bound. In *Great Books of the Western World* (Vol. 5, pp. 40-51). London: Encyclopaedia Britannica.

Aristotle (1978). Physics. In *The Great Books* (Vol. 8). London: Encyclopaedia Britannica.

Augustine, St. (1978). Confessions. In *The great books* (Vol. 18). London: Encyclopaedia Britannica.

Bicudo, V. L. (1971). Critérios para a formação de novos núcleos psicanalíticos no país. *Revista Brasileira de Psicanálise, 5*, 113--118.

Bion, W. R. (1967). A theory of thinking. In *Second thoughts* (pp. 110-119). London: Heinemann.

Bion, W. R. (1977a). Learning from experience. In *Seven servants: four works by Wilfred R. Bion*. New York: Jason Aronson. Publicado originalmente em 1962.

150 ANÁLISE CONCENTRADA: TRÊS DÉCADAS DE EXPERIÊNCIA

Bion, W. R. (1977b). Elements of psycho-analysis. In *Seven servants: four works by Wilfred R. Bion*. New York: Jason Aronson. Publicado originalmente em 1963.

Bion, W. R. (1992). *Cogitations*. London: Karnac.

Bockman de Faria, J. A. (1995). Além do umbral dos sonhos. *Revista Brasileira de Psicanálise, 26*(11), 93-112.

Braga, J. C. (1992). *Sendo onde estamos: pela institucionalização do movimento bandeirante da SBPSP*. Não publicado.

Braga, J. C., Signorini, J. E. & Kaio, S. S. (1994). Análise condensada: uma perversão (sexual) da técnica psicanalítica? *Revista Brasileira de Psicanálise, 28*(13), 471-482.

Brugger, W. (1977). *Dicionário de filosofia*. 30. ed. São Paulo, SP: Editora Pedagógica e Universitária.

Brun, J. (1994). *Sócrates Platão Aristóteles*. Lisboa, Portugal: Publicações Dom Quixote.

Freud, S. (1953). The interpretation of dreams. In *Standard edition* (Vol. V, pp. 339-628). London: Hogarth Press. Publicado originalmente em 1900.

Freud, S. (1957a). Repression. In *Standard edition* (Vol. XIV, pp. 146-158). London: Hogarth Press. Publicado originalmente em 1915.

Freud, S. (1957b). The unconscious. In *Standard edition* (Vol. XIV, pp. 166-215). London: Hogarth Press. Publicado originalmente em 1915.

Freud, S. (1959). Creative writers and day-dreaming. In *Standard edition* (Vol. IX, pp. 141-153). London: Hogarth Press. Publicado originalmente em 1907.

Freud, S. (1961). A note upon the "Mystic writing pad". In *Standard edition* (Vol. XIX, pp. 227-232). London: Hogarth Press. Publicado originalmente em 1925.

Freud, S. (1962). Charcot. In *Standard edition* (Vol. III, pp. 9-21). London: Hogarth Press. Publicado originalmente em 1893.

Junqueira de Mattos, J. A. (1983). *Impressões de minha análise com Dr. Bion: comentários do autor.* Trabalho não publicado.

Junqueira de Mattos, J. A. (1989). *Metapsicologia dos processos cognitivos e misconceptivos do analista e analisando.* Trabalho apresentado no Congresso Brasileiro de Psicanálise, Rio de Janeiro. Não publicado.

Junqueira de Mattos, J. A., Mello, J. B., de Souza Favilli, M. & Nogueira, P. O. (1993). Entrevista: análise regulamentada. *Jornal de Psicanálise, 26*(150), 9-27.

Junqueira de Mattos, J. A. (1996). Análise concentrada: três décadas de experiência. *Rev. Bras. Psicanal., 30*(2), 365-384.

Junqueira de Mattos, J. A. (2016). Impressions of my analysis with Dr. Bion. In H. B. Levine & G. Civitarese (Ed.), *The W.R. Bion Tradition Lines of development: evolution of theory and practice over the decades* (pp. 5-21). London: Karnac.

Kant, I. (1989). *Crítica da razão pura.* 20. ed. Lisboa, Portugal: Fundação Calouste Gulbenkian.

Meltzer, D. (1984). *Dream-life: a re-examination of the psycho-analytical theory and technique.* Perthshire, Escócia: Clunie Press.

Money-Kyrle, R. E. (1968). Cognitive development. *Int. J. Psychoanalysis, 49*, 691-698.

Money-Kyrle, R. E. (1981). Cognitive development. In James Grotstein (Ed.), *Do I dare disturb the universe? A memorial to W. R. Bion* (pp. 537-550). Los Angeles: Caesura Press.

Richards, A. K. et al. (Ed.) (1997). *The Perverse Transference & Other Matters: Festschrift en homenaje a R. Horacio Etchegoyen.* New York: Jason Aronson.

Ross, D. (1987). *Aristóteles.* Lisboa, Portugal: Publicações Dom Quixote.

Sandler, J. (1991). Carta dirigida à diretoria da SBPSP, em 13 de setembro de 1991.

Sandler, J. (1992a). Carta dirigida à diretoria da SBPSP em 14 de abril de 1992.

Sandler, J. (1992b). Carta dirigida à diretoria da SBPSP em 22 de junho 1992.

Segal, H. (1971). A psychoanalytic contribution to aesthetics. In Melanie Klein, Paula Heimann & Roger Money-Kyrle, *New Directions in psychoanalysis* (pp. 384-405). London: Tavistock Publications.

Segal, H. (1983). Uma abordagem psicanalítica da estética. In *A obra de Hanna Segal* (pp. 245-272). Rio de Janeiro, RJ: Imago.

4. A contratransferência e a obra de Bion[1]

Introdução

O autor trabalha com a hipótese de que existem dois usos principais para a identificação projetiva: o *realístico*, que leva à formação da *função alfa* e a dos *elementos alfa*, e o *excessivo*, que leva à formação dos *elementos beta* e à *reversão da função alfa*. Em seguida, o autor conclui que Bion não aproximou o conceito de função alfa ao conceito clássico de contratransferência, que o teria levado ao conceito de uma contratransferência normal, ou *cognitiva*, ou ao de uma contratransferência anormal ou *misconceptiva*.[2] Ademais, para o autor, Bion parece não se ter dado conta,

---

1 Uma versão anterior deste texto foi publicada em Junqueira de Mattos (1992). Todas as traduções dos textos originalmente em inglês foram feitas pelo autor.

2 Em português, não existe a palavra *misconcepção*, que é um anglicismo criado por mim (Junqueira de Mattos, 1989), cujo uso, justifico desta forma: "A palavra '*misconception*', empregada por Money-Kyrle em seu trabalho *Cognitive development* (1968/1981), não tem uma correta tradução em português. Todas que encontrei tiravam dela uma força comunicativa imprimida por ele quando, neste trabalho, elabora a teoria sobre as misconcepções – de onde a

em relação à contratransferência, de que as *associações livres* são os derivados conscientes de conteúdos inconscientes e de que o importante não é o que está inconsciente, mas sim o que pode ser transformado em pensamento.

Bion evolve de uma posição em que fica patente o uso que ele faz da contratransferência – reconhecendo a possibilidade de seu emprego como um instrumento no trabalho e na investigação analítica – para uma posição em que a contratransferência (como entendida e nomeada por Freud como "a influência do doente sobre os sentimentos inconscientes do médico" [1910/1957a, pp. 144-145] é tida por ele como impossível de ser utilizada – por definição e por ser inconsciente – em análise, e ele só passa a ver para ela um destino: a re-análise[3] para o analista, posição a que se ateve até o fim de sua vida.

A *evolução do conceito de contratransferência na obra de Bion*

Em *Experiences in groups* (1961, p. 149), Bion já nos mostra que, nas psicoterapias de grupo, as interpretações são em grande parte "baseadas nas reações emocionais do analista" e que as reações de contratransferências são percebidas quando o "analista

---

tirei. Assim, ainda que ela soe arrevesada aos sensíveis ouvidos dos puristas da língua, é por necessidade minha de ser preciso e, ao mesmo tempo, fiel ao conceito expresso por Money-Kyrle, que resolvi criar esse anglicismo, o qual, como tantos outros – *insight, self,* etc. –, enriquecem o vocabulário psicanalítico em língua portuguesa. Fica aqui, portanto, minha homenagem a esse original autor que tanto contribuiu para o desenvolvimento da psicanálise" (Junqueira de Mattos, 1994).

3 Algumas palavras aparecem separadas por hífen quando, gramaticalmente, não possuem. A intenção é chamar a atenção do leitor para a sua etimologia.

sente que está sendo manipulado a desempenhar um papel nas fantasias de alguém". Fica claro, lendo toda aquela passagem, que Bion ali não separa uma "reação emocional", de uma "reação contratransferencial".

Há um acontecimento, a meu ver, de importância no estudo da evolução e elucidação do pensamento de Bion em relação ao tema. Em 1955, veio à luz o livro editado por Melanie Klein, Paula Heimann e Money-Kirle intitulado *New directions on psychoanalysis*, cujo Capítulo 9 é o trabalho de Bion "Language and the schizophrenic". Ali, há uma nota de rodapé: "O tema deste trabalho foi apresentado de uma forma mais resumida na contribuição ao Congresso de Psicanálise de 1953 (Londres, 28 de julho de 1953)" (Bion, 1955/1971, p. 220).

Esse capítulo tem um parágrafo de relevância para o tema da contratransferência:

> *O analista que tentar, em nosso presente estado de ignorância, o tratamento de tais pacientes precisa estar preparado para descobrir que, durante uma grande parte do tempo, a única evidência na qual uma interpretação pode se basear será naquela que a contratransferência puder lhe propiciar. (Bion, 1955/1971, p. 224)*

Em seguida, o autor nos fornece um material clínico, em que ele mostra como ficou ciente, pelo uso de sua contratransferência, de que o paciente desse caso alimentava desejos de agredi-lo fisicamente e até mesmo fantasias de assassiná-lo. Ele disse ao paciente:

> *"Você está forçando para dentro de minhas entranhas o medo de que você me mate" . . . Eu segui o mesmo método durante toda a sessão esperando que uma im-*

pressão se acumulasse *até que eu tivesse em posição de fazer uma interpretação. Pode-se observar que minha interpretação é baseada na teoria da identificação projetiva de Melanie Klein, primeiro para iluminar minha contratransferência e, em seguida, para dar arcabouço à interpretação que dei ao paciente. Esse procedimento é suscetível de graves objeções teóricas, que penso, devem ser encaradas. . . . A objeção de que eu projeto meus conflitos e fantasias no paciente não pode nem deve ser facilmente descartada. A defesa tem de se basear nos difíceis fatos da situação analítica, ou seja, no presente estágio de nosso conhecimento psicanalítico, o analista não pode confiar em um corpo de conhecimentos já bem-aceitos. E mais, ele deve presumir que sua análise pessoal tenha ido até o ponto em que interpretações desastrosas sejam improváveis. . . . Eles [os fatos psicanalíticos] são observáveis indiretamente, pela pressão que exercem para produzir aquilo de que eu me torno ciente como contratransferência. Eu não estou dizendo que defendo o uso da contratransferência como uma solução final; isso é um expediente ao qual temos de recorrer até que algo melhor apareça. (Bion, 1955/1971, p. 224, grifos meus)*

Podemos cogitar o que seria esse "algo melhor", voltamos a esse tópico mais adiante.

Vemos, portanto, a essa altura, em 1953, que seu pensamento era considerar a contratransferência como um "instrumento" valioso para se ganhar "*insight*" ao mundo interno do analisando – apesar de todas as suas deficiências e das objeções pertinentes que contra ela poderiam ser arguidas – e já eram de fato por ele mesmo arguidas.[4]

Nota-se que nessa época, em Londres, em 1953, Bion trabalhava com um conceito de contratransferência normal, ou seja, as reações emocionais do analista face ao material do paciente que podem ser transformadas em uma interpretação e as reações emocionais do analista que não podem, ou vão ser interpretadas erroneamente. E não poderia ser de outra forma, pois trabalhava também – e assim continuou sempre – com o conceito de: (1) uma identificação projetiva "normal" ou "realista", fazendo parte do desenvolvimento normal do bebê e constituindo a sua mais primitiva forma de se comunicar com a mãe; (2) uma identificação projetiva "excessiva" ou usada com a crença em seu poder onipotente, levando a um mecanismo de defesa patológico, daí originando um estado confusional entre as representações de *self* e objeto no bebê primeiramente em relação à representação materna. Em consequência, haveria *pari passu* com os elementos alfa – que resultam do normal funcionamento da função alfa e dela com o realístico funcionamento da identificação projetiva – os elementos beta resultantes do funcionamento patológico, primeiramente da identificação projetiva e dela para com a função alfa, pois não pode haver função alfa normal sem o "realístico" funcionamento da identificação projetiva nem elementos beta sem o uso "excessivo" ou "onipotente" da identificação projetiva (Bion, 1962/1967a, pp. 114-115; 1974, p. 83).

Bem, todas as referências feitas por Bion à contratransferência, nesse trabalho de 1953, foram por ele suprimidas de seu trabalho "Notes on the theory of schizophrenia" (Bion, 1954), que mais

---

4 Penso que são totalmente atuais as objeções levantadas por Bion há mais de sessenta anos; por outro lado, penso, igualmente, que ainda não apareceu "algo melhor" que possa substituir a relação transferência-contratransferência.

158 A CONTRATRANSFERÊNCIA E A OBRA DE BION

tarde veio a constituir o Capítulo 3, do livro *Second thoughts* (Bion, 1967b). Esse artigo traz a seguinte nota de rodapé: "Trabalho lido no Simpósio 'A Psicologia da Esquizofrenia', no Congresso Internacional de Psicanálise, em Londres, em 28 de julho de 1953". Quem os comparar vai verificar que são os mesmos textos, com exceção dos conceitos sobre contratransferência, aqui transcritos por mim, e que foram eliminados nas publicações posteriores mencionadas, limitando-se Bion a dizer: "A evidência para as interpretações tem de ser buscada na contratransferência e nas ações e associações livres do paciente. A contratransferência tem de desempenhar uma parte importante na análise do esquizofrênico, mas eu não quero discutir isto hoje" (Bion 1967b). Bem, nem hoje nem nunca mais... Pois esta foi a última vez que Bion, em seus escritos, defendeu o uso (pelo menos com esse nome) da contratransferência como instrumento de percepção do analista.

Podemos conjecturar, e o faremos mais adiante, por que teria Bion mudado de ideia sobre o possível uso da contratransferência pelo analista.

A evolução do conceito de contratransferência de Freud até o final da década de 1940

Foi no final da década de 1940 que a contratransferência passou a ser debatida, estudada e utilizada nos círculos kleinianos de Londres (Grosskurth, 1986).

O trabalho de Paula Heimann, "On conter-transference" (1950), é considerado o primeiro a abordar o uso da contratransferência em análise. No entanto, isso não é toda a verdade. Ela apresentou seu trabalho no Congresso de Zurich, em 1949, que foi posteriormente publicado no *Internacional Journal of Psycho-Analysis*, no ano seguinte. Foi, no entanto, Henrich Racker o pioneiro, pois, em setembro de 1948, leu na Associação Psicanalítica Argentina (APA), em Buenos Aires, seu trabalho "The countertransference neurosis". Nem Paula Heimann, ao que parece, soube das contribuições de Racker, nem Racker soube das dela, sendo, portanto, produções independentes (Etchegoyen, 1987).

Até o momento de publicação desses dois artigos, o que prevaleceu foi o conceito clássico de contratransferência, como postulava Freud: "A contratransferência resulta da influência do paciente sobre os sentimentos inconscientes do analista". Veja que ele se refere a sentimentos inconscientes, em que *inconscientes* é um adjetivo que qualifica o substantivo sentimento, que está no plural. Portanto, Freud não se refere ao inconsciente substantivo – localização topográfica –, mas sim ao inconsciente dinâmico, o que dá um sentido de patologia ao termo. Claro, se o analista não os conscientiza, é porque pode existir algo que impede, ou seja, um produto da repressão ou recalcamento. No mesmo parágrafo da definição citada, Freud recomenda a autoanálise e, posteriormente, a análise do candidato a analista para "purificar" o seu "instrumento", tornando-o um "espelho".

Freud sempre viu na contratransferência um fator perturbador do trabalho do analista. O inconsciente é sempre referido como adjetivo, "sentimentos inconscientes", ou seja, objeto da repressão ou recalcamento (Freud, 1910/1957a; 1915/1957c). Assim, quando Freud faz referência à contratransferência, tem para ele o sentido de uma reação indesejável do analista, igual à noção que sempre teve da transferência do analisando, sempre vista na análise como uma forma de resistência (1912/1958), ou seja, "transferir para não lembrar" e, portanto, contratransferir também para não lembrar e, logo, não analisar, poderia ter Freud igualmente dito. A contratransferência seria vista por ele como uma contrarresistência

(Glover, 1955/1968) do analista, despertada nele pela transferência – igualmente patológica (neurose de transferência) – do analisando, re-vivendo aspectos patológicos, não resolvidos, do analista. Isso leva ao que Racker denominou de "neurose de contratransferência". Portanto, o "resistido" do analista, na contratransferência, partilha com o "resistido" do analisando, na transferência, de uma mesma relação qualitativa. Freud jamais pôde fazer com a contratransferência o que fez com a transferência, quando esta, após ter sido inicialmente considerada como um fator muito perturbador para a análise, passou a ser o instrumento mais eficiente – quando adequadamente analisada – para a penetração nos conflitos do analisando ali transferidos para o analista. Assim, quando Freud fala da contratransferência, refere-se não a um inconsciente do analista que "sente" e "entende" o analisando, mas sim a um inconsciente que "des-sente" e "des-entende" o inconsciente de seu analisando. Aí, fruto da interferência da contratransferência patológica sobre ele, opacificando o "espelho" analítico. É assim que, até a década de 1940, a contratransferência era vista como uma espécie de sujeira – uma forma de infecção a contaminar o campo analítico – tendo mesmo Glover (1955/1968, p. 92) a ela se referido como o sanitário (*toilet*) do analista, cunhando o termo "contrarresistência" a equivaler à resistência do analisando à análise.

Paula Heimann e Henrich Racker, com seus importantes trabalhos, desvelam uma nova, promissora e fecunda era para a técnica psicanalítica. Ao trabalho inicial de Heimann "On counter-transference" (1950), se seguem dois outros em que ela expande o tema: "Counter-transference" (1960) e "Further observations on the analyst's cognitive process" (1977). Assim a autora diz: "Minha assunção básica é de que o inconsciente do analista entende o inconsciente do paciente" (1950). Em 1960, prossegue:

> *do ponto de vista do paciente, não é de uma significa-*
> *ção decisiva qual a fonte dos sentimentos do analista,*
> *desde que o analista não use defesas que poderão im-*
> *pedir sua percepção. Manter os sentimentos em sus-*
> *pensão faz parte de um processo de re-integração (Gi-*
> *telson, 1952) e de entendimento de seu paciente. Ainda*
> *que uma distinção conceptual entre transferência e*
> *contratransferência seja possível, na experiência real*
> *os dois componentes estão fundidos.*

Ainda nesse trabalho Heimann afirma: "Mas quando a relação paciente-médico atinge o estágio em que o paciente *atua* seus impulsos violentos, *inconscientemente* convencido de que se originaram de fato e realmente das atividades e comportamento do analista, o terapeuta, ele mesmo, se torna uma agência terapêutica" (1960, grifos da autora).

Assim, para Heimann, o importante, com o que concordo inteiramente, é que, ainda que haja um potencial neurótico no analista (e como poderia ser diferente?), o importante é que esse potencial não atrapalhe e que o analista forneça uma correta interpretação ao seu analisando.

Finalmente, em seu terceiro trabalho (1977), Heimann nos traz uma contribuição muito importante quando conclui ser a contratransferência uma *função do ego*. Assinala ainda quando a contratransferência não está funcionando bem:

> *Eu diria que a característica [hallmark] de uma con-*
> *tratransferência perturbada é o sentimento de que al-*
> *guma coisa alheia ao seu ego é experimentada pelo*
> *analista. Essencialmente o que aconteceu é que ele dei-*
> *xou de perceber conscientemente algum processo im-*

> *portante em seu paciente quando isso aconteceu. Essa falta de percepção, que o analista recupera analisando sua contratransferência perturbada, esse intervalo de tempo entre sua percepção consciente e inconsciente, refere-se a uma introjeção* inconsciente *de seu paciente e uma* identificação inconsciente *com ele. Uma vez que o analista reconhece isso, o sentido de perturbação desaparece.* . . . *Graças a esta autoanálise feita na hora [*on the spot*], dentro da situação analítica, ele fez o que Freud recomendou: reconheceu e dominou a sua contratransferência perturbada. (1977, grifos da autora)*

Resumindo, para Heimann, quando a transferência daquilo reprimido ou recalcado pelo paciente ativa os "restos neuróticos" do analista, se este for capaz de manter seus sentimentos em "suspensão", terá sido capaz de utilizar sua contratransferência agora elevada a uma função do ego.

Se Heimann nos aponta as consequências e os resultados do que acontece quando o processo de contratransferir funciona mal, não explica por que ele pode funcionar bem – da mesma forma como não explica por que funcionou mal. Faltou a ela e a tantos outros que estudaram e estudam a contratransferência uma teoria só elaborada posteriormente por Bion; refiro-me a este imenso legado à teoria e à técnica psicanalítica: a teoria da função alfa.

Penso que Heimann tem uma posição muito semelhante à de Bion (1961), pois me parece que ela se refere – sem dar esse nome – à identificação projetiva e introjetiva. Isso até o lançamento, por Bion, de "Learning from experience" (1962/1977a) – publicado oito anos após a publicação de "Notes on the theory of schizophrenia" (Bion, 1954) –, em que encontramos, no início do Capítulo 10, uma nova referência à contratransferência segundo a qual poderíamos discutir se seu pensamento mudou ou teria *evolvido*, como preferia dizer:

> *Graças à tela beta, o paciente psicótico tem a capacidade para evocar emoções no analista; suas associações são os elementos da tela beta que têm a intenção de evocar interpretações ou outras respostas que são menos relacionadas com sua necessidade de interpretações psicanalíticas do que com sua necessidade de produzir um envolvimento emocional. A teoria da contratransferência oferece somente uma explanação parcialmente satisfatória, pois se refere a manifestações como sintomas dos motivos inconscientes do analista e, assim, deixa as contribuições do paciente sem explicações. (1962/1977a)*

Dessa posição, Bion jamais se afastou e a ela se ateve até o fim de sua vida. Isso pode ser constatado pelo leitor interessado.[5]

Não posso concordar com essa posição de Bion, porque, se a tela beta provoca ou "evoca emoções no analista", que vão "produzir um envolvimento emocional", não deixa, a meu ver, a "contribuição do paciente sem explicações", porque, se o analista for capaz de uma autoanálise no ato, vai daí emergir uma interpretação que traduz a contribuição do paciente em produzir tais sintomas – ou seja, tais sintomas são o produto final das identificações projetivas do paciente, quando o analista se identifica introjetiva

---

5 O leitor interessado pode verificar detalhadamente, na bibliografia que se segue, em quais páginas Bion aborda o assunto "contratransferência": "Elements of psycho-analysis" (1963/1977b), páginas 13, 18; "Transformations" (1965/1977c), páginas 22, 26, 35, 48-49, 61, 81; *The dawn of oblivion* (1979), páginas 81, 83; *Bion's Brazilian Lectures 2* (1975), páginas 87, 94, 183, 187-190; *Bion in New York and São Paulo* (1980), páginas 12, 16, 36-39, 41.

e transitoriamente com elas. Veja que aqui estou falando de identificação transitória, ou empática, não permanente (Junqueira de Mattos, 1989). A dificuldade surge se o analista deixar, consciente ou inconscientemente, que sua mente seja "invadida" pelos elementos beta, identificativamente nele projetados pelo paciente. Fruto sem dúvida de um mau ou deficiente funcionamento de sua função alfa. Ela, agora no analista, passa a sofrer de forma momentânea ou mais ou menos permanente, uma "aglomeração" ou "justaposição" dos elementos beta e consequente formação da tela beta. E mais, isso leva a uma "reversão" da função alfa do analista. Esta é, como eu entendo, a teoria da contratransferência.

Vou apenas tentar resumir o que extensivamente espero ter demonstrado no meu trabalho (1989) citado anteriormente.

Bion, em *Learning from experience* (1962/1977a), escrito depois de seus trabalhos com psicóticos, cujos resultados publicou em *Second thoughts*, chegou à conclusão (p. 54) de que as teorias do processo primário e secundário, bem como da consciência, eram insatisfatórias e insuficientes, para ordenar, integrar e compreender os dados da experiência clínica quando se tratava de pacientes psicóticos ou limítrofes (*bordeline*). Para tais e tantos, postulou a existência de uma função, a função alfa, como a mais adequada à compreensão desses dados clínicos, ou seja, uma única função a exercer o trabalho de duas: a do processo primário e secundário.

Para Bion a função alfa integra sensações provindas dos sentidos com as emoções que essas percepções sensoriais evocam, ou seja, integra objetos sensoriais com as emoções por eles estimuladas. Para o autor, a função alfa, atuando, de um lado, sobre os dados da experiência sensorial, por meio de nossos cinco sentidos, a nos ligar ao mundo externo e, de outro lado, sobre o traslado da experiência emocional que nasce da experiência de nosso eu (*self*) ou de nosso mundo interno com nós mesmos (*ourself*), transforma-os em elementos alfa, que servem de elementos-padrão, matriz inicial a fornecer os dados para a estruturação do pensamento, tanto em vigília como dormindo.

Assim, as associações do paciente, para o analista, são captáveis inicialmente como "coisa em si", que é, para Bion, o fator inicial a desencadear no analista a experiência emocional da sessão. Esse fator é também chamado por ele de "O" da experiência emocional da sessão (1965/1977c, 1970/1977d). Esse fator, reverberando no mundo interno do analista, ativa os mecanismos de sua função alfa que, funcionando adequadamente, trabalha os dados dessa experiência sensorial, transformando-os em vivências emocionais dessa impressão sensorial (estímulos auditivos, a fala do paciente ou visuais, olfativos etc.), dando origem aí aos elementos alfa, que se unem para a formação da "barreira de contato", permitindo a separação do que está inconsciente (classificação dinâmica) do que está consciente. Portanto, o que antes era apenas algo físico (vibrações sonoras emitidas pela laringe do analisando, ou sua aparência visual) passa a ser um fenômeno mental (as emoções que a presença e o dizer do analisando provocam no analista). Em seguida, podem se transformar em fantasias, a princípio inconscientes... depois fragmentos de ideias... memórias-sonho... imagens plásticas... Essas imagens visuais, relacionadas ao processo primário, que se formam com base no falar do analisando, constituem transformações em elementos visuais, ou imagens visuais, o que está significando, dentro do analista, as associações do paciente. Usando um modelo plástico, como o empregado por Bion em "Learning from experience" (1962/1977a) e mais tarde desenvolvido em "Transformations" (1965/1977c), são os "elementos visuais de experiências emocionais" (Bion, 1962/1977a, p. 7), ou seja, a transformação, da experiência emocional em elementos plásticos visuais podendo ser instantâneas, onipresentes... ou então a princípio vagas, dispersas... frequentemente condensadas, incoerentes... pouco a pouco, porém, se contornam... tomam forma... e o que era antes vago, disperso, se delineia... des-vela... um pouco mais e eis os conceitos emergindo, apresentando-se à intuição do analista.

Para o inconsciente do analista, tornando-se um instrumento adequado, vai tanger as associações do analisando, a princípio como "coisa em si" ou "O" da experiência emocional da sessão, evolvendo dos estágios pré-conscientes até os níveis de consciência relacionados com a formação de conceitos ou sistemas de conceitos. Ou de A a G, em termos da Grade.

Portanto, há um momento em que a comunicação se dá do analista para ele mesmo (comunicação privativa), a fim de que possa fazer posteriormente sua "public-ação" (Bion, 1962/1967a), ou seja, sua interpretação ao analisando.

Parafraseando o que certa vez ouvi de Dr. Bion (Junqueira de Mattos, 2016), diria que no consultório existem três pessoas:

- o paciente que fala;

- o analista que escuta o que o paciente fala; e

- o analista que "escuta" o sentido que tem a fala do paciente dentro dele e a transforma em uma interpretação.

Ou seja, a interpretação é a transformação em uma linguagem verbal (processo secundário) de fantasias inconscientes, imagens visuais (processo primário) das vivências emocionais suscitadas pelas associações do analisando.

Temos, portanto, que essa percepção do analista evolve de uma percepção inconsciente e por transformações sucessivas, leva de um pensar inconsciente, de níveis pré-simbólicos, para níveis simbólicos da percepção consciente e posterior formulação da interpretação. Em termos da Grade, o material terá evolvido dos estados geneticamente mais primitivos, para os mais elaborados, ou de A a G.

Se não houvesse esse momento introspectivo no analista, o momento do processo interpretativo tornar-se-ia virtualmente impossível para o analista interpretar – o que nada mais é senão a formulação em uma linguagem verbal e consciente, de uma experiência inicialmente só perceptível no nível do inconsciente. Muitas vezes a emersão desse material pode estacionar inconscientemente (estou falando de inconsciente dinâmico) ou em categorias de consciência que dificultem sua "leitura". Por exemplo, categoria B ou C da Grade, o que frequentemente acontece por ação dos mecanismos de defesa do ego, operantes no nível inconsciente no analista... Nesse caso, o analista pode até mesmo levar dias para "entender" ou "ler dentro dele" o material do paciente e, portanto, ser capaz de fornecer a ele a sua interpretação. Ou seja, passar do momento de captação para o momento de elaboração ou transformação, fornecendo sua interpretação (fileira F da Grade). Podemos ver isso muito bem no excelente trabalho de Lea Goldberg (1979), "Remarks on transference-countertransference in psychotic states", em que ela nos mostra como um analisando seu, esquizofrênico, em razão da catástrofe psíquica que sofreu, só pôde se comunicar utilizando níveis primitivos de comunicação, a identificação projetiva, em nível pré-verbal, sendo completamente impossível para ele verbalizar o que quer que fosse. Para se comunicar com a analista, passa a "criar" sintomas físicos na analista – à guisa de linguagem corporal primitiva. A analista nos conta que passou dias em estado de confusão, perturbação psíquica e rejeição de seu analisando, até que foi capaz de "traduzir", isto é, nomear o caos de sensações em que se viu enredada, imersa, ao projetivamente se identificar com seu paciente. Essa linguagem corporal, como que lhe "entrava pela pele", até que, após nomear esse caos de sensações, foi capaz de verbalizar sua interpretação ao analisando e se "libertar" das identificações projetivas nas quais se enredou. Antes não pôde, porque estava contraidentificativamente (Grinberg, 1962) identificada com ele. Ou seja, em seus momentos de confusão, a meu ver, a analista teve, por "reversão momentânea de sua função alfa" (Goldberg, 1979), parcialmente confundidas suas representações de *self* e objeto, passando a rejeitá-lo. Depois de um trabalho de autoanálise, pôde elaborar essa situação dentro dela e retomar sua posição de analista. Ou, dizendo melhor, ter novamente operante, de forma normal, sua função alfa.

Theodore Jacobs (1973), em "Posture, gesture, and movement in the analyst", apresenta uma brilhante descrição de sintomas "provocados" no analista pelo paciente. Inicialmente, descreve ele, perceptíveis apenas como sintomas físicos, até que passando no nível de consciência, puderam ser relacionados com o material da sessão e interpretados para o paciente.

Money-Kirle (1956), em "Normal counter-transference and some of its deviations", da mesma forma nos fala de como ele ficou introjetivamente identificado com seu paciente, e, só depois de "uma silenciosa autoanálise", foi capaz de "re-projetar", ou seja, re-integrar seu *self* e, no dia seguinte, fornecer sua interpretação ao paciente.

Penso que esbarramos agora em um conceito da mais alta importância, porém, ainda não bem estudado e conhecido no universo das teorias psicanalíticas, pois, além dos trabalhos de Bion, só encontramos o trabalho de Meltzer (1978).

De acordo com Meltzer, Bion postula que os dados da experiência sensorial ou emocional que não sofrem mudança, ou seja, que não são passíveis pelo observador de serem transformados pela função alfa em elementos alfa, são os elementos não transformados, os elementos beta, que não são fenômeno emocional ou mental – no sentido que Bion empresta ao conceito de fenômeno em Kant –, mas são objetos concretos e indistinguíveis da coisa em si, ou número (Kant, 1989), que não estruturam o pensar propriamente dito, mas constituem pensar concreto do esquizofrênico, ou seja, feito por meio de identificação projetiva, em nível pré-simbólico, esquizoparanoide, como tão bem nos ensina Hanna Segal, com seu conceito de "equação simbólica" (1957, 1978).

O conceito de elemento beta é realmente um conceito de difícil apreensão na obra de Bion, tendo ele mesmo, em "Elements of psycho-analysis" (1962/1977a, p. 40), dito que uma melhor definição do que seja elemento beta aguarda um desenvolvimento maior da teoria e da experiência clínica. No entanto, para mim, a parte em que Bion nos mostra de uma maneira mais clara os elementos alfa como um fenômeno mental, contrariamente aos elementos beta que não o são, está em *Bion's Brazilian lectures 1*, em que, utilizando um modelo poético, nos diz que:

Elementos beta são a forma de se falar acerca de material que não é pensamento; elementos alfa são a forma de se falar acerca de elementos que, hipoteticamente, supomos que são parte do pensamento. O poeta Donne escreveu: "o sangue falou em suas bochechas... Como se seu corpo pensasse". Isso expressa exatamente para mim o estágio que se interpõe, e que na Grade é mostrado no papel como a linha separando os elementos beta dos elementos alfa. Notem que eu não estou dizendo o que é beta ou alfa mas a linha separando os dois que é representada pelas palavras do poeta. O analista que trabalha em análise tem de ser suficientemente sensível enquanto a conversa se desenvolve. Minha impressão é que quem fez a pergunta está conside-

> *rando exatamente esta situação de mudança de alguma coisa que não é pensamento para alguma coisa que é um pensamento. Na prática, o paciente às vezes enrubesce – um ato fisiológico. O analista pode sentir que esse enrubescer transmite algo para ele. Nessa eventualidade, uma linha imaginária pode ser cogitada separando o paciente do analista, um fato corporal de um fato psíquico. (1974, p. 66, grifo do autor)*

Bion postula que a barreira de contato, uma vez formada, pode sofrer, por ativação da parte psicótica da personalidade, o fenômeno de "reversão da função alfa", com a sua "dispersão" (1962/1977a). Isso em consequência do emprego da identificação projetiva de forma "excessiva" ou onipotente, para se livrar dos objetos internos maus quando estes, identificados como "pensamentos", são "evacuados" pela identificação projetiva assim utilizada (1962/1967a). A tela beta daí resultante seria composta dos elementos beta originários dessa reversão, que, por um processo de aglomeração, formariam a tela beta. Os elementos beta daí formados não são absolutamente iguais aos elementos beta originais, antes do processo de transformação, pois os elementos beta que se formam pela reversão da função alfa, possuem "traços" de superego e de ego relacionáveis aos "objetos bizarros" (1962/1977a, p. 25).

A meu ver, Bion, ao postular a existência da função alfa, deixa claro onde é o ponto de virada, de mudança, entre a personalidade psicótica e a não psicótica e entre as percepções normais e as a-normais, entre as concepções normais e as *misconcepções*[6], ou entre o que é pensamento ou não (Junqueira de Mattos, 1989).

---

6 Ver nota 2 deste capítulo.

E mais, essa postulação leva à inevitável conclusão de que, para Bion, não há repressão nem recalcamento na esfera psicótica da personalidade.

Portanto, ainda que Bion jamais tenha explicitado suas contribuições sobre a função alfa, as transformações e as invariantes conduzem, fatalmente, a meu ver, à conclusão de que "o paradigma fundamental da psicanálise não pode mais ser" (Freud, 1923/1961) – como quer Freud em "The Ego and the Id" (Freud, 1923/1961) – a divisão entre o que é consciente e o que é inconsciente, mas o que pode ou não ser transformado em pensamento. Veja que eu estou falando do que é inconsciente ou está inconsciente (classificação dinâmica) e não do inconsciente (classificação topográfica). Pois, na Grade, um material no nível da fileira B ou C já é um elemento beta, ou seja, é um fenômeno mental passível de ser transformado; no entanto, no nível da fileira B, está absolutamente inconsciente. Inconsciente sim, porém totalmente transformável, logo capaz de evolver de B até F, ou seja, transformar-se nas formas mais elaboradas do pensar consciente.

Para mim, Bion, com a noção de função alfa e dos elementos alfa por ela formados, agregando-se para a formação da "barreira de contato" e vindo a estruturar uma parte não psicótica na personalidade, que funciona *pari passu* com uma psicótica, estruturada – ou melhor, des-estruturada – a partir dos elementos beta, é meta-freudiano, pois a Freud fornece os paradigmas que a ele faltavam para dar consistência a suas ideias sobre a diferença entre as neuroses e as psicoses.

Em consequência disso, a importância do conflito psíquico se desloca do plano "econômico", com o conceito de repressão, ou seja, de libido reprimida, para o plano representativo, simbólico, das *misconcepções*. Ainda que Money-Kyrle no *post scriptum* de seu trabalho (1981, p. 549) não fale em função alfa (fala apenas de elementos alfa e beta), eu entendo que, se levarmos em conta suas ideias sobre as *misconcepções* às últimas consequências, e considerando que ele chegou ao conceito delas a partir das ideias de Bion, chegaremos à conclusão de que o que leva às *misconcepções* nada mais é do que o mau ou deficiente funcionamento da função alfa. Portanto, neuroses e psicose se manifestam por meio de dis-torções de representações psíquicas. Da mesma forma, as fantasias inconscientes ou mesmo produções delirantes a nível consciente refletem, em maior ou menor grau, tais *misrepresentações*[7] ou *misconcepções*.

Assim, a ênfase do conflito, do sofrimento e da dor psíquica se desloca do plano "econômico" para o plano cognitivo, portanto, nem tanto por repressão como por *misconcepção* do desejo.

Freud (1915/1957e, p. 119) afirma que a palavra "necessidade" é a mais adequada para explicar a manifestação do "instinto" atuando dentro do organismo.

Posteriormente, Beres (1962), em seu importante trabalho "The unconscious fantasy", retoma e desenvolve o assunto postulando que "a necessidade é uma manifestação biológica, uma função do Id, ainda não estruturada, e sem um conteúdo psicológico", em contraste com o "desejo, que é uma estrutura psicológica organizada, gratificada em fantasia" (Beres, 1962, p. 317). Ou seja, a necessidade não é, ainda, um fenômeno mental, ao passo que o desejo é – mesmo quando inconscientemente presente, na forma de uma fantasia inconsciente.

Beres aponta que o mecanismo da passagem da "necessidade" para o "desejo" é uma função do Ego, embora esse mecanismo seja obscuro e desconhecido. Eu penso que, quando falamos em

---

7 O que está explicado na nota 2 deste capítulo vale também para este termo.

funções do Ego estruturando desejos, fantasias inconscientes etc. (no domínio do processo primário), bem como seu desenvolvimento posterior, levando à consciência, à palavra verbal (aí no domínio do processo secundário), estamos lidando com algo já estabelecido, formado, que não explica a sua origem, a sua essência, ou o momento do início da formação do pensamento. No entanto, se postularmos com Bion uma função alfa estruturando os elementos alfa (fenômeno mental, psíquico) e os elementos beta (como coisa concreta, não são um fenômeno mental, porque são incapazes de serem simbolizados, representados), teremos o exato ponto de virada entre o que é pensamento simbolizável (fenômeno mental) do antipensamento, ou seja, a coisa concreta: o pensamento concreto do esquizofrênico.

E mais, eu penso que a função alfa, por ser básica, é anterior ao processo primário (Wisdom, 1981, p. 619) e ao Ego, contribuindo, com os elementos alfa dela originários, para a estruturação deles.

Da mesma maneira, ao falarmos de "projeção" e de "identificação projetiva", não estamos falando que algo sai do sujeito e "penetra" o objeto ou que haja, de fato, o "controle onipotente do objeto". Para o sujeito, e só para ele, isso é um "fato" em termos de uma "fantasia onipotente", pois estamos diante de uma representação intrapsíquica. Assim, a energia psíquica está investindo não o objeto em si, mas sua representação no sujeito projetante.

Podemos começar a conjecturar e perceber as imensas consequências que resultam para a teoria e prática analítica, quando o fenômeno da "reversão da função alfa" é aplicável não só ao analisando como também ao analista. Por que só ao analisando? É só o analisando quem pode sofrer um surto psicótico? O analista também pode sofrer com isso? Seriam sempre os analistas imunes à psicose, ou mesmo a instantes ou momentos psicóticos?

Assim, se o analista, caso tenha deficiência transitória ou de sua função alfa, se puser a trabalhar, obterá dados da experiência sensorial e emocional ali com seu analisando, o que Bion (1965/1977c) chama de "O" da experiência emocional, que não poderão ser transformados pela função alfa nem transformados apenas parcialmente – não serão "metabolizados", levando à formação dos elementos beta, suscetíveis apenas de serem "evacuados" por meio da identificação projetiva (A6), agora a serviço da parte psicótica do analista, atuando no mundo interno do analisando que desavisadamente com ele se contraidentifica introjetivamente.

E, mais ainda, se consideramos o interjogo dinâmico entre as posições esquizoparanoide e depressivas (PS↔D), havendo a prevalência da parte psicótica do analista, com a reversão de sua função alfa, a formação de símbolos é prejudicada (Segal, 1978). Uma interpretação assim produzida pode ter algo a ver com o analisando, mas, certamente, tem tudo a ver com *misconcepções* ou distorções do analista, ainda que estimuladas pelo material do analisando. Tal tipo e qualidade de interpretação eu chamei de "interpretação *ornitorríncula*" (Junqueira de Mattos, 1989),[8] na qual o analisando, se tem sorte de possuir uma patologia igual à do analista, se beneficia, porém, na base do caçador que, caçando patos, atirou no que viu e matou o que não viu...

Bem, a serem válidas as teorias de Bion sobre a função alfa – o que acredito são cada vez mais confirmadas pelos dados da experiência clínica –, sou forçado a concluir que a contratransferência, em última instância, nada mais é que o funcionamento normal ou não da função alfa do analista.

---

8   O ornitorrinco (*Ornithorhynchus anatinus*), chamado em seu país de origem, Austrália, de *duck-bill* ou *platypus*, é um simpático animalzinho, com cerca de sessenta centímetros, intermediário entre um mamífero e uma ave, pois tem bico e glândulas mamárias; apresenta ainda rabo de castor e nadadeiras de pato; é um mamífero, mas bota ovos...

Bion jamais, que eu saiba, aplicou o conceito da reversão da função alfa ao analista e, portanto, jamais pôde ante-ver suas consequências para o estudo da contratransferência, atendo-se até o fim de sua vida ao conceito clássico de contratransferência. Claro, o que pode impedir que o analista, em um bom dia, em um bom momento, dê uma interpretação correta ao seu analisando e, em outro dia, em um mau dia, em um mau momento ou sob o guante de um surto psicótico, sofra o fenômeno da reversão da função alfa e dê uma interpretação errada, *misconceptiva* ou *ornitorríncula* ao seu analisando?

E mais, a meu ver, Bion não viu claramente, não percebeu nem se deteve no fato de que os "elementos conscientes" são os "derivados conscientes" de conteúdos "inconscientes", os quais produzem "derivados conscientes". Veja, por exemplo, o que Bion diz em *Bion's Brazilian lectures 2*:

> *Questão – Eu gostaria de ouvi-lo a respeito do uso da contratransferência em análise.*
>
> *Resposta – Contratransferência é um termo técnico; como frequentemente acontece, o termo técnico se desgasta e se transforma em algo como uma moeda gasta que perdeu o seu valor. Nós devemos conservar essas coisas em boas condições de trabalho. A teoria acerca da contratransferência é a de que ela é a relação transferencial que o analista tem com seu paciente, sem saber que ele tem. Você ouvirá um analista dizer "eu não gosto deste paciente, mas eu posso fazer uso de minha contratransferência". Ele não pode usar sua contratransferência. Ele pode fazer uso do fato de que ele não gosta desse paciente, mas isso não é contratransferência. Só existe uma coisa a fazer com a contratrans-*

ferência: analisá-la. Não se pode fazer uso da contra-transferência no consultório; isto é uma contradição nos termos. Para se usar o termo dessa forma, significa que se terá de inventar um novo termo para fazer o trabalho que era feito pela palavra "contratransferên-cia". Esta se refere aos sentimentos inconscientes que se têm para com o paciente e, desde que é inconsciente, não há nada que podemos fazer a respeito. Se a con-tratransferência está operando durante a sessão analí-tica, o analisando está sem sorte – e da mesma forma o analista. O tempo próprio para ter lidado com ela foi no passado, na análise do analista. Nós podemos ape-nas esperar que ela não nos ocupe muito e que tenha-mos tido suficiente análise para conservar o número dessas operações inconscientes ao mínimo. (1975, p. 87, grifos do autor)

Bem, eu não posso concordar inteiramente com isso que Bion afirma. Concordo que os conflitos estáveis ou mais ou menos per-manentes no analista, de natureza inconsciente, precisam e devam ser analisados. Eu penso que não há um só analista que não con-corde com isso. Mas não concordo quando Bion diz que o fato de não gostarmos do paciente não é contratransferência. Eu sustento que, na maioria das vezes, é. Vejamos: se nos detivermos em uma autoanálise, no momento da sessão ou posteriormente, poderemos des-cobrir em nós o motivo de o paciente despertar raiva em nós. Com isso, teremos consciência não só de uma problemática nos-sa como também de uma iluminação da patologia do analisando. Claro, suponhamos que o analisando teve uma captação, cons-ciente ou não, da patologia do analista. Ele pode ir exatamente aí, nesse "tendão de Aquiles" do analista, e cutucá-lo – e todos sabe-mos como os pacientes são verdadeiros *experts* nisso. Se o analista assim proceder, terá feito não só o que Money-Kyrle (1956) chama de um "curso de pós-graduação em sua análise" como poderá também ter acesso à natureza mais profunda da intenção, da particular intenção que levou esse particular paciente, nesse particular momento, a despertar raiva nesse particular analista.

Por outro lado, a maneira como Bion coloca a questão nos leva a supor que as coisas estão no inconsciente e pronto, algo estático e que só uma análise teria dom de transformar para o consciente tais conteúdos... Sabemos que há elaborações inconscientes que não dependem de qualquer análise e que podem perfeitamente ser conscientizáveis por diferentes tipos de experiência, como a experiência estética. E, se assim fosse, não teria validade toda a teoria das transformações com a qual o mesmo Bion tanto contribuiu para enriquecer a psicanálise...

A teoria das "associações livres" e da "atenção flutuante", bem como a de que "o inconsciente do analista pode entender o inconsciente do analisando" (Freud, 1912/1958, pp. 115-116), pré-supõe que as associações livres do paciente, que correspondem à atenção flutuante no analista, são os "derivados conscientes" de "conteúdos inconscientes", assim como o sonho manifesto é o conteúdo consciente, uma transformação em linguagem visual, pictórica, de um conteúdo latente, inconsciente. Sem isso, não seria possível toda a existência da análise, pois apenas temos acesso ao inconsciente indiretamente, por meio dos sintomas, ou dos fenômenos, que são os "derivados conscientes" de "conteúdos inconscientes".

Em "Recommendations to physicians practising psychoanalysis" (1912/1958), Freud afirma que:

> *Ele (doutor) deve tornar o seu próprio inconsciente um órgão receptor para o inconsciente transmissor do paciente. Ele precisa se ajustar ao paciente, como um re-*

> *ceptor telefônico é ajustado ao microfone transmissor. Assim como o receptor converte de volta em ondas sonoras ou oscilações na linha telefônica, que foram desencadeadas pela onda sonora, assim o inconsciente do médico é capaz, por meio dos derivados do inconsciente que foram comunicados a ele, de reconstruir esse inconsciente que determinou as associações livres do paciente. (pp. 115-116, grifos meus)[9]*

Portanto, a raiva, no contexto mencionado por Bion, é um derivado consciente de algo inconsciente. Não podemos confundir inconsciência com patologia e consciência com normalidade. E mais, não podemos perder de vista que o analista pode hoje ter algo inconsciente e amanhã não. Ou seja, hoje, sem saber por que ter raiva de seu paciente e amanhã, ou até no mesmo dia, ou ainda na mesma sessão, quando, por exemplo, "for capaz de manter seus sentimentos em suspensão, por meio de uma autoanálise", poder se dar conta da razão de seus sentimentos e de interpretar para o analisando sua participação na origem e criação deles.

Penso que Bion também não se deu conta, ao que parece, da tremenda, da imensa descoberta sua, de que o importante não é o que está inconsciente, mas sim o que pode ser transformado em pensamento. Assim, se o analista reagiu sentindo raiva do paciente, temos aí uma transformação, dentro do analista, do material do paciente, que, trabalhado pela função alfa do analista, produziu o "derivado consciente": raiva, que é uma emoção, portanto, uma experiência psíquica. Cabe agora ao analista, se possível, descobrir

---

9 O leitor interessado encontra nos trabalhos de Freud sobre metapsicologia (1915/1957d) precioso material, no qual ele aborda a questão dos "derivados conscientes do inconsciente" (pp. 115-116). Especialmente em "Repression" (1915/1957b), páginas 149-150, 152; e em "The unconscious" (1915/1957c), páginas 190-191, 193-194.

o que a raiva significa, porque ele assim reagiu, ou seja, aspectos de sua própria personalidade ou da personalidade do analisando, e por que teria o paciente inconscientemente pretendido enraivecer o analista. Porque, se o paciente não pretendeu isso, nem mesmo inconscientemente, então o problema é do analista, que está projetando seus próprios conflitos e problemas no paciente. Isso, para mim, se dá por inexperiência ou por incompetência do analista, ou então se trata simplesmente de uma transferência do analista para cima do paciente, ou seja, nesse momento esse analista está elegendo, sem se dar conta, seu paciente à categoria de analista improvisado, passando a ser o analista de seu analista. Isso, para mim, não se enquadra no conceito clássico de contratransferência, que "é o resultado da influência do doente sobre os sentimentos inconscientes do médico" (Freud, 1910/1957a, p. 144). Entendo a contratransferência exatamente como a definem Laplanche e Pontalis (1967/1986): "Conjunto de reações inconscientes do analista à pessoa do analisando e mais particularmente à transferência dele".

Portanto, a contratransferência tem como ponto de partida a transferência do analisando para com o analista, e não o contrário, ou seja, é o paciente que inicia o processo e o analista reage com seu inconsciente a ele. Isso configura e define a relação analítica (Etchegoyen, 1987, pp. 148-149). Assim, se os sentimentos do analista surgem sem que haja a influência direta do paciente, não é contratransferência, e sim uma simples projeção ou, se quiserem, uma transferência do analista para o analisando. A meu ver, não estaria também configurada, nesse caso, a relação analítica. Em termos de Bion, hipoteticamente, se o paciente não reagisse a essa transferência do analista, estaríamos diante de uma relação "continente-conteúdo comensal", em que a díade ainda não se encontrou. Por outro lado, se o paciente reagisse à transferência do analista, poderia a relação se converter em uma "relação parasitária", constituindo um verdadeiro imbróglio, com empobrecimento ou destruição do vínculo analista-analisando.

Etimologicamente, o prefixo *contra* inicialmente significava *face a face, aposto a*, e era usado em primevas eras quando os exércitos se defrontavam, isto é, exército frente a exército. Mas, por serem inimigos, passou-se a usar o *contra* no sentido de *contrário a, adversário de*. Concordo, então, com Heimann, quando diz que o prefixo *contra* usado por Freud não quer dizer *contra*, mas *face a* ou em *resposta a*. É interessante notar que os analistas que entendem *contra* como "contra" são avessos ao uso da contratransferência como instrumento de percepção do analista. E os que entendem o *contra* não como contra, mas como *face a* etc., não são avessos, mas sim a favor do uso da contratransferência como o mais útil instrumento de captação do analista. Os primeiros são os "clássicos" e os segundos, os "totalistas", na classificação de Kernberg (1965).

Poderíamos especular por que teria Bion mudado de ideia a respeito da utilidade da contratransferência como instrumento de percepção do analista. Eu, particularmente, penso que ele estava tentando expandir as consequências de suas formulações sobre memória e desejo, de um lado, com a realidade psíquica que não é sensorial, de outro. Em *Second thoughts*, Bion destaca:

> *Não penso que o paciente, ao alucinar, esteja comunicando uma "realização" que tenha substrato sensorial; não julgo, igualmente, que a interpretação feita em análise se origine em fatos acessíveis ao aparelho sensorial. Como explicar, então, a diferença entre uma alucinação e uma interpretação de uma experiência analítica intuída? . . . Comumente, os órgãos sensoriais têm seus próprios objetos de sentido. É verdade que os olhos,*

submetidos à pressão, aparentemente "veem" luz ("estrelas", segundo os pugilistas). Na esfera mental, o "orgão sensorial da realidade psíquica", para tomar de empréstimo uma expressão de Freud, não sofre essa limitação. Pode indiferentemente perceber todos os equivalentes de todos os sentidos. Os equivalentes mentais do olfato, visão etc., podem todos ser intuídos pelo mesmo aparelho. (1967b, p. 164, grifos do autor)

Podemos argumentar dizendo que, tendo a contratransferência, muitas vezes, a ver com algo que está sendo "entrouxado" para dentro do analista, por meio de um processo de identificação projetiva, resulta que o sentimento nele produzido pode se traduzir por uma sensação de mal-estar e de estranheza, frequentemente associada a um sintoma físico. Eu penso ainda que, apesar de a contratransferência poder ter como ponto de partida uma captação sensorial, ela evolui do nível de sensações para o nível de emoções e, posteriormente, de ideias, como penso ter demonstrado em trabalho anterior (Junqueira de Mattos, 1989).

A contratransferência tem, portanto, na função alfa seu ponto de partida e de origem, porque sem função alfa não haveria também a intuição. Para Bion, o conhecimento intuitivo não é sensorial, assim como a realidade psíquica também não é sensorial: a "ansiedade não tem forma, cheiro ou sabor". Porém, nem sempre Bion é muito claro a esse respeito, pois fala de "impressão sensorial", quando seria mais adequado, se seguirmos sua linha de pensamento, falar de intuição. Por exemplo, nessa passagem de *Bion in New York and São Paulo:*

Elas [interpretações] são sempre interpretações de impressões. Uma impressão que eu capto à qual eu me exponho e que em seguida traduzo em termos verbais. Mas, a esse respeito, eu dependo de meu aparelho sensorial e de minha capacidade de interpretar o que os meus sentidos me dizem *(1980, p. 41, grifo meu).*

Se entendermos que, à medida que o paciente fala, o analista, usando sua capacidade intuitiva, transforma – pela sua função alfa – a realidade sensorial, a fala, em realidade emocional, criando imagens pictóricas, quadros mentais etc., com os quais constrói sua interpretação, está, e para sempre, dependente de sua função alfa. Portanto, a intuição tem com a contratransferência normal, ou, como eu a chamo, cognitiva, uma origem comum: a função alfa. Assim, é a função alfa o elemento unificador de conceitos como: contratransferência, intuição, empatia, reação emocional do analista, entre outros, até então usados indiscriminadamente como sinônimos, sem que sua origem comum, o normal funcionamento da função alfa, fosse re-conhecido (Junqueira de Mattos, 1989).

Resumindo, se trabalharmos com a hipótese de que há dois usos principais da identificação projetiva – (1) a identificação projetiva "realista", que tem a função de comunicação e leva à formação dos elementos alfa; e (2) a identificação projetiva "excessiva", ou de uso onipotente, que tem como função "evacuar" tudo o que possa ligar, lembrar ou se transformar em pensamento, levando à formação dos elementos beta –, teremos que a identificação projetiva realista é precursora da função alfa e a identificação projetiva "excessiva" é precursora de sua reversão (Bion, 1965/1977c, p. 51, 1962/1967a, p. 114, 1974, p. 83).

Conclusões

Em se tratando da contratransferência, parece-me que Bion não teve presente de que os elementos associativos em nível consciente são os derivados conscientes de transformações operadas em nível inconsciente; ou, como diz Freud, "os derivados conscientes do inconsciente" (Freud, 1912/1958). E mais, o que é importante não é o que está inconsciente, mas sim o que pode ou não se transformar em pensamento.

Faltou, a meu ver, a Bion estender os conceitos, por ele mesmo elaborados, de função alfa à contratransferência, o que, inescapavelmente, o teria levado ao conceito de uma contratransferência normal ou *cognitiva*. E, se aplicasse também o conceito por ele mesmo divisado da reversão da função alfa no analista, teria também, inescapavelmente, dado com o conceito de contratransferência patológica ou, como eu a chamo, *misconceptiva*, ou *distorcida*.

Finalmente, ainda que o emprego da palavra contratransferência, como ponderadamente argumenta Bion na passagem citada, possa levar à confusão, o importante, a meu ver, não é o simples uso da palavra "contratransferência", nem, da mesma forma, o uso de outra palavra que a substitua; o importante é o conceito ou, melhor ainda, a vivência emocional do significado a que essa palavra remete ou que contém. Assim, qualquer que seja a palavra que usemos, contratransferência, intuição, empatia, reação emocional do analista ou, como eu postulei anteriormente (Junqueira de Mattos, 1989) – exatamente para evitar confusão –, *contratransferência cognitiva* e *misconceptiva*, o importante é que todas têm um denominador comum até agora não assinalado: o funcionamento normal ou anormal da função alfa do analista.

Referências

Beres, D. (1962). The unconscious fantasy. *Psycho-Anal. Quart.*, *31*, 309-328.

Bion, W. R. (1954). Notes on the theory schizophrenia. *Int. J. Psycho-Anal.*, *35*.

Bion, W. R. (1961). *Experiences in groups*. London: Tavistock Publications.

Bion, W. R. (1967a). A theory of thinking. In *Second thoughts* (pp. 110-119). London: Heinemann. Publicado originalmente em 1962.

Bion, W. R. (1967b). *Second thoughts*. London: Heinemann.

Bion, W. R. (1971). Language and the schizophrenic. In Melanie Klein, Paula Heimann & Roger Money-Kyrle (Ed.), *New directions in psychoanalysis* (pp. 220-239). London: Tavistock Publications. Publicado originalmente em 1955.

Bion, W. R. (1974). *Bion's Brazilian lectures 1*. Rio de Janeiro, RJ: Imago.

Bion, W. R. (1975). *Bion's Brazilian lectures 2*. Rio de Janeiro, RJ: Imago.

Bion, W. R. (1977a). Learning from experience. In *Seven servants: four works by Wilfred R. Bion*. New York: Jason Aronson. Publicado originalmente em 1962.

Bion, W. R. (1977b). Elements of psycho-analysis. In *Seven servants: four works by Wilfred R. Bion*. New York: Jason Aronson. Publicado originalmente em 1963.

Bion, W. R. (1977c). Transformations. In *Seven servants: four works by Wilfred R. Bion*. New York: Jason Aronson. Publicado originalmente em 1965.

Bion, W. R. (1977d). Attention and interpretation. In *Seven servants: four works by Wilfred R. Bion*. New York: Jason Aronson. Publicado originalmente em 1970.

Bion, W. R. (1979). *The dawn of oblivion*. Perthshire, Escócia: Clunie Press.

Bion, W. R. (1980). *Bion in New York and São Paulo*. Perthshire, Escócia: Clunie Press.

Bion, W. R. (1988). *Estudos psicanalíticos revisados*. Rio de Janeiro, RJ: Imago. Publicado originalmente em 1967.

Etchegoyen, R. H. (1987). *Fundamentos da técnica psicanalítica*. Porto Alegre, RS: Artes Médicas.

Freud, S. (1957a). The future prospects of psycho-analytic therapy. In *Standard edition* (Vol. XI, pp. 139-151). London: Hogarth Press. Publicado originalmente em 1910.

Freud, S. (1957b). Repression. In *Standard edition* (Vol. XIV, pp. 146-158). London: Hogarth Press. Publicado originalmente em 1915.

Freud, S. (1957c). The unconscious. In *Standard edition* (Vol. XIV, pp. 166-215). London: Hogarth Press. Publicado originalmente em 1915.

Freud, S. (1957d). Papers on metapsychology. In *Standard edition* (Vol. XIV, pp. 103-105). London: Hogarth Press. Publicado originalmente em 1915.

Freud, S. (1957e). The instincts and their vicissitudes. In *Standard edition* (Vol. XIV, pp. 109-140). London: Hogarth Press. Publicado originalmente em 1915.

Freud, S. (1958). Recommendations to physicians practising psychoanalysis. In *Standard edition* (Vol. XII, pp. 109-120). London: Hogarth Press. Publicado originalmente em 1912.

Freud, S. (1961). The Ego and the Id. In *Standard edition* (Vol. XIX, pp. 3-66). London: Hogarth Press. Publicado originalmente em 1923.

Glover, E. (1968). *The technique of psycho-analysis*. New York: International Universities Press. Publicado originalmente em 1955.

Goldberg, L. (1979). Remarks on transference-countertransference in psychotic states. *Int. J. Psycho-Anal., 60*, 347-356.

Grinberg, L. (1962). On a specific aspect of countertransference due to the patient's projective identification. *Int. J. Psycho-Anal., 43*, 436-440.

Grosskurth, P. (1986). *Melanie Klein: her world and her work*. New York: Alfred A. Knopf.

Heimann, P. (1950). On counter-transference. *Int. J. Psycho-Anal., 31*(1-2), 81-84.

Heimann, P. (1960). Counter-transference. *Brit. J. Med. Psychol., 33*, 9-15.

Heimann, P. (1977). Further observations on the analyst's cognitive process. *J. Amer. Psycho-Anal Assn., 25*(2), 313-333.

Jacobs, T. J. (1973). Posture, gesture, and movement in the analyst: cues to interpretation and countertransference. *J. Amer. Psycho-Anal. Assn., 21*(1), 77-92.

Junqueira de Mattos, J. A. (1989). Metapsicologia dos processos cognitivos e misconceptivos do analista e analisando. *Congresso Brasileiro de Psicanálise*, Rio de Janeiro.

Junqueira de Mattos, J. A. (1992). A contratransferência e a obra de Bion. *Revista Brasileira de Psicanálise*, *26*(3), 313-334.

Junqueira de Mattos, J. A. (2016). Impressions of my analysis with Dr. Bion. In H. B. Levine & G. Civitarese (Ed.), *The W.R. Bion Tradition Lines of development: evolution of theory and practice over the decades* (pp. 5-21). London: Karnac Books.

Kant, I. (1989). *Crítica da razão pura*. 20. ed. Lisboa, Portugal: Fundação Calouste Gulbenkian.

Kernberg, O. (1965). Notes on countertransference. *J. Amer. Psycho-Anal. Assn.*, *13*(1), 38-56.

Laplanche, J. & Pontalis, J. B. (1986). *Vocabulário da Psicanálise*. São Paulo, SP: Martins Fontes Editora. Publicado originalmente em 1967.

Meltzer, D. (1978). A note on Bion's concept "reversal of alpha-unction". In *The kleinian development* (pp. 389-396). Perthshire, Escócia: Clunie Press.

Money-Kyrle, R. E. (1956). Normal counter-transference and some of its deviations. *Int. J. Psycho-Anal.*, *37*(4/5), 360-366.

Money-Kyrle, R. E. (1981). Cognitive development. In James Grotstein (Ed.), *Do I dare disturb the universe? A memorial to W. R. Bion* (pp. 537-550). Los Angeles: Caesura Press.

Racker, H. (1948). The countertransference neurosis. In *Transference and Countertransference*. London: Karnac Books. Publicado originalmente em 1948.

Segal, H. (1957). Notes on symbol formation. *Int. J. Psycho-Anal*, *38*, 391-397.

Segal, H. (1978). On symbolism. *Int. J. Psycho-Anal.*, *59*, 315-319.

Wisdom, J. O. (1981). Metapsychology after forty years. In James Grotstein (Ed.), *Do I dare disturb the universe? A memorial to W. R. Bion* (pp. 601- 624). Los Angeles: Caesura Press.

5. Contratransferência: uma re-visão[1]

Introdução

Depois de aproximar o conceito de coisa em si de Kant, o conceito de inconsciente de Freud e as ideias de Bion sobre a teoria da função alfa, das transformações e invariantes e de aplicá-los à teoria da contratransferência, o autor chega à conclusão de que é necessário fazer uma re-visão do conceito de contratransferência e propõe uma nova denominação e classificação para o termo: contratransferência cognitiva e contratransferência *misconceptiva*.

Material clínico é apresentado e está correlacionado à teoria apresentada. Ademais, conclui-se que, em última instância, a

---

1 Publicado em Junqueira de Mattos (1994). No Congresso Brasileiro de Psicanálise de 1989, apresentei o trabalho: "Metapsicologia dos processos cognitivos e misconceptivos do analista e analisando", dada a sua extensão – que impossibilitou sua publicação em revista especializada –, resolvi resumi-lo, o que resultou no presente texto, que contém a essência do que lá foi escrito. Algumas palavras aparecem separadas por hífen quando, gramaticalmente, não possuem. A intenção é chamar a atenção do leitor para a sua etimologia. Todas as traduções dos textos originalmente em inglês foram feitas pelo autor.

contratransferência cognitiva e a empatia equivalem ao funcionamento normal da função alfa, e os seus distúrbios, à sua deficiência ou operação anormal.

Não me detenho a uma revisão detalhada da literatura sobre contratransferência; remeto o leitor interessado ao hoje já clássico trabalho de Orr (1954) e ao cada vez mais importante trabalho de Racker (1957). Temos ainda as revisões de Ross e Kapp (1962), Sandler et al. (1970), McLaughlin (1981), Roland (1981), Tyson (1986), Blum (1986) e, mais recentemente, Etchegoyen (1987), com três excelentes capítulos sobre a contratransferência.

O conceito de inconsciente para Freud e Bion

Em "Transformations" (1965/1977d, p. 86), Bion nos fala que a consciência da realidade externa é secundária à consciência de uma realidade interna e que ambas são semelhantes à relação entre pré-concepção e realização que a ela corresponde ou aproxima. Nessa mesma obra, Bion afirma que a noção de objeto interno de Melanie Klein corresponde à ideia de pré-concepção ou de uma antecipação inata e que são reminiscentes da teoria das formas de Platão (Bion, 1965/1977d, p. 138).

Para Bion, o inconsciente parece não ser só o reservatório de instintos em busca de satisfação de impulsos como também o reservatório de pré-concepções que buscam realizações baseados no encontro que a experiência emocional, fonte original e reminiscente de todo o conhecimento, de toda a beleza, propicia.

Em "A theory of thinking", Bion define o conceito de pré-concepção:

A pré-concepção pode ser considerada como análoga, em psicanálise, ao conceito de Kant de "pensamentos vazios". Em termos psicanalíticos, podemos empregar como modelo a teoria de que o bebê tem uma disposição inata que corresponde à expectativa de um seio. Quando uma pré-concepção é posta em contato com uma realização que dela se aproxima, o produto mental é uma concepção. Colocando de maneira diferente, a pré-concepção (a expectativa inata de um seio, o conhecimento a priori *de um seio, o "pensamento vazio"), quando o bebê é posto em contato com o seio mesmo, une-se [mates] com percepção [awareness] da "realização" e é sincrônica com o desenvolvimento de uma concepção. (1962/1967b, p. 111)*

Bion nos fala da pré-concepção do seio, do *self*, e, em "Elements of psycho-analysis" (1963/1977b), refere-se à pré-concepção do complexo de Édipo, ligada à curiosidade de aprender, de conhecer, responsável pela "função psicanalítica da personalidade" (Bion, 1962/1977a). A leitura da obra de Bion, a experiência de análise que tive com ele, minha própria experiência de vida e minha prática em psicanálise, por mais de 55 anos, fizeram-me crer, como Bion parece acreditar, que a mente é algo maior e mais abrangente que a mente segundo Freud. Um ponto de vista semelhante a esse é expresso por Grotstein (1981, pp. 15, 21-23, 27).

Penso que Freud ante-viu isso, porém não desenvolveu, quando fala do "inconsciente filogenético", um complexo de Édipo filogenético, formando o que chama de "herança filogenética" ou padrão genético [*genetic endowment*], constituindo o que denominou de "núcleo do inconsciente" (1915/1957d, p. 195, 1917/1963, p. 371, 1918/1955c, p. 97).

Vamos comparar agora esse "núcleo do inconsciente" com o núcleo do inconsciente (a mesma expressão é usada) a que ele se

192 CONTRATRANSFERÊNCIA: UMA RE-VISÃO

refere em "The unconscious" (1915/1957d, p. 186) e que "consiste em representativos dos instintos que buscam descarregar suas catexias", e também com o que ele diz em "Repression":

> *Temos razão para admitir uma* repressão primária, *uma primeira fase da repressão, que consiste no fato de ao representante psíquico (representante ideativo) da pulsão ser recusado o acesso ao consciente. Com ela se produz uma* fixação; *o representante correspondente subsiste a partir daí de forma inalterável, e a pulsão permanece ligada a ele. (Freud, 1915/1957c, p. 148, citado por Pontalis, 1967/1986, pp. 558-559, p. 589, grifos do autor)*

Para Bion, por deficiência da função alfa, os dados da experiência não podem ser "alfabetizados" (Grotstein, 1981); há a prevalência da produção dos elementos beta, dispersão da barreira de contato, com o desenvolvimento e a irrupção da parte psicótica da personalidade. Portanto, para Bion, não há repressão na esfera da personalidade psicótica.

Em suma, ainda que Bion jamais tenha explicitado, suas contribuições sobre a função alfa, as transformações e as invariantes (1965/1977d) conduzem, fatalmente, a meu ver, à conclusão de que o "paradigma fundamental da psicanálise" não pode mais ser – como quer Freud em "The Ego and the Id" (1926/1959, pp. 13, 18) – a divisão entre o que é consciente e o que é inconsciente, mas o que pode ou não ser transformado em pensamento. Veja que eu estou falando do que é inconsciente ou está inconsciente (classificação dinâmica) e não o inconsciente (classificação topográfica), pois, na Grade, um material no nível da fileira B ou C é um elemento alfa, ou seja, um fenômeno mental, e, portanto, passível de ser transformado, mas no nível de fileira B está absolutamente inconsciente. Inconsciente, sim, porém, totalmente transformável, capaz de evolver de B até F, ou seja, transformar-se nas formas mais elaboradas do pensar consciente.

Com a noção de função alfa e dos elementos alfa por ela formados, agregando-se para a formação da "barreira de contato" e vindo a estruturar a parte não psicótica da personalidade, que funciona *pari passu* com a psicótica, estruturada com base nos elementos beta, eu penso que Bion é meta-freudiano, pois a Freud fornece os paradigmas que a ele faltavam para dar consistência a suas ideias sobre a diferença entre as neuroses e as psicoses.

Penso também que mesmo Freud ante-via isso quando, no final do capítulo mencionado de "The Ego and the Id" (1923/1961, p. 18), ele diz: "Nós precisamos admitir que as características de ser inconsciente começam a perder significação para nós". Sim! Mas penso que o que lhe faltava era chegar a algo, a um conceito semelhante ao da função alfa, mais tarde di-visado por Bion. A meu ver, Bion, ao postular a existência da função alfa, deixa claro onde é o ponto de virada, de mudança, entre a personalidade psicótica e a não psicótica e entre as percepções normais e as a-normais, as concepções normais e as *misconcepções*[2], ou entre o que é pensamento ou não (Junqueira de Mattos, 1989).

---

2 A palavra *misconception*, empregada por Money-Kyrle em seu trabalho "Cognitive development" (1981), não tem um correspondente exato em português. Todas as traduções que encontrei tiravam dela uma força comunicativa impressa por ele quando, em seu texto, elabora a teoria sobre a *misconcepções* – de onde eu a tirei. Assim, ainda que ela soe arrevesada aos sensíveis ouvidos dos puristas da língua, é por necessidade minha de ser preciso e, ao mesmo tempo, fiel ao conceito expresso por Money-Kyrle, que resolvi criar esse anglicismo, o qual, como tantos outros – *insight*, *self* etc. –, enriquecem o vocabulário psicanalítico em língua portuguesa. Fica aqui, portanto, minha homenagem a Money-Kyrle, que tanto contribuiu para o desenvolvimento da psicanálise.

194 CONTRATRANSFERÊNCIA: UMA RE-VISÃO

Agora, o problema a que temos de fazer face: como algo pode evolver do domínio de um estado instintivo, biológico, para a esfera da representação psíquica? Em outras palavras, isso poderia ser condensado no famoso aforisma de Freud: *"wo Es war, soll Ich werden"* [onde é Id, Ego seja].

Freud (1915/1957b, p. 119) afirma que a palavra "necessidade" é a mais adequada para explicar a manifestação do "instinto" atuando dentro do organismo. Posteriormente, Beres (1962), em seu importante trabalho "The uncounscious fantasy", retoma e desenvolve o assunto postulando que "a necessidade é uma manifestação biológica, uma função do Id, ainda não estruturada, e sem um conteúdo psicológico", em contraste com o "desejo que é uma estrutura psicológica organizada, gratificada em fantasia" (Beres, 1962, p. 317). Ou seja, a necessidade não é, ainda, um fenômeno mental, ao passo que o desejo é – mesmo quando inconscientemente presente, na forma de uma fantasia inconsciente.

Beres (1962) aponta que o mecanismo da passagem da "necessidade" para o "desejo" é uma função do Ego, embora esse mecanismo seja obscuro e desconhecido.

Eu penso que, quando falamos em funções do Ego estruturando desejos, fantasias inconscientes etc. – no domínio do processo primário –, bem como em seu desenvolvimento posterior, levando à consciência, à palavra verbal – no domínio do processo secundário –, estamos lidando com algo já estabelecido, formado, que não explica a sua origem, a sua essência ou o momento do início da formação do pensamento. No entanto, se postularmos com Bion uma função alfa, estruturando os elementos alfa (fenômeno mental, psíquico) e os elementos beta (como coisa concreta, não são um fenômeno mental, porque são incapazes de serem simbolizados, representados), teremos o exato ponto de virada entre o normal e o deficiente funcionamento da função alfa ou entre o que é pensamento e o que não é.

Aplicação clínica dos conceitos formulados

É para o inconsciente do analista que, se tornando um "instrumento adequado", vão tanger as associações do analisando, nele encontrando em estado pré-consciente não só os dados da experiência atual como também, eventualmente, ali está à espera a memória da raça dormente em estado pré-conceptivo... Sim, miríades de pré-concepções esperando pelo advento da experiência, que as decodificando, vai torná-las re-conhecidas por meio de transformações mil...

As associações do paciente são captáveis inicialmente como coisa em si.[3] Ao reverberar no mundo interno do analista ativam os mecanismos de sua função alfa que, em funcionando adequadamente, trabalha os dados dessa experiência sensorial, transformando-os em vivências emocionais dessa impressão sensorial (estímulos auditivos, a fala do paciente, estímulos visuais, olfativos etc.), dando origem aos elementos alfa, que se unem para a formação da "barreira de contato", a qual permite a separação do que está inconsciente do que está consciente. Portanto, o que antes era apenas físico (vibrações sonoras emitidas pela laringe do analisando ou sua aparência visual) passa a ser um fenômeno mental (as emoções que a presença e o dizer do analisando provocam no analista). Em seguida, podem se transformar em fantasias, a

---

3 A coisa em si é para Bion o fator inicial a desencadear, no analista, a experiência emocional da sessão. Esse fator é também chamado por ele de "O" da experiência emocional da sessão, de "realidade última". Bion, ainda, utilizando um modelo de Milton extraído de *Paraíso perdido*, o define como o "infinito informe" (1965/1977d; 1970/1977c).

196 CONTRATRANSFERÊNCIA: UMA RE-VISÃO

princípio inconscientes... Depois fragmentos de ideias... Memórias-sonho (Bion, 1970/1977c)... Imagens plásticas...[4] Podendo ser instantâneas, onipresentes... Ou a princípio vagas, dispersas... Frequentemente condensadas, incoerentes... Pouco a pouco, porém, se contornam... Tomam forma... E, o que era antes vago, disperso, se delineia... Des-vela... Um pouco mais, e eis os conceitos emergindo, apresentando-se à intuição do analista. Assim, têm evolvido dos estágios pré-conscientes até os níveis de consciência relacionados com a formação de conceitos ou sistemas de conceitos. Ou de A a G, em termos da Grade (Bion, 1977/1989).

Portanto, há um momento em que a comunicação se dá do analista para ele mesmo (comunicação privativa), a fim de que possa fazer posteriormente sua "public-ação" (1962/1967b), ou seja, sua interpretação ao analisando.

Repetindo o que certa vez (Junqueira de Mattos, 2016) ouvi de Dr. Bion, diria que no consultório existem três pessoas:

- o paciente que fala;
- o analista que ouve o que o paciente fala; e
- o analista que "ouve" o sentido que tem a fala do paciente dentro dele e a transforma em uma interpretação.

Ou seja, a interpretação é a transformação em uma linguagem verbal (processo secundário) de fantasias inconscientes, imagens

---

4 Essas imagens visuais, relacionadas ao processo primário, que se forma com base no falar do analisando, constituem transformações em elementos visuais, ou imagens visuais do que está significando, dentro do analista, as associações do paciente. Usando um modelo plástico, como o empregado por Bion em "Learning from experience" e mais tarde desenvolvido em "Transformations" (1965/1977d), são os "elementos visuais de experiências emocionais", ou seja, a transformação da experiência emocional em elementos plásticos visuais (Bion, 1962/1977a, p. 7).

visuais (processo primário) das vivências emocionais nele suscitadas pelas associações do analisando.

Se não houvesse esse momento introspectivo no analista, essa fase do processo interpretativo se tornaria virtualmente impossível para o analista compreender, o que nada mais é senão a formulação, em uma linguagem verbal e consciente, de uma experiência inicialmente só perceptível em nível inconsciente.

Muitas vezes, a emersão desse material pode estacionar em um nível inconsciente (estou falando de inconsciente dinâmico) ou em categorias de consciência que dificultam sua "leitura". Por exemplo, categoria B ou C da Grade, o que frequentemente acontece por ação dos mecanismos de defesa do ego, operantes em nível inconsciente no analista. Nesse caso, o analista pode até mesmo levar dias para "entender" ou "ler dentro dele" o material do paciente e, portanto, ser capaz de fornecer a ele sua interpretação, ou seja, passar do momento de captação, para o momento de elaboração ou transformação, fornecendo sua interpretação (fileira F da Grade).

Isso pode ser visto muito bem no excelente trabalho de Lea Goldberg (1979), no qual nos mostra como um analisando seu, esquizofrênico, em razão da catástrofe psíquica que sofreu, só pôde se comunicar utilizando níveis primitivos de comunicação, a identificação projetiva, em nível pré-verbal, sendo completamente impossível para ele verbalizar o que quer que fosse. Para se comunicar com a analista, passa a "criar" sintomas físicos na analista – à guisa de linguagem corporal primitiva. A analista nos conta que passou dias em estado de confusão, perturbação psíquica e rejeição de seu analisando, até que foi capaz de "traduzir", isto é, nomear o caos de sensações em que se viu enredada, imersa, ao projetivamente se identificar com seu paciente. Essa linguagem corporal, como que lhe "entrava pela pele", até que, após nomear esse caos de sensações, foi capaz de verbalizar sua interpretação ao analisando e se "libertar" das identificações projetivas nas quais se enredou. Antes, não pôde, porque estava contraidentificativamente (Grinberg, 1962) identificada com ele, ou seja, em seus momentos de confusão, a meu ver, a analista teve, por reversão momentânea de sua função alfa, parcialmente confundidas suas representações de *self* e objeto, passando, portanto, a rejeitá-lo. Depois de um trabalho de autoanálise, pôde elaborar essa situação dentro dela e retomar sua posição de analista. Ou dizendo melhor, ter novamente operante, de forma normal, sua função alfa.

Theodore Jacobs (1973) nos dá uma brilhante descrição de sintomas "provocados" no analista pelo paciente. Inicialmente, descreve ele, são perceptíveis apenas como sintomas físicos, até que passando no nível de consciência, podem ser relacionados com o material da sessão e interpretados para o paciente.

Money-Kyrle (1956), da mesma maneira, nos conta como ficou introjetivamente identificado com seu paciente e, só após "uma silenciosa autoanálise", foi capaz de "re-projetar", ou seja, re-integrar seu *self* e, no dia seguinte, fornecer sua interpretação ao paciente.

Penso que esbarramos agora em um conceito da mais alta importância, porém ainda não bem estudado e conhecido no universo das teorias psicanalíticas; refiro-me à "teoria da reversão da função alfa" de Bion, a respeito da qual, além de suas próprias contribuições, só existe, que eu saiba, o trabalho de Meltzer (1978). Vejamos a seguir.

A reversão da função alfa na clínica

Bion, no Capítulo 10 de "Learning from experience" (1962/ 1977a), postula que a barreira de contato, uma vez formada, pode sofrer, por ativação da parte psicótica da personalidade o fenômeno de "reversão da função alfa", com a sua "dispersão". Uma postulação semelhante à que Bion já propusera com a "reversão da identificação projetiva" (Bion, 1957/1967a, pp. 51, 61) ou a reversão da posição depressiva para a esquizoparanoide. A tela beta formada seria composta dos elementos beta, resultantes dessa reversão, em consequência do emprego da identificação projetiva de forma "excessiva" ou onipotente para se livrar dos objetos internos maus quando estes, identificados como "pensamentos", são "evacuados" pela identificação projetiva assim utilizada (Bion, 1962/1967b).

Bion postula que os dados da experiência sensorial ou emocional que não sofrem mudança, ou seja, que não são passíveis pelo observador de serem transformados pela função alfa em elementos alfa, constituem os elementos intransformados: os elementos beta. Não são fenômeno emocional ou mental – no sentido que Bion empresta ao conceito de fenômeno em Kant –, mas são objetos concretos e indistinguíveis da coisa em si, ou númeno (Kant, 1989), que não estruturam o pensar propriamente dito, mas constituem o pensar concreto do esquizofrênico. Dessa forma, há uma analogia com a "representação de coisa" e não como "representação de palavra" (Freud, 1915/1957d, p. 201), ou seja, feito por meio de identificação projetiva, em nível pré-simbólico, esquizoparanoide, como tão bem nos ensina Hanna Segal com o seu conceito de "equação simbólica" (1957, 1978).

O conceito de elemento beta é realmente de difícil apreensão na obra de Bion, tendo ele mesmo, em "Elements of psycho-analysis" (1963/1977b, p. 40), dito que uma melhor definição do que seja elemento beta aguarda um desenvolvimento maior da teoria e da experiência clínica. No entanto, deixa claro que os elementos alfa são um fenômeno mental, contrariamente aos elementos beta que não o são, quando afirma em *Brazilian lectures: 1973 São Paulo; 1974 Rio de Janeiro/São Paulo*:

> *Elementos beta é a forma de se falar acerca de material que não é pensamento; elementos alfa é a forma de se falar acerca de elementos que, hipoteticamente, supomos que é parte do pensamento. O poeta Donne escreveu: "o sangue falou em suas bochechas... como se seu corpo pensasse". Isso expressa exatamente para mim o estágio que se interpõe, e que na Grade é mostrado no papel como sendo a linha separando os elementos beta dos elementos alfa. Notem que eu não estou dizendo o que é beta ou alfa, mas a linha separando os dois que é representada pelas palavras do poeta. O analista que trabalha em análise tem de ser suficientemente sensível, enquanto a conversa se desenvolve. Minha impressão é que quem fez a pergunta está considerando exatamente essa situação de mudança de alguma coisa que não é pensamento para alguma coisa que é um pensamento. Na prática o paciente às vezes enrubesce – um ato fisiológico. O analista pode sentir que esse enrubescer transmite algo para ele. Nessa eventualidade, uma linha imaginária pode ser cogitada separando o paciente do analista, um fato corporal de um fato psíquico. (1990, p. 41, grifo do autor)*

Podemos começar a conjecturar e perceber as consequências que resultam para a teoria e prática analítica, quando o fenômeno da reversão da função alfa é aplicável não só no analisando como também no analista. Por que só ao analisando? É só o analisando quem pode sofrer um surto psicótico? Por que o analista não pode sofrer também? Seriam sempre os analistas imunes à psicose, ou há instantes ou momentos psicóticos?

Se estudarmos a contratransferência, aplicando a ela o conceito de reversão da função alfa, teremos um novo e amplo horizonte para a investigação e aprofundamento da técnica psicanalítica.

Assim, se o analista, no caso de deficiência transitória de sua função alfa, se puser a trabalhar, isso resultará que os dados da experiência sensorial e emocional ali com seu analisando, o que Bion chama, no Capítulo 2 de "Transformations" (1965/1977d), "O" da experiência emocional, não poderão ser transformados pela função alfa nem transformados apenas parcialmente – não serão "metabolizados", levando à formação dos elementos beta, suscetíveis apenas de serem "evacuados" por meio da identificação projetiva (A6), agora a serviço da parte psicótica do analista, indo atuar no mundo interno do analisando que des-avisadamente com ele se contraidentifica introjetivamente.

E mais, se consideramos o interjogo dinâmico entre as posições esquizoparanoide e depressiva (PS↔D), havendo a prevalência da parte psicótica do analista, com a reversão de sua função alfa, a formação de símbolos é prejudicada (Segal, 1978). Uma interpretação assim produzida pode ter algo a ver com o analisando, mas certamente tem tudo a ver com *misconcepções* do analista, ainda que estimuladas pelo material do analisando. Tal tipo e qualidade de interpretação denominei "interpretação *ornitorríncula*"[5] (Junqueira de Mattos, 1989), em que o analisando, se tiver sorte de possuir uma patologia igual à do analista, se beneficia, porém na base do caçador que, caçando patos, atirou no que viu e matou o que não viu...

---

5 O ornitorrinco (*Ornithorhynchus anatinus*), chamado em seu país de origem, Austrália, de *duck-bill* ou *platypus*, é um simpático animalzinho, com cerca de sessenta centímetros, intermediário entre um mamífero e uma ave, pois tem bico e glândulas mamárias; apresenta ainda rabo de castor e nadadeiras de pato; é um mamífero, mas bota ovos...

Ainda, se considerarmos o fato de que à transferência do analisando o analista pode reagir contratransferencialmente e que isso vai estimular novas e renovadas reações no analisando, a relação analítica deve ser vista sempre como uma relação, uma díade continente-conteúdo, em constante intercâmbio, constante mudança, constante transformação... Em que a natureza do vínculo, parasítico, simbiótico ou comensal (Bion, 1970/1977c, p. 95) determina a qualidade da relação.

Bem, a serem válidas as teorias de Bion sobre a função alfa, sou forçado a concluir que a contratransferência, em última instância, nada mais é que o funcionamento normal ou não da função alfa do analista.

Como consequência disso, a importância do conflito psíquico se desloca do plano "econômico", com o conceito de repressão, ou seja, da libido reprimida, para o plano representativo, simbólico das *misconcepções*. Ainda que Money-Kyrle (1981) não fale em função alfa (mas em elementos alfa), entendo que, se levamos em conta suas ideias sobre as *misconcepções* às últimas consequências, considerando que ele chegou ao conceito delas baseado nas ideias de Bion, chegamos à conclusão de que o que leva às *misconcepções* nada mais é que o mau ou deficiente funcionamento da função alfa. Portanto, neuroses e psicoses se manifestam por meio de dis-torções de representações psíquicas. Da mesma forma, as fantasias inconscientes ou mesmo produções delirantes em nível consciente refletem, em maior ou menor grau, tais *misrepresentaçoes*[6] ou *misconcepções*.

Assim, a ênfase do conflito, do sofrimento e da dor psíquica se desloca do plano "econômico" para o plano cognitivo. Portanto, nem tanto por repressão como por misconcepção do desejo. Sim! Porque a frustração é, em si mesma, incognoscível (númeno)

---

6   Vale aqui, para a palavra *misrepresentação*, o que foi dito sobre *misconcepção* em nota de rodapé anterior.

e suas *misrepresentações* e *misconcepções* são o que aparecem, o sintoma: as transformações (fenômeno). Da mesma forma, ao falarmos de "projeção" e de "identificação projetiva", não estamos dizendo que algo sai do sujeito e "penetra" o objeto ou que há o "controle onipotente do objeto", para o sujeito, e só para ele, isso é um "fato" em termos de uma fantasia onipotente, pois estamos diante de uma representação intrapsíquica. Assim, a energia psíquica está investindo não o objeto em si, mas a sua representação (Brenner, 1969, p. 28).

Contratransferência e empatia: uma aproximação

Para Fliess (1942), o analista, para entender seu paciente, tem de se colocar em seu lugar por meio de um mecanismo de identificação, que denominou "identificação experimental" [*trial identification*] ou empatia. Como um provador de chá, prova a bebida e a cospe, sentido só seu gosto. Assim, o analista se identifica (identificação projetiva) transitoriamente com seu analisando e faz a "leitura" do significado dentro de si.

Os processos de identificação projetiva fazem parte dos mecanismos que predominam na elaboração da posição esquizoparanoide e têm um papel fundamental na confusão primária entre *self* e objeto (Sandler, 1987, p. 9). Mais, como não há formação de símbolos sem que haja a elaboração da posição depressiva (Segal, 1957, 1978) e, por consequência, representação de *self* e objeto, e como não há símbolos sem que haja operação da função alfa (Segal, 1978), temos, se não houver função alfa operante, a prevalência do estado de confusão primária, fusão entre representações de *self* e objeto, levando a identificações mais ou menos duradouras, tornando assim indisponíveis quaisquer possibilidades de empatia. Sendo, portanto, o predomínio da parte psicótica da

204 CONTRATRANSFERÊNCIA: UMA RE-VISÃO

personalidade. Isso nos leva à conclusão de que não pode haver – e a experiência assim confirma – capacidade para empatia no domínio da psicose e nos momentos regressivos ou de reversão da função alfa nas personalidades não psicóticas.

Material clínico

Paciente n. 1

Trata-se de um psiquiatra que procurou a análise para alívio de queixas de natureza física, de origem hipocondríaca. Queria também, e principalmente, ser psicanalista... Esteve em análise comigo por cerca de dez meses, incialmente quatro sessões por semana e depois cinco.

Sua análise se caracterizava por um alto nível de contida agressão, rejeição quase sistemática de quase tudo o que era interpretado e um alto nível de inveja, até mesmo em nível consciente, do analista.

Um dia em que estava particularmente exigente, reivindicador, fazendo cobranças de tudo e de todos se queixando, disse-lhe:

> *O senhor age como se tivesse a ideia, a convicção, de que tudo e todos lhe devem, assim aqui na análise comigo o senhor parece sentir algo semelhante e procede como se algo também eu lhe devesse... O que será?... E se eu não lhe devo, seria muito importante sabermos de onde o senhor tirou essa ideia...*

Bem, de minha parte, eu sabia de onde tirara a interpretação porque, à medida que ele falava, subitamente me lembrei de

Ricardo III, de Shakespeare... Daí veio-me o magnífico trabalho de Freud sobre as exceções (Freud, "The exceptions", 1916/1957e). Assim, a exemplo do rei Ricardo III, que, por ser um defeituoso, um lesado, se sentia no direito de a todos cobrar... Só com direitos, sem compromisso algum com deveres... Logo, meu paciente partiu para a vida com a sina, com o destino de exigir indenizações e compensações, com as quais ele tentava se ressarcir daquilo que, uma vez usurpado, ficou para sempre devido...

Esse psiquiatra, pouco antes de interromper a análise comigo, trouxe uma situação inusitada, bastante singular. Contou-me ter criado tal celeuma e confusão com um paciente seu, quando este, ao contrário do combinado, pagou-lhe em cheque. Meu paciente, gesticulando, devolveu o cheque e exigiu o pagamento em dinheiro... Isso criou um ódio tão grande em seu paciente, que ele não teve dúvidas: trocou todo o dinheiro em moedas de um cruzeiro e, com auxílio de amigos, apareceu em seu consultório com várias sacolas contendo algumas dezenas de milhares de moedas... E ali jamais de novo colocou os pés...

A meu ver, esse meu paciente exemplifica a patologia da função alfa, resultante não apenas de seus distúrbios transitórios, mas de distúrbios mais permanentes. Ou pelo menos poderíamos dizer que tinha frequentes momentos esquizoparanoides, com reversão do funcionamento de sua função alfa, onde ficava identificado com seu paciente em nível de equação simbólica, numa contratransferência nitidamente psicótica.

O que o levou, com muita raiva – e também muita inveja do seu paciente, que era muito rico –, naquele momento, a transformar sua mente não em um "aparelho para pensar os pensamentos", mas num objeto invejoso, a ser "evacuado" no seu paciente, com o qual o seu paciente parece ter introjetivamente se identificado, ainda que transitoriamente.

206 CONTRATRANSFERÊNCIA: UMA RE-VISÃO

Logo, o ódio terrível levou sua mente a se converter em um "acelerador linear", não de partículas irradiativas, mas do que chamarei aqui de "vírus psíquico"[7] a penetrar "intrusivamente" a mente de seu paciente, ali fabricando forja odiosa a cunhar aos borbotões numismáticos de fogo, com os quais aos milhares "pagou" o terapeuta – única maneira "civilizada" de retribuir e de se libertar das identificações (introjetivas) projetivas com que maciçamente meu analisando tentou "invadir" e "subjugar" a mente de seu analisando.

Portanto, podemos concluir que as moedas são as invariantes no paciente, resultantes dos processos de *splitting* e ódio do terapeuta, que correspondem ao seu (terapeuta) *software*-aids psíquico. Dito de outra forma, podemos concluir que as moedas são o Tpβ – produto final das transformações que se operam na mente do paciente (Bion, 1977/1989, 1965/1977d) – e também as invariantes e a contrapartida, de "microscópicos" *splittings* de ódio ativados na mente do terapeuta, ou seja, seu "vírus" psíquico – ou contraidentificações projetivas (Grinberg, 1962) agora ao reverso, não mais o analista sofre suas consequências, mas sim o analisando.

Re-vistos na Grade, o ato de devolver o cheque e todo o ódio que resultou dessa operação categorizo em A6, ou seja, é um elemento beta, com as características descritas por Bion.

Paciente n. 2

A paciente mora em outra cidade, chega com mais de trinta minutos de atraso, deita-se e fica em silêncio. Depois de algum tempo, percebo que ela está chorando e digo a ela:

---

7 Relaciono com o assim chamado "vírus" de computador: um programa "pirata" que, penetrando o sistema de armazenamento de dados do computador, decodifica-o causando prejuízos significativos.

A – Parece que o seu choro tem alguma relação com seu atraso...

P – Interessante, Dr. Junqueira... Eu me lembrei agora de um quadro que comprei da [nome da pintora] esta semana. É tão bonito... É assim: umas trilhas muito compridas onde quatro mulheres caminham para o trabalho. Carregam ferramentas, e uma traz um grande balaio na cabeça... Este quadro me tocou tanto... Eu não sei por quê... [chora mais intensamente].

A – Bem, se ele a tocou tanto, como eu posso sentir pelo seu choro, deve haver uma razão...

P – Interessante essa trilha... Isso tem a ver comigo... Parece a minha vida... O meu trabalho...

A – Sim, o seu trabalho... A senhora ter de trabalhar por quatro...

P – Isso!

A – Então as quatro mulheres são a senhora mesma, que tem de ser mãe, esposa, profissional [nome da profissão] e analisanda... E é com a sua tristeza, eu diria também com a sua raiva, que a senhora não está conseguindo lidar como gostaria... Daí o seu atraso.

P – É isso mesmo. Tive de aprontar as crianças antes de sair, por isso, atrasei-me. E o meu marido não me ajuda em nada, não move uma palha. Domingo foi aquela reunião nossa. Quando voltei, ele estava de cara feia. A casa uma verdadeira bagunça. As crianças reviraram tudo. Ele ainda ficou bravo comigo... Disse que, se for para eu sair também aos domingos, temos de rever nosso casamento. Veja o senhor, eu que faço tudo por ele... É incapaz de ficar duas horas com as crianças... Fui para cima dele, mostrei-lhe o seu egoísmo etc.

A – Por outro lado, parece que com isso a senhora me avisa que eu devo entendê-la e não cobrar o seu atraso, porque senão...

208 CONTRATRANSFERÊNCIA: UMA RE-VISÃO

P – É isso mesmo, esses homens são uns egoístas, não reconhecem nada que a gente faz... É o mesmo com a [nome da pintora], coitada, tem também de se virar em quatro. O marido doente não trabalha, não faz nada. Ela que mantém a casa e faz tudo... E [bem mais calma] o senhor não tem nada com isso... Bem, eu agora entendo porque eu comprei o quadro.

A – Por outro lado, eu penso que o balaio pode também representar a senhora, ou seja, o balaio é um recipiente... É como se a senhora tivesse de conter as quatro dentro da senhora mesma, a profissional, a analisanda, a mãe e a esposa, sem que o balaio estoure... Essa é a sua trilha... Essa é a sua vida... [termina a sessão].

Paciente n. 3

A paciente, depois de algum tempo de sessão, fala de como, na véspera, seu filho pequeno teve uma crise de angústia. Em seu desespero, a paciente colocou-o no colo e começou a niná-lo. A cena é descrita com um colorido emocional muito intenso, chorando. De minha parte, eu me senti tocado... E imediatamente comecei a "ouvir" a *Berceuse*, de Brahms.[8] Depois de alguns minutos, quando a paciente me pareceu mais integrada, perguntei a ela se conhecia a *Berceuse*. Ela respondeu que não, mas disse que, no momento em que ela ninava seu filho, cantava para ele uma música. Pedi a ela que cantasse um trecho para mim, e cantou a *Berceuse*, de Brahms,

---

8 Certa vez, em um curso sobre a obra de Bion, perguntaram-me o que era *rêverie*, e minha resposta foi: "O senhor conhece *Cenas da infância*, de Schumann, cuja sétima variação ele denominou de *Träumarei* (em alemão) ou *rêverie* (em francês)? Conhece também a *Berceuse*, de Brahms, e as *Canções que minha mãe me ensinou*, de Dvořák? Se não as conhece, ouça-as. Tratam-se de sentimentos musicais que não podem ser objetos da razão, mas da emoção. Todas essas músicas são acalantos – canções de ninar que expressam paradigmas musicais da relação mãe-bebê".

com uma letra em português, para ela adaptada e muito popular. Ao que eu lhe disse em seguida: "A senhora está sentido agora algo parecido com o que o seu filho sentiu ontem e espera que, se eu puder aceitar sua angústia, sua dor, poderei, da mesma forma, ajudá-la a transformá-las em conforto e entendimento".

Discussão do material

Em relação à paciente n. 2, eu me lembro nitidamente de que, quando ela descrevia o quadro, de repente minha atenção foi despertada para o balaio... E com isso percebi minha analisanda sendo quatro em uma também... Ou seja, ao falar, despertou toda uma gama de imagens, que sofreram dentro de mim um processo de condensação (as quatro dentro do balaio – processo primário); isso me possibilitou dar a interpretação para a paciente. Mas antes disso, ela falava e eu ouvia... Os elementos que falava inicialmente eram para mim um "caos de sensações"; operados pela função alfa, foram "alfabetizados", transformados em elementos alfa, possibilitando que o balaio surgisse agora dentro de mim e que a interpretação fosse dada... Um processo semelhante a esse, de captação da fantasia inconsciente, é descrito por Beres e Arlow (1974) e por Thomson (1980).

No caso da paciente n. 3, algo semelhante se passou... Ela, ninando o filho, cantou a versão brasileira da *Berceuse*, de Brahms... Meu terceiro ouvido[9] a captou como eu costumava ouvir lá na fazenda... Quando pequenino... Quando minha mãe tantas e tantas vezes tocava no antigo gramofone... Assim, pude transformar a "música" em interpretação...

---

9 O "terceiro ouvido" é o que Reik (1949) denominou de processo de percepção interna do analista ou seu processo intuitivo.

210 CONTRATRANSFERÊNCIA: UMA RE-VISÃO

Outro elemento fundamental a ser destacado é a questão das invariantes – de fundamental importância como vimos.

No paciente n. 1, emergiu subitamente dentro de mim – memória e sonho (Bion 1970/1977c) – a recordação da peça de Shakespeare, *Ricardo III*, e foi imediatamente acompanhada da lembrança do trabalho de Freud. Destaco que isso foi re-conhecido dentro de mim não como devaneio meu, mas como uma *rêverie*, suscitada pelas associações de meu analisando. Não foi uma lembrança qualquer de Freud ou Shakespeare, mas, para o que denomino minha "contratransferência cognitiva", foi como se apresentou o mundo interno de meu paciente, para a "leitura" dele, dentro de mim, no momento em que fui continente transiente de suas identificações projetivas, quando com elas introjetivamente me identifiquei e as transformei em imagens visuais (Shakespeare e Freud). Mas o que foi por mim captado como invariante? O caráter de meu paciente no qual eu re-conheci um traço comum (invariante), como no rei Ricardo III, ou seja, o extraordinário poeta foi capaz de imprimir em sua descrição uma força tão grande que marcou de tal forma as "invariantes" que fui capaz de as re-conhecer em meu analisando, bem como Freud, ao re-vê-las, pôde escrever esse notável ensaio.

Na paciente n. 2, algo igualmente interessante ocorreu: a pintora (se corretas as informações da paciente e, por outros dados, penso que são), provavelmente ao pintar o quadro – possivelmente sem ter uma clara percepção –, estava descrevendo seu mundo interno... Sua luta... Trabalhar por quatro... Sua trilha... Seu balaio... Isso tudo ela transformou em linguagem plástica. Muito bem. Minha analisanda, ao olhar o quadro e ao "se colocar dentro dele", procede de forma análoga a Freud (1914/1955b), ao postar-se em frente ao Moisés, de Michelangelo. Assim, ao identificar-se empaticamente com o quadro, foi capaz de captar (ou sentir em si) o mundo interno da pintora, e comprou o quadro... Pois inconscientemente re-conheceu sua trilha... Sua sina... Ter que ser quatro... Ciente inconscientemente disso, traz para a análise... Eu, ao empaticamente ouvi-la, entro em contato momentâneo com seu mundo interno... Por meio de todos os processos já descritos, faço uma verdadeira condensação e de-codificação do material no sentido reverso ao da pintora, no instante em que o balaio ressurgiu dentro de mim, ou melhor, na minha imaginação... Isso me possibilitou fornecer a ela a interpretação... Assim, o elemento aí invariante foram as quatro trabalhadoras em sua luta... Eu penso que a essa altura o que ocorreu foi algo análogo ao apontado por Freud em seu trabalho "The Moses of Michelangelo" (1914/1955b, p. 212): "O que o artista objetiva é despertar em nós a mesma constelação mental que produziu nele o ímpeto para criar".

Em relação à paciente n. 3, ao me identificar com seu mundo interno, à minha intuição foram apresentadas as minhas *cenas da infância*. Penso, então, que as invariantes saudosamente dolorosas que Brahms transmite se conservaram na versão de minha paciente e foram por mim captadas e transformadas em interpretação.

Portanto, vistos na Grade, tivemos nos exemplos citados o evolver desde C4 até F4. Digo, coluna 4, porque é aí que Bion (1977/1989, p. 6) coloca a "atenção flutuante", ou o estado de *rêverie* no analista.

Contratransferência: nova denominação, nova classificação

Tudo o que acabamos de ver, leva-me à conclusão de que a classificação de Kernberg (1965) – em que propõe classificar os autores significativos que estudaram a contratransferência em "clássicos" e "totalistas", o que tem sido aceito pela maioria dos autores que estudaram a contratransferência – é hoje totalmente inconsistente por se basear em uma metapsicologia que não leva em conta o fenômeno da reversão da função alfa. Assim, um analista pode hoje fornecer uma interpretação que leve o paciente ao conhecimento de sua realidade psíquica e, em outro dia, ou em um momento psicótico, a uma interpretação *ornitorríncula, misconceptiva.*

Além disso, essa classificação é totalmente embasada na divisão da mente entre o que está consciente e o que está inconsciente (classificação dinâmica) que, à luz dos conceitos de função alfa das transformações e invariantes, não mais se sustem. O que é importante não é estar ou não estar inconsciente (classificação dinâmica), mas o que é ou não capaz de sofrer transformação que dê origem a pensamento – ainda mesmo quando este permanece em nível inconsciente.

Ademais, se pegarmos só o lado "totalista" dessa classificação de Kernberg, significando "tudo" o que o analista consciente ou inconscientemente sente pelo seu analisando, essa classificação é por si só a-morfa. Porque toda classificação é por sua natureza intrínseca, excludente, ou seja, se incluirmos algo em uma categoria, esse algo fica automaticamente excluído de outra. Ou, ainda, "tudo" faz parte de uma conjunção constante (Hume citado por Bion), em que o "nada" é o seu antenome e, se "tudo" for incluído, "nada" é excluído e, portanto, nada resta a ser classificado.

No entanto, visto que o termo contratransferência, apesar de sua imprecisão, faz sentido para muitos e está consagrado pelo uso desde que foi cunhado por Freud (1910/1957a), eu penso que seria desejável que pudéssemos adjetivá-lo da mesma forma como vem acontecendo com a identificação projetiva (Spillius, 1983), a que Bion já em a "Theory of thinking" (1962/1967b) acrescenta o adjetivo "realista".

Assim, para uma contratransferência que traduza um normal funcionamento da função alfa do analista, proponho uma nova classificação e um novo termo: "contratransferência cognitiva"; para o seu mau ou deficiente funcionamento, sugiro também uma nova classificação e um novo termo: "contratransferência *misconceptiva*", "distorcida".

Referências

Beres, D. (1962). The unconscious fantasy. *Psycho-Anal. Quart., 31,* 309-328.

Beres, D. & Arlow, J. (1974). Fantasy and identification in empathy. *Psycho-Anal. Quart., 43*(1), 26-50.

Bion, W. R. (1967a). Differentiantion of the psychotic from the non-psychotic personalities. In *Second thoughts* (pp. 43-64). London: Heinemann. Publicado originalmente em 1957.

Bion, W. R. (1967b). A theory of thinking. In *Second thoughts* (pp. 110-119). London: Heinemann. Publicado originalmente em 1962.

Bion, W. R. (1967c). Commentary. In *Second thoughts* (pp. 120-166). London: Heinemann.

Bion, W. R. (1977a). Learning from experience. In *Seven servants: four works by Wilfred R. Bion*. New York: Jason Aronson. Publicado originalmente em 1962.

Bion, W. R. (1977b). Elements of psycho-analysis. In *Seven servants: four works by Wilfred R. Bion*. New York: Jason Aronson. Publicado originalmente em 1963.

Bion, W. R. (1977c). Attention and interpretation. In *Seven servants: four works by Wilfred R. Bion*. New York: Jason Aronson. Publicado originalmente em 1970.

214 CONTRATRANSFERÊNCIA: UMA RE-VISÃO

Bion, W. R. (1977d). Transformations. In *Seven servants: four works by Wilfred R. Bion*. New York: Jason Aronson. Publicado originalmente em 1965.

Bion, W. R. (1982). *The long week-end 1897-1919*. London: Karnac Books.

Bion, W. R. (1989). *Two Papers: The Grid and Caesura*. London: Karnac Books. Publicado originalmente em 1977.

Bion, W. R. (1990). *Brazilian lectures: 1973 São Paulo; 1974 Rio de Janeiro/São Paulo*. London: Routledge.

Bion, W. R. (1991). *A memoir of the future: the past presented*. London: Karnac Books.

Blum, H. P. (1986). Countertransference and the theory of technique: discussion. *J. Amer. Psycho-Anal. Assn.*, *34*(2), 309-328.

Brenner, C. (1969). *An elementary textbook of psychoanalysis*. New York: International Universities Press.

Etchegoyen, R. H. (1987). *Fundamentos da técnica psicanalítica*. Porto Alegre, RS: Artes Médicas.

Ferenczi, S. (1919). *On the technique of psycho-analysis* (Vol. II). London: Hogarth Press.

Fliess, R. (1942). The metapsychology of the analyst. *Psycho-Anal. Quart.*, *11*, 211-227.

Freud, S. (1953). The interpretation of dreams. In *Standard edition* (Vol. V, pp. 339-628). London: Hogarth Press. Publicado originalmente em 1900.

Freud, S. (1955a). The dynamics of transference. In *Standard edition* (Vol. XIII, pp. 97-108). London: Hogarth Press. Publicado originalmente em 1912.

Freud, S. (1955b). The Moses of Michelangelo. In *Standard edition* (Vol. XIII, pp. 209-238). London: Hogarth Press. Publicado originalmente em 1914.

Freud, S. (1955c). From the history of an infantile neurosis. In *Standard edition* (Vol. XVII, pp. 3-122). London: Hogarth Press. Publicado originalmente em 1918.

Freud, S. (1955d). Beyond the pleasure principle. In *Standard edition* (Vol. XVII, pp. 3-64). London: Hogarth Press. Publicado originalmente em 1920.

Freud, S. (1957a). The future prospects of psycho-analytic therapy. In *Standard edition* (Vol. XI, pp. 139-151). London: Hogarth Press. Publicado originalmente em 1910.

Freud, S. (1957b). The instincts and their vicissitudes. In *Standard edition* (Vol. XIV, pp. 109-140). London: Hogarth Press. Publicado originalmente em 1915.

Freud, S. (1957c). Repression. In *Standard edition* (Vol. XIV, pp. 141-158). London: Hogarth Press. Publicado originalmente em 1915.

Freud, S. (1957d). The unconscious. In *Standard edition* (Vol. XIV, pp. 159-204). London: Hogarth Press. Publicado originalmente em 1915.

Freud, S. (1957e). The exceptions. In *Standard edition* (Vol. XIV, pp. 311-315). London: Hogarth Press. Publicado originalmente em 1916.

Freud, S. (1959). Inhibitions, symptoms and anxiety. In *Standard edition* (Vol. XX, pp. 75-174). London: Hogarth Press. Publicado originalmente em 1926.

Freud, S. (1961). The Ego and the Id. In *Standard edition* (Vol. XIX, pp. 3-66). London: Hogarth Press. Publicado originalmente em 1923.

Freud, S. (1963). General theory of neurosis. In *Standard edition* (Vol. XVI, pp. 243-463). London: Hogarth Press. Publicado originalmente em 1917.

Gambra, R. (1978). *Pequena história da filosofia*. Porto, Portugal: Livraria Tavares Martins.

Glover, E. (1968). *The technique of psycho-analysis*. New York: International Universities Press. Publicado originalmente em 1955.

Goldberg, L. (1979). Remarks on transference-countertransference in psychotic states. *Int. J. Psycho-Anal.*, *60*, 347-356.

Grinberg, L. (1962). On a specific aspect of countertransference due to the patient's projective identification. *Int. J. Psycho-Anal.*, *43*, 436-440.

Grotstein, J. (1981). Wilfred R. Bion: the man, the psychoanalyst, the mystic, a perspective on his life and work. In *Do I dare disturb the universe? A memorial to W. R. Bion* (pp. 1-35). Los Angeles: Caesura Press.

Heimann, P. (1950). On counter-transference. *Int. J. Psycho-Anal.*, *31*(1-2), 81-84.

Heimann, P. (1960). Counter-transference. *Brit. J. Med. Psychol.*, *33*, 9-15.

Heimann, P. (1977). Further observations on the analyst's cognitive process. *J. Amer. Psycho-Anal Assn.*, *25*(2), 313-333.

Jacobs, T. J. (1973). Posture, gesture, and movement in the analyst: cues to interpretation and countertransference. *J. Amer. Psycho-Anal. Assn.*, *21*(1), 77-92.

Junqueira de Mattos, J. A. (1989). Metapsicologia dos processos cognitivos e misconceptivos do analista e analisando. *Congresso Brasileiro de Psicanálise*, Rio de Janeiro.

Junqueira de Mattos, J. A. (1994). Contratransferência: uma re--visão. *Revista Brasileira de Psicanalise*, *28*(2), 229-252.

Junqueira de Mattos, J. A. (2016). Impressions of my analysis with Dr. Bion. In H. B. Levine & G. Civitarese (Ed.), *The W.R. Bion Tradition Lines of development: evolution of theory and practice over the decades* (pp. 5-21). London: Karnac Books.

Kant, I. (1989). *Crítica da razão pura*. 20. ed. Lisboa, Portugal: Fundação Calouste Gulbenkian.

Kernberg, O. (1965). Notes on countertransference. *J. Amer. Psycho-Anal. Assn.*, *13*(1), 38-56.

Lansky, M. R. (1981). Philosophical issues in Bion's thought. In James Grotstein (Ed.), *Do I dare disturb the universe? A memorial to W. R. Bion* (pp. 427-439). Los Angeles: Caesura Press.

Laplanche, J., & Pontalis, J. B. (1986). *Vocabulário da Psicanálise*. São Paulo, SP: Martins Fontes Editora. Publicado originalmente em 1967.

McLaughlin, J. T. (1981). Transference, psychic reality and countertransference. *Psycho-Anal. Quart.*, *50*, 639-664.

Meltzer, D. (1978). A note on Bion's concept "reversal of alpha-function". In *The kleinian development* (pp. 389-396). Perthshire, Escócia: Clunie Press.

Money-Kyrle, R. E. (1956). Normal counter-transference and some of its deviations. *Int. J. Psycho-Anal.*, *37*(4/5), 360-366.

Money-Kyrle, R. E. (1981). Cognitive development. In James Grotstein (Ed.), *Do I dare disturb the universe? A memorial to W. R. Bion* (pp. 537-550). Los Angeles: Caesura Press.

Orr, D. W. (1954). Transference and countertransference: a historical survey. *J. Amer. Psycho-Anal. Assn.*, *2*, 621-670.

Paton, H. J. (1965). *The categorical imperative: a study in Kant's moral philosophy*. 50. ed. New York: Harper Torchbooks.

Racker, H. (1988). The countertransference neurosis. In *Transference and Countertransference*. London: Karnac Books. Publicado originalmente em 1948.

Racker, H. (1957). The meanings and uses of countertransference. *Psycho-Anal. Quart.*, *26*, 303-357.

Reik, T. (1949). *The inner experience of a psychoanalyst*. London: George Allen & Unwin.

Roland, A. (1981). Induced emotional reactions and attitudes in the psychoanalyst as transference in actuality. *Psychoanalytic Review*, *68*(1), 45-74.

Ross, W. D. & Kapp, F. T. (1962). A technique for self-analysis of countertransference. *J. Amer. Psycho-Anal. Assn.*, *10*(4), 643-657.

Sandler, J. (1987). The concept of projective identification. In *Projection, identification projective identification* (pp. 13-26). New York: International Universities Press.

Sandler, J. et al. (1970). Basic psychoanalytic concepts: IV counter-transference. *Brit. J. Psychiat.*, *117*, 83-88.

Segal, H. (1957). Notes on symbol formation. *Int. J. Psycho-Anal.*, *38*, 391-397.

Segal, H. (1978). On symbolism. *Int. J. Psycho-Anal.*, *59*, 315-319.

Spillius, E. B. (1983). Some development from the work of Melanie Klein. *Int. J. Psycho-Anal.*, *64*, 321-332.

Tyson, R. L. (1986). Countertransference evolution in theory and practice. *J. Amer. Psycho-Anal. Assn.*, *34*(2), 251-274.

Thomson, P. G. (1980). On the receptive function of the analyst. *Int. Rev. Psycho-Anal.*, *7*, 183-205.

Wisdom, J. O. (1981). Metapsychology after forty years. In J. Grotstein (Ed.), *Do I dare disturb the universe? A memorial to W. R. Bion* (pp. 601-624). Los Angeles: Caesura Press.

6. Do soma ao psíquico: em busca do objeto psicanalítico[1]

Introdução

Em trabalho anterior (Junqueira de Mattos, 1995), tentei uma aproximação entre os conceitos de inconsciente em Freud e Bion e mencionei que o inconsciente para Bion, com a inclusão da noção das pré-concepções, parecia ser algo mais abrangente que para Freud. No entanto, a forma como ali foram tratados tinha como objetivo focalizar tais conceitos dentro do tema da transferência.

Hoje, pretendo inicialmente ampliar o estudo dessa aproximação e elaborar como algo passa do nível somático para o nível psíquico, ou seja, trabalhar os conceitos de experiência emocional e de objeto psicanalítico, intimamente relacionados com tal processo.

---

1 Trabalho apresentado em Junqueira de Mattos (1994b). Algumas palavras aparecem separadas por hífen quando, gramaticalmente, não possuem. A intenção é chamar a atenção do leitor para a sua etimologia. Todas as traduções dos textos originalmente em inglês foram feitas pelo autor.

Instinto e pré-concepção

Freud considerava os instintos como entidades míticas, de origem somática, hereditária, que, criando tensões no organismo por meio de *necessidades* não satisfeitas, poderiam dar origem à sua contraparte psíquica, que aparece quando tais necessidades, em busca de satisfação, reverberam na mente na forma de desejos. Estes, por sua vez, estruturam-se em conteúdo: as fantasias, podendo ou não se tornar conscientes.

Não vou entrar em detalhes quanto à opinião de que o uso da palavra *instinto* é inadequado, preferindo os autores modernos usar a palavra *pulsão*, que mais bem traduziria o pensamento de Freud quando usa a palavra *Trieb*. Esse assunto é tratado por Laplanche e Pontalis (1967/1986, pp. 506-510), bem como por Freud (1966a, p. XXIV, 1966b, pp. 111-116). Ainda que seja impossível separar o instinto de sua representação psíquica (Freud, 1915/1957c, p. 177), pois no inconsciente o instinto não pode ser separado de sua representação, eu particularmente penso que seja importante, para que haja clareza ao expressar, conservar a palavra *instinto*, que corresponde ao alemão *Instinkt*, como Freud a usava, para referir ao seu momento somático, ligado à herança genética; emprego a palavra *pulsão* para referir ao seu componente psíquico.

Já no trabalho citado (Junqueira de Mattos, 1995), faço uma distinção entre *inconsciente genético*, ou seja, o inconsciente como uma *pré-disposição* geneticamente herdada e o *inconsciente dinâmico*, adquirido para Freud (1915/1957b, p. 148) a partir da *repressão primária*. Afirmei que a noção de um *inconsciente filogenético*, como entendia Freud, aproximava-se da ideia de pré-concepção de Bion.

Freud entendia que, diante de um conflito atual, de difícil solução, o indivíduo poderia evocar os dados da experiência filogenética e preencher as lacunas do conflito atual com elas, ou seja, utilizar o que entendia como *memória da raça* (Lamarck citado por Freud, 1917/1963, pp. 370-371, 1918/1955a, p. 97) numa tentativa de resolver tais conflitos. Assim, para Freud, há algo que pode ser evocado pela experiência, o que tem uma analogia, para mim, como conceito de pré-concepção de Bion.

Assim diz Bion, definindo pré-concepção:

> *A pré-concepção pode ser considerada como análoga, em psicanálise, ao conceito de Kant de "pensamentos vazios". Em termos psicanalíticos, podemos empregar como modelo a teoria de que o bebê tem uma disposição inata que corresponde à expectativa de um seio. Quando uma pré-concepção é posta em contato com uma realização que dela se aproxima, o produto mental é uma concepção. Colocando de maneira diferente, a pré-concepção (a expectativa inata de um seio, o conhecimento a priori de um seio, o "pensamento vazio"), quando o bebê é posto em contato com o seio, une-se [mates] com percepção [awareness] da "realização", que é sincrônica com o desenvolvimento de uma concepção. (1967, p. 111)*

Dessa forma, o bebê tem, em potencial ou *a priori*, a possibilidade de re-conhecer o seio ao entrar em contato com ele – do contrário, ele não o re-conheceria (ver adiante, quando menciono o problema de onde vem o conhecimento). Diferentemente de Freud, Bion fala de uma *pré-disposição* para o conhecimento e não que esse conhecimento esteja pronto e acabado, na forma de *fantasias originais*: as *protofantasias* (Freud, 1915/1957d, p. 269, 1917/1963, pp. 361-362, 1918/1955a, pp. 59-60, 97; Laplanche & Pontalis, 1967/1986, pp. 486-489), conceito ligado a uma *memória da raça* (Lamarck) que se prestam não só a preencher as lacunas do que falta nos conflitos atuais como também, como assinala Laplanche (1992, pp. 34-41), questionando e criticando essa posição de Freud, que a filogênese prevalece sobre a ontogênese. Se assim fosse, estaríamos diante de verdadeiros roteiros, projetos, previamente traçados e previamente preestabelecidos a enquadrar, completar e corrigir quaisquer desvios quando a conduta individual pode ser diferente do roteiro filogenético traçado para a raça – o que não é mais aceito na moderna genética.

Por outro lado, há, da mesma forma, uma aproximação entre a ideia de instinto (Freud) e pré-concepção (Bion), quando Freud afirma que:

> *As forças que assumimos existir por trás das tensões causadas pelas necessidades do Id são chamadas instintos. Representam demandas somáticas sobre a mente. Embora sejam a causa última de toda atividade, são de natureza conservadora; o estado, seja o que for, que um organismo atingiu dá origem a uma tendência de restabelecer esse estado tão logo seja abandonado.* Assim, é possível distinguir um número indeterminado de instintos e, na prática comum, isto é, de fato, feito. *Para nós, entretanto, a questão importante que se levanta é se é possível ou não traçar todos esses numerosos instintos de volta para alguns poucos básicos. . . . Depois de muitas hesitações e vacilações, nós decidimos assumir somente a existência de dois instintos básicos*, eros *e* instinto destrutivo. *(1940/1964b, p. 148, grifos meus)*

Penso que ele se expressa de modo semelhante em "New introductory lectures on psycho-analysis" (1933/1964a), quando trata da ansiedade e da vida instintiva, onde afirma que "A teoria dos instintos é, por assim dizer, nossa mitologia. Instintos são entidades míticas, magnificentes em sua indefinição" (p. 95). Prossegue dizendo, em palavras diferentes, o que aludi anteriormente, ou seja, que há um número indeterminado de instintos. Ora, Freud conservou até a publicação póstuma de sua última obra, em 1940, a ideia de que há um número indeterminado de instintos ou pulsões, podendo ser parciais e polimorfas, e que, utilizando sua plasticidade, seu poder ilimitado de combinações, geram transformações, deslocamentos e mesmo sublimações nos seus objetivos e nos seus alvos etc. Fica muito difícil de rigorosamente separar os dois conceitos. Possuem as mesmas afinidades e diferenças, desigualdades e semelhanças, que se evidenciam quando diferentes ênfases, diferentes matizes e diferentes consequências são examinados isoladamente e mais atentamente. Por exemplo, o conceito de instinto se aproxima muito ao de pré-concepção na afirmação citada, de que são *entidades míticas* se a ela acrescentarmos o conceito de que há algo que pré-existe e que é evocado, fecundado a partir da experiência!

Por outro lado, penso que Freud nem sempre tem uma teoria dos instintos que seja consistente. Por exemplo, a noção de um *inconsciente filogenético* e portador da *memória da raça* conflita com a sua noção de *narcisismo primário,* principalmente se a virmos à luz da re-visão que ele fez da dualidade dos instintos, isto é, entre o instinto de vida e o instinto de morte (Freud, 1920/1955b). Porque, se existisse um *estágio* em que não há um objeto como alvo de tal instinto ou pulsão – que é anobjetal dentro do conceito de narcisismo primário –, como poderia o indivíduo sair desse *estágio* de narcisismo primário, de onde tiraria energia para sair de si mesmo, se é o próprio ego que está investido dessa energia psíquica?

Assim, como passar, como afirmam Laplanche e Pontalis, quando elaboram o verbete sobre narcisismo, "de uma grande mônada fechada em si mesma para o reconhecimento progressivo do objeto?" (1967/1986, p. 367). Penso ser essa distinção extremamente importante, pois entendo que nascemos com uma pré-disposição inata para a transferência e, portanto, para as relações de objeto (Junqueira de Mattos, 1995), não tendo lugar nela a noção de um *narcisismo primário*, como entendia Freud.

Cabe perguntar agora: se a palavra e o conceito de *instinto* já eram utilizados, por que Bion não os utilizou e preferiu a palavra pré-concepção?

Se seguirmos as formulações de Bion, veremos que são os pensamentos em forma de pré-concepções – ou seja, inclui a *concepção* de algo, de uma coisa, que *pode* se transformar em uma forma ou ideia – que forçam a criação do "aparelho" para pensá-los (Bion, 1967, pp. 110-111). Dessa maneira, o pensamento pré-existe ao pensador – o "pensamento sem o pensador" (Bion, 1970/1977c). Assim, o bebê, ao nascer, traz em estado *pré-conceptivo*, em estado germinal, uma pré-concepção de que há *algo* a corresponder à necessidade de ser alimentado. Parafraseando Max Scheler, citado por Laplanche e Pontalis (1967/1986, p. 521), a fome no lactente implica uma intuição do valor do alimento. Eu diria que, se o bebê tem fome, ela, a fome, implica a intuição de dever existir factualmente *algo*, que a ela corresponda e que *pode vir* a ser re-conhecido como seio. Dessa forma, o bebê, ao entrar em contato com a experiência real com o seio, se satisfaz. Temos aí a *concepção*, ou seja, a concepção está diretamente ligada às experiências somáticas de satisfação, portanto, gratificadoras, que, para Bion, não são ainda o pensamento propriamente dito, o qual se estrutura com base em experiências frustradoras (Bion, 1967, pp. 110-119).

Vou repetir agora o que já mencionei em trabalho anterior:

O bebê com fome sente-se "atacado" por ela internamente. Assim, com "medo do aniquilamento", procura se livrar de tais sentimentos projetando-os, por meio da identificação projetiva, na mãe, ou melhor, originalmente no seio materno. Esta, se capaz de entender a "linguagem" de seu bebê e de estar em íntima sintonia ou em contato psíquico com ele – o que Bion denominou de rêverie – acolhe esses sentimentos, "desintoxicando-os" de sua qualidade "excessiva" e os "devolve" novamente por meio da identificação projetiva, de uma forma a ser tolerável. O bebê os introjeta com esta nova qualidade, com esta nova significação. A identificação projetiva assim empregada pelo bebê em sua jornada pelo seio materno e novamente introjetada, e com este identificado, é por Bion denominada "identificação projetiva realista" (Bion, 1967, pp. 102-106, 114). Assim sendo, o bebê recebe da mãe não apenas conforto material pela fome saciada como também, e principalmente, conforto psíquico e emocional, ao se sentir "amado" e "compreendido" por esta mãe, ou seio, que deu um sentido tolerável à sua angústia. Em outras palavras, a identificação projetiva com que o bebê se "faz" presente "dentro" da mãe é a mais primitiva e fundamental forma de comunicação existente. Estão aí lançadas as bases de uma teoria da comunicação, não uma teoria de descarga. A mãe pode responder ou reagir de várias maneiras: da forma normal, que Bion denominou realista, quando ela reage à necessidade do bebê transformando o pavor em segurança... Desconforto em repouso... Anseio em encontro. Temos aí os primórdios do nomear... O início dos significados... As origens dos símbolos... Essa operação se dá e resulta no que Bion chamou função alfa. Ou seja, ao se identificar com essa mãe, ou seio, continente, o bebê abre um espaço interno (conteúdo) para a estruturação de uma díade em íntima sintonia (relação + conteúdo-continente) pela internalização da função alfa da mãe – aspecto emocional do amor materno. Para que isso se processe satisfatoriamente, é necessário que tanto a capacidade inata do bebê para tolerar frustração, quanto à receptividade materna (capacidade para rêverie) se harmonizem. Assim, quando a mãe, ou melhor, o seio materno não está presente, o "não-seio" ou o "seio-ausente" é imaginativamente criado em sua mente – a dolorosa presença da ausência ou uma ausência dolorosamente presente... Temos aí a matriz inicial de um pensamento e os primórdios do aparelho para pensá-lo. Quando isso não se processa a contento ou realisticamente, uma das primeiras consequências é a formação prematura de uma consciência, que é muito prematura para suportar as exigências que sobre ela pressionam tanto a realidade externa, por meio de seus órgãos sensoriais, quanto as experiências emocionais, que partem do translado das vivências de seu mundo interno. Uma das consequências disso é que o bebê "ataca" o sentido de twoness *(dualidade), ou seja, o sentimento da necessidade e da dependência do outro, e tenta se "fundir" na mãe, em busca do estado primitivo de fusão, de união com ela ou de* oneness *(unidade), como defesa contra a angústia de perceber a separação e seus concomitantes de solidão e isolamento. (Junqueira de Mattos, 1986)*

Portanto, o pensamento está ligado à ausência, à falta, à frustração e à capacidade para tolerá-los. Por outro lado, havendo o momento prévio da concepção, com as experiências sensoriais do contato físico, a falta é sentida também em nível sensorial, ou seja, só podemos sentir falta de *algo* com o que já contatamos antes. Com isso, se pudéssemos imaginar um estado ideal de ausência absoluta de frustrações, o bebê, teoricamente, poderia ficar nesse estado idílico de fusão indefinida, ou melhor, de confusão indefinida entre *self* e objeto e, portanto, não necessitando realizar as possibilidades inerentes para des-pertar pensamentos; como consequência, não necessitaria criar o "aparelho" para poder pensá--los. Mas a fome aí está... E por mais que ele alucine o seio, essa alucinação não é capaz de *realmente* satisfazê-lo... E necessário se faz a experiência emocional e real com o seio em si. Assim, a frustração, a falta e a ausência são elementos indispensáveis à criação do pensamento. Deparamos agora no conceito de experiência emocional.

Conhecimento, realidade e experiência emocional

Algo que me chamou a atenção desde o início de minha análise com Dr. Bion, e que também é assinalado por Grotstein (1981, pp. 25-26), foi que, com frequência, durante minha análise, após certas associações, o psicanalista interrogava: "Por que daquilo naquele dia?", "Por que daquela lembrança naquele justo dia?", "O que despertou tal associação ali, com ele, naquele momento?". Com isso, enfatizava e chamava minha atenção para algum elemento ali da experiência real, emocional, do contato com a sua pessoa, que estivesse estimulando minha percepção ou minha intuição. Assim, há algo dentro que aguarda sua parte fora... Ou uma contraparte fora que des-perta a que está dentro... Ou, ainda, algo em estado

230　DO SOMA AO PSÍQUICO: EM BUSCA DO OBJETO PSICANALÍTICO

pré-conceptivo que aguarda a epifania com a experiência... Algo que está à espera do outro, do objeto...

Todas as vezes que Freud tem necessidade de aprofundar sua teoria dos instintos, invariavelmente, cita passagens do *Banquete*, de Platão, sobre a origem do homem ou o mito da criação dos seres humanos. Em todas essas passagens, é explícito em dizer suas relutâncias em aceitá-lo, por não ver nele uma base científica... Mas, apesar de tudo, e de uma forma recorrente, desde "Three essays on the theory of sexuality" (1905/1953, p. 136) – e, provavelmente, antes disso –, passando por "Beyond the pleasure principle" (1920/1955b), até a publicação de suas últimas obras, "An outline of psycho-analysis" (1940/1964b, p. 149), esse mito esteve presente na obra de Freud... Vou ater-me às citações de Freud sobre o mito, pois elas resumem o essencial do que aqui interessa. Assim diz Freud citando Platão (1962, 189b-192):

> *A natureza humana original não era igual à atual, mas diferente. Em primeiro lugar, os sexos originalmente eram três, não dois como são agora; havia o homem, a mulher e a união dos dois... Tudo nestes homens primevos era duplo: tinham quatro mãos e quatro pés, duas faces, duas partes pudendas, assim por diante. Finalmente, Zeus decidiu dividir esses seres em dois, "como a sorva que é partida ao meio para dela se fazer conserva". Assim que a divisão foi concluída, "as duas metades do homem, cada um desejando a sua outra metade, se aproximaram, atiraram-se nos braços uma da outra, ansiosas por se tornarem una". (Freud, 1920/1955b, pp. 57-58)*

Nesse mesmo texto (1920/1955b, p. 58), em nota de rodapé, Freud trata da origem desse mito platônico, assinalando que ele provavelmente vem dos antigos Upanixades, de cerca de 800 a.C. É provável que dali tal mito chegou a Platão. Por outro lado, Mircea Eliade (1990) aponta uma série de religiões primitivas que possuem um mito muito semelhante a esse, para tratar da origem e da criação dos seres humanos ou da androginia divina. É assim que, assinala Eliade, as divindades da fertilidade cósmica são sempre andróginas, bem como o deus primordial é andrógino na religião australiana e nas religiões mais evoluídas da Índia. Por exemplo, na Índia:

> o par divino mais importante do panteon indiano, Shiva-Kali, é, por vezes, representado sob a forma de um ser único. Aliás, toda a mística erótica indiana tem por objeto específico a perfeição do homem pela sua identificação com um "par divino", quer dizer, por via da androgenia. (Eliade, 1990)

O mesmo acontece com os primitivos povos chineses, semitas, celtas etc. Entre os judeus, na origem da criação, encontramos Adão como ser primordial e Eva, que "não teria sido mais do que a cisão do andrógino primordial em dois seres: macho e fêmea" (Eliade, 1990). Em relação a Adão, Dr. Haroldo Campos, em sua apresentação no II Encontro Bienal Mente-Corpo: Uma Fronteira Móvel (Campos, 1994), fez afirmações sobre a etimologia do nome "Adão" que confirmam sua bissexualidade primordial.

Portanto, a essência da questão repousa na *incompletude fundamental* dos seres humanos, que se traduziria por um anseio, sempre renovado, de algo indefinível que o completaria, que o preencheria. Por exemplo, Jaeger (1989) diz sobre o mito platônico que "o Eros nasce do anseio metafísico do Homem por uma totalidade de Ser, inacessível para sempre à natureza do indivíduo".

E Motta Pessanha (1988) diz que:

> *O amor é, assim, fundamentalmente, não busca do semelhante, mas busca da totalidade partida, da unidade quebrada.... O motivo é que nossa antiga natureza era assim e nós éramos um todo; é, portanto ao desejo e procura do todo que se dá o nome de amor. (pp. 94-95)*

Bem, as ideias de Platão parecem, definitivamente, ter influenciado Bion, não só em seus textos como em muitos de seus seminários clínicos ou supervisões, estas por mim publicadas. Ele recorrentemente fala da necessidade de se encontrar um *mate*, no sentido de outra metade. Veja o que diz neste trecho de uma supervisão publicada na revista *Ide* (Bion, 1987), após ter afirmado que a unidade biológica do ser humano é o casal e de que "é preciso dois para fazer um":

> *Quando uso a expressão "pessoa plenamente preenchida" refiro-me ao fato de que qualquer ser humano, seja homem ou mulher, somente poderá experimentar esta sensação de plenitude, depois que tiver encontrado o seu par [mate]. Somente depois desta experiência é que o ser humano pode, potencialmente, tornar-se pleno. Se estas duas personalidades puderem se juntar de forma semelhante àquela em que seus corpos se juntaram – como o pênis com a vagina, a boca com o seio – se isto puder ocorrer mentalmente, esta pessoa então poderá se tornar uma pessoa plena.[2]*

---

2 Penso que as ideias formuladas encontram-se presentes em muitas obras de arte. Em música, por exemplo, na ópera alegremente triste e dolorosamente bela *Tristão e Isolda*, Wagner coloca seu drama pessoal... Mas, muito, muito antes dele já a lenda medieval de *Tristão e Isolda* descreve o drama, ou seja, o mito nada cria, somente re-cria o que antes latentemente inscrito estava em todos nós...

Para concluir, se Freud já questionava que:

Devemos seguir a sugestão dada pelo poeta-filósofo (Platão) e nos aventurar pela hipótese de que a substância viva, quando surgiu a vida ou foi animada, dividiu-se em pequenas partículas que, desde então, se esforçam por se reunir por meio do instinto sexual? E de que esses instintos, nos quais a afinidade química da matéria inanimada persistiu, gradualmente tiveram êxito, desenvolvendo-se do reino dos protistas,[3] superando as dificuldades colocadas no caminho desse esforço, por um ambiente carregado de estímulos peri-

---

Vamos encontrar outro exemplo neste belíssimo soneto de Silva Ramos (1914, p. 67):

Nós
Eu e tu: a existência repartida
Por duas almas; duas almas numa
Só existência. Tu e eu: a vida
De duas vidas que uma só resuma.

Vida de dois em cada um vivida
Vida de um só vivida em dois; em suma,
A essência unida à essência, sem que alguma
Perca ao ser una, sendo à outra unida.

Duplo egoísmo altruísta, a cujo enleio
No próprio coração cada qual sente
A chama que em si nutre o incêndio alheio,

Ó! mistério do amor onipotente...
Que eternamente eu viva no teu seio
E vivas no meu seio eternamente.

3 Seres unicelulares. Nesse mesmo texto, Freud tece considerações sobre a evolução das espécies desde os protistas, unicelulares, até a formação dos seres multicelulares.

> *gosos – estímulos que compeliram a formar uma ca-*
> *mada cortical protetora – e de que essas partículas de*
> *substância viva fragmentada evoluíram dessa forma,*
> *à condição multicelular e, finalmente, transferiram o*
> instinto para a reunião, *em sua forma mais concen-*
> *trada, para as células germinais? (1920/1955b, p. 58,*
> *grifo meu)*

Se de fato for assim, ou melhor, se de fato houver algo de verdade em todos esses mitos, eu penso que esse *substrato científico* de que necessitamos (e que Freud já achava necessário, nesse texto citado) deve ser pesquisado (com o futuro desenvolvimento da genética e das pesquisas em curso sobre o *genoma*) nos genes, mediados pelo DNA e transmitidos por intermédio das células germinais da reprodução (como queria Freud), contendo, na forma de miríades de pré-concepções, tal herança a ser transmitida!

Assim, a teoria da realidade, como a vejo, poderia ser aproximada e vista em outra configuração, se a confrontarmos metaforicamente com esse mito, a exemplo do que Freud fez com o *Édipo Rei*, de Sófocles, em que a re-leitura do mito iluminou a teoria e, por sua vez, foi por ela iluminado... Isso nos leva a novas roupagens e diferentes configurações, que deságuam no conceito de *experiência emocional*. A esse respeito, Bion diz que:

> *As emoções preenchem uma função semelhante para a*
> *psique àquela representada pelos sentidos em relação*
> *aos objetos no espaço e no tempo. Dessa forma, a con-*
> *tra-parte de uma visão sensorial comum* [common
> sense view]*, no conhecimento privado, é a visão emo-*
> *cional comum* [common emotional view]*; um senti-*
> *mento de verdade é experienciado se a visão de um*

objeto que é odiado puder ser conjugada com a visão do mesmo objeto, quando este é amado e essa conjunção confirma que o objeto experienciado por meio de diferentes emoções é o mesmo objeto. Uma correlação é estabelecida. Uma correlação semelhante é possível quando, para os fenômenos ocorridos no consultório, aproximamos o consciente do inconsciente, dando aos objetos psicanalíticos uma realidade que é absolutamente inconfundível, ainda que a sua própria existência seja questionável. (1967, p. 119)

Como afirmei em trabalho anterior (Junqueira de Mattos, 1989), alguns analistas, por se firmarem na posição de que a realidade psíquica e a realidade real são "subjetivamente reais", não aceitam também a identificação projetiva realista, que pressupõe uma mãe real respondendo ao real apelo de seu bebê e, portanto, a internalização do seio da mãe como um continente (função alfa). Ainda que, com Kant (1989), tenhamos aprendido que a realidade última ou a *coisa em si* é incognoscível como tal, mas pode ser pensada, também aprendemos que devemos examinar os objetos do conhecimento como *coisa em si* e como fenômeno, ou seja, ainda que não possamos abarcar ou conhecer as coisas em toda a sua totalidade, delas podemos conhecer muito, e isso por intermédio de seus atributos ou qualidades (primárias e secundárias) – o que Kant denominou fenômeno (Kant, 1989). Assim, entendo a experiência emocional como um fenômeno. Quando o bebê alucina o seio, essa alucinação é decepcionante aos sentidos (Rycroft, 1956), não satisfaz, ao contrário da experiência real com o seio, que é a eles gratificante. Com isso, o bebê não necessita saber a realidade última do seio, para saber de sua existência real, entrar em contato real com ele, sugá-lo e ser realmente por ele alimentado... Visto dessa forma, quando o bebê sente fome e ela é tolerada, ele está em condições de perceber que o seio que sacia é o mesmo que frustra... Ou seja, é capaz de perceber o mesmo objeto em duas configurações diferentes: o seio que afaga é o mesmo que apedreja... parafraseando Augusto dos Anjos (1914, p. 162).[4] Dessa maneira, há uma experiência emocional e um sentido de verdade é vivenciado.

Meltzer assim define experiência emocional:

> *Uma experiência emocional é o encontro entre a beleza e o mistério do mundo, quando despertam o conflito entre L (Amor), H (Ódio) e K (Conhecimento) e menos (-) L, H e K. Enquanto o sentido imediato é experienciado como emoção, talvez diferente do objeto*

---

4 Como este soneto de Augusto dos Anjos, de certa forma, está dentro do tema da experiência emocional, quando vista nos seus aspectos de amor e ódio, penso que vale a pena transcrevê-lo, pois transmite, de uma maneira extremamente bela, o que aqui tento expressar:

Versos íntimos
Vês?! Ninguém assistiu ao formidável
Enterro de tua última quimera.
Somente a Ingratidão – esta pantera –
Foi tua companheira inseparável!

Acostuma-te à lama que te espera!
O Homem, que, nesta terra miserável,
Mora entre feras, sente inevitável
Necessidade de também ser fera.

Toma um fósforo. Acende teu cigarro!
O beijo, amigo, é a véspera do escarro,
A mão que afaga é a mesma que apedreja.

Se a alguém causa ainda pena a tua chaga,
Apedreja essa mão vil que te afaga,
Escarra nessa boca que te beija!

que causou a sua significação é, em última instância, relacionada com a intimidade das relações humanas. (1986, p. 26)

Meltzer, nesse importante artigo, ainda que embasado nas ideias de Bion, não menciona as pré-concepções.

Aproximando a definição de experiência emocional de Meltzer ao que Bion afirma em *Transformations*:

> *Como eu entendo o termo (Teoria das Formas ou Ideias de Platão), vários fenômenos, como a aparência de beleza de um objeto, são significativos não porque são bonitos ou bons, mas porque servem para "relembrar", ao que sente, de uma beleza ou bondade que um dia fora, mas que não é mais, conhecida. (1965/1977d, p. 138)*

Temos que a importância da beleza está no fato de ela, como forma ou ideia, pré-existir, aguardando o experienciar a experiência para que o portador dela seja re-cordado de uma beleza que antes conhecera... Uma ideia à procura de uma forma... Uma pré-concepção em busca de uma experiência... Assim, a experiência emocional é vivência de um mesmo objeto quando visto e re-visto sob diferentes ângulos, como quando amado e odiado. Assim, a experiência emocional resulta de uma comparação e de uma síntese, de um cotejo e de uma combinação, de diferentes momentos com um mesmo objeto.

Penso ser, neste momento, importante aproximar o conceito de experiência emocional com o conceito de *verdade*, quando a verdade é vista como algo que "designa uma igualdade ou conformidade entre conhecimento intelectual e o ser [*adaequatio intellectus et rei*]" (Brugger, 1977, p. 426). Se entendemos esse "conhecimento intelectual" como inerente ao homem em forma de pré-concepções, podemos entender que a experiência real do belo nunca pode corresponder à ideia de beleza em estado pré-conceptivo... Isso nos remete ao conceito de verdade e mentira para Bion, quando ele afirma que todo pensamento, uma vez formulado, sofre uma deturpação, uma modificação, é mentiroso... Ou seja, toda formulação uma vez formulada é diferente da original... A verdade na forma de pré-concepções não saturadas corresponde ao pensamento antes do pensador; daí que, para Bion, a verdade prescinde do pensador, que só é importante para a mentira... (1970/1977c).

Visto dessa forma, podemos nos aproximar do fato, tão comum nas artes em geral, quando o artista sente que algo está faltando... É conhecida a passagem de Van Gogh que, diante de um pôr do sol, de extasiado e embevecido, irritou-se atirando longe o pincel dizendo que jamais seria capaz de reproduzir todas as nuances, os tons, as luzes das multicoloridas formas que à sua frente se desdobravam... Será que faltava a Van Gogh "saber, engenho e arte", como diria Camões? Ou a questão é: por mais que da beleza se aproximasse, mais e mais re-conhecia a imperfeição e a efemeridade das formas que criara?

Caímos agora na questão apresentada em meu trabalho anterior (1995): de onde vem o conhecimento? Entendo que só podemos conhecer porque trazemos, como herança genética, na forma de pré-concepções, uma matriz que vai permitir em contato com a experiência, uma comparação, um cotejo, um re-conhecimento. Sem algo dessa natureza, como poderia haver o conhecimento? Vou citar o que mencionei em trabalho anterior:

> *Sócrates em* Mênon, *um dos extraordinários Diálogos de Platão, diz, trazendo o problema de onde vem o conhecimento, primeiramente expondo e depois reba-*

tendo, com clareza, a argumentação sofística que Mênon propõe:

"Mênon: Mas de que modo, caro Sócrates, poderás procurar o que não conheces? Como procurar um objeto que nos é completamente desconhecido? E se o encontrares em tua frente, como poderás saber que se trata do objeto desconhecido procurado?

Sócrates: Compreendo, caro Mênon, o que queres dizer. Mas perceberás que estás a suscitar um árduo problema ao apresentares essa doutrina erística, segundo a qual o homem não pode procurar o que sabe nem o que não sabe? O que sabe, é claro, não precisa procurar, porque sabe; e o que não sabe, não pode procurar, porque não sabe o que deve procurar" (Platão, 1962, 80e).

A seguir, Sócrates propõe a teoria das reminiscências, com a qual tenta solucionar o problema de onde vem o conhecimento:

"Sócrates [a Mênon]: Já que a alma é imortal e já que viveu diversas vidas, e já que viu tudo o que se passa aqui e no Hades, não há nada que não tenha aprendido. Também não é absolutamente surpreendente que, sobre a virtude e sobre o resto, ela possa se lembrar do que soube anteriormente. Como tudo se conserva na natureza e como a alma tudo aprendeu, nada impede que, ao se lembrar de uma coisa – o que os homens chamam de aprender –, ela reencontre em si mesma todas as outras, contanto que seja corajosa e não se canse de buscar; porque buscar e aprender não são outra coisa senão relembrar" (Platão, 1962, 81c/d).

> *Eu entendo que, se temos como acredito termos, essa herança genética que é responsável pelas pré-concepções, há todo um impulso para que elas sejam satisfeitas, por meio dos mecanismos de identificação projetiva, em uma analogia com o que Platão expressa no Mênon. É claro que não estou defendendo aqui a crença em teorias sobre re-encarnação, mas penso que, se nos ativermos simplesmente à herança transmitida pelos genes, pelo DNA, teremos uma versão moderna, atualizada e complementar do que já Platão ante-via em Mênon. (Junqueira de Mattos, 1995)*

Voltando ao que disse anteriormente, penso estar agora em condições de aproximar melhor os conceitos de instinto e pré-concepção. Com as pré-concepções, Bion parece entender que o conhecimento é inerente ao homem, havendo a possibilidade de se desenvolverem ideias e conceitos com base em um estado germinal, pré-conceptivo; portanto, a ênfase está nas ideias, ou seja, na busca por realizações, por meio da experiência, de formas e ideias que correspondam a esse estado germinal. Nos instintos, para Freud, a meu ver, a ênfase está sobre o que é corporal, ou seja, a partir do soma, primeiro pela necessidade, estrutura-se o desejo e daí atinge o psíquico; ou então, inversamente, buscam a aquiescência, um retorno ao inorgânico. E mais, para ele todos os instintos (diferentemente de como eu entendo o conceito de pré-concepção) têm uma tendência conservadora... Ora, com Grotstein (1981), entendo o inconsciente, em Bion, como fonte inesgotável de miríades de pré-concepções, a criar um estado de tensão, de embaraço, para se realizarem no instante da epifania com a experiência. Portanto, há sempre uma des-ordem, um caos, uma desintegração em busca de uma nova ordem, de uma nova integração para, logo a seguir, dar origem a uma nova des-ordem que busca, por sua vez, novas e re-novadas integrações... Para Bion, influenciado por Kant, há sempre uma verdade última, à qual nunca chegamos... Portanto, há sempre algo além... E que leva a um sentimento de incompletude... Uma falta, uma ausência a ser preenchida... Metade apartada, nunca esquecida, sempre lembrada... Ou, como diria Camões (1970):

Amor um mal, que mata e não se vê.

Que dias há que n'alma me tem posto.

um não sei quê, que nasce não sei onde,

vem não sei como, e dói não sei porquê.

Finalmente, cito Grotstein (1981) que, na seguinte passagem, sintetiza o que tentei desenvolver:

Outro exemplo disto (a síntese epistemológica de Bion) é sua ênfase em pré-concepções que são inerentes, uma noção que ele, como já aludi anteriormente, tirou das Teorias das Formas de Platão. De outros são suas elaborações sobre "coisa-em-si" e "pensamento vazio", ideias que foram desenvolvidas por Kant, e "conjunção constante" que tomou emprestado de Hume. O emprego que Bion fez de Platão e Kant deu à psicanálise uma dimensão rica e nova, pois que especificam o que Freud pôde somente intuir [hint] quando ele se referiu a "impulsos do Id". Bion mudou a concepção de Freud de uma mente neurofisiológica para uma mente vitalística, com infinita capacidade para imaginação. (pp. 22-23)

Do soma ao psíquico

Bem, depois das considerações que fizemos, apresenta-se o problema a que temos de fazer face: como algo pode evolver do domínio instintivo, biológico, para a esfera psíquica e de sua representação? Em outras palavras, isso poderia ser condensado no famoso aforisma de Freud: *"wo Es war, soll Ich werden"* [onde é Id, Ego seja]. Vou repetir aproximadamente o que já mencionei antes (1995).

Freud (1915/1957b, p. 119) afirma que a palavra "necessidade" é a mais adequada para explicar a manifestação do instinto atuando dentro do organismo. Posteriormente, Beres, em seu magistral trabalho "The unconscious fantasy" (1962), retoma e desenvolve o assunto postulando que "A necessidade é uma manifestação biológica, uma função do Id, ainda não estruturada, e sem um conteúdo psicológico", em contraste com o "desejo que é uma estrutura psicológica organizada, gratificada em fantasia" (Beres, 1962, p. 317), ou seja, a necessidade não é, ainda, um fenômeno mental, ao passo que o desejo é – mesmo quando inconscientemente presente, na forma de uma fantasia inconsciente.

Beres (1962) aponta que o mecanismo da passagem da necessidade para o desejo é uma função do Ego, embora esse mecanismo seja obscuro e desconhecido...

Eu penso que, quando falamos em funções do Ego estruturando desejos, fantasias inconscientes etc. (no domínio do processo primário), bem como seu desenvolvimento posterior, levando à consciência, à palavra verbal (no domínio do processo secundário), estamos lidando com algo já estabelecido, formado, que não explica a sua origem, a sua essência, ou o momento do início da formação do pensamento. No entanto, se postulamos, com Bion, uma função alfa, estruturando os elementos alfa (fenômeno mental, psíquico) e os elementos beta (coisa concreta, não são um fenômeno mental, porque são incapazes de serem simbolizados, representados) teremos o exato ponto de virada entre o normal e o deficiente funcionamento da função alfa ou entre o que é pensamento e o que não é.

Vimos anteriormente, de um ponto de vista emocional, como, pela tolerância às frustrações, o bebê é capaz de desenvolver sua função alfa. Vemos agora a função alfa sob um vértice teórico. Bion, em "Learning from experience" (1962/1977a), escrito depois de seus trabalhos com psicóticos e cujos resultados ele publicou em *Second thoughts* (1967), chega à conclusão (p. 54) de que as teorias do processo primário e secundário, bem como da consciência eram insatisfatórias e insuficientes para ordenar, integrar e compreender os dados da experiência clínica quando se tratava de pacientes psicóticos ou limítrofes. Para tais e tantos, postulou a existência de uma função, a função alfa. Uma única função a exercer o trabalho de duas: a do processo primário e do secundário.

Para Bion, a função alfa integra sensações provindas dos sentidos com as emoções que essas percepções sensoriais evocam, ou seja, integra objetos sensoriais com as emoções por eles estimuladas. Para Bion, a função alfa, de um lado, atua sobre os dados da experiência sensorial, por meio de nossos cinco sentidos, a nos ligar ao mundo externo e, de outro lado, sobre o translado da experiência emocional que nasce da experiência de nosso eu (*self*) ou de nosso mundo interno, em nós mesmos (*ourself*), transforma-os em elementos alfa, que servem de elementos padrões, matriz inicial a fornecer os dados para a estruturação do pensamento, tanto em vigília como dormindo. Sem pretender uma reificação simplista, eu penso que a função alfa seria como o sistema operacional dos computadores, o Windows, por exemplo, que faz a função de ligação entre o computador (*hardware*), o programa utilizado (*software*) e quem digita ou utiliza o sistema. Sem ele, o computador não funciona, não opera. A função alfa seria essa *interface* a operacionalizar a percepção sensorial, a experiência emocional, dando coerência, consistência, representatividade interna e posterior discriminação entre a realidade interna e externa.

Por outro lado, por deficiência da função alfa, os dados da experiência não podem ser "alfabetizados" (Grotstein, 1981); há a prevalência da produção dos elementos beta, dispersão da barreira de contato, com desenvolvimento e irrupção da parte psicótica da personalidade. Portanto, para Bion, não há repressão no domínio da personalidade psicótica.

Penso que a função alfa, por ser básica, é anterior ao processo primário (Wisdom, 1981, p. 619) e anterior, portanto, ao Ego, contribuindo com os elementos alfa dela originários, para sua estruturação.

Aplicação clínica dos conceitos formulados

Se o analista for capaz, durante o processo de análise, de trabalhar a atenção flutuante (como preconiza Freud) ou trabalhar sem memória nem desejo (como preconiza Bion), alcançará um estado de mente semelhante ao que Keats definiu como "capacidade negativa", ou seja, será capaz de tolerar meias verdades, mistérios, dúvidas...[5]

---

5 A passagem completa está na carta que Keats, aos 22 anos, escreveu aos seus irmãos George e Tom: "Muitas coisas se associaram em minha mente; subitamente despertou minha atenção que qualidades são necessárias para formar um Homem de Êxito [*Man of Achivement*], especialmente em Literatura, e que Shakespeare possuía tão imensamente – eu me refiro a uma *Capacidade Negativa*, ou seja, quando um homem é capaz de estar imerso em incertezas, Mistérios, dúvidas, sem uma irritável busca de fatos e razão" (Gittings, 1970, p. 43).

até que o emergir do "fato selecionado"[6] dê coerência ao que antes era disperso. Ou, ainda, até que os elementos dissociados de uma "conjunção constante"[7] (Bion, 1962/1977a) se aproximem, as fantasias subjacentes sejam captadas e transformadas pelo analista em uma interpretação. Para tanto, o analista terá passado de um estado análogo ao evolver da posição esquizoparanoide para a posição depressiva (PS↔D), ou de um estado de aguardar com paciência para um nomear com segurança (Bion, 1970/1977c, p. 124). Tais estados são inseparáveis do sentimento de dúvida, angústia, confusão e até mesmo de se sentir perseguido, até que o *fato selecionado* precipite

---

6 Fato selecionado foi o nome dado por Poincaré a uma formulação matemática, que uma vez di-visada, dava coerência, consistência e integração a uma série de elementos matemáticos não relacionados até então. Bion toma essa conceituação e a aplica ao funcionamento mental em geral. É curioso assinalar que Poincaré percebeu ser a mente humana muito frágil, tão frágil quanto os sentidos que nos guiam e que, entregue a si mesma, ela se perde na complexidade do mundo que a cerca se não vê o conjunto como um todo harmonioso e termina dizendo: "os únicos fatos que merecem nossa atenção são aqueles que introduzem ordem na complexidade e, assim, torna a complexidade acessível a nós" (Poincaré citado por Bion, 1962/1977a).

7 Por "conjunção constante", eu entendo um conjunto de vivências, de experiências emocionais que aparecem sempre em determinada ordem, formando um todo que se repete. Por exemplo, existe um provérbio inglês que diz: "Todo gordo tem um magro dentro de si lutando para escapar"; fazendo uma variação – e pensando especialmente nos grandes obesos e nos pacientes com anorexia nervosa –, posso também dizer que "Todo gordo tem dentro de si um magro esfaimado a quem precisa desesperadamente alimentar", ou, inversamente, "Todo magro tem dentro de si um gordo assustador do qual quer se livrar". Então, a ideia do magro nos remete à do gordo e a do gordo desperta a ideia do magro... Ou seja, o conceito de gordo pode estar, na mente do observador, constantemente conjugado ao de magro. Se nos aparecer o onipotente, arrogante e sabe-tudo, podemos perguntar pelo impotente, frágil, sabe-nada... Isso Bion denomina de *conjunção constante*, termo emprestado de Hume. Assim diz o editor de *Investigação sobre o entendimento humano*: "O fato de um fenômeno ser sempre seguido por outro, no tempo, faz com que os dois sejam relacionados como se houvesse conexão causal entre eles" (Hume, 1973).

246   DO SOMA AO PSÍQUICO: EM BUSCA DO OBJETO PSICANALÍTICO

um sentimento de harmonia até então en-coberto. Portanto, o fato selecionado é a vivência emocional de uma síntese.

No Capítulo 23 de "Learning from experience", Bion afirma que "O fato selecionado é o nome de uma *experiência emocional*, a experiência emocional de um sentimento de descoberta, de coerência; sua significação é, portanto, epistemológica e a relação entre os fatos selecionados não deve, portanto, ser assumida como lógica" (1962/1977a, grifo meu).

Ainda nesse mesmo capítulo, Bion mostra as interligações entre o fato selecionado e o modelo ou modelos por ele precipitados, afirmando que os elementos alfa são utilizados de acordo com a reminiscência das experiências emocionais que remetem às suas origens, por exemplo, na formação de imagens visuais. E, para que a experiência emocional possa ser utilizada na formação de modelos, é necessário que a função alfa tenha feito primeiro o seu trabalho.

Compare o que acabo de dizer com as referências feitas por Freud no obituário de Charcot:

> *Ele [Charcot] não era um homem dado à reflexão, um pensador: ele tinha a natureza do artista – se autodenominava, um "visuel" [em francês no original], um homem que vê. Era ele mesmo, o que dissera a respeito de seu método de trabalho. Habituou-se a olhar de novo, de novo e ainda novamente para as coisas que ele não entendia, para delas aprofundar uma impressão dia após dia, até que subitamente um entendimento novo brotava de dentro dele [dawned on him]. Aos seus olhos mentais o aparente caos apresentado pelo contínuo repetir dos mesmos sintomas, dava lugar à ordem: uma nova ordem nosológica emergia carac-*

terizada pela constante combinação de certos grupos
de sintomas. (Freud, 1893/1962a, p. 12)

Ainda que Freud nessa passagem fale do Charcot clínico, do neurologista, em "On the history of the psycho-analytic movement", ele se refere à imensa capacidade de observação, em termos gerais, de seu mestre Charcot, tendo esta causado tal e tão profunda impressão em Freud que o marcou pelo resto de seus dias. Ali Freud repete palavras muito parecidas: "Olhe para a mesma coisa novamente e novamente até que ela, por si, comece a falar" (Freud, 1914/1957a, p. 22).

Penso ser curioso observar que Bion, em mais de uma passagem (ver especialmente Bion, 1974, pp. 61-76), ao falar sobre a intuição, refere-se como uma "visão interior" e cita frequentemente o "Livro III" do *Paraíso perdido*, em que Milton, totalmente cego, ditava para suas filhas escreverem:

Quanto a Ti, luz Celestial,

brilha internamente, e a mente através de todos
[poderes irradia,

planta ali olhos, para que todo o nevoeiro purgues e
[disperses,

assim possa eu ver e contar coisas invisíveis aos olhos
[mortais.

(Milton, 1894)

Então, temos Freud e Milton a nos falar dos "olhos mentais" e Reik do "terceiro ouvido"...[8] E todos se referindo ao processo

---

8 O "terceiro ouvido" é como Reik (1949) denominou o processo de percepção

intuitivo. Assim, estamos diante da questão da *observação* em psicanálise. Obviamente, o analista observa a realidade sensorial, porém, não é da realidade sensorial que o analista se ocupa, primordialmente. Ele se ocupa primordialmente da realidade psíquica – eventualmente, para chegar a ela, o analista passa pelo sensorial –, porém, a realidade psíquica não pode ser observada diretamente e, portanto, não pode ser observada sensorialmente, ela precisa ser intuída, isto é, observada intuitivamente.

Eu entendo a mente autocontida, fechada em si mesma e em contato com o mundo exterior por meio de nossos cinco sentidos, adicionando a eles a empatia e a intuição, que nos coloca em contato com o nosso mundo interno, com a realidade psíquica. Assim, a mente é perfeitamente compatível com o axioma filosófico: "*Nihil est in intellectu quod non prius fuerit in sensus*" [nada existe no mundo inteligível que não tenha antes passado pelos sentidos].

Isso levou Kohut (1959) e Waelder (1962) a definirem a psicanálise como sendo a ciência que se caracteriza por empregar, como método de investigação, a empatia e a introspecção. Portanto, a

---

interna do analista – ou seu processo intuitivo. Do ponto de vista (novamente, estou usando um modelo sensorial, visual, para descrever uma realidade psíquica) estritamente da intuição, como ficariam a surdez de Beethoven ou a cegueira de Milton e de Tirésias? Teriam sido elas apenas um mal? Dr. Zvi Lothane traz uma nota muito interessante a respeito disso: "Ouvir com o 'Terceiro Ouvido' (*das dritte Ohr*) é uma expressão idiomática comum em alemão, que significa ser dotado de uma sensibilidade fina e discriminativa. Em 'Além do Bem e do Mal', Nietzsche lamenta que os alemães não 'tenham ouvido' para a melodia, o ritmo e cadência de uma bela prosa, seja escrita ou lida, se comparados com os antigos gregos. A afinidade com o ouvir música é chocante. Em todas as linguagens, o ouvido é literalmente o órgão anatômico de ouvir, e figurativamente o instrumento da alma para o discernimento e o entendimento. O 'Terceiro Ouvido' partilha ainda mais desta capacidade espiritual" (Lothane, 1981, p. 502).

psicanálise é uma ciência que tem seus próprios métodos de observação, que são indiretos e subjetivos.

Se compararmos o método intuitivo preconizado por Charcot – que seria análogo, a meu ver, à integração resultante da captação do "fato selecionado" de que nos fala Poincaré – com as pré-concepções primitivas quando do encontro com a experiência inicial, como o encontro no bebê da pré-concepção do seio com o seio em si, veremos que existem duas classes de pré-concepções: (1) aquelas primitivas, geneticamente herdadas; e (2) aquelas de que também nos fala Bion (1963/1977b, p. 25), que servem como elementos insaturados, em estado de expectação, pré-conceptivo, que aguardariam o contato tanto da realidade interna quanto da externa para dar origem a novos conceitos. Ou, dito de outra forma, com base em conceitos já formulados por sua conjunção, por meio de um processo associativo ou intuitivo, com novos conceitos, forma o que Bion chamou de "sistema dedutivo científico". Em termos da Grade (Bion, 1977/1989), o evolver da categoria B até H. Assim, algo análogo, em termos de Freud, ao *pré-consciente* (Money-Kyrle, 1981, p. 550). Dessa forma, teremos que o conhecimento depende também da experiência (pré-concepção mais experiência) ou da intuição que, em estados mais evolvidos, *pode* prescindir da experiência direta com o objeto externo (ver "Comentários sobre o material clínico" adiante).

Finalizando, se a função da psicanálise, como preconiza Freud, é tornar consciente o inconsciente, ou "onde haja Id seja Ego", eu penso ser o fato selecionado, com base na experiência emocional que o caracteriza (Talamo, 1981),[9] o vínculo que integra e aproxima

---

9 A esse respeito, assim se expressa Parthenope Bion Talamo: "Eu penso que é importante assinalar que Bion parece sustentar que esta oscilação *permeada com emoção* [oscilação entre as posições esquizoparanoide e depressiva] existe na base de todo pensamento humano. Eu gostaria de concluir dizendo simplesmente que isso foi, eu penso, uma das primeiras tentativas de Bion de fazer

250 DO SOMA AO PSÍQUICO: EM BUSCA DO OBJETO PSICANALÍTICO

os diferentes objetos ou elementos psicanalíticos. Assim, uma interpretação só é efetiva quando detecta e veicula essa *emoção*, pois é ela quem dá vida e sentido à realidade subjetiva, trazida pelas associações do analisando.

Material clínico

O paciente tinha 40 anos de idade. Quando da ocorrência desta sessão, estava em análise há 45 dias, com cinco sessões por semana. Ele procurou a análise por intensas crises de ansiedade nas quais temia: (a) morrer de um súbito infarto do miocárdio ou (b) "ficar louco", o que era caracterizado como temendo entrar em um estado mental de confusão do qual não sairia mais, metaforicamente descrito como uma espécie de labirinto sem saída...

A seguir, está a transcrição do que pude me recordar, feita assim que o paciente saiu do consultório.

P – Hoje foi um dia difícil, estou acertando alguns detalhes finais da dissolução de minha sociedade, uns restos que o X deixou. Isso tem me aborrecido muito. Eu nunca quis este pessoal na sociedade, mas o X insistiu, porque achava que isso poderia ser proveitoso e trazer aporte de movimento e dinheiro. Eu nunca gostei de nenhum negócio que não fosse transparente, agora estou fazendo o que já deveria ter feito antes. [Silêncio de alguns instantes.] Tive um sonho esta noite. Eu sonhei que entrei numa casa, assim, muito grande em companhia de minha mulher. Nós íamos ter aula de inglês com um professor. Ele era muito bom professor, ensinava muito bem, tinha um conhecimento da língua muito grande, só que era um pulgão enorme... [O paciente dá gostosas gargalhadas.]

---

o objeto psicanalítico, a emoção, surgir realmente viva no presente aqui e agora..." (Talamo, 1981, grifo meu).

O fato de aprender inglês... Isso se prende àquele encontro que teremos nos Estados Unidos, agora no segundo semestre, quando decidiremos uma série de coisas. O encontro será aqui no Brasil, faremos nosso encontro mundial, temos muitos detalhes a serem acertados... O diabo é que eu não domino o inglês falado. Leio e escrevo inglês, como leio e escrevo português, mas para falar é aquela coisa... Minha pronúncia é muito ruim e eu não domino a língua falada, me embaralho todo... Estou me lembrando do tempo que tive sociedade com o X. Foi terrível, ele só queria me explorar... Invejava tudo o que eu fazia... Trabalhar e produzir ele não queria... Não aguentei mais, e desfizemos a sociedade. Depois foi aquilo que já contei... Ele tentando me difamar e atrapalhar todo o projeto e todo o trabalho novo que eu propunha executar...

A – Bem, parece que você tem muitas dúvidas a respeito de sociedades, de parcerias... E olhe que, ultimamente, você arrumou um novo sócio... Fizemos aqui uma parceria... Em que você sente que arrumou um professor para decifrar, traduzir, a nova língua que você não entende... A linguagem de seu inconsciente... Porém, parece estar cheio de dúvidas sobre que tipo de sócio você arrumou aqui na análise... Parece que você me vê como uma pessoa competente profissionalmente, mas desconfia que eu esteja mais interessado em seu dinheiro e, como esse grande pulgão, esteja mais interessado em sugar os seus recursos do que talvez em lhe ensinar, ou traduzir, de forma que você possa entender esse inglês, essa língua estranha, que habita dentro de você...

P – [O paciente ri.] Não é bem isso. Eu confio muito em você. Só ouço as pessoas falarem bem de você... Mas você sabe... É uma situação nova... Eu já li muito sobre psicanálise. Mas é diferente a gente ler e fazer análise... Eu nunca fiz antes... Eu não sei bem como é...

A – E isso o assusta... Como você disse antes: o diabo para você é que não domina essa língua... É algo que você não controla... É algo que está fora de seu *habitat*... E isso lhe dá muita insegurança... E, antes de começar, você queria o controle, dominar a situação... E de onde será que você tirou a ideia de que para iniciar algo devemos controlar e dominá-lo antes? Parece ficar claro que o desconhecido o assusta... Mete medo. Também aqui comigo, com a análise: eu sou o novo sócio e a análise é um mundo novo estranho... Será que para fazer análise você tem de ter o controle não só da linguagem de seu inconsciente como também controlar o doutor pulgão aqui, para que eu não lhe sugue tudo?

P – É que eu tenho medo de sociedade, eu já lhe contei da sociedade com o X, até hoje me dá aborrecimento e muita dor de cabeça... Ele procura, de todas as formas possíveis, boicotar o meu trabalho. Uma parceria é boa quando é de natureza simbiótica, quando é boa e proveitosa para os dois. Como a que tenho com minha mulher atual. Nossa relação só cresce... Nos entendemos muito bem... Eu penso que ela no sonho representa uma sociedade que deu certo. Mas há parceiros que só querem chupinhar, sugar tudo da gente e não dar muito. É como um parasita...

A – Como o professor pulgão de seu sonho...

P – Isso mesmo... Veja minha ex-mulher, procurou tirar tudo o que pôde de mim, até hoje me chantageia... É uma coisa terrível... Não sei ainda o que vou ter de pagar por ter cometido a imaturidade de me casar com ela... Você imagina que ela até dormiu com o X. Fizeram isso para me atacar e me humilhar... Você imagina que ela dormiu com ele e, depois, criou uma situação para que eu ficasse sabendo... Fiquei magoado, mas entendi e me refiz logo.

A – Parece que, quando você fala de casamento, você está falando também do casamento que você tem com você mesmo. Aliás, você terá de conviver com esse sócio, nesse casamento consigo mesmo, quer queira, quer não, por todos os dias de sua vida, enquanto você viver... Esse sócio veio para ficar e você terá de aprender a con-viver (viver com) com ele. Daí a importância da análise, no sentido de você conhecer essa pessoa, que é a pessoa mais importante para você, como você jamais encontrará outra: você mesmo...

P – É isso mesmo. Penso que foi isso que me fez procurar a análise. Há muito eu planejava isso. Mas sempre adiei, agora, com essas crises de angústia e de pânico, com medo de morrer, não deu mais...

A – Então parece que você tem aí dentro de você um sócio, esse pulgão imenso que está exaurindo todas as suas forças e que pode atacá-lo e é capaz, de acordo com o que você teme, de fazê-lo ficar doente e louco. Algo ruim que de repente toma conta de sua mente... Mas que está aí convivendo com você...

P – É, eu não havia pensado nisto antes. [A sessão termina.]

Comentários sobre o material clínico

A primeira questão que me ocorre é: por que teria o paciente sonhado? Bem, se o paciente pudesse verbalizar, conscientizar, não teria necessidade de sonhar... Dessa forma, o sonho representa uma solução de compromisso entre vários conflitos: de um lado, a necessidade de ser ajudado e de entender o que o levava à somatização e, de outro lado, a desconfiança dos outros... Dessa maneira, sou competente e posso ajudá-lo, mas sou visto como muito temido... Desconfia de parcerias... Tem medo de ser invejado... Medo de ser roubado... O resultado é o imenso pulgão... Por outro lado, o pulgão também representa o medo de sua loucura, de conter um objeto que o quer enlouquecer, devorá-lo ou sugar toda a sua energia psíquica... Inclusive, o analisando, quando iniciou a análise, estava com sua capacidade intelectual e de trabalho muito comprometida, quase não podia concentrar-se, pois sua mente tornara-se um continente onde só havia espaço para seus medos e seus temores... O resultado, condensado no pulgão, é uma variada gama de emoções... Originando, ora concepções que podem corresponder à sua verdade, ora o que chamo de *misconcepções* e *misrepresentações*[10], que são mentiras, ou melhor, disfarces a tornar a sua realidade mais tolerável...

E mais, na medida em que sou visto por ele como alguém que pode ajudá-lo e como alguém que pode destruí-lo, o resultado é a percepção de uma experiência emocional: a *ambivalência*, ou seja, a experiência emocional de confiança e des-confiança ou de amor e ódio dirigidas ao mesmo objeto, isto é, o analista. Posteriormente, essa desconfiança pôde ser trabalhada em relação à sua mãe e ao seu pai, dentro de uma triangulação edípica. Porém, imagino eu, provavelmente é vista mais primitivamente ainda, de uma forma pré-edípica em relação ao seio...

Por outro lado, para que ele pudesse comunicar-me seu sonho, primeiramente teve de comunicá-lo a ele mesmo, é aí que entra o

---

10 Empreguei pela primeira vez, em 1989, os termos *misrepresentação* e *misconcepção*, quando sobre esta última fiz a seguinte nota, que vale para ambas: "A palavra '*misconception*', empregada por Money-Kyrle em seu trabalho 'Cognitive development' (1968, 1981), não tem uma correta tradução em português. Todas que encontrei tiravam dela uma força comunicativa imprimida por ele quando, neste trabalho, elabora a Teoria sobre a Misconcepções – de onde eu a tirei. Assim, ainda que soe arrevesada aos sensíveis ouvidos dos puristas da língua, é por necessidade minha de ser preciso e, ao mesmo tempo, fiel ao conceito expresso por Money-Kyrle, que resolvi criar este anglicismo, o qual, como tantos outros – *insight*, *self* etc. –, enriquecem o vocabulário psicanalítico em língua portuguesa. Fica aqui, portanto, minha homenagem a esse original autor que tanto contribuiu para o desenvolvimento da psicanálise" (Junqueira de Mattos, 1994a, p. 1).

trabalho da função alfa e dos elementos alfa por ela originados, criando a possibilidade da comunicação, primeiramente dele para com ele mesmo e posteriormente a verbalização no consultório, ou seja, a comunicação passa da esfera privativa para a esfera pública – ou uma public-ação (Bion, 1967, p. 118). Essa é uma das razões do que eu aponto para ele, da necessidade de se conhecer ou de conhecer esse sócio que ele terá para sempre, que é ele mesmo!

Assim, a experiência emocional desse analisando aparece, entre outros aspectos, por meio do modelo, o pulgão, com toda a riqueza plástica que essa metáfora representa.

Nessa sessão, ele afirma que havia lido sobre psicanálise. Na verdade, já havia me falado do quanto ele se interessava por psicanálise, da grande curiosidade e do antigo desejo de a ela se submeter, pois, entendia ele, ainda que não soubesse como, que achava que poderia ser por ela ajudado. Entendo que inerente a ele havia a *pré-concepção de uma função psicanalítica* que deveria corresponder a uma necessidade sua de se conhecer... A dificuldade de transmitir aqui o que acabo de afirmar é de duas naturezas: (1) no momento em que o paciente afirma que sua necessidade de se conhecer vem de muito longe, é o conceito (F5, Bion, 1977/1989) que ele tem *hoje* de psicanálise, mas quando bebê ele não sabia usar essa palavra psicanálise, dar à sua necessidade esse complicado nome... Mas havia o anseio, que se originou primitivamente da pré-concepção de uma função epistemofílica, de que algo deveria corresponder à necessidade, nascida com ele, de conhecer a si e aos outros... O que Bion chamou de uma função psicanalítica na personalidade (1962/1977a, p. 89). Ou seja, no momento em que o paciente trouxe a necessidade de se conhecer para a sessão já havia evolvido dentro dele (comunicação privativa); dali transformou-se em uma associação, formulada para mim na forma de um *conceito* e não mais de uma *pré-concepção*. (2) Quando o paciente falou

256 DO SOMA AO PSÍQUICO: EM BUSCA DO OBJETO PSICANALÍTICO

que todo o seu interesse por psicanálise datava de primevas eras, falava de algo que estava ali disponível à sua observação e também à minha, *naquele exato momento*. Bem, esse momento já se foi... E, agora, como transmitir aquela experiência?... Todos sabemos e afirmamos que a experiência analítica é *inefável*... (Bion, 1992, p. 353). Assim, como transmitir a experiência emocional de pré-concepções que se realizaram com o outro, com o analista, na relação transferencial?

Finalmente, ao falarmos de objeto psicanalítico, penso estar falando, em sentido amplo, com todo o polimorfismo com que ele se oferece de um vínculo que liga analista-analisando. Esse vínculo é a emoção, a experiência emocional, ou, em última instância, o desejo; mais primitivamente ainda, são as pré-concepções que estruturam tal vínculo. Assim, a experiência emocional precipita a realização que a ela corresponde, e seu valor cognitivo e epistemológico está no fato de o pensamento abstrato ser conceituado a partir do modelo (pulgão) que emerge da experiência emocional e, portanto, é re-presentado.[11] Finalmente: onde era Id, Ego passa a ser.

Referências

Anjos, A. (1914). *Eu e outras poesias*. 22. ed. Rio de Janeiro, RJ: Bedeschi.

Beres, D. (1962). The unconscious fantasy. *Psycho-Anal. Quart., 31*, 309-328.

---

11 Penso ser importante assinalar que a percepção é a visualização do objeto presente, e a imaginação é a representação do objeto ausente. Ou seja, o objeto é re-presentado, está de novo presente ou presentado. A etimologia da palavra é, nesse aspecto, muito esclarecedora, pois representar vem de *re*, de novo, e *presentar* é estar presente.

Bion, W. R. (1967). *Second thoughts*. London: Heinemann.

Bion, W. R. (1974). *Bion's Brazilian lectures 2*. Rio de Janeiro, RJ: Imago.

Bion, W. R. (1977a). Learning from experience. In *Seven servants: four works by Wilfred R. Bion*. New York: Jason Aronson. Publicado originalmente em 1962.

Bion, W. R. (1977b). Elements of psycho-analysis. In *Seven servants: four works by Wilfred R. Bion*. New York: Jason Aronson. Publicado originalmente em 1963.

Bion, W. R. (1977c). Attention and interpretation. In *Seven servants: four works by Wilfred R. Bion*. New York: Jason Aronson. Publicado originalmente em 1970.

Bion, W. R. (1977d). Transformations. In *Seven servants: four works by Wilfred R. Bion*. New York: Jason Aronson. Publicado originalmente em 1965.

Bion, W. R. (1987). Supervisão com Dr. Bion. *Ide*, (14), 2-5.

Bion, W. R. (1989). *Two papers: the grid and caesura*. London: Karnac Books. Publicado originalmente em 1977.

Bion, W. R. (1992). *Cogitations*. London: Karnac Books.

Brugger, W. (1977). *Dicionário de filosofia*. 30. ed. São Paulo, SP: Editora Pedagógica e Universitária.

Camões, L. V. de (1970). *Obras de Luis de Camões*. Porto, Portugal: Artes Gráficas.

Campos, H. (1994, agosto). O homem perante o Gênesis, o Eclesiastes e o Livro de Jó. *Encontro Bienal Mente-Corpo: Uma Fronteira Móvel*, São Paulo, SP, 2.

Eliade, M. (1990). *Tratado de história das religiões*. Lisboa, Portugal: Edições Cosmos.

Freud, S. (1953). Three essays on the theory of sexuality. In *Standard edition* (Vol. VII, pp. 135-243). London: Hogarth Press. Publicado originalmente em 1905.

Freud, S. (1955a). From the history of an infantile neurosis. In *Standard edition* (Vol. XVII, pp. 7-122). London: Hogarth Press. Publicado originalmente em 1918.

Freud, S. (1955b). Beyond the pleasure principle. In *Standard edition* (Vol. XVII, pp. 3-64). London: Hogarth Press. Publicado originalmente em 1920.

Freud, S. (1957a). On the history of the psycho-analytic movement. In *Standard edition* (Vol. XIV, pp. 7-66). London: Hogarth Press. Publicado originalmente em 1914.

Freud, S. (1957b). Repression. In *Standard edition* (Vol. XIV, pp. 146-158). London: Hogarth Press. Publicado originalmente em 1915.

Freud, S. (1957c). The unconscious. In *Standard edition* (Vol. XIV, pp. 166-215). London: Hogarth Press. Publicado originalmente em 1915.

Freud, S. (1957d). A case of paranoia. In *Standard edition* (Vol. XIV, pp. 261-272). London: Hogarth Press. Publicado originalmente em 1915.

Freud, S. (1962a). Charcot. In *Standard edition* (Vol. III, pp. 9-21). London: Hogarth Press. Publicado originalmente em 1893.

Freud, S. (1962b). Fragments of an analysis of a case of hysteria. In *Standard edition* (Vol. III, pp. 7-122). London: Hogarth Press. Publicado originalmente em 1905.

Freud, S. (1963). General theory of neurosis. In *Standard edition* (Vol. XVI, pp. 243-463). London: Hogarth Press. Publicado originalmente em 1917.

Freud, S. (1964a). New introductory lectures on psycho-analysis. In *Standard edition* (Vol. XXII, pp. 5-182). London: Hogarth Press. Publicado originalmente em 1933.

Freud, S. (1964b). An outline of psycho-analysis. In *Standard edition* (Vol. XXIII, pp. 144-207). London: Hogarth Press. Publicado originalmente em 1940.

Freud, S. (1966a). *Standard edition* (Vol. I). London: Hogarth Press.

Freud, S. (1966b). *Standard edition* (Vol. XIV). London: Hogarth Press.

Gittings, R. (1970). *Letters of John Keats.* Oxford: Oxford University Press.

Grotstein, J. (1981). Wilfred R. Bion: the man, the psychoanalyst, the mystic, a perspective on his life and work. In *Do I dare disturb the universe? A memorial to W. R. Bion* (pp. 1-35). Los Angeles: Caesura Press.

Hume, D. (1973). *Investigação sobre o entendimento humano.* São Paulo, SP: Abril Cultural.

Jaeger, W. (1989). *Paidéia: a formação do homem grego.* São Paulo, SP: Martins Fontes.

Junqueira de Mattos, J. A. (1989). Metapsicologia dos processos cognitivos e misconceptivos do analista e analisando. *Congresso Brasileiro de Psicanálise*, Rio de Janeiro.

Junqueira de Mattos, J. A. (1994a). Contratransferência uma re-visão. *Revista Brasileira de Psicanálise*, *28*(2), 229-252.

Junqueira de Mattos, J. A. (1994b, agosto). Do soma para o psíquico: em busca do objeto psicanalítico. *Encontro Bienal Mente-Corpo: Uma Fronteira Móvel*, São Paulo, SP, 2.

Junqueira de Mattos, J. A. (1995). Pré-concepção e transferência. *Revista Brasileira de Psicanálise, 29*(4), 799-824.

Kant, I. (1989). *Crítica da razão pura*. 30. ed. Lisboa, Portugal: Fundação Calouste Gulbenkian.

Kohut, H. (1959). Introspection, empathy, and psychoanalysis. *J. Amer. Psycho-Anal. Assn., 7*, 459-483.

Laplanche, J. (1992). *Novos fundamentos para a psicanálise*. São Paulo, SP: Martins Fontes.

Laplanche, J. & Pontalis, J. B. (1986). *Vocabulário da Psicanálise*. São Paulo, SP: Martins Fontes Editora. Publicado originalmente em 1967.

Lothane, Z. (1981). Listening with the third ear as an instrument in psychoanalysis. *The Psychoanalytic Review, 68*(4), 487-503.

Meltzer, D. (1986). What is an emotional experience? In *Studies in extended metapsychology* (pp. 21-33). Perthshire, Escócia: Clunie Press.

Milton, J. (1894) *Paradise Lost: Illustrated by Gustave Doré*. London: Cassell & Company Limited.

Money-Kyrle, R. E. (1968). Cognitive development. *Int. J. Psychoanalysis, 49*, 691-698.

Money-Kyrle, R. E. (1981). Cognitive development. In J. Grotstein (Ed.), *Do I dare disturb the universe? A memorial to W. R. Bion* (pp. 537-550). Los Angeles: Caesura Press.

Motta Pessanha, J. A. (1988). Platão: As várias faces do amor. In A. Novaes (Org.), *Os Sentidos da Paixão* (pp. 77-103). São Paulo, SP: Companhia das Letras.

Platão. (1962). Mênon e Banquete. In *Diálogos*. Porto Alegre, RS: Globo.

Reik, T. (1949). *The inner experience of a psychoanalyst*. London: George Allen & Unwin.

Rycroft, C. (1956). Symbolism and its relationship to the primary and secondary processes. *Int. J. Psycho-analysis, 37*(2-3), 137--146.

Silva Ramos, J. J. (1914). *Pequena Edição dos Sonetos Brasileiros*. Paris: Editora F. Briguiet & Cia.

Talamo, P. Bion. (1981). PS D. *Rivista di Psicoanalisi, 27*(3-4), 626-628.

Waelder, R. (1962). Psychoanalysis, scientific method, and philosophy. *J. Amer. Psycho-Anal. Assn., 10*(3), 617-637.

Wagner, R. (1859). *Tristão e Isolda*. Ópera em três atos.

Wisdom, J. O. (1981). Metapsychology after forty years. In J. Grotstein (Ed.), *Do I dare disturb the universe? A memorial to W. R. Bion* (pp. 601-624). Los Angeles: Caesura Press.

Adendo

Teoria e Técnica[12]

Adelina Alcorta Garza. *Adendo ao trabalho "Do soma ao psíquico: em busca do objeto psicanalítico".* Monterrey, Mexico: Grafoprint Editores, 1995, xii + 317 pp. Revisão de David Pincus, D.M.H.

Psicanálise na América Latina: teoria e técnica é uma coleção de doze volumes publicada pela Federação Latino-Americana de Psicanálise (FEPAL), com edição de Adelina Alcorta Garza. Além dos capítulos de Garza, contribuições vieram do Brasil, do México, da Colômbia, da Argentina, do Peru, do Uruguai e de outros lugares. O alcance dos temas é diversificado e intrigante. Horacio Etchegoyen, ex-presidente da International Psychoanalytical Association (IPA), afirma no prefácio dessa coleção: "Estou certo de que este livro vai cumprir seu papel de ser uma força integrativa dos dois hemisférios" (p. x). Anteriormente, ele descreve os objetivos do livro com clareza:

> *O objetivo desta publicação é não apenas oferecer a estudiosos um lugar e fundamentos para reflexão, mas também apresentar ao hemisfério norte os pesquisadores da América Latina. Por esse motivo, o livro foi concebido desde o princípio como um texto bilíngue; esta apresentação em inglês e um volume correspondente, também em espanhol, tem o intuito de tornar o pensamento psicanalítico do hemisfério sul conhecido no norte, além de entre nós mesmos. (p. ix)*

---

12 Publicado em *Psicanálise na América Latina: uma revista trimestral de estudos críticos,* 8(3), pp. 376-381, 1997.

Acredito que esses objetivos valem a pena, de fato, e aguardei ansiosamente a oportunidade de ler essas contribuições do sul. Considerar o pensamento e os estilos de outros clínicos cujas tradições psicológicas e culturais podem criar novas perspectivas que iluminem as nossas pode ser algo muito enriquecedor. É de grande valor nos familiarizarmos com o trabalho um do outro, do sul ao norte e do norte ao sul.

Lamentavelmente, fiquei muito desapontado com o resultado. A princípio, culpei-me por não ter sido capaz de ajustar a diferença no estilo de escrita, uma diferença na cadência, por assim dizer, da produção escrita do sul. Mas essa consideração logo cedeu espaço para a conclusão de que apenas alguns capítulos estão bem editados e traduzidos. Alguns exigiam tanto trabalho para serem compreendidos que minha única lembrança é a de me esforçar para lidar com a tradução, não as ideias, privando, assim, os autores do público que eles merecem.

Um dos problemas é a qualidade da edição e da impressão – muitas páginas estão embaçadas, outras estão duplicadas (p. ex.: o intervalo entre as páginas 163 e 177 está reproduzido duas vezes no livro). Mas esses problemas de publicação não são, por si só, graves; os problemas estilísticos e de tradução, sim. O resultado é que mais da metade do livro não alcança seu valoroso objetivo de comunicar.

Há, no entanto, algumas gemas preciosas nesse livro que estão livres das dificuldades de tradução. Augusto Escribens, da Sociedad Peruana de Psicoanálisis (SPP), contribuiu com o capítulo "O paciente que nos habita: alguns efeitos clínicos da representação do analisando na mente do analista". É uma descrição refrescantemente honesta, lúcida e lindamente escrita de como a representação dos mundos de nossos pacientes existem dentro de nós, em uma coexistência sem fronteira com os conteúdos mentais de nossas representações e vidas pessoais.

Um segundo excelente e bem traduzido artigo é fornecido por José Américo Junqueira de Mattos, da Sociedade Brasileira de Psicanálise de São Paulo (SBPSP). "Do soma para o psíquico: em busca do objeto psicanalítico" é um trabalho clínico de grande amplitude filosófica e teórica que tece caminhos de Platão a Kant, de Freud a Bion. Foi particularmente interessante para mim o modo como Junqueira de Mattos diferencia e harmoniza o conceito de instinto de Freud com a noção de pré-concepção de Bion. O instinto freudiano é corpóreo, herdado, conservativo. Somos conduzidos por ele, e ele busca descarga. Para Bion, cada indivíduo nasce com uma pré-disposição ou pré-concepção genética, uma fonte de conhecimento herdada que existe em estado germinal. Esse inconsciente, base pré-programada de todo nosso conhecimento, leva a uma busca, por meio da experiência, a essas verdades pré-conceptivas, originais. O seio não é encontrado. Em vez disso, ele é re-encontrado por meio de experiências que correspondem a verdades pré-conceptivas. "Eu compreendo o inconsciente, em Bion, como Grotstein (1981), como uma fonte quase inesgotável de miríades pré-concepções as quais criam um estado de tensão e expectativa a ser preenchido no nível da epifania com experiência" (p. 295). Essa posição é muito diferente do instinto de Freud, que é cego e conservador. A pré-concepção de Bion inspira-se na filosofia existencialista de Kant; tem um toque lamarckiano; e deriva-se da teoria das formas de Platão. Junqueira de Mattos cita, dos *Diálogos* de Platão, Mênon, como uma articulação dessa visão:

> *Assim, a alma imortal, nascida muitas vezes, tendo contemplado todas as coisas seja neste mundo ou no mundo inferior, tem conhecimento de tudo; e não é de admirar que possa chamar à recordação tudo o que ela*

> *sabe sobre a virtude, e sobre tudo; como toda a nature-*
> *za é semelhante e tendo a alma prévio conhecimento de*
> *tudo, nada impedirá que, descubra, ou como dizem os*
> *homens, aprenda, a partir de uma única recordação,*
> *todo o resto, se um homem for esforçado e não se enfra-*
> *quecer; uma vez que toda investigação e todo aprendi-*
> *zado é, apenas, um re-cordar. (Mênon, 81c/d, p. 294)*

Junqueira de Mattos prossegue trazendo essas ideias para a linguagem contemporânea:

> *Se concedermos essa herança genética, e acredito que*
> *assim o fazemos – como também considero que seja*
> *responsável por nossas pré-concepções –, então, há, de*
> *fato, um impulso, uma "expectativa" de ser satisfeito,*
> *por meio dos mecanismos de identificação projetiva,*
> *em analogia com o que Platão expressa nas palavras*
> *de Mênon. É claro que não estou defendendo teorias*
> *de reencarnação, mas penso que levando em conside-*
> *ração apenas a herança transmitida pelos genes, pelo*
> *DNA, temos uma versão moderna e complementar do*
> *que Platão havia previsto nos Diálogos, particular-*
> *mente em Mênon. (p. 295)*

Essa é apenas uma das várias discussões fascinantes à qual Junqueira de Mattos dedica-se com determinação e vigor em seu interessantíssimo artigo.

7. Pré-concepção e transferência[1]

Δαίμον καὶ Τύχη
[Constituição e acaso determinam o destino do homem]
Provérbio grego citado por Freud, 1912/1957b, p. 99

Introdução

Procuro, neste trabalho, examinar o conceito de transferência à luz das teorias sobre as pré-concepções. Detenho-me na aproximação das ideias de Bion sobre as pré-concepções às ideias de Platão sobre as teorias das formas e ideias e reminiscências. Assinalo as consequências que vejo terem as pré-concepções na relação transferencial, por exemplo, há um aspecto da transferência que não se enquadra, a meu ver, em nenhuma das formas de *repetição*

---

1 Uma versão anterior deste texto foi publicada em Junqueira de Mattos (1995b, 1995c). Algumas palavras aparecem separadas por hífen quando, ortograficamente, não o possuem. A intenção é chamar a atenção do leitor para a sua etimologia. Todas as traduções dos textos originalmente em inglês foram feitas pelo autor.

268 PRÉ-CONCEPÇÃO E TRANSFERÊNCIA

do passado até agora apontadas – fato aparentemente ainda não assinalado.

Chamo a transferência que não envolve a repetição do passado de *transferência pré-conceptiva*, e aquela que pode ser relacionada com a repetição do passado de *transferência misconceptiva*.[2] Trabalho também com um conceito de *inconsciente inato* e *inconsciente dinâmico*. O inconsciente inato, formado das pré-concepções, é herdado, enquanto o inconsciente dinâmico, que é estruturado com base na "repressão primária", é adquirido. Ainda que não entre em detalhes neste texto, vou trabalhar com a ideia de que há uma parte psicótica da personalidade funcionando *pari passu* com uma não psicótica – um importante conceito introduzido por Bion (1957/1967b).

O conceito de transferência

Não me estendo em uma análise minuciosa das ideias de Freud sobre a transferência, presentes em toda a sua obra desde "Studies on hysteria" (1895/1955a) até "An outline of psycho-analysis" (1940/1964b), bem como não me estendo também na

---

2 Empreguei pela primeira vez, em 1989, os termos *misrepresentação* e *misconcepção*, quando sobre esta última fiz a seguinte nota, que vale para ambas: "A palavra *'misconception'*, empregada por Money-Kyrle em seu trabalho 'Cognitive development' (1968, 1981), não tem uma correta tradução em português. Todas que encontrei tiravam dela uma força comunicativa imprimida por ele quando, em seu trabalho, elabora a Teoria sobre a Misconcepcões – de onde eu a tirei. Assim, ainda que ela soe arrevesada aos sensíveis ouvidos dos puristas da língua, é por necessidade minha de ser preciso e, ao mesmo tempo, fiel ao conceito expresso por Money-Kyrle, que resolvi criar este anglicismo, o qual, como tantos outros – *insight, self* etc. –, enriquecem o vocabulário psicanalítico em língua portuguesa. Fica aqui, portanto, minha homenagem a esse original autor que tanto contribuiu para o desenvolvimento da psicanálise" (Junqueira de Mattos, 1995, p. 1).

contribuição de inúmeros autores para o desenvolvimento do tema, pois há inúmeros trabalhos a respeito, como: Fenichel (1946), Glover (1955/1968), Sandler, Holder e Dare (1973), Greenson (1967) e, finalmente, o excelente livro de Etchegoyen (1987), em que o autor estuda exaustivamente o tema da transferência. Neste trabalho, ao contrário, detenho-me no que me parece o novo, ou melhor, o não percebido por ser dolorosamente óbvio.

Em sua essência, o conceito de transferência, como postulado por Freud em "Fragments of an analysis of a case of hysteria", permanece substancialmente válido e inquestionado até hoje:

> *O que são transferências? Elas são novas edições ou fac-símiles de impulsos e fantasias que são despertados e tornados conscientes durante o progresso da análise; mas elas têm esta peculiaridade, que é uma característica particular, elas substituem alguma pessoa primitiva pela pessoa do médico. Colocando em outras palavras: toda uma série de experiências psicológicas são revividas, não como pertencentes ao passado, mas aplicadas ao médico no momento presente. (Freud, 1905/1962, p. 116)*

Os autores são unânimes em ressaltar o seu caráter repetitivo do passado. Etchegoyen (1987, p. 54) afirma: "A transferência é uma peculiar relação de objeto de raiz infantil, de natureza inconsciente (processo primário) e, portanto, irracional, que confunde o passado com o presente, o que dá o seu caráter de resposta inadequada, desajustada, inapropriada". E, mais adiante, o autor cita Greenson (1967, p. 155): "Os dois traços fundamentais de uma reação transferencial indicam que é repetitiva e inapropriada, isto é, irracional".

Ainda que Freud, em 1920, tenha feito uma revisão de suas teorias sobre os instintos ou pulsões, a teoria da transferência continuou substancialmente a mesma desde "Fragments of an analysis of a case of hysteria" (1905/1962) até "An outline of psycho--analysis" (1940/1964b), publicado após sua morte (Etchegoyen, 1987, p. 17).

Melanie Klein e seus colaboradores, Joseph (1985), entre outros, fizeram substanciais acréscimos e modificações no conceito de transferência, quando foram capazes de assinalar que o que é transferido são relações internas de objetos.

Penso que, dentro do universo de tudo o que consegui ler sobre a teoria da transferência, são as contribuições de Lagache (1953) que mais se aproximam das ideias que defendo neste texto. Lagache, em seu importante trabalho, não aceita que a repetição esteja a serviço do instinto de morte, ou seja, que a repetição seja primária. Em brilhante aforismo ele diferencia *a necessidade da repetição da repetição da necessidade*. Se existe a *necessidade da repetição*, ou seja, o desejo em busca de satisfação, é possível que entre em confronto com o ego e mobilize seus mecanismos de defesa. Dessa forma, a *repetição é secundária*. Seria *primária* se houvesse uma *repetição da necessidade*, como com o instinto de morte, ou, por exemplo, com a tensão que está ligada às pré-concepões (Bion, 1963/1977b) que vêm antes da experiência, que são, nesse sentido, primárias.

O conceito de inconsciente para Freud e Bion

Em "Transformations" (1965/1977c, p. 86), Bion nos fala que a consciência da realidade externa é secundária à consciência de uma realidade interna e que essas consciências são semelhantes à relação entre pré-concepção e realização que a ela corresponde ou dela se aproxima. Nessa mesma obra (p. 138), Bion afirma que a noção de objeto interno de Melanie Klein corresponde à ideia de pré-concepção ou de uma antecipação inata e que ambos são reminiscentes da teoria das formas de Platão.

Em "A theory of thinking", Bion define pré-concepção como análoga:

> *em psicanálise, ao conceito de Kant de "pensamentos vazios". Em termos psicanalíticos, poderíamos empregar como modelo a teoria de que o bebê tem uma disposição inata que corresponde à expectativa de um seio. Quando uma pré-concepção é posta em contato com uma realização que dela se aproxima, o produto mental é uma concepção. Colocando de maneira diferente, a pré-concepção (a expectativa inata de um seio, o conhecimento* a priori *de um seio, o "pensamento vazio"), quando o bebê é posto em contato com o seio mesmo, une-se [mates] com percepção [awareness] da "realização", é sincrônica com o desenvolvimento de uma concepção. (1962/1967c, p. 111)*

Bion nos fala da pré-concepção do seio, do *self* (1962/1967c, p. 114), e em "Elements of psycho-analysis" (1963/1977b) refere-se à pré-concepção do complexo de Édipo, ligada à curiosidade de aprender, de conhecer, responsável pela "função psicanalítica da personalidade" (1962/1977a).

A leitura de sua obra e a experiência de análise que tive com Bion, minha própria experiência de vida e da prática da psicanálise por mais de cinquenta anos, fizeram-me crer, como Bion parece acreditar, que a mente é algo maior e mais abrangente que a

272 PRÉ-CONCEPÇÃO E TRANSFERÊNCIA

mente segundo Freud. Um ponto de vista semelhante é expresso por Grotstein (1981, pp. 15, 21-23, 27).

Em "The Ego and the Id" (1923/1961), Freud nos ensina que o inconsciente não coincide inteiramente com o reprimido. De acordo com Freud, "tudo o que é reprimido é inconsciente (Ucs), mas nem tudo o que é inconsciente (Ucs) é reprimido". Penso que esse inconsciente que não é reprimido é o inconsciente herdado ou, usando outros termos, é uma pré-paração para se estruturar o inconsciente. Freud (1915/1957c, pp. 118-119) afirma que a palavra "necessidade" é a mais adequada para exprimir a manifestação do estímulo instintivo atuando dentro do organismo. Assim, o inconsciente inato tem uma origem somática mediada pela herança genética.

Em "The unconscious" (1915/1957e, p. 186), Freud afirma que "o núcleo do inconsciente consiste em representativos dos instintos que buscam descarregar suas catexias". Em "Repression", Freud diz:

> *Temos razão para admitir uma repressão primária, uma primeira fase da repressão, que consiste no fato de ao representante psíquico (representante ideativo) da pulsão ser recusado o acesso ao consciente. Com ela se produz uma fixação; o representante correspondente subsiste a partir daí de forma inalterável e a pulsão permanece ligada a ele. (1915/1957d, p. 148, grifos do autor)*

Essa *fixação* funciona, segundo Freud, como polo de atração para os elementos a serem reprimidos posteriormente. Assim, está criado um primeiro núcleo inconsciente (Laplanche & Pontalis, 1967/1986, pp. 556, 393). O "inconsciente que não é reprimido" corresponde, portanto, a uma herança inata. Por outro lado, o "núcleo do inconsciente", que é produto da "repressão primária", refere-se ao inconsciente dinâmico. O primeiro é inato, enquanto o segundo, formado do processo de "repressão primária", é adquirido.

Como Laplanche e Pontalis afirmam (1967/1986, pp. 557, 393), a repressão não atua sobre o instinto, ele mesmo, porque é orgânico, assim, "é somente o 'representativo ideacional' do instinto . . . que é reprimido".

Em "The interpretation of dreams" (1900/1953, p. 615) Freud afirma que "A consciência é o órgão sensorial para a percepção das qualidades psíquicas". Ele também afirma que o inconsciente é a realidade psíquica verdadeira e que, em sua mais profunda essência, nos é tão completamente desconhecido quanto à realidade do mundo exterior e tão incompletamente apresentado pelos dados da consciência quanto o mundo externo o é pelas transmissões de nossos órgãos dos sentidos!

Dentro da mesma linha de pensamento afirma, em "The unconscious" (1915/1957e, p. 187), que os processos mentais inconscientes *não* podem ser conhecidos diretamente e que eles *só* podem ser conhecidos indiretamente por meio dos sonhos e das neuroses.

No mesmo trabalho (p. 171), Freud já havia insistido no fato de que os processos mentais são em si inconscientes, dizia que devíamos considerar a percepção do inconsciente pela consciência como análoga à percepção da realidade externa pelos órgãos dos sentidos. Assim, a consciência tem como objeto de percepção, no nosso mundo interno, o inconsciente! Nessa mesma página, citando Kant, Freud mantém que nós não devemos desprezar o fato de que nossas percepções são condicionadas subjetivamente e *não* devemos considerá-las como idênticas com o que, embora percebido, é incognoscível. Ele também nos alerta para *não* estabelecermos uma equivalência entre as percepções adquiridas por meio

274 PRÉ-CONCEPÇÃO E TRANSFERÊNCIA

da consciência com *o inconsciente* objeto dessa percepção – ou, podemos dizer, objeto do conhecimento!

Penso que estou em condições de definir como vejo o inconsciente em Bion: é um "inconsciente que não é reprimido" (Freud, 1923/1961, p. 18), composto de pré-concepções inatas. Por outro lado, Bion afirma (1965/1977c, p. 51) que o *splitting* e a identificação projetiva são os pré-cursores da função alfa. As pré-concepções, ao buscarem se realizar por meio dos mecanismos de identificação projetiva e *splitting*, são trabalhadas pela função alfa e se fazem presentes pela experiência emocional. Essa turbulência criadora emerge do interior na forma de "pensamentos sem pensador".

Em sua essência mais profunda, essas pré-concepções são incognoscíveis desde que sejam apenas parcialmente conhecidas pela experiência; elas constituem, portanto, *coisas em si*. Na experiência, elas são fenômenos emocionais e não mais "pensamentos vazios" (Kant),[3] são, portanto, fenômenos ou transformações.

Se considerarmos o inconsciente como quer Freud, "em si mesmo" ou "na sua mais profunda natureza", ou, como quer Bion, no "fato absoluto da sessão" (1965/1977c, p. 17), a "realidade última", o "infinito informe", veremos que, por mais que avancemos em seu conhecimento, sempre haverá algo mais a ser conhecido... É por isso que a "realidade psíquica última" é em si incognoscível, podendo ela ser apenas sida... É como o horizonte à frente de nós... A ele nunca chegamos... Sempre e sempre mais... Mais e mais sempre... Além, muito além, no "infinito informe...". Isso me leva a postular que há um aspecto do inconsciente que é por definição incognoscível, a coisa em si. Kant afirma que, embora a coisa

---

3 Estou usando esse conceito de Kant, "pensamentos vazios," no mesmo sentido que Bion o emprega.

em si não possa ser conhecida, ela pode, entretanto, ser pensada.[4] Podemos, ainda, dizer, assim penso, que as pré-concepções representam o *inconsciente inato* e uma pré-paração para a formação do *inconsciente dinâmico*, o qual se dá a conhecer apenas parcialmente pelas transformações que a função alfa opera. Esse inconsciente dinâmico, que Freud nos mostrou, organiza-se a partir da "repressão primária", está presente por meio dos "fenômenos" ou das "transformações" e também é operado pela função alfa. Assim, temos as pré-concepções representando o inconsciente inato, bem como uma pré-paração para a formação do inconsciente dinâmico, processados pela função alfa. Portanto, um inconsciente inato e um inconsciente dinâmico, ambos operáveis pela função alfa. Assim, é a capacidade para o funcionamento normal ou não da função alfa, para cada indivíduo em particular, que vai determinar sua maior ou menor capacidade de transformação e de acessibilidade do que está ou do que é inconsciente.

Essas geniais passagens de Freud, em que ele vê uma parte do inconsciente como *coisa em si* e objeto do conhecimento pela consciência, não receberam até agora uma atenção especial na literatura psicanalítica.

---

4 Entendo e estou usando o conceito de "coisa em si" no sentido em que Bion emprega esse conceito de Kant por ele definido em "Learnign from experience" (1962/1977a, p. 105, nota n. 22.3.1), em que ele cita o prefácio da segunda edição de *Crítica da razão pura*, em que Kant afirma que a coisa em si não pode ser conhecida, mas pode ser pensada (p. 25). Propõe, por outro lado, às páginas seguintes, que tomemos os objetos, objetos do conhecimento, em dois sentidos como fenômenos e como coisa em si. H. J. Paton, com quem Bion teve conversas muito produtivas (Bion, 1977/1991a, p. 233, 1982, p. 6), afirmou, em *The categorical imperative: a study in Kant's moral philosophy*, que a mente humana é muito frágil e finita para conhecer a realidade última das coisas, ou a *coisa em si*, e afirma que "o mundo que nós conhecemos por intermédio de nossas categorias não é a realidade em si mesma, mas somente a realidade como esta se apresenta para a mente humana" (Paton, 1965, pp. 230-231).

Bion, em "Learning from experience" (1962/1977a, p. 54), escrito depois de seus trabalhos com psicóticos, cujos resultados ele publicou em *Second thoughts* (1967d), chega à conclusão de que as teorias do processo primário e secundário, bem como da consciência, eram insatisfatórias e insuficientes para ordenar, integrar e compreender os dados da experiência clínica quando se tratava de pacientes psicóticos ou limítrofes. Para tais e tantos, postulou a existência de uma função, a função alfa, que seria uma única função a exercer o trabalho de duas: a do processo primário e secundário.

Para Bion, a função alfa integra sensações provindas dos sentidos com as emoções que essas percepções sensoriais evocam ou provocam, ou seja, integra objetos sensoriais às emoções por eles estimuladas. Para Bion, a função alfa, atuando de um lado sobre os dados da experiência sensorial, por meio de nossos cinco sentidos, a nos ligar ao mundo externo, e, de outro lado, sobre o translado da experiência emocional que nasce da experiência de nosso eu (*self*) ou de nosso mundo interno, em nós mesmos (*ourself*), transforma-os em elementos alfa, que se unirão para formar a "barreira de contato" entre inconsciente e consciente. Esses elementos alfa servem de elementos padrões, matriz inicial a fornecer os dados para a estruturação do pensamento, tanto em vigília como dormindo. Por deficiência da função alfa, entretanto, os dados da experiência não podem ser "alfabetizados" (Grotstein, 1981, p. 7), prevalecendo a produção de *elementos beta,* com dispersão da barreira de contato, e o desenvolvimento e erupção da parte psicótica da personalidade. Para Bion, portanto, não existe repressão no domínio da personalidade psicótica. Assim, temos a função alfa estruturando os elementos alfa, que são um fenômeno mental ou psíquico. E os elementos beta, os quais, como coisa concreta, não são um fenômeno mental nem podem ser simbolizados. Este é o limite entre o normal e o defeituoso funcionamento, ou a reversão da função alfa (Bion, 1962/1977a, p. 25), ou entre o que é pensamento e o que não é, ou entre a parte psicótica e não psicótica da personalidade.

Sem pretender uma reificação simplista, penso que a função alfa seria análoga[5] ao funcionamento do sistema operacional dos computadores, como o Windows, que faz a função de ligação entre o computador (*hardware*), o programa utilizado (*software*) e quem digita ou utiliza o sistema. Sem ele, o computador não funciona, não opera. A função alfa seria essa *interface* a operacionalizar a percepção sensorial, a experiência emocional, dando coerência, consistência, representatividade interna e posterior discriminação entre a realidade interna e externa.

Platão e as pré-concepções

O inconsciente parece não ser só o reservatório de instintos em busca de satisfação de impulsos, mas também um reservatório inesgotável de todo conhecimento, de toda a energia, de toda beleza... Sim, ali codificada em miríades (Grotstein, 1981) de impressões, dormente na forma não saturada, as pré-concepções, à espera da epifania com a experiência que, decodificando-as, as torna re-conhecidas por meio de transformações mil... Assim, qual prisma imerso em noite escura, aguardam o re-encontro com a luz para, em iridescências multiformes, nomear o até então inomeado... O encontro poincareniano entre o pensamento e o pensador...

Sinto-me aqui encorajado a fazer essa expansão do conceito do inconsciente não só pelos dados de minha prática clínica, que, em

---

5 Estou usando a palavra "analogia" no sentido que Brugger (1977) a define, ou seja, algo é análogo quando "entre ambos existe, ao mesmo tempo, coincidência e diversidade. Sem coincidência, não há possibilidade alguma de comparação: sem diversidade, a comparação subministra apenas mera repetição do mesmo sem novo esclarecimento".

278 PRÉ-CONCEPÇÃO E TRANSFERÊNCIA

muitos momentos, são compatíveis com a hipótese de postularmos um inconsciente como continente de pré-concepções inumeráveis, mas também porque penso que essa postulação é, do ponto de vista filosófico, genético e psicanalítico, rigorosamente perfeita, consistente e compatível. E mais, a ela sou levado pela experiência de análise que tive com Dr. Bion (Junqueira de Mattos, 2016).[6]

Estou bem consciente dos problemas e das implicações que um material clínico, citado de uma análise pessoal minha, tem em um trabalho de caráter científico, em razão das implicações e dos envolvimentos emocionais. No entanto, decidi-me por incluí-lo. Peço, assim, a benevolência e a compreensão do leitor para esse procedimento.

Na primeira semana de minha análise com Dr. Bion, enquanto dirigia o carro a caminho de seu consultório, ouvia rádio. Era um noticiário sobre a seca na Califórnia, ressaltando a possibilidade de racionamento de água, caso não chovesse. Ao deitar-me no divã, contei a Dr. Bion sobre o noticiário. Aí me lembrei do cajueiro-do-campo. Esse é um arbusto que grassa, contei-lhe, no Cerrado do Brasil. Sua raiz principal tem a peculiaridade de, ao penetrar vários metros de terra, buscar a água nas camadas mais profundas. Dr. Bion observou mais ou menos o seguinte: "Assim como essa árvore sabe, por um hidrotropismo singular, encontrar a água, tão importante para a sua sobrevivência, o senhor também, por uma qualidade que o senhor não sabe explicar, sente que soube me procurar e encontrar".

Certo dia, em minha análise, tecia considerações a respeito da re-leitura de *Macbeth*, de Shakespeare, da qual havia também

---

6 Na introdução de "Learning from experience" (1962/1977a), Bion afirma: "Estou seguro de que os psicanalistas estão certos em pensar que este [análise] é o único método realmente efetivo de transmitir a experiência analítica que nós temos no presente".

comprado um *tape* gravado com excelentes artistas ingleses. Detive-me, particularmente, no sonho de Lady Macbeth em que ela lavava as mãos... E o sangue ficava... Ela cada vez mais aflita... E o sangue... Cada vez mais vivo... Comentei a genialidade de Freud com a sua teoria da interpretação dos sonhos como satisfação de desejos – ainda que em caráter punitivo – e detive-me em considerações entre a loucura de Lady Macbeth e as teorias dele, Bion, sobre as transformações em alucinose (1965/1977c), as quais lera na ocasião, dizendo-lhe que entendia que a psicose dela poderia perfeitamente ser explicada pela sua teoria das transformações em alucinose. Disse-lhe, ainda, achar muito interessante o fato de Shakespeare dizer que ela não precisava de um médico do corpo, mas sim da alma (Shakespeare, 1969).

Dr. Bion não teceu nenhuma consideração de ordem teórica e nenhum comentário acrescentou à minha sugestão de explicar a doença de Lady Macbeth pelas suas teorias sobre a alucinose... Mas fez esta profunda interpretação... Tão simples... Tão ululantemente óbvia: "Parece que o senhor percebe que Shakespeare, já naquela época, sentia a necessidade do psicanalista e ante-via que um dia haveria algo como a psicanálise".

Em *Mênon*, um dos extraordinários diálogos de Platão, Sócrates diz, colocando o problema de onde vem o conhecimento, primeiramente expondo e depois rebatendo, com clareza, a argumentação erística que Mênon propõe:

> *Mênon: Mas de que modo, caro Sócrates, poderás procurar o que não conheces? Como procurar um objeto que nos é completamente desconhecido? E se o encontrares em tua frente, como poderás saber que se trata do objeto desconhecido procurado?*

280 PRÉ-CONCEPÇÃO E TRANSFERÊNCIA

> Sócrates: Compreendo caro Mênon, o que queres dizer. Mas perceberás que estás a suscitar um árduo problema ao apresentares essa doutrina erística, segundo a qual o homem não pode procurar o que sabe nem o que não sabe: o que sabe, é claro, não precisa procurar, porque sabe; e o que não sabe, não pode procurar, porque não sabe o que deve procurar. (Plato, 1952, 80e)

Penso em linha com Chauí quando ela, comentando sobre essa passagem de Platão, afirma: "Se já não tivéssemos estado diante da verdade, não só não poderíamos desejá-la como, chegando diante dela, não saberíamos identificá-la, reconhecê-la" (1994, p. 198).

A seguir, Sócrates propõe a teoria das reminiscências, com a qual tenta solucionar o problema de onde vem o conhecimento.

Analisando essa passagem de *Mênon*, Robin (n.d., p. 20) afirma que todo conhecimento é uma re-cordação e que um problema atual proposto cria no sujeito um estado de "embaraço".

Acréscimo à teoria da transferência: discussão

Diante do que acabo de escrever, sou forçado a concluir que existe um aspecto da relação analista-analisando que não se enquadra no modelo de *repetição* que Freud nos ensinou.

Penso que Lagache está absolutamente certo quando afirma que a *tensão* deixada por uma tarefa inconclusa não é suprimida e que há um impulso de retornar ao inconcluso para concluí-lo... Certo. Mas o problema é: onde situar a tarefa inconclusa? Se entendemos que as pré-concepções com que nascemos criam essa *tensão*, esse *embaraço*, então, sou forçado a concluir que existem duas qualidades de tensão: (1) uma motivada pelas pré-concepções, ou seja, *primária*; e (2) outra que é fruto do fracasso ou de uma interrupção de determinada tarefa após o nascimento, ou seja, *secundária*. Esta pode ser, inclusive, secundária ao fracasso de *tensões* que já visavam a satisfazer ao impulso pré-conceptivo.

Etchegoyen postula (1987, p. 69), citando Freud, que a libido tem duas porções: a consciente, que, buscando a satisfação, está a serviço do Ego, e a inconsciente, que está fixada em objetos arcaicos. São os conflitos infantis não resolvidos que levam à fixação, à repressão e, portanto, à porção inconsciente ou a "introversão da libido". Por outro lado, em situações atuais de privação, a libido que não é satisfeita tende a se fixar em objetos reprimidos, as imagos inconscientes, na tentativa de obter uma satisfação que a realidade atual não permite. Temos aí o "conflito atual". Prossegue Etchegoyen:

> *Em outras palavras, quanto mais se produz esse processo de introversão da libido, mais disponibilidade para a transferência tem o indivíduo; e, ao contrário, quanto maior for a quantidade de libido que não sofre esse processo, maior a possibilidade de adaptação real nas relações eróticas. (1987, p. 69)*

Bion, em "Transformations" (1965/1977c), afirma que Melanie Klein não aceitava a noção de uma pré-concepção do seio ou, poderia acrescentar, de nenhuma outra pré-concepção. Penso que o mesmo está acontecendo agora com seus seguidores. Para ela e seus colaboradores, o caráter de "repetição do passado" (Klein, 1952/1981) das primitivas relações com os pais ou substitutos é modificado, perdendo o caráter de "novas edições ou fac-símiles de impulsos ou fantasias" (p. 138). No entanto, o que *foi* e ainda *é* apontado é que esses *objetos internos* são internamente estruturados por meio dos mecanismos de projeção/introjeção que acontecem

282 PRÉ-CONCEPÇÃO E TRANSFERÊNCIA

depois do nascimento nas relações que o bebê teve com seus pais, ou, dizendo melhor, com o seio. E a transferência para esses autores *era* e ainda *é* a re-vivência (*living out*) dessas relações primitivas de objeto na transferência com o analista. Por exemplo, para Betty Joseph (1985), ainda que ela aponte a importância da "situação total" – incluindo também a experiência emocional que acontece na situação entre o analista e o analisando –, entretanto, nos dois dos três exemplos clínicos que ela dá em seu trabalho, a repetição do passado, mesmo na forma de objeto interno, está presente! Dessa forma, esses dois autores definem o que é transferido como "novas edições e fac-símiles" de relações que tiveram lugar no passado com os pais ou substitutos (Freud) e como fantasias inconscientes internas de relações internas de objeto (Klein, 1952/1981). Ainda que concorde com tudo isso, o que estou trazendo é um acréscimo a essas teorias: o transferido é algo que aconteceu *antes*!

Para elucidar essa questão, Joseph (1985) afirma:

> *Por exemplo: é um paciente capaz de descobrir, na transferência, um objeto com boas qualidades, se ele nunca vivenciou isso em sua primeira infância? Sobre isso tenho dúvidas; eu suspeito que, se o paciente nunca deparou, em sua primeira infância, com um objeto no qual ele pôde depositar, por menos que fosse, algum amor e confiança, ele não vai nunca nos procurar para análise. Ele vai trilhar sozinho um caminho psicótico. (p. 452)*

Penso que, nesse exemplo de Joseph, estamos diante de um problema análogo ao proposto por Mênon a Sócrates. Ou, parafraseando o que Chauí disse, posso dizer: se um paciente como esse não tivesse a pré-concepção de uma função psicanalítica da personalidade (Bion, 1962/1977a, p. 89), ligada ao complexo de Édipo, ele não poderia ter tido a expectativa de um seio, ou de uma mãe, nem poderia mais tarde ter desejado procurar um analista, bem como, na presença do seio, ou da mãe, ou do analista, ele não saberia como identificá-los ou re-conhecê-los! E mais, se trabalharmos com o conceito de que há uma parte psicótica funcionando *pari passu* com uma não psicótica, nós *nunca* teremos uma parte psicótica ou neurótica *pura* (como a afirmação de Joseph sugere, no meu entender), teremos *sempre* uma mistura de ambos!

Fica claro que Etchegoyen, assim como Freud e autores que estudaram e estudam a transferência, só privilegia na transferência o que foi conflitivo, ou seja, só se transfere o que foi problema nas relações com os pais ou substitutos após o nascimento. Assim, mesmo quando há transferência de aspectos positivos, a chamada *transferência positiva*, está a serviço de um conflito reprimido.

No início do Capítulo 8, Etchegoyen deixa claro que, para ele, só há transferência quando há esta *introversão da libido* – conceito introduzido por Jung –, argumentando que, "ainda que Freud não estabeleça essa diferença (entre experiência e transferência), fica implícito que ela é necessária, se quer definir com precisão a transferência" (1987, pp. 57-58).

Parece-me evidente que Etchegoyen e os outros autores, desde Freud, que estudaram a transferência trabalham com um conceito de inconsciente, levando em consideração apenas o *inconsciente dinâmico*, e não – pelo menos em se tratando da transferência – o *inconsciente inato*, que vejo como uma inata pré-paração para a formação do inconsciente dinâmico. É muito conhecido o fato de que o inconsciente dinâmico, com base no processo de repressão, é o que leva à introversão da libido – e acrescentaria, à *transferência misconceptiva, distorcida*. Se essa preparação inata for levada em consideração, pode ser vista como o *inconsciente inato*, como

284 PRÉ-CONCEPÇÃO E TRANSFERÊNCIA

reservatório das pré-concepções e como o que dá origem à *transferência pré-conceptiva*.

Neste ponto, pergunto: como separar *transferência de experiência* como quer Etchegoyen? (1987). Diz ele que é a libido insatisfeita que cria o conflito e pré-dispõe à neurose. Mas, no caso do bebê, a *necessidade* não satisfeita de algo – que ele vai saber quando entrar em contato real com o seio – já existia ao nascer... Então, como separar uma da outra? Metaforicamente falando, são indissolúveis, pois a necessidade ou, se quisermos, a transferência como uma relação, é um conteúdo em busca de uma experiência, continente. Dessa forma, em seu sentido mais profundo, a comunicação na transferência acontece, muitas e muitas vezes, em nível pré-verbal, em que esse interjogo dinâmico, na relação analista-analisando, ocorre por meio da identificação projetiva, seja *realista* ou *excessiva* (Bion, 1959/1967a, pp. 102-107, 1957/1967b, p. 114, 1962/1967c, pp. 90-91). E, se partirmos do pressuposto de que o bebê nasce com a pré-concepção de uma coisa que vai satisfazer suas necessidades de alimento, amor e conhecimento, concluímos que nascemos com uma pré-disposição para as relações de objeto. Pois tais e tantas predisposições só podem ser satisfeitas pelo outro, pelo objeto... Da mesma forma, dependemos do outro também para saber, para conhecer... O bebê *não* tem a noção, o conceito, do seio, mas tem da *necessidade* do seio: ele tem a noção do *não-seio presente* (Bion 1957/1967b, pp. 111-112, 1962/1967c). Assim, se o bebê for capaz de tolerar a ausência da mãe, portanto, de tolerar frustração, o *não-seio* se transforma em uma representação, em um símbolo, em um pensamento. Ou "a presença dolorosa da ausência ou de uma ausência dolorosamente presente" (Junqueira de Mattos, 1989). Dessa maneira, nós dependemos do outro para saber, para conhecer. É impossível separar o que já existia ao nascer, "em potencial", do "ato" que corresponde à experiência.[7] Dessa forma, nós nascemos com uma inata predisposição para estabelecer transferência.[8] A essência da questão, portanto, está na *fundamental incompletude do ser humano*, traduzida por um anseio, sempre renovado, de algo indefinido, para completá-lo, para pré-enchê-lo (Junqueira de Mattos, 1995a). Como ouvi uma vez de Dr. Bion: "O senhor sente-se ao mesmo tempo dependente e inteiramente só" (Junqueira de Mattos, 2016). Ou, como diria Camões:

Amor um mal, que mata e não se vê.

Que dias há que n'alma me tem posto.

um não sei quê, que nasce não sei onde,

vem não sei como, e dói não sei porquê.

(Camões, 1970)

---

7 Existe uma analogia entre o que estou propondo e o conceito de "potência e ato" que Aristóteles apresenta em sua *Metafísica*. Como Ross (1987, p. 184) afirma: "Com efeito, a potencialidade pressupõe sempre, e em todos os casos, a atualidade, possuindo nestas suas raízes. Por exemplo, sou capaz de conhecer aquilo que agora desconheço, e isto precisamente porque já sei qualquer coisa. Todo conhecimento provém de um conhecimento preexistente".

8 Nesse sentido, é claro, para mim, que a palavra "transferência" empregada aqui neste contexto é contestável, pois não se pode transferir ainda o que só existe em potencial, em estado pré-conceptivo. No entanto, como existe, está presente algo que, em contato com a experiência, é sentido como a necessidade do objeto, ou seja, a necessidade só se complementa em uma relação, pelo outro... Assim, penso que a palavra transferência deve ser mantida. Essa dependência do ser humano já foi assinalada antes. Sócrates – como nos legou Platão em seus Diálogos – mostra que, para conhecermos, dependemos do outro. Daí o conceito de mestria socrática, ou seja, o discípulo precisa do mestre e o mestre do discípulo, como muito bem aponta Jean Brun (1994).

O que acabo de dizer traz para o primeiro plano as raízes filosóficas sobre as quais o pensamento de Bion é edificado. Concordo inteiramente com Lansky (1981, p. 437). Em meu trabalho apresentado no Congresso de Psicanálise mencionei que:

> *Uma das maiores vantagens da obra de Bion é que ele, como Kant, a quem ele tanto deve, evita as armadilhas dos extremos filosóficos. No trabalho de Bion sobre o pensamento, a noção da pré-concepção e realização se emparelhando [mating] para formar o conceito, que pode ser nomeado, é crucial na clarificação do problema de origem das ideias. Fantasias, no sentido de conceitos (grifo de Lansky) acerca do mundo – do seio, os conteúdos do interior da mãe, intercurso parental etc. – não são inatos. Entretanto, existe uma preparação filogenética para receber informações, para teorias. Isso Bion chama de pré-concepção. Somente depois que a pré-concepção se torna parcialmente saturada pela experiência, pode ela se tornar um conceito nomeável: pré-concepções, como as categorias de Kant, falam da inata disposição da mente para receber a experiência, presumindo que a predisposição (pré-concepção) não é em si mesma derivada da experiência. Bion, como Kant, evita os perigos ocultos [pitfalls] do extremo racionalista e empirista conferindo certa validade para cada ponto de vista como parte de uma síntese mais perspicaz, que é elaborada em relação à disposição da mente de utilizar os dados sensoriais de uma complexidade cada vez maior, à medida que as ideias abstratas se desenvolvem. (Junqueira de Mattos, 1989, p. 16)*

Por outro lado, com as pré-concepções aguardando sua epifania com a experiência, temos que o aforismo filosófico *"Nihil est in intellectu quod non prius fuerit in sensus"* [nada existe no mundo inteligível que não tenha antes passado pelos sentidos] pode ser re-pensado, pois a predisposição à realidade interna pré-cede, no sujeito, à externa, ou seja, é o nosso mundo interno que busca o sentido do que é observado... E, por sua vez, dá sentido ao que observado é. Algo análogo ao que Bion afirma, em "Attention and interpretation" (1970/1977d), que é o pensamento que precede ao pensador... Entendo que, se tivermos, como acredito termos, essa herança genética a qual é responsável pelas pré-concepções, há todo um impulso, um embaraço para que sejam satisfeitas, por meio dos mecanismos de identificação projetiva, em uma analogia ao que Platão expressa em *Mênon*. É claro que não estou defendendo aqui as teorias sobre reencarnação, mas penso que, se nos ativermos simplesmente à herança genética, teremos uma versão moderna, atualizada e complementar do que Platão já ante-via em muitos dos *Diálogos*, principalmente em *Mênon*. No entanto, não podemos cair no exagero de que nada se ensina ou de que não há um lugar para o professor ou para um analista.[9] Por outro lado, pretender que não se pode sentir falta do que nunca se sentiu ou experienciou não me parece corresponder à verdade. Penso que há uma classe de anseio, de falta ou de busca que não tem nome, algo indefinido... Uma ideia à procura de uma forma... Um conteúdo em busca de um continente... Se entendermos que, com as pré-concepções nascemos pré-parados para receber a experiência, esta vai atuar em cada pessoa de uma forma diferente. Isso é análogo ao que Freud defende com o conceito de séries complementares,

---

9 Não quero dizer que ser analista é ser professor. Ainda que as duas atividades tenham analogias, são muito diferentes, pois cabe ao analista só analisar, ou seja, tornar consciente o inconsciente. Porém, não é o momento de aprofundar no que se assemelham ou diferem.

288   PRÉ-CONCEPÇÃO E TRANSFERÊNCIA

na etiologia das neuroses (1917/1963, pp. 346-347, 362). Nesse sentido, ao cabo de uma análise produtiva, é de se esperar que o analisando fique cada vez mais parecido com ele mesmo, desde que a análise possa retirar toda essa camada de neurose ou psicose a sufocar, opacificar sua personalidade, sua mente... Ou, ainda, usando uma metáfora de Dr. Bion quando, comparando o trabalho do analista ao trabalho do escultor, citou especialmente as estátuas inacabadas (?) de Michelangelo em Florença, *Os Escravos*, em que aparecem incrustados na pedra, como se sempre lá dentro tivessem vivido... Estavam à espera do trabalho do escultor que, manejando com mestria o cinzel, dá vida ao que antes pré-existia...

Material clínico

Paciente com 40 anos de idade, tem uma profissão relacionada à genética. Quando da ocorrência desta sessão, estava em análise há 45 dias, com cinco sessões por semana. Ele procurou a análise por intensas crises de ansiedade nas quais temia (a) morrer de um súbito infarto do miocárdio ou (b) "ficar louco", o que era caracterizado como temendo entrar em um estado mental de confusão do qual não sairia mais, metaforicamente descrito como uma espécie de labirinto sem saída... E no qual estava perdido.

A seguir, transcrevo o que pude me recordar da sessão assim que ela terminou.

P – Ontem, tive um jantar de pescaria... Meus cunhados foram ao Pantanal, pescaram, e ontem preparei os peixes. Não tenho pescado mais, mas cozinho. Preparei os peixes e comemos tomando os meus vinhos. Ficaram muito bons mesmo... [Silêncio de alguns minutos.] Tive um sonho esta noite. Um sonho muito estranho. Sonhei que estava em uma loja muito grande. Trabalhava com uma dessas máquinas muito grandes de lavar, tirar o pó e também limpar o chão, dessas de limpeza industrial... Enquanto limpava o chão, entrou um bando de alienígenas, extraterrenos, que começou a vasculhar, a examinar tudo... Não estava estragando nada, mas fiquei com muito medo de que pudesse tocar e estragar as coisas... Eles examinavam especialmente os aparelhos eletrônicos, computadores... Tinham toda a aparência de humanos, mas eram extraterrenos... [Novamente alguns minutos de silêncio.] É, o jantar estava muito bom, o peixe excelente... Ouvi dizer que você é pescador também, é verdade?

A – Bem, penso que nesse sonho você está falando de uma pescaria diferente... Eu, esse alienígena, esta coisa nova e estranha, estou como que pescando aí dentro de sua mente... Observo tudo... Tudo pesco... Pois tudo vejo... Porém, nessa pescaria psíquica, você espera que eu nada estrague, que examine e diga a você o que você não pode ver por si mesmo... Revele a você o que encontro nesse oceano, nesse Pantanal incomensurável que é seu inconsciente...

P – Interessante, nunca havia pensado na psicanálise como uma pescaria...

A – Então, pesco o peixe nesse oceano sem fim, eterno... E ofereço a você. Você o toma e o prepara. Há dois momentos: o meu de pescar e o seu de preparar o peixe. Ou seja, o que você faz com a análise é responsabilidade sua. Mas parece que ela é vista e sentida por você como um alimento de que sua mente vai se nutrir... [Após o paciente concordar, prossigo.]

Por outro lado, esse inconsciente o assusta. Não é só pescando e lhe mostrando, e você absorvendo e digerindo o que apreende. Mas, na troca, revelo você a você mesmo... E o que você vê dentro de si pode assustá-lo... Você tem medo de que o alimento não seja só peixes saborosos... Pode haver, também, cobras e lagartos...

P – Olhe, Junqueira, estou, até agora, muito satisfeito com a análise e, se algum dia não estiver, vou lhe falar... Acho a análise muito interessante, sempre pensei que os gregos antigos tinham razão... Há de fato essa necessidade de *conhecer a si mesmo*, como já Sócrates afirmava. É como se a gente fosse se conhecendo... Tirando o pó da gente mesmo... Acho que a limpeza no sonho é a análise, a gente vai tirando a poeira, as coisas vão aparecendo... É como a restauração das pinturas antigas, como da Capela Sistina, no Vaticano. Você tem acompanhado pelos jornais que as cores originais aparecem depois da restauração?

A – Então, parece que você já ante-vê que a análise vai te deixar como você foi originalmente... Mas o que será esse "original"?

P – Como fui concebido. A minha genética, o meu DNA! Gosto muito de arqueologia. Como você sabe, há civilizações que foram construídas umas sobre as outras. Você escava uma e já tem outra embaixo, que por sua vez encobre outra etc. Assim, sucessivamente, vamos às origens... Da mesma forma, penso, acontece com a análise... Vai tirando as camadas, aprofundando... Você leu o que aconteceu nas escavações para o metrô de Valência, na Espanha? Tiveram de parar, porque havia mais de uma civilização que foi encontrada nas escavações.

A – Então você vê o analista como um arqueologista, que vai desenterrando em direção às origens, ao DNA?

P – É isso mesmo. Mas não há nada de novo nisso. Você já leu o *Bhagavad Gita*? Na adolescência de Jesus Cristo há um período obscuro. Acredito que ele tenha ido ao Mediterrâneo, ou quem sabe até mesmo às Índias, e tido contato com a filosofia hindu e com o *Bhagavad Gita*. Dessa forma, ele foi capaz de pregar o que pregou e como pregou... O *Bhagavad Gita* diz que é necessário que nós conheçamos a nós mesmos. Diz mais, que a Luz está dentro de nós. Para eles, a Luz é Deus, para mim é o DNA. Deus é o DNA!

A – Você já leu alguma coisa que Freud escreveu?

P – Olhe, Junqueira, sempre tive o maior interesse em ler Freud. Mas por uma razão, que não sei bem por que, nunca li nada, não. Por quê?

A – Penso que ele foi o primeiro que comparou a tarefa do analista ao trabalho do arqueólogo.

P – Olha, há uma afirmação de Freud de que há muito mais vida psíquica no útero do que nós podemos supor.[10] Isso não é dele, não foi Freud que disse isto pela primeira vez, foi T. S. Eliot, um poeta. Li isso há pouco tempo. Não foi o Freud quem falou primeiro, vou trazer para lhe mostrar.[11] [A sessão termina.]

Penso que essa sessão sintetiza tudo o que tentei expressar neste texto, e, embora haja aspectos novos a serem discutidos e questionados, atenho-me aos que considero essenciais para o que quero chamar a atenção. Se tomamos, por exemplo, a afirmação do paciente de que ele concorda com os antigos gregos: *Conhece a ti mesmo!* Mesmo antes de Sócrates, no Templo de Delfos, havia a inscrição: "Conhece-te a ti mesmo". Sócrates se considerava um *parteiro de ideias* (Platão, 149b-150d), ou seja, aquele que cria condições para que as ideias partejem, nasçam, germinem, floresçam. Daí o método dialético socrático, a *maiêutica* (do grego, *maieutiké*: a arte de partejar). Nesse sentido, acho extremamente apropriado

---

10 A afirmação de Freud é: "Existe muito mais continuidade entre a vida intrauterina e a primeira infância que a descontinuidade [*impressive caesura*] do ato do nascimento nos faz supor" (1926/1959, p. 138).

11 No dia seguinte a essa sessão, o analisando trouxe-me o trecho do poeta que ele citou, porém, não foi T. S. Eliot, mas sim Coleridge (1885, citado por Carmichael, 1989). O trecho é: "Sim – a história de um homem durante os nove meses que precedem o nascimento é provavelmente muito mais interessante e contém eventos muito mais importantes que as três vintenas e os dez anos que se seguem!".

292 PRÉ-CONCEPÇÃO E TRANSFERÊNCIA

o termo *embaraço* que, em linguagem popular, define o estado de gravidez. Ora, não se pode dar à luz a algo, a não ser que esse algo já pré-exista.

Se comparamos o método dialético socrático ao método psicanalítico, vemos que há muitas analogias entre ambos, desde que é tarefa do psicanalista assistir a alma, ou psique, em sua tarefa de descobrir a verdade, ou seja, de nascer psiquicamente... E que pode acontecer ao longo de uma análise criativa, germinal (Bion, 1980, p. 97). Compete também ao analista assistir o analisando para que continue seu desenvolvimento depois desse re-nascimento e seja atendido também em muitos e muitos outros renascimentos que o por-vir des-vela diante de todos nós...

Por outro lado, quando perguntei ao paciente se ele já havia lido alguma coisa de Freud, estava bastante consciente de que esse *não* é um procedimento usual em análise. Minha intenção foi de esclarecer-me. Queria saber se essa era uma ideia dele mesmo ou se estava se recordando do que, por exemplo, Freud escrevera em "Constructions in analysis" (1937/1964a, pp. 159-260). Assim, o segundo comentário do paciente, que seguiu à minha questão, estava em linha com o primeiro, ou seja, de que a psicanálise não tem a rigor nada de novo. É apenas uma nova maneira ou um novo método de se dizer coisas ou descobrir coisas que têm uma longa história na humanidade!

Parece claro ao paciente que a tarefa da análise é des-cobrir o que estava en-coberto debaixo de camadas e camadas de pó e de lixo psíquico que sufocava e escurecia sua personalidade. O método psicanalítico é o de levá-lo em direção à origem, à essência.

Em relação ao material trazido de minha análise pessoal, poderia dizer que o modelo que Dr. Bion usou, quando fez a interpretação, foi um modelo que transcende o reino animal e vai para o reino vegetal! Entretanto, a dificuldade de transmitir aqui o que acabo de dizer é de duas naturezas. A primeira se deu quando Dr. Bion usou, naquele momento, a expressão *hidrotropismo singular*, que me levou a procurá-lo, isso já era um conceito (F5, em termos da Grade, Bion, 1977/1989). Esse conceito se originou em uma pré-concepção que havia evolvido dentro de mim. Durante aquela sessão, inconscientemente o relacionei com a seca na Califórnia. Ou seja, no momento em que falei com Dr. Bion e ele fez a interpretação, isso já era um conceito e *não* mais uma pré-concepção. A segunda natureza foi quando Bion falou de *hidrotropismo singular*, falando de alguma coisa que estava à disposição de nossa observação, dele e minha, naquele justo momento. Esse momento já se foi... Como pode agora aquela experiência ser transmitida? Todos nós sabemos, e frequentemente dizemos, que a experiência analítica é inefável, elusiva (Bion, 1992, p. 353). Então, como pode a experiência emocional de pré-concepções, que são virtuais, ser transmitida? Isso me leva ao que Sócrates já mencionava em *Fedro*, ou seja, a superioridade da linguagem oral sobre a linguagem escrita! (Plato, 1952, pp. 275-277).

Finalmente, gostaria de assinalar que existem duas categorias de pré-concepções: (1) as primitivas, inatas, como o encontro no bebê da pré-concepção do seio com o seio mesmo; e (2) aquelas de que também nos fala Bion (1963/1977b, p. 25), que servem como elementos insaturados, em estado de expectação, pré-conceptivo, que aguardariam o contato tanto da realidade interna como da externa para dar origem a novos conceitos. Ou, dito de outra forma, com base em conceitos já formulados por sua conjunção constante, por meio de um processo associativo ou intuitivo, com novos conceitos para formar o que Bion chamou de "sistema dedutivo científico". Em termos da Grade (Bion, 1977/1989), o evolver da categoria B até H.

294 PRÉ-CONCEPÇÃO E TRANSFERÊNCIA

Transferência: uma re-visão

Falo agora sobre o que, em linhas gerais, mencionei em meu trabalho de 1989, do qual este texto é uma extensão. Passo a postular o que Bion deixou implícito em seu trabalho – se é que, ainda uma vez, eu o interpretei e pude senti-lo corretamente: um inconsciente com infinitas pré-concepções...

O que Bion menciona é a pré-concepção do seio, do *self* e do complexo de Édipo, ligado à *função psicanalítica da personalidade*. E só. Nunca mencionou, que eu saiba, as consequências para a transferência de tais e tantas formulações – ainda que trabalhasse com esse conceito, como me parece claro na passagem de minha análise citada. Veja o que Bion diz em *A memoir of the future: the past presented* (1977/1991a), que teve sua primeira edição em 1977, dois anos antes de seu falecimento. Nessa obra, Bion escreve sobre transferência e contratransferência:

> *P. A. O meu problema é a relação que existe quando duas mentes, pessoas, caracteres, se encontram. Freud chamou a atenção para um aspecto dessa relação que ele nomeou transferência. Penso que ele queria dizer que, quando um homem encontra seu analista, transfere para ele características que foram uma vez conscientes – não improvavelmente – e pensadas como relacionadas a algum membro da família parental. Essas características são* inapropriadas *quando sentidas em relação a um estranho – o analista. (Bion, 1977/1991a, p. 250, grifo meu)*

Se for como postulo e penso ser o inconsciente um continente de miríades de pré-concepções, existindo em estado pré-transfomacional até que possam ser des-pertadas pela experiência (Grotstein, 1981, p. 13),[12] então teremos um acréscimo essencial e fundamental ao conceito de transferência... E, que eu saiba, jamais mencionado ou postulado antes.

---

12 Ainda que Money-Kyrle em seus trabalhos cite Platão e sua teoria sobre as formas e as ideias e trate do conhecimento inato (Etchegoyen, 1987, pp. 464-472), existe uma diferença entre o que estou expondo e o que ele postula em seus trabalhos "Cognitive development" (1968, 1981) e "The aim of psycho-analysis" (1971). Por exemplo, em nota de rodapé (1981, p. 539), ele afirma serem irrelevantes, do ponto de vista psicanalítico, se as pré-concepções são produto de variações cerebrais e seleção ou de alguma forma de memória racial. Na página seguinte, Money-Kyrle desenvolve sua teoria de como as pré-concepções se formariam. Para ele, isso aconteceria a partir de uma única pré-concepção do seio, ou antes, do mamilo, e por divisões e sub-divisões, chega-se a um sistema que se completa e cada vez é mais complexa. Afirma Money-Kyrle (p. 540): "Isso difere da preconcepção [ele não põe hífen na palavra como Bion] inata, em que ela resulta do encontro de uma preconcepção inata com uma realização (Bion), ou o que é a mesma coisa do ato primário de se reconhecer um membro de uma classe inata".
Diviso um inconsciente como continente de miríades de pré-concepções – o que é diferente de uma única pré-concepção da qual outras derivariam. A meu ver, não podemos separar o ponto de vista psicanalítico do ponto de vista filosófico e, nesse sentido, suas afirmações seriam irrelevantes apenas do ponto de vista genético e, ainda, a meu ver, conflitam com o ponto de vista filosófico contido no pensamento de Bion, e estão muito mais em linha com as ideias de *tábua rasa* a que Locke superimpôs o axioma filosófico "Nihil est in intellectu quod non prius fuerit in sensu" [nada existe no mundo inteligível que não tenha antes passado pelos sentidos] do que com as ideias de Kant, de quem Bion utilizou o conceito de *pensamento vazio*. Portanto, de meu ponto de vista, diferem das formulações de Bion e, também, filosoficamente parecem-me questionáveis com base na contribuição de Kant à filosofia (Bellak, 1961; Lansky, 1981).
Além do mais, Money-Kyrle, apesar de ter criado e elaborado a teoria das *misconceptions* (1968, 1981), não ante-viu, ao que parece, as consequências que elas teriam para a teoria da transferência-contratransferência nem correlaciona as *misconcepções* com a teoria da função alfa.

296 PRÉ-CONCEPÇÃO E TRANSFERÊNCIA

Por consequência, não mais uma transferência filha só da patologia e da *neurose de transferência* (Freud, 1912/1957b), mas também uma transferência em busca do conhecimento... Em busca da verdade... E, da verdade em si, sedenta... Assim, transferir não só para *não lembrar*, ou de um *reprimido* a serviço da *resistência* (Freud, 1912/1957b), mas sim um transferir para saber... Para conhecer, para nomear...

E mais, não só uma transferência sob o guante do instinto de morte em eterna compulsão à repetição! (Freud, 1920/1955b). Não só isso, mas também e quiçá, principalmente, transferir a serviço do amor... Da vida... Da beleza... Uma transferência para além da neurose...[13]

Se, por outro lado, fiz uma leitura correta de Bion, entendo que são as pré-concepções que criam condições de turbulência ou *embaraço* e que, utilizando-se da identificação projetiva, se fazem presentes como uma *necessidade não satisfeita*. E mais, se trabalhamos com a hipótese de que há dois usos principais da identificação projetiva – (1) a identificação projetiva *realista* (Bion, 1959/1967a, pp. 102-107, 114), que tem a função de comunicação e leva à formação dos elementos alfa; e (2) a identificação projetiva *excessiva* (Bion, 1959/1967a, pp. 102-107, 114), ou de uso onipotente, que tem como função *evacuar* tudo o que possa ligar, lembrar ou se transformar em pensamento e leva à formação dos elementos beta – teremos que a identificação projetiva realista é precursora da *transferência*

---

13 Quero deixar claro que não estou questionando a existência do instinto nem da pulsão de morte. Penso mesmo que essa é uma teoria que tem, em muitas circunstâncias, a sua utilidade para explicar certas situações da vida e, portanto, um lugar na prática analítica. O que estou apontando é que existe, assim entendo, uma classe de *necessidade primária* que não se enquadra no conceito de "repetição", até aqui assinalado pelos autores que estudaram ou estudam a transferência e que não exclui a possibilidade da concomitante existência e da atuação da pulsão de morte e de uma inveja primária.

pré-conceptiva e a identificação projetiva *excessiva* é precursora da *transferência misconceptiva* ou *distorcida*. Com isso, quero agora propor um acréscimo ao conceito de transferência: a *transferência pré-conceptiva* e a *transferência misconceptiva* ou *distorcida*, como fiz em trabalho anterior (Junqueira de Mattos, 1989), as quais visualizo funcionando assim:

- Uma experiência emocional pode despertar uma necessidade ainda não re-conhecida ou satisfeita, a qual o analisando pode verbalizar, nomear ou não; se nomear, não precisa de análise para ela.

- Se não conseguir nomeá-la e, continuando a ser pressionado, *embaraçado* pelo impulso de conhecer e responsável pela *função psicanalítica da personalidade*, pode buscar um analista e, por meio de suas associações livres, procurar o caminho para que o analista o ajude a complementar o que não foi capaz de complementar sozinho. Temos aí a *transferência pré-conceptiva* como impulso realizado ou re-conhecido.

- Uma experiência qualquer no passado foi sentida pelo sujeito como muito dolorosa ou ameaçadora, por isso foi reprimida. Ficaram, dessa forma, criadas as condições para que o conflito fosse reprimido. Podemos dizer que foram criadas as condições apontadas por Lagache (1953) e assinaladas por Etchegoyen (1987) como *introversão da libido*. Supomos que, mais tarde, busque a análise e o conflito seja re-vivido, porém, novamente, pré-sentido como muito ameaçador – no sentido de uma verdade incapaz de ser tolerada. Com isso, aparece na transferência de uma forma distorcida ou *misconceptiva*, em que o analista assume o papel que suas *misconcepções* ou *misrepresentacões* permitem ou satisfazem, seja com o funcionamento prevalente da parte psicótica ou da parte neurótica. O fiel da balança é (Junqueira de Mattos, 1989) a maior ou menor distorção da função alfa (Bion 1962/1977a, p. 25) – levando à transferência psicótica ou à transferência neurótica, que representam nada mais nada menos que uma divisão da transferência distorcida ou *misconceptiva* proposta. Penso ser o nome *misconceptiva* adequado porque dá a exata ideia de sua origem, na distorção da função alfa.

- Vejo duas vicissitudes fundamentais da transferência distorcida ou *misconceptiva*:

1. Prevalência da parte psicótica – O psicótico quer o conhecimento e dele necessita. Na pessoa do analista, busca alguém com quem ele, identificando-se (introjetivamente), cria um continente interno, que transforma os elementos beta *alfabetizando-os*, entre outros, e trabalha a parte psicótica projetada. O analista, ao nomeá-la, a desintoxica, e o sujeito a re-integra como objeto interno seu. Isso é válido mesmo se postularmos uma *inveja primária* e representante do *instinto de morte* ou *pulsão de morte*, como responsável pela *parte psicótica* da personalidade, pois sempre vai haver uma *parte não psicótica* que pode impulsionar o indivíduo a procurar a análise (ver Junqueira de Mattos, 1991, pp. 8-15).

2. Prevalência da parte neurótica (não psicótica) – Temos aí todo um campo em que são válidas as formulações de Freud (transferência, resistência, mecanismo de defesa etc.) e apontadas anteriormente por Etchegoyen (1987). Bem, assim vejo: o sujeito necessita saber, mas teme a *mudança catastrófica* (Bion, 1970/1977d) implícita no conhecer. Seu ego então desenvolve todos os mecanismos de defesa disponíveis para camuflar o material e, dessa forma, ele é apresentado ou transferido para o analista. Cabe ao analista, em última instância, fazer o analisando ciente do medo que está da realidade psíquica e resgatar para ele a parte dissociada dele mesmo... Temos aí uma transferência em que os mecanismos de defesa prevalentes são os neuróticos.

Concluindo, se já em meu trabalho de 1989 escrevia:

> *Se Freud (1910/1957a, p. 145) disse: "nenhum psica-*
> *nalista vai além do que seus próprios complexos e re-*
> *sistências internas permitem", e Kohut parafraseando*
> *Freud afirmou: "os limites da psicanálise são definidos*
> *pelos limites potenciais da introspecção e empatia"*
> *(1959, p. 482), sinto-me compelido a concluir que ne-*
> *nhum analista vai mais além do que sua própria fun-*
> *ção alfa permite; e o limite da analisabilidade, da in-*
> *trospecção, da empatia e da intuição para cada*
> *analista é definido pelo limite do potencial que sua*
> *função alfa possa atingir. (Junqueira de Mattos, 1989)*

Referências

Bellak, L. (1961). Free association: conceptual and clinical aspects. *Int. J. Psycho-Anal.*, 42(1/2), 9-20.

Bion, W. R. (1967a). Attacks on linking. In *Second thoughts* (pp. 93--109). London: Heinemann. Publicado originalmente em 1959.

Bion, W. R. (1967b). Differentiantion of the psychotic from the non-psychotic personalities. In *Second thoughts* (pp. 43-64). London: Heinemann. Publicado originalmente em 1957.

Bion, W. R. (1967c). A theory of thinking. In *Second thoughts* (pp. 110-119). London: Heinemann. Publicado originalmente em 1962.

Bion, W. R. (1967d). *Second thoughts*. London: Heinemann.

Bion, W. R. (1977a). Learning from experience. In *Seven servants: four works by Wilfred R. Bion*. New York: Jason Aronson. Publicado originalmente em 1962.

300 PRÉ-CONCEPÇÃO E TRANSFERÊNCIA

Bion, W. R. (1977b). Elements of psycho-analysis. In *Seven servants: four works by Wilfred R. Bion*. New York: Jason Aronson. Publicado originalmente em 1963.

Bion, W. R. (1977c). Transformations. In *Seven servants: four works by Wilfred R. Bion*. New York: Jason Aronson. Publicado originalmente em 1965.

Bion, W. R. (1977d). Attention and interpretation. In *Seven servants: four works by Wilfred R. Bion*. New York: Jason Aronson. Publicado originalmente em 1970.

Bion, W. R. (1980). *Bion in New York and São Paulo*. Perthshire, Escócia: Clunie Press.

Bion, W. R. (1982). *The long week-end 1897-1919*. London: Karnac Books.

Bion, W. R. (1989). *Two papers: the grid and caesura*. London: Karnac Books. Publicado originalmente em 1977.

Bion, W. R. (1991a). *A memoir of the future: the past presented*. London: Karnac Books. Publicado originalmente em 1977.

Bion, W. R. (1991b). Seminário clínico com Bion (Clinical seminar with Bion). *Ide*, (20), 8-15.

Bion, W. R. (1992). *Cogitations*. London: Karnac Books.

Brugger, W. (1977). *Dicionário de filosofia*. 30. ed. São Paulo, SP: Editora Pedagógica e Universitária.

Brun, J. (1994). *Sócrates, Platão, Aristóteles*. Lisboa, Portugal: Publicações Dom Quixote.

Camões, L. V. de (1970). *Obras de Luís de Camões*. Porto, Portugal: Artes Gráficas.

Carmichael, L. (1989). *Manual de psicologia da criança* (Vol. 3). São Paulo, SP: Edusp.

Chauí, M. (1994). *Introdução à história da filosofia* (Vol. 1). São Paulo, SP: Editora Brasiliense.

Etchegoyen, R. H. (1987). *Fundamentos da técnica psicanalítica*. Porto Alegre, RS: Artes Médicas.

Fenichel, O. (1946). *The psychoanalytic theory of neurosis*. London: Routledge.

Freud, S. (1953). The interpretation of dreams. In *Standard edition* (Vol. V, pp. 339-628). London: Hogarth Press. Publicado originalmente em 1900.

Freud, S. (1955a). Studies on hysteria. In *Standard edition* (Vol. II). London: Hogarth Press. Publicado originalmente em 1895.

Freud, S. (1955b). Beyond the pleasure principle. In *Standard edition* (Vol. XVII, pp. 3-64). London: Hogarth Press. Publicado originalmente em 1920.

Freud, S. (1957a). The future prospects of psycho-analytic therapy. In *Standard edition* (Vol. XI, pp. 139-151). London: Hogarth Press. Publicado originalmente em 1910.

Freud, S. (1957b). The dynamics of transference. In *Standard edition* (Vol. XIV, pp. 97-108). London: Hogarth Press. Publicado originalmente em 1912.

Freud, S. (1957c). Instincts and their vicissitudes. In *Standard edition* (Vol. XIV, pp. 109-140). London: Hogarth Press. Publicado originalmente em 1915.

Freud, S. (1957d). Repression. In *Standard edition* (Vol. XIV, pp. 141-158). London: Hogarth Press. Publicado originalmente em 1915.

Freud, S. (1957e). The unconscious. In *Standard edition* (Vol. XIV, pp. 166-215). London: Hogarth Press. Publicado originalmente em 1915.

302 PRÉ-CONCEPÇÃO E TRANSFERÊNCIA

Freud, S. (1959). Inhibitions, symptoms and anxiety. In *Standard edition* (Vol. XX, pp. 75-176). London: Hogarth Press. Publicado originalmente em 1926.

Freud, S. (1961). The Ego and the Id. In *Standard edition* (Vol. XIX, pp. 3-66). London: Hogarth Press. Publicado originalmente em 1923.

Freud, S. (1962). Fragments of an analysis of a case of hysteria. In *Standard edition* (Vol. III, pp. 7-122). London: Hogarth Press. Publicado originalmente em 1905.

Freud, S. (1963). General theory of neurosis. In *Standard edition* (Vol. XVI, pp. 243-463). London: Hogarth Press. Publicado originalmente em 1917.

Freud, S. (1964a). Constructions in analysis. In *Standard edition* (Vol. XXIII, pp. 257-269). London: Hogarth Press. Publicado originalmente em 1937.

Freud, S. (1964b). An outline of psycho-analysis. In *Standard edition* (Vol. XXIII, pp. 144-207). London: Hogarth Press. Publicado originalmente em 1940.

Glover, E. (1968). *The technique of psycho-analysis*. New York: International Universities Press. Publicado originalmente em 1955.

Greenson, R. (1967). *The technique and practice of psychoanalysis*. New York: International Universities Press.

Grotstein, J. (1981). Wilfred R. Bion: the man, the psychoanalyst, the mystic, a perspective on his life and work. In *Do I dare disturb the universe? A memorial to W. R. Bion* (pp. 1-35). Los Angeles: Caesura Press.

Joseph, B. (1985). Transference: the total situation. *Int. J. Psychoanal.*, 66, 447-454.

Junqueira de Mattos, J. A. (1989). Metapsicologia dos processos cognitivos e misconceptivos do analista e analisando. *Congresso Brasileiro de Psicanálise*, Rio de Janeiro.

Junqueira de Mattos, J. A. (1991). Comentários de "Clinical seminar with Bion". *Ide*, (20), 8-15.

Junqueira de Mattos, J. A. (1995a). From the soma to the psych: in search of the psychoanalytical object. In L. C. U. Junqueira Filho (Org.), *Corpo mente: uma fronteira móvel* (pp. 429-460). São Paulo, SP: Casa do Psicólogo.

Junqueira de Mattos, J. A. (1995b). Pré-concepção e transferência. *Revista Brasileira de Psicanálise, 29*(4), 799-824.

Junqueira de Mattos, J. A. (1995c). Pré-concepção e transferência. *Congresso Internacional de Psicanálise*, São Francisco, CA, 39.

Junqueira de Mattos, J. A. (2016). Impressions of my analysis with Dr. Bion. In H. B. Levine & G. Civitarese (Ed.), *The W.R. Bion Tradition Lines of development: Evolution of Theory and Practice over the Decades* (pp. 5-21). London: Karnac Books.

Kant, I. (1989). *Crítica da razão pura*. 20. ed. Lisboa, Portugal: Fundação Calouste Gulbenkian.

Klein, M. (1981). The origins of transference. In *The writings of Melanie Klein* (Vol. I, pp. 48-56). London: Hogarth Press. Publicado originalmente em 1952.

Kohut, H. (1959). Introspection, empathy, and psychoanalysis. *J. Amer. Psycho-Anal. Assn., 7*, 459-483.

Lagache, D. (1953). Some aspects of transference. *Int. J. Psycho-Anal., 34*(1/10).

Lansky, M. R. (1981). Philosophical issues in Bion's thought. In J. Grotstein (Ed.), *Do I dare disturb the universe? A memorial to W. R. Bion* (pp. 427-439). Los Angeles: Caesura Press.

Laplanche, J. & Pontalis, J. B. (1986). *Vocabulário da psicanálise*. São Paulo, SP: Martins Fontes. Publicado originalmente em 1967.

Money-Kyrle, R. E. (1968). Cognitive development. *Int. J. Psychoanalysis, 49*, 691-698.

Money-Kyrle, R. E. (1981). Cognitive development. In J. Grotstein (Ed.), *Do I dare disturb the universe? A memorial to W. R. Bion* (pp. 537-550). Los Angeles: Caesura Press.

Money-Kyrle, R. E. (1971). The aim of psycho-analysis. *Int. J. Psychoanal., 52*(1), 103-106.

Paton, H. J. (1965). *The categorical imperative: a study in Kant's moral philosophy*. New York: Harper Torchbooks.

Plato (1952). Dialogues. In *Great Books of the Western World* (Vol. 7). London: Encyclopaedia Britannica.

Robin, L. (n.d.). *Platão*. Lisboa, Portugal: Editorial Inquérito Limitada.

Ross, D. (1987). *Aristóteles*. Lisboa, Portugal: Publicações Dom Quixote.

Sandler, J., Holder, A. & Dare, C. (1973). *The patient and the analyst*. New York: International Universities Press.

Shakespeare, W. (1969). *The complete works*. New York: Viking Press.

Adendo

Comentários a "Pré-concepção e transferência", de José Américo Junqueira de Mattos[14]

Joseph Reppen, ph.D.[15]

Eu me sinto contente por ter sido convidado a discutir o trabalho do Dr. Junqueira de Mattos "Pré-concepção e transferência". Ele integra a teoria das formas de Platão, as ideias de Platão do pensamento sem pensador ou pensamento puro, a assunção *a priori* de Kant acerca da coisa em si, a moderna genética e os trabalhos de Wilfred R. Bion e Daniel Lagache.

O trabalho do Dr. Junqueira de Mattos é importante e abre um novo campo ao expandir o nosso entendimento da transferência. Assim, o Dr. Junqueira de Mattos torna a tarefa do comentador difícil: é difícil abster-se de fazer muitas perguntas, mas é também recompensador porque seu trabalho enriquece quem o lê.

Dr. Junqueira de Mattos argumenta que o inconsciente filogenético não tem sido levado suficientemente em consideração por autores desde Freud até Etchegoyen. Juntamente com Melvin Lansky, ele sente que a filosofia tem sido insuficientemente aplicada à psicanálise. No memorial a Dr. Bion, *Do I dare disturb the universe*, editado por Grotstein, Lansky (1981) escreveu:

> *A psicanálise tem a tendência, em grande parte, a adotar a antipatia de Freud para os assuntos filosófi-*

---

14 Apresentado no 39º Congresso Internacional de Psicanálise, em São Francisco, Estados Unidos, 1995. Traduzido do original inglês por José Américo Junqueira de Mattos.

15 Analista didata da American Analytical Association.

306 PRÉ-CONCEPÇÃO E TRANSFERÊNCIA

> *cos... Isso tem sido em detrimento do desenvolvimento de uma base filosófica da psicanálise e do uso de uma filosofia psicanalítica no domínio do pensamento psicanalítico. Tem havido, surpreendentemente, pouca influência sobre a psicanálise de filósofos e muito poucos analistas com formação filosófica. (p. 432)*

Existe uma forma de transferência, que não é repetição do passado, a que o Dr. Junqueira de Mattos chama de transferência pré-conceptiva, formada a partir de reservatórios do pré-consciente. A transferência é conceitualizada como a busca de um novo conhecimento, uma busca que talvez seja semelhante ao que Bollas chamou "impensável conhecido" [*unthought known*]. Talvez esse conceito seja paralelo ao da psicologia geral chamado "massa aperceptiva".

Dr. Junqueira de Mattos questiona em que grau está correto usar o termo transferência para descrever esse fenômeno, desde que não se pode transferir o que ainda não existe. Será que ele define a transferência tão amplamente que ela perde o seu sentido? No entanto, ele afirma que, desde que exista a necessidade pela qual um objeto está sempre presente, essa necessidade somente pode ser satisfeita na relação com o outro, argumentando, portanto, que a noção de transferência deve ser mantida e expandida, pois ela é simplesmente outra forma de relação. Assim, as pré-concepções são uma forma de conhecimento prévio ou pensamentos sem o pensador. Existe uma prontidão para conhecer o seio, ainda mesmo quando o bebê não tem conhecimento do seio, e isso é proposto para explicar a "necessidade" não conflitiva em uma relação. Outra questão se impõe: se existe um elemento da transferência que não é conflitivo, relaciona-se com a noção de Hartmann de uma esfera egórica livre de conflito?

É o sugar intrauterino do polegar uma indicação de que o feto tem algum conhecimento *a priori* do seio? É o sugar intrauterino do polegar um precursor de relações de objeto, ou mesmo, um exemplo precoce de uma pré-concepção e uma realização? Ou será essa questão muito prosaica? No entanto, as experiências intrauterinas, de fato, levantam a questão de quão precoce são as pré-concepções. Bion (1980) observou: "Eu penso que a experiência intrauterina é uma das que nós nos acostumamos a esquecer... Temos um preconceito contra o outro estado de mente... aquele em que nós não estamos agora" (p. 28). Dr. Junqueira de Mattos não discute essa ideia do ponto de vista do desenvolvimento infantil, mas, em vez disso, levanta uma questão metateórica que tem a ver com toda a experiência humana e que pode ser generalizada para o encontro psicanalítico.

Talvez pré-concepção e realização expliquem a noção do "par" (*matching*) a qual muitas vezes ouvimos em discussões informais. Lembro-me agora de muitos pacientes seriamente perturbados que, desde a primeira sessão, estão "conectados" comigo como analista. Poderíamos dizer que eles não sabiam que necessitavam de mim até que me "acharam" (isso não é diferente do exemplo do Dr. Junqueira de Mattos). Eles se ligam ao tratamento, fazem um progresso enorme, particularmente em termo da patologia atual; por outro lado, existem aqueles que são negativos, descontentes, e com muita frequência, deixam o tratamento prematuramente. Eu me lembro agora de uma música popular "muito antes de eu a encontrar, eu sabia que a amaria". Se existe uma transferência pré-conceptiva, não poderíamos falar também de uma contratransferência pré-conceptiva?

O trabalho curto, porém sugestivo, de Bion (1967) sobre memória e desejo parece ligado ao conceito de pré-concepção. Eu não

308 PRÉ-CONCEPÇÃO E TRANSFERÊNCIA

conheço outro trabalho de duas páginas que gerou tal interesse, controvérsia e mal-entendido. Bion escreveu:

> *O único ponto de importância em uma sessão é o desconhecido. Nada deve ser permitido que desvie a nossa intuição disso. Em cada sessão, uma evolução acontece. Essa evolução pode lembrar superficialmente a memória, mas, uma vez experienciada, ela não pode nunca ser confundida com memória. (1967, p. 272)*

É o ouvir sem memória e desejo, o pensador sem pensamento, ou o pensamento sem pensador? O trabalho de Theodor Reik, que escreveu sobre a necessidade de se ouvir de uma forma que torne o analista disponível para ouvir surpresas, vem a minha mente, bem como o trabalho de Emanuel Peterfreund (1976), que escreveu extensivamente sobre a escuta psicanalítica e a forma estereotipada na qual o ouvir acontece, por exemplo, sobrecarregado com memória. Eu penso que o ouvir ateórico de Peterfreund é semelhante ao "ouvir sem memória e desejo" de Bion.

E Bion (1967) achou pistas disso num Freud precoce:

> *Esse procedimento me parece que se aproxima do estado que Freud descreve em carta a Lou Andreas-Salomé, de 25 de maio de 1916: "Eu sei que, ao escrever, tenho de cegar-me artificialmente a fim de focalizar a luz sobre um ponto escuro". (p. 280)*

Dr. Junqueira de Mattos descreve Bion especulando que Shakespeare, em *Macbeth*, antecipou a psicanálise, ou seja, Shakespeare antecipou que algum dia haveria algo como a psicanálise. Eu reli *Macbeth* (Shakespeare, 1969), quando o médico que é chamado para consultar Lady Macbeth, observa: *"infected minds, to their deaf pillows will discharge their secrets"* [em surdos travesseiros as mentes infectadas descarregam os seus segredos], claramente antecipando a noção de continente e do divã psicanalítico. Por outro lado, é um exemplo shakespeariano de identificação projetiva quando o médico afirma: *"My mind she has mated, and amaz'd my sight?"* [Minha mente, defrontou ela e assombrou minha vista].

Há dezoito anos, fui útil ao Dr. Bion, refiro-me ao "longo fim de semana" com Dr. Bion e outros colegas, em 1977. Esse acontecimento foi publicado em *Bion in New York and São Paulo* (1980). Eu primeiro pedi ao Dr. Bion que elaborasse mais sobre o seu trabalho "Notes on memory and desire". Recebi a seguinte resposta: "Assim, nós colocamos essas afirmações [*statements*] e esperamos que cada leitor individualmente seja capaz de torná-las algo de utilidade prática" (p. 47). Eu em seguida pedi: "Pode o senhor dar-me um exemplo, na prática clínica, de como evitar memória no trabalho com o paciente? Existe algum instrumento técnico para isso?". A resposta de Bion para essa questão foi: "Quando eu sinto uma pressão – por exemplo, 'seria melhor eu estar preparado no caso de você fazer alguma pergunta' –, eu diria: 'para o inferno com isso'" (p. 47). Francesca Bion citou essa resposta no prefácio de seu livro. Ela também escreveu: "Temos de admitir que, para os que buscam respostas convencionais (*cut and dried*), o método de Bion é inexplicável, frustrador e irritante" (p. 5). Eu concordo, mas jamais esqueci o que ele disse.

Revendo *Cogitations*, André Green (1992) lembrou que o pensador perturba e desperta sentimentos de medo por causa de suas ideias; isso certamente explica a reação, muitas vezes negativa, a Bion, mas Green conclui que Bion foi um dos poucos gênios depois de Freud.

Deixe-me concluir com um capítulo sobre a obra de Bion, escrito por Grotstein (1985) em *Beyond Freud*, um livro que editei em 1985:

> *Ele sempre avisava que não se deveria tentar entender o que ele disse ou escreveu, mas que deveríamos ser receptivos para as impressões de cada um às respostas para aquilo que ele disse. "Não ouça o que eu digo, mas ouça você mesmo me ouvindo". (p. 312)*

Eu me ouvi ouvindo Dr. Junqueira de Mattos e sei que continuarei a ouvir para o tempo porvir.

Referências

Bion, W. R. (1967). Notes on memory and desire. *The Psychoanalytic Forum, 2*(3), 271-280.

Bion, W. R. (1980). *Bion in New York and São Paulo.* Perthshire, Escócia: Clunie Press.

Green, A. (1992). Review of Cogitations by W. R. Bion. *International Journal of Psycho-Analysis, 73*, 585-589.

Grotstein, J. (1981). *Do I dare disturb the universe? A memorial to W. R. Bion.* Los Angeles: Caesura Press.

Grotstein, J. (1985). Wilfred Bion: an odyssey into the deep and formless infinite. In J. Reppen (Ed.), *Beyond Freud* (pp. 297--313). Hillsdale, NJ: Analytic Press.

Lansky, M. R. (1981). Philosophical issues in Bion's thought. In J. Grotstein (Ed.), *Do I dare disturb the universe? A memorial to W. R. Bion* (pp. 427-439). Los Angeles: Caesura Press.

Peterfreund, E. (1976). How does the analyst listen? On models and strategies in the psychoanalytic process. In D. P. Spence (Ed.), *Psychoanalysis and contemporary science* (Vol. 4, pp. 59--101). New York: International Universities Press.

Shakespeare, W. (1969). *The complete works.* New York: Viking Press.

8. Transferência e contratransferência como fatores da transiência[1]

A ideia de transferência e contratransferência é extremamente produtiva, provocativa e estimulante do crescimento psíquico. Mas, como toda ideia realmente boa, como tudo o que provoca e estimula o crescimento, envelhece rapidamente.

Wilfred R. Bion, *Seminari italiani*, 1983, p. 37 (tradução livre)

Introdução

Neste trabalho, pretendo retomar ideias desenvolvidas anteriormente sobre transferência e contratransferência (Junqueira de Mattos, 1992, 1994, 1995a, 1995b) sob um novo ângulo, isto é, à luz do conceito de *transiência*. Parto do pré-suposto[2] de que

---

1   Uma versão anterior deste texto foi apresentada em Junqueira de Mattos (1997) e publicada em Junqueira de Mattos (2001). Todas as traduções dos textos originalmente em inglês foram feitas pelo autor.

2   Algumas palavras aparecem separadas por hífen quando, gramaticalmente, não possuem. A intenção é chamar a atenção do leitor para a sua etimologia.

314 TRANSFERÊNCIA E CONTRATRANSFERÊNCIA COMO FATORES...

nascemos com um padrão inato para, potencialmente, nos realizarmos ao longo da experiência humana. Esse potencial que constituirá o imaginário humano e não chega nunca a se completar pode se desenvolver em infinitas capacidades para combinações. Nesse contexto, a experiência analítica, ainda que seja talvez a mais importante como fator de mudança e transformação psíquica que o espírito humano foi capaz de conceber, por mais significativa que seja, faz parte de muitas e muitas outras que nos levam um pouco além... Ou, inversamente, podem se transformar, aqui e ali, em bloqueios e aparentes retrocessos a se constituírem em novos estímulos para novas buscas e novas realizações... O que pretendo ressaltar é que toda sessão analítica, toda experiência analítica, como tantas mais, é necessariamente transitória, é a cada instante diferente, não se repetindo jamais! Esse padrão inato referido, que Melanie Klein (1923/1975a, p. 87, 1928/1975b, pp. 188, 190-191, 193; 1930/1975c, pp. 227-228) chamou de instinto epistemofílico e que Bion, no meu entender, expandiu com o conceito de vínculo K,[3] ligado à função psicanalítica da personalidade (Bion, 1962/1977a) objetiva o conhecimento de nós mesmos. Nesse sentido, a transferência e a contratransferência nada mais são que *fatores* – no sentido que Bion (1962/1977a) emprega esse termo – da transiência, como um meio de atingir um fim que é o de nos aproximarmos de uma verdade última, incognoscível por sua natureza.

Faço uma aproximação, em um sentido evolutivo, das ideias de Freud (1912/1958, 1923/1955c) de que o inconsciente do analista pode entender o inconsciente de seu analisando, da atenção flutuante, de um lado, com os conceitos de Bion de *rêverie* (1967a, 1962/1967c, 1962/1977a) das transformações e invariantes (1965/1977d) e sua recomendação de se trabalhar sem memória,

---

3 Inicial de *knowledge*, que, em inglês, significa conhecimento.

desejo ou compreensão (1967d, 1970/1977c), e, de outro lado, com o conceito de terceiro analítico de Ogden (1994, pp. 61-95, 1997).

Material clínico, bem como referências a literatura, música, poesia, filosofia são trazidos para ilustrar o conceito de transiência.

Experiência e transiência

Em "Elements of psycho-analysis" (1963/1977b, p. 23), Bion define pré-concepção como correspondente a um estado de expectativa, um estado de mente adaptado a receber uma gama restrita de fenômenos. No mesmo livro (p. 25), ele afirma que todos os elementos da Grade, de B até H, inclusive, contêm elementos não saturados que podem ser empregados como novas pré-concepções (pp. 69-70). Entendo que Bion parta da ideia de que todo conceito não saturado pode funcionar como uma pré-concepção que, em contato com outros conceitos insaturados, se transforma em novos conceitos, em que o significado do todo pode ser dito como sendo maior do que o significado da soma de suas partes (p. 24). Dessa forma, podemos supor que um analisando possa produzir uma gama de associações que contenha conceitos A, que vão estimular, em determinado analista, associações ou conceitos B, que podem levar a transformações ou formulações C, que, por sua vez, podem ser, eventualmente, absolutamente novas tanto para o analisando como para o analista.

Estou trabalhando com o pressuposto de que existem duas categorias de pré-concepções: (1) as pré-concepções primitivas, inatas, como o encontro no bebê da pré-concepção do seio com o seio (Bion, 1962/1967c, p. 111); e (2) aquelas de que também nos fala Bion (1963/1977b, p. 25), que servem de elementos insaturados, em estado de expectação, pré-conceptivo, que aguardariam o contato tanto da realidade interna como da externa para dar origem a novos conceitos. Ou dito de outra forma, a partir de conceitos já formulados por sua conjunção, por meio de um processo associativo ou intuitivo, com novos conceitos e resultando no que Bion chamou de *sistema dedutivo científico*. Em termos da Grade (Bion, 1977/1989), o evolver da categoria B até H. Ou mesmo para categorias além de H, ainda não atingidas pelo espírito humano... Com isso, toda formulação criativa deve conter elementos não saturados, em aberto, para permitir que os conceitos se expandam, se renovem, se ampliem... Em direção a uma verdade sempre renovada, novamente acalentada, porém nunca atingida, apontando a nossa mente na direção de um *infinito informe*, de que nos fala Milton (1894), em *Paraíso perdido*... Ou, usando ainda de outra metáfora sua, dessa vez citada por Cassirer (1972):

> *a dark illimitable ocean,*
>
> *without bound, without dimension,*
>
> *where length, breadth and height,*
>
> *and time and place are lost.*[4]

Assim, o ser humano, viandante no tempo e no espaço, ou, como prefere Castro Alves, "eterno viajor de eterna senda", busca na experiência a realização de todo um potencial, não só o geneticamente herdado, mas também, a partir dele, por meio de incontáveis combinações, desenvolver estados de mente ou fronteiras nunca antes palmilhadas... Rumo, em sua dimensão interna,

---

4   À qual eu daria a seguinte tradução: "negro e ilimitado oceano, / sem fronteiras, sem dimensões, onde a amplitude, / a profundeza, a extensão, / e o tempo e o espaço se perdem".

ao ideal socrático do "conhece-te a ti mesmo".[5] Obviamente, por mais análise, ou por mais experiência de vida que tenha, é um ideal inatingível... Dessa forma, toda experiência humana é transitória... Todas as nossas ideias são ideias em trânsito, rumo a algo mais... Assim também a transferência é sentimento e ideia em trânsito, transiente sentir, transientes ideias... Que ora colocamos na pessoa do analista, ora em outras... Mas que ali não ficarão para sempre, é uma travessia... É um momento da caminhada na direção ao mais além... O exemplo mais belo e significativo que temos é o da *Odisseia* (Homer, 1978) – essa extraordinária metáfora da busca do conhecimento e da busca de si mesmo – em que Ulisses, depois de vinte anos, re-torna a Ítaca... Mas para uma Ítaca que já não é mais a mesma... Para uma esposa que já não é mais a mesma... Para ele próprio que já não é mais o mesmo... No primeiro momento, não se re-conhece e não é por ela re-conhecido...

Então, pode, de fato, haver retorno? Penso que a sabedoria está com Heráclito, quando nos legou: "Não podemos entrar duas vezes no mesmo rio porque suas águas não são as mesmas e nós não somos os mesmos" (Brun, 1991). Essa frase, no entender de Marilena Chauí, "expressa a idéia central de Heráclito: o mundo é um fluxo ou mudança permanente de todas as coisas. Um devir eterno" (Chauí, 1994, p. 67). Como a Terra que habitamos, esta pequenina nave espacial, em constante mudança, em sua trajetória pelos espaços siderais infinitos, jamais voltando a um ponto outrora palmilhado...

Se, por outro lado, como nos ensina Shakespeare (1969), a vida é tão efêmera como chama de bruxuleante vela:

---

5 Platão (Plato, 1952) nos traz Sócrates em seu diálogo com Fedro dizendo: "Eu primeiro preciso conhecer a mim mesmo, como a inscrição Délfica recomenda; ficar curioso com aquilo que não me diz respeito, quando ainda estou ignorante a respeito de meu próprio eu [*my own self*], é ridículo".

To-morrow, and to-morrow, and to-morrow,

Creeps in this petty pace from day to day

To the last syllable of recorded time

And all our yesterdays have lighted fools

The way to dusty death. Out, out, brief candle!

Life's but a walking shadow, a poor player

That struts and frets his hour upon the stage

And then is heard no more.[6]

(Shakespeare, 1969)

Para podermos trabalhar, produzir e sermos relativamente felizes, temos de aceitar e lidar com a efemeridade e com a transitoriedade de tudo o que tocamos, de tudo o que sentimos e de tudo o que amamos – inclusive re-conciliarmo-nos com a ideia de nossa própria morte... Freud, em seu curto, belo e significativo trabalho "On transience" (1916/1957c), analisa os sentimentos de um poeta amigo que, com ele, em radiante manhã de céu primaveril, caminhava... O poeta, ao contemplar a beleza do cenário que se des-dobrava à sua frente, entristecia-se... Não podia suportar, dizia

---

6 Na tradução que se segue, usei quatro palavras (sublinhadas), tiradas da tradução de Augusto de Campos: "Amanhã e amanhã, e amanhã / Arrasta-se a pequenos passos dia a dia / Até a última sílaba do anotado tempo / Todos os nossos ontens têm seus tolos iluminados / Para o caminho do pó: a morte! Apaga, apaga, vela fugidia! / A vida nada mais é que sombra andante, um pobre ator / Que freme e treme o seu momento no palco / E depois... é ouvido nunca mais". Tradução de Augusto de Campos: "Amanhã amanhã amanhã amanhã / Rasteja em passo parco dia a dia / Até a última sílaba do Tempo. / E os ontens, todos, só nos alumiam / O fim no pó. / Apaga, apaga vela breve! / A vida é só uma sombra móvel. / Pobre ator / Que freme e treme o seu papel no palco / E logo sai de cena.

ele, a ideia de que tudo aquilo iria desaparecer, ser destruído, com a aproximação do inverno... Freud mostra que ele, por ser incapaz de tolerar sentimentos de perda, de luto, ficava também impossibilitado de perceber que a cada inverno a vida se re-nova... E de que a cada inverno nova primavera re-surge... Abrindo espaço para as estações que seguem as outras estações: *As quatro estações*, que Vivaldi, de forma tão bela, nos transmitiu em acordes musicais... Embora na ocasião Freud tivesse acabado de terminar seu germinal trabalho "Mourning and melancholia" (Freud, 1917/1957d), naquele texto ("On transience"), enfatiza as dificuldades em se aceitar as mudanças que as realidades externa e interna nos oferecem. Freud não desenvolveu a ideia da transferência como um fenômeno transiente, que eu saiba. Bion mostrou preocupação com a transiência do fenômeno transferencial após 1976, tendo mencionado o assunto em conferências e seminários clínicos ou supervisões (Bion, 1978, p. 36, 1981, pp. 16, 45, 92, 1983, pp. 37-38; 1987).

Em trabalho anterior (Junqueira de Mattos, 1995a), numa tentativa de expandir o conceito de Bion sobre as pré-concepções, postulei que a ideia de pré-concepção inata, quando aplicada à relação analítica, levava à conclusão de que o conceito de transferência teria de ser ampliado, pois nascíamos todos com uma pré-disposição inata para buscar no objeto o objeto de nosso anseio, de nossa expectação. E de que havia na transferência um elemento que *não* se relacionava com a repetição do passado, dentro da visão clássica legada por Freud. Dado a essa característica e reafirmando o que já disse anteriormente (Junqueira de Mattos, 1995b), o ser humano é, em sua essência, incompleto e dependente de outrem, do objeto, para se realizar. Assim, se nascemos dependentes e, ao mesmo tempo, totalmente sós, nós só podemos nos aproximar da realização de um sentimento de completude na relação com o outro, com o objeto. Ou seja, a unidade biológica do ser humano é o casal, o par (Bion, 1987, p. 4). Precisamos de dois para ser uno.

E mais, o outro não é somente objeto do amor, do ódio, mas também do conhecimento, da curiosidade... Entendo que, se nascemos, como quer Freud, com um "complexo de Édipo filogenético" (1915/1957b, p. 195, 1917/1963, p. 371, 1918/1955b, p. 97), ou, como quer Bion (1962/1977a, p. 89), com uma *função psicanalítica da personalidade*, derivada de uma pré-disposição inata para a realização do complexo de Édipo, que nos leva à busca do conhecimento, o qual só se dá, em sua mais primitiva essência, à custa do outro, do objeto, ou, no caso da análise, com a pessoa do analista, vejo a análise e a transferência como uma transiência, como um meio, em busca do mais além...

Assim, quando nascemos, trazemos em nós como uma herança, uma pré-disposição para a transferência, o que chamei de transferência pré-conceptiva (Junqueira de Mattos, 1995a).

Em textos anteriores (Junqueira de Mattos, 1989, 1994) sobre a contratransferência, postulava que, na relação transferencial, o analista pode ser estimulado a ter reações contratransferenciais que podem levá-lo a vivenciar aspectos que, ou não foram analisados ou o foram de maneira incompleta. Ou seja, se partimos do pré-suposto de que nascemos com pré-concepções que aguardam o advento, a epifania com a experiência, para se tornarem concepções e daí passarem à categoria de conceitos, temos que a relação analítica se presta para o analista, da mesma forma que para o analisando, como realizações que *não* podem ser apenas classificadas nem apenas categorizadas como repetições de padrões anteriores do passado, seja como analisando, seja como analista!

Tudo isso descrito está muito em linha com uma entrevista dada por Bion, em que ele, respondendo à pergunta de como via a análise, se como método de tratamento ou um processo de investigação, respondeu:

Penso que Freud provavelmente pensou que ela fosse um método de investigação. Isso é verdade, mas o ponto central é que ela é um método de investigação feito por duas pessoas – analista e analisando. E o que é importante a respeito disso é que você não pode descobrir mais acerca da mente humana sem que, ao mesmo tempo, descubra mais a respeito de você próprio. Isso pode não ser muito, mas é alguma coisa. Dessa forma, no momento em que uma pessoa colocou um problema e que esse problema foi discutido, e depois que essa discussão aconteceu, as pessoas envolvidas não são mais as mesmas, ambas mudaram. Assim, essa é uma situação dinâmica. (Mello e Silva, 1978)

Micro e macrocosmo da sessão analítica

Entendo que existem dois extremos que, em nosso inconsciente, se tocam: de um lado, as pré-concepções inatas, de outro, a realidade última das coisas que não pode ser, por definição, conhecida. Vou tentar expandir o que já trabalhei em textos anteriores (Junqueira de Mattos, 1989, 1994). Se consideramos o inconsciente, objeto da consciência, sendo esta "órgão sensorial para a apreensão das qualidades psíquicas" (Freud, 1900/1953, p. 615), temos que ele "em si mesmo – ou na sua mais profunda natureza" (1900/1953, p. 613, 1915/1957b, p. 171), ou como quer Bion, "o fato absoluto da sessão" (1965/1977d, p. 17), a "realidade última, o infinito informe" – não pode ser conhecido. Assim, por mais que avancemos, sempre haverá algo além... É por isso que a realidade psíquica última é em si incognoscível, é como o horizonte à frente de nós... A ele nunca chegamos... Sempre e sempre mais... Mais e mais sempre... Além, muito além, no *infinito informe*...

Ernest Cassirer (1972), a meu ver, torna mais claro esse tema citando Kant, quando este afirma que "conceitos sem intuição são vazios; intuições sem conceitos são cegos" (Kant, 1994). Essa afirmação de Kant, apesar de retratar o dualismo fundamental de que conceitos e intuições são condições para o conhecimento, é colocada de forma menos abstrata, mais completa e mais desenvolvida por Cassirer, quando diz que o ser humano necessita de imagens, ou melhor, de símbolos para pensar: "não podemos pensar sem imagens nem intuir sem conceitos . . . em lugar de dizer que o intelecto humano é um intelecto que necessita de imagens, melhor seria dizer que necessita de símbolos" (1972, pp. 56-57). Por outro lado, para que haja símbolos, é necessário que haja a operação da função alfa (Junqueira de Mattos, 1989, 1994), ou seja, o símbolo resulta de um processo de luto, da passagem da posição esquizo-paranoide para a posição depressiva,[7] ou mais microscopicamente ainda da passagem dos elementos beta para os elementos alfa, por ação da função alfa (Bion, 1962/1977a). Como parte de um processo de luto, o símbolo está dentro do sujeito que simboliza e não no objeto, aquele do processo de simbolização *do* e *no* sujeito. Isso em perfeita linha com o que Cassirer continua afirmando: "um símbolo não possui existência real como parte do mundo físico e sim um *significado*" (1972, p. 57, grifo do autor), daí a distinção que Cassirer faz entre *realidade e possibilidade*: "Em condições especiais, nas quais a função do pensamento simbólico é impedida ou obscurecida, a diferença entre realidade e possibilidade também se torna incerta; já não pode ser claramente percebida" (1972, p. 57).

---

7 Penso que fugiria ao objetivo deste texto definir o que seja posição esquizopa-ranoide e depressiva – amplamente conhecidas no universo psicanalítico. Remeto o leitor interessado para os trabalhos principais de Melanie Klein em que ela desenvolve o assunto (Klein, 1935/1975d, 1940/1968, 1946/1975e).

Eu penso que são os estados psicóticos ou *borderline* que criam essas "condições especiais" de que nos fala Cassirer e que advêm, ou por falha ou "reversão da função alfa" (Bion, 1962/1977a, p. 25), quando não há distinção entre o símbolo e o objeto simbolizado, levando ao pensamento concreto do psicótico (Junqueira de Mattos, 1994). O psicótico, onipotentemente, *cria*, em seus delírios e alucinações, a realidade que quer: para ele não há espera nem frustração, diferença entre o que *é* e o que *pode* vir a ser... Para ele não existe realidade nem possibilidade, símbolo ou objeto, querer ou ser... Simplesmente: *fiat lux* e a luz se faz...[8]

Se consideramos que o tempo é uma dimensão ou forma de nossa sensibilidade (Junqueira de Mattos, 1996) e se temos de lidar com os sentimentos de que toda experiência é transitória, devemos, sempre e a cada momento, seja macro ou microscopicamente, lidar com situações de perda e de luto – inclusive na sessão analítica, como analista ou como analisando. Isso corresponde, durante a sessão analítica, se o analista trabalha com a disciplina de evitar memória e desejo, ao evolver da posição esquizoparanoide para a depressiva, ou ao passar de um estado de paciência, relacionado com a tolerância à dor, ao desconhecido, à frustração, ao novo, para o estado de segurança (Bion, 1970/1977c, p. 124), relacionado com o emergir do elemento que dá coerência às associações aparentemente dispersas, ou seja, o fato selecionado (Bion, 1962/1977a, pp. 72-75).

Falando da relação entre conteúdo-continente ($\male\female$), de um lado, e da oscilação entre as posições esquizoparanoide e depressiva (Ps→D) e a emergência do fato selecionado, de outro, Bion afirma: "Eu devo supor a existência de um estado misto em que o

---

8   Aliás, todos os exemplos de Cassirer de "perturbação da função do pensamento simbólico" parecem, nitidamente, ser casos de psicóticos.

324 TRANSFERÊNCIA E CONTRATRANSFERÊNCIA COMO FATORES...

paciente é perseguido por sentimentos de depressão e deprimido por sentimentos de perseguição" (1963/1977b, p. 39).

Ora, se o paciente está sujeito a tais sentimentos, da mesma forma está o analista, pois ambos estão em busca do novo, do desconhecido, pois sabemos que o animal humano, diante do novo, reage com curiosidade e medo... Assim, se em cada sessão analítica, analista e analisando podem se sentir "perseguidos por sentimentos de depressão e deprimidos por sentimentos de perseguição" (Bion, 1963/1977b), isso corresponde a angústias de natureza persecutória. Entendo que podemos usar, para a sessão analítica, o modelo do bebê quando ausente da mãe e capaz ou não de tolerar sua ausência. Se for capaz, vai se sentir deprimido por sentimentos de perseguição – ausência da mãe – mas lhe terá sido possível evolver da posição esquizoparanoide para a depressiva (Ps→D). Se não for capaz, será perseguido por sentimentos de depressão e não atingirá a posição depressiva, pois usará de identificação projetiva para evacuar os elementos beta (coisa em si), incapazes de se transformar em alfa, por pura intolerância à frustração, impedindo, assim, o interjogo criativo entre conteúdo-continente (♂♀). Com isso, os processos de simbolização, com seus concomitantes de luto, de tolerância à solidão, de responsabilidade por sentimentos de ódio e perseguição, podem ser impedidos de ser processados, como vimos, podendo haver, nesse caso, no analista ou no analisando, ou em ambos, uma *reversão da função alfa*. Como disse, esses são estados essencialmente dinâmicos e que podem mudar ou se reverter a cada instante...

Assim, nesse modelo continente-conteúdo (♂♀), há sempre a necessidade do *outro*. Se partirmos do pressuposto de que o aparelho mental se estrutura com base nas pré-concepções e usando o modelo mais primitivo proposto por Bion de que o bebê nasce com a pré-concepção de que há *algo* que vai corresponder à sua necessidade de alimento e amor, esse *outro* corresponde ao seio. A pré-concepção seria um conteúdo em busca de um seio, continente. O seio funcionando como recheio para essa busca que será nomeada com o contato com a experiência real com o seio. Em seguida, o bebê internaliza essa relação continente-conteúdo, dando início à estruturação do aparelho mental (ou ♂ ♀ PS→D), portanto, da capacidade de simbolizar, ou seja, passar do concreto (físico) para o abstrato (mente).

Na sessão analítica algo análogo se processa, pois existem duas mentes em constante interjogo: analista e analisando (♂ ♀). Repetindo o que certa vez (Junqueira de Mattos, 2016) ouvi de Dr. Bion, diria que no consultório existem três pessoas:

- o paciente que fala;

- o analista que ouve o que o paciente fala; e

- o analista que "ouve" o sentido que tem a fala do paciente dentro dele e a transforma em uma interpretação.

Isto é, a interpretação é a transformação em uma linguagem verbal (processo secundário) de fantasias inconscientes, imagens visuais (processo primário) das vivências emocionais nele suscitadas pelas associações do analisando. Assim, a fala inicial do paciente é o que Bion chama de "O" (Bion, 1965/1977d) da sessão analítica, a coisa em si, os elementos beta; à medida que fala, e o analista ouve, a função alfa do analista trabalha esses elementos dispersos inicialmente e os transforma em elementos alfa, que se congregarão para a formação de imagens visuais, experiências emocionais, do que significou, para ele, a fala do analisando. Se não houvesse esse momento introspectivo no analista, essa parte do processo interpretativo se tornaria virtualmente impossível para o analista interpretar, o que nada mais é senão a formulação, em uma linguagem verbal e consciente, de uma experiência inicialmente só perceptível em nível inconsciente. Quando o analista ouve o que o paciente fala, está em um estado particular de consciência, ou em estado de *rêverie*,[9] aberto a todas as impressões, quer provenham de seu analisando, quer provenham de seu mundo interno. Nesse sentido, é também afetado pela fala do analisando e, ao término de uma sessão produtiva, não só o analisando vai ser modificado como também o analista...

Muitas vezes a emersão desse material, no analista, pode estacionar em um nível inconsciente (estou falando de inconsciente dinâmico), ou em categorias de consciência que dificultam sua leitura, por exemplo, se os elementos beta não puderem ser transformados em elementos alfa, o que frequentemente acontece por ação dos mecanismos de defesa do ego, operantes em nível inconsciente no analista. O analista passa do momento de captação da experiência para o momento de transformação dela em sua mente e, portanto, torna-se capaz de fornecer ao analisando sua interpretação (categoria F da Grade). Em seguida, essas associações são organizadas na mente do analista de uma forma *narrativa*. Assim, a interpretação é o resultado final das transformações que se processaram, na mente do analista, do sentido que para ele teve a fala do analisando (Bion, 1965/1977d). Em termos da Grade, na mente do analista, a passagem da categoria B para F ou H (Bion, 1977/1989).

Penso que as formulações de Ogden (1994, pp. 61-95, 1997) sobre o terceiro analítico intersubjetivo ou simplesmente o terceiro

---

9 Robert Schumann escreveu *Cenas da infância*, na qual a sétima variação ele denominou *Träumarei*, cuja tradução do alemão é a palavra *rêverie*. Essa música tão apreciada desde que foi composta por ele tem sido usada como uma música de acalanto, em que o ouvinte acredita representar uma mãe acalentando seu bebê. Penso que ela é o paradigma da relação mãe-bebê. Ainda que em minha análise com Dr. Bion ele jamais tenha feito menção a isso, eu tenho o sentimento (*feeling*) de que ele se inspirou em Schumann quando criou a palavra *rêverie* para descrever o vínculo entre a mãe e seu bebê.

analítico é um refinamento que complementa e expande o que afirmei anteriormente. Diz Ogden: "Acredito que a criação de um processo analítico depende da capacidade de o analista e o analisando se envolverem em uma troca dialética de estados de *rêveries* (Bion, 1962/1967c) que são, ao mesmo tempo, privativos e inconscientemente comunicativos" (1997, p. 108).

Mais à frente ele define o terceiro analítico:

> *O (intersubjetivo) terceiro sujeito da análise permanece em tensão dialética com o analista e analisando como indivíduos separados com suas próprias subjetividades. Analista e analisando, cada um, participa na construção inconsciente intersubjetiva (o terceiro analítico), mas o fazem assimetricamente. (Ogden, 1997, p. 109)*

Vista dessa forma, a interpretação é uma construção conjunta de analista e analisando em permanente mudança. Buscando o quê? A verdade do analisando! Mas essa verdade é em si mesma inatingível, pois, no momento em que algo é des-cortinado para o analisando, há uma mudança no campo analítico e novas indagações e novas inquietações se apresentam... Portanto, estamos em constante movimento, em constante transiência... Por outro lado, se entendemos a interpretação como uma criação *conjunta* daquele justo momento, não pode, por definição, ser apenas a repetição de algo do passado do analisando dentro da relação transferencial (Ogden, 1997, p. 187).

Então, se consideramos que toda experiência analítica é transitória e que, da mesma maneira, não existem duas sessões analíticas iguais e que nós nunca nos repetimos exatamente da mesma forma, estamos diante de um problema sério, pois, o que, então, daria continuidade à experiência e a nós o sentido de nossa identidade?

328 TRANSFERÊNCIA E CONTRATRANSFERÊNCIA COMO FATORES...

Penso que a teoria de Bion sobre as transformações e invariantes pode ser uma resposta a essa questão. A invariante é o elemento que *permanece* num conjunto de transformações e que permite reconhecer, no produto final transformado, o original transformante (Bion, 1965/1977d). Assim, o que falta, a meu ver, no conceito de Ogden sobre o terceiro analítico é a noção de invariante. Ocorreme, neste instante, uma passagem de minha análise com Dr. Bion (Junqueira de Mattos, 2016):

> *Certa vez, não me recordo a propósito de que disse a Dr. Bion que Gertrude Stein disse a Picasso que, após ele ter terminado o retrato dela,[10] não estava parecido com ela, ao que Picasso retrucou: "Ficará um dia". Dr. Bion interpretou mais ou menos assim: "Um artista como Picasso é capaz de captar características da pessoa humana que estão ocultas para os olhos da maioria. Assim, também aqui, o senhor espera que eu capte traços de sua personalidade, que estão presentes hoje, mas que estiveram, também, presentes quando o senhor era criança e que estarão presentes na sua velhice, se o senhor chegar lá".*

Bem, cheguei! Hoje tenho 82 anos!

Material clínico

Neste material o papel da transferência e contratransferência, como um fenômeno transiente, é ressaltado bem como o papel das

---

10 *Retrato de Gertrude Stein* foi pintado entre 1905 e 1906 e, atualmente, está exposto no Museu Metropolitano de Nova York, nos Estados Unidos.

transformações e invariantes e suas relações com o terceiro analítico vão ser exemplificadas e discutidas.

Paciente n. 1

Uma analisanda com aproximadamente 34 anos, casada, com três filhos, no seu quarto ano de análise, com quatro sessões semanais, trouxe o material a seguir, que faz parte de uma sessão.

P – Hoje nós vamos transferir uma escritura para minha vizinha de terreno. Eu penso que eu já disse ao senhor que, quando compramos a casa e passamos a escritura, o antigo proprietário deveria ter passado para a minha vizinha uma área de 1,50 m^2 × 15 m^2, que faz divisa nos fundos de minha casa. Não sei se já disse ao senhor a confusão que existe em relação à divisão de terrenos em meu bairro. Os terrenos são irregulares e as escrituras nem sempre batem justo com a metragem. Por exemplo, nós temos mais ou menos uns 50 m^2 de lado no terreno, que não consta na escritura. Estão dentro de meus muros, mas as medidas de minha escritura não coincidem com o que efetivamente temos. Esses metros estão sobrando! Quando recebemos a escritura, essa vizinha deveria ter recebido a escritura também de seus metros. Mas ela pediu que recebêssemos para ela, porque, na ocasião, não tinha dinheiro para passar a escritura. Combinamos então de receber a escritura de tudo e depois desmembraríamos o que era dela e transferiríamos os direitos para ela. Isso nós faremos hoje à tarde. Estou contente de poder fazer isso logo.

Enquanto a analisanda falava, naquele estado de *rêverie*, ou de sonho compartilhado, lembrei-me de duas coisas: primeiro, da doença de seu esposo, assunto que vínhamos tratando nas sessões que precederam a esta e em outras seguintes. Toda sua angústia estava ligada ao reaparecimento, agora, da doença – que seria fatal, no entender da equipe médica que o tratava. Assim, a analisanda vivia com uma verdadeira espada de Dâmocles pendurada em cima de sua cabeça, aguardando, sempre, uma má notícia – o recrudescimento da doença do esposo. Isso a deixava em constante sobressalto e muitas vezes refletia, com a possibilidade de perder o marido, na efemeridade e transitoriedade da vida... Em seguida, lembrei-me de uma sessão de minha análise com Dr. Bion (Junqueira de Mattos, 2016), quando o tema da transferência como um fator da transiência foi vivenciado. Isso aconteceu na minha última semana de análise, e cerca de um mês antes de seu inesperado falecimento. Minha esposa e três de meus filhos já haviam voltado para o Brasil. Duas filhas permaneceram nos Estados Unidos, onde continuariam aprendendo inglês. Eu estava em Londres, para onde me deslocara acompanhando Dr. Bion, após sua volta para a Inglaterra. Um dia em análise, eu dizia a ele como era estranha a vida... Ali estava eu fazendo análise com ele em Londres e a minha família espalhada pelos quatro cantos do mundo. Mas esperava que, num futuro próximo, todos estivéssemos de novo reunidos no Brasil. Disse-lhe que me sentia sempre mudando... Daqui para ali, dali para acolá, ora aqui, ora ali, e não parando nunca, sempre em busca de algo... Mas, quem sabe, naquele momento voltando para o Brasil, pudesse parar e as coisas pudessem se estabilizar! Comuniquei-lhe que me sentia alegre e triste. Alegre, porque iria em breves dias me juntar à minha família no Brasil e reiniciar o trabalho no consultório, onde, segundo as últimas notícias recebidas, meus horários já estavam praticamente preenchidos... Triste, porque iria interromper aquela experiência que fora tão produtiva para mim e ter de me despedir dele... Aí me lembrei de dois quadros de Picasso, da fase azul, *Família de acrobatas com macaco*[11] e *A família de saltimbancos*.[12] Disse-lhe que

---

11 Quadro de 1905, acervo do Museu de Arte de Gotemburgo, na Suécia.
12 Quadro de 1905, acervo da Galeria Nacional de Arte, em Washington, DC, nos Estados Unidos.

o que me chamava a atenção no primeiro daqueles quadros era o olhar do macaco para seus donos. Havia um amor e uma ternura naquele olhar que me parecia um olhar humanizado. Disse-lhe que Picasso havia antropomorfizado o macaco... Recordo-me de que lhe falei das mudanças que a análise com ele havia operado em mim... Que, de fato, me sentia agora uma pessoa diferente... E agradeci-lhe por todo o bem que ele me fizera... Dr. Bion não fez, que eu me lembre, qualquer referência à minha alusão ao macaco, ou de que ele, Bion, me houvesse humanizado... No entanto, chamou-me a atenção para os saltimbancos, dizendo que eles também mudam daqui para ali e dali para acolá, que fazem *transferência* de um lugar para o outro e, à medida que *transferem,* mudam, não mais voltando a serem os mesmos, estando sempre em *trânsito*... Como eu ali sentia que fizera com ele... Que agora me sentia mudado e pronto para novas experiências, novas mudanças e novas transferências, agora com os analisandos que me aguardavam no Brasil... Depois, recordo-me que me lembrei de outro quadro, também de Picasso, e dessa mesma fase: *A vida,*[13] em que, Picasso, pictoricamente, dá vida ao que ele entendia como a transitoriedade e continuidade de nossa existência, retratando uma família: um homem e uma mulher seminus, com uma senhora mais velha segurando um bebê ao colo e um homem idoso curvado, aparentemente morto... Ao que Dr. Bion chamou minha atenção, dizendo aproximadamente que, assim como havia uma continuidade da vida e uma genealogia da espécie, havia também uma genealogia de ideias... E que elas, por um peculiar e desconhecido mecanismo, podem aqui e ali também transferir, transitar, transformar... E eram elas que, naquele momento, me faziam sentir diferente.

O que me permitiu dizer para a analisanda aproximadamente o seguinte:

---

13 Quadro de 1903, acervo do Museu de Arte de Cleveland, nos Estados Unidos.

A – Bem, parece que a senhora fala em *transferência*... Esteve com algo transferido para a senhora, provisoriamente, que agora a senhora devolve. Foi uma espécie de *transiência*...

Mais tarde na sessão, após um silêncio prolongado, perguntei--lhe:

A – Em que a senhora está pensando?

P – Na transitoriedade de tudo, eu fiquei triste...

A – É, parece que a senhora está tendo consciência de que sua relação comigo é uma transiência, é apenas uma passagem no caminho, uma travessia que a levará a terrenos ainda não di-visados.

P – Lembrei-me agora da orientadora da escola de meus filhos. Ela escreveu um trabalho sobre o professor. Nele, ela compara o trabalho do professor a um papagaio, uma pipa, a que a gente vai dando corda, dando corda, e ela vai subindo, subindo até perder de vista... Aí a linha se rompe e ele voa sozinho...

A – Veja que a senhora está dizendo que um dia voará com asas próprias e que chegará o dia em que poderá romper ou interromper sua análise, pois nossa relação é passageira, transiente; ela dura enquanto a senhora prepara seu aparelho mental para alçar seu próprio voo. Mas, usando sua metáfora do papagaio, ele não voa sem o vento, e é necessária a linha que o mantém ligado e direcionado. Dessa forma, eu penso que a senhora sente que precisará sempre de algo ou de alguém para se conhecer e de algo ou de alguém que lhe aponte o rumo...

P – No próximo feriado, vou acampar com meu marido e meus filhos. Vou faltar um dia da análise. Já é a segunda vez que fazemos esse acampamento. A gente chega, arma a barraca e arruma todos os apetrechos para dormir e comer. Vai ser à margem da represa. O duro é na hora de voltar, passa tão rápido... E a gente já está levantando acampamento novamente!

A – Bem, parece quase desnecessário mostrar para a senhora que o tema da transiência voltou novamente; parece que a senhora coloca a ênfase na frustração que a transitoriedade de tudo lhe causa, o estar de acampamento em acampamento; inclusive da transitoriedade de nossa relação...

P – É isso mesmo. Lembrei-me agora de uma pessoa amiga, que esteve em Israel. Ela contou-me que os povos nômades do deserto, quando imigram para Israel, dão-se muito bem lá, quando trabalham como motorista de táxi.

A – Parece que a solução que a senhora encontra é de aceitar a ideia, como os imigrantes nômades em Israel, que está na vida como um nômade em contínua peregrinação daqui para ali e de lá para acolá, sem nunca parar, sempre em busca de algo além...

Comentários ao material clínico

Se o terceiro analítico é uma criação assimétrica e compartilhada, que nasce do interjogo dinâmico das intersubjetividades do analista e do analisando, podemos entender que, ouvindo a analisanda e recordando-me de uma sessão de minha análise, estamos diante de uma construção conjunta. Vejamos: a paciente fala do terreno que esteve temporariamente em seu nome e que agora é devolvido ao seu legítimo dono. Isso desperta em mim a lembrança da transferência como algo transitório, como o acampar de saltimbancos, uma passagem, uma transiência, para algo além, o que me permitiu lhe dar a interpretação que dei. Por outro lado, o espectro da doença do marido, apesar de não ser explicitamente mencionado, estava e está sempre presente... O que a faz refletir sobre transitoriedade e efemeridade da vida, aludida, por exemplo, na associação do acampamento. Quando a paciente fala de sua tristeza, penso que ela contém uma ante-visão da perda do marido, ou da perda de sua própria juventude, e um luto por elas. Todos esses elementos estão presentes na lembrança que tive, e resultou no terceiro analítico, criação compartilhada com minha analisanda, já que, ao término de minha análise, estava me despedindo de Dr. Bion, despedida que foi seguida, um mês depois, de seu súbito falecimento... E mais, na época em que a sessão com essa paciente ocorreu, tinha nascido recentemente meu segundo neto (a continuidade da vida na pessoa do neto) e a vivência da terceira idade, de meu próprio envelhecimento e morte; eram e são questões com as quais constantemente deparo... E estão todas pictoricamente reveladas na pintura extraordinária, *A vida*, mencionada... Vistas desse ângulo, as sessões têm sido não apenas benéficas à analisanda, mas têm me ajudado a lidar e aceitar a ideia da vida como uma estrela cadente ou como candente chama de bruxuleante vela...

Como disse anteriormente, parto do pressuposto de que nascemos com um potencial inato para nos realizarmos ao longo da experiência humana, inclusive da experiência analítica. Entendo que esse processo equivale à recomendação de Sócrates, "conhece-te a ti mesmo", ou à busca da "realidade última da sessão", o "O" (Bion, 1965/1977d, p. 17), que nunca termina. Isso está expresso nas últimas associações da paciente, quando ela fala da função do professor, dos contínuos acampamentos e da peregrinação, sem fim, dos povos nômades. E mais, ela metaforicamente diz que a função da análise é propiciar-lhe elementos para que ela crie suas próprias asas, ou seja, a função da análise e do analista é a de ajudá-la a criar ou desenvolver o seu aparelho mental, permitindo que pense livremente (♂♀). Fica claro, no material, que isso só pode ser conseguido com a ajuda do outro, do analista, dentro do interjogo dinâmico entre continente-conteúdo (♂♀).

Percebe-se a pré-ocupação da analisanda em devolver o terreno transferido e a percepção de que ela é apenas uma proprietária transitória e de que há outros 50 m² que estão intocados, mas que nem fazem parte ainda oficialmente de sua casa. Penso que ela fala aí de áreas e objetos não assimilados em seu *self*. A análise teria a função de ajudá-la a entender o que se passa com ela e, nesse processo de conhecimento, libertar-se; no caso, devolver o que não lhe pertencia a quem tinha direito, concretamente, o terreno, ou, metaforicamente, elaborar os aspectos des-conhecidos em sua personalidade.

Cada sessão tem sua própria história, e, como é uma construção a dois, no elusivo momento que perpassa a vivência emocional daquele instante, nunca mais deverá se repetir... Se o analisando falta a uma sessão, ele pode ter outras, mas aquela justa, que ele perdeu, não pode ser re-posta.

Cada analista deve ter uma convicção, baseada na vivência emocional da experiência clínica, da validade das teorias com as quais trabalha. Por exemplo, eu tive um professor, quando cursei o Instituto de Psicanálise da Sociedade Brasileira de Psicanálise de São Paulo (SBPSP), que, diante de uma transferência erótica de uma paciente, dizia: "Isso não é comigo, é com o pai dela! Quem ela deseja não é a mim, e sim a seu pai!". Penso que, ainda que isso contenha um elemento de verdade, o elemento importante aí não é o "transferir para não lembrar", como quer Freud (1912/1957a), mas a *finalidade* da transferência, o fato de que o transferir é um elemento de transiência, que objetiva o conhecimento, um passo além... Vistos nesse sentido, os mecanismos de defesa seriam mecanismos falsificadores, por exemplo, certos aspectos da identificação projetiva (Bion, 1977/1989, p. 5), úteis e muito importantes em determinados estágios de nosso desenvolvimento, mas muitas vezes falsificadores, pois têm a função de en-cobrir uma verdade dolorosa de ser encarada, re-velada, ligada à relativa incapacidade do ser humano de suportar a verdade!

Visto o que disse, nesse contínuo processo do "vir a ser", se usarmos a teoria das funções e fatores (Bion, 1962/1977a), teremos que a transferência, seja ela positiva, seja negativa, é um *fator* da transiência, e a transiência como uma *função* da personalidade para a busca do conhecimento, ligada, portanto, ao vínculo K. A palavra transferência agora está empregada no sentido comum, de onde foi tirada de empréstimo para o vocabulário psicanalítico, ou seja, no sentido de mudança, de transferência de um lugar para outro, de um alojar provisório, de um acampamento que muda daqui para ali, de uma peregrinação nômade que não para jamais em direção de uma verdade, sempre à nossa frente...

Disse anteriormente que o elemento que dá continuidade e identidade à experiência é o elemento *invariante*. Então, qual seria o elemento invariante nessa sessão? Penso que é o elemento transiente, que está presente tanto nas associações da analisanda – o terreno transferido, a função do professor que perdura enquanto dura o aprendizado do aluno, o acampamento à margem do lago e a lembrança dos povos nômades do deserto – como nas lembranças provocadas e evocadas no analista pelo ouvir da analisanda – os saltimbancos, a transferência como um aspecto da transiência, a pintura de Picasso, os sentimentos de luto etc.

Paciente n. 2[14]

A paciente casada, com três crianças pequenas, mora em outra cidade, chega com mais de trinta minutos de atraso, deita-se e fica

---

14 Os materiais das pacientes 2 e 3 já foram mencionados anteriormente (Junqueira de Mattos, 1994); agora os retomo em diferente contexto.

em silêncio. Depois de algum tempo, percebo que ela está chorando e digo a ela:

A – Parece que o seu choro tem alguma relação com seu atraso...

P – Interessante, Dr. Junqueira... Eu me lembrei agora de um quadro que comprei da [nome da pintora] esta semana. É tão bonito... É assim: umas trilhas muito compridas onde quatro mulheres caminham para o trabalho. Carregam ferramentas e uma traz um grande balaio na cabeça... Este quadro me tocou tanto... Eu não sei por quê... [Chora mais intensamente.]

A – Bem, se ele a tocou tanto, como eu posso sentir pelo seu choro, deve haver uma razão...

P – Interessante essa trilha... Isso tem a ver comigo... Parece a minha vida... O meu trabalho...

A – Sim, o seu trabalho... A senhora ter de trabalhar por quatro...

P – Isso!

A – Então as quatro mulheres são a senhora mesma, que tem de ser mãe, esposa, profissional [nome da profissão] e analisanda... E é com a sua tristeza e, eu diria também com a sua raiva, que a senhora não está conseguindo lidar como gostaria... Daí o seu atraso.

P – É isso mesmo. Tive de aprontar as crianças antes de sair, por isso, atrasei-me. E o meu marido não me ajuda em nada, não move uma palha. Domingo foi aquela reunião nossa. Quando voltei, ele estava de cara feia. A casa uma verdadeira bagunça. As crianças reviraram tudo. Ele ainda ficou bravo comigo... Disse que, se for para eu sair também aos domingos, temos de rever nosso casamento. Veja o senhor, eu que faço tudo por ele... É incapaz de ficar duas horas com as crianças... Fui para cima dele, mostrei-lhe o seu egoísmo etc.

A – Por outro lado, parece que com isso a senhora me avisa que eu devo entendê-la e não cobrar o seu atraso, porque senão...

P – É isso mesmo, esses homens são uns egoístas, não reconhecem nada que a gente faz... É o mesmo com a [nome da pintora], coitada tem também de se virar em quatro. O marido doente não trabalha, não faz nada. Ela que mantém a casa e faz tudo... E [bem mais calma] o senhor não tem nada com isso... Bem, eu agora entendo por que eu comprei o quadro.

A – Por outro lado, eu penso que o balaio pode também representar a senhora, ou seja, o balaio é um recipiente... É como se a senhora tivesse de conter as quatro dentro da senhora mesma, a profissional, a analisanda, a mãe e a esposa, sem que o balaio estoure... Essa é a sua trilha... Essa é a sua vida... [Termina a sessão.]

Paciente n. 3

A paciente, depois de algum tempo de sessão, fala de como, na véspera, seu filho pequeno teve uma crise de angústia. Em seu desespero, a paciente colocou-o no colo e começou a niná-lo. A cena é descrita com um colorido emocional muito intenso, com choro. De minha parte, eu me senti tocado... E imediatamente comecei a "ouvir" a *Berceuse*, de Brahms. Depois de alguns minutos, quando a paciente me pareceu mais integrada, perguntei a ela se conhecia a *Berceuse*. Ela respondeu que não, mas disse que, no momento em que ela ninava seu filho, cantava para ele uma música. Pedi a ela que cantasse um trecho para mim, e a música que ela cantou nada mais foi que a *Berceuse*, de Brahms, com uma letra em português, para ela adaptada e muito popular. Ao que eu lhe disse em seguida: "A senhora está sentido agora algo parecido com o que o seu filho sentiu ontem e espera que, se eu puder aceitar sua angústia, sua dor, possa, da mesma forma, ajudá-la a transformar isso em conforto e entendimento".

Discussão do material

Privilegio nesta discussão a questão das *invariantes* e suas relações com o terceiro analítico.

Em relação à paciente n. 2, lembro-me nitidamente de que, quando ela descrevia o quadro, de repente minha atenção foi despertada para o balaio... E com isso percebi minha analisanda sendo quatro em um também... Ou seja, ao falar, "vi" toda uma gama de imagens... Que sofreu dentro de mim um processo de condensação (as quatro dentro do balaio – processo primário), que me possibilitou dar a interpretação para a paciente. Antes disso... Ela falava e eu ouvia... Os elementos que falava inicialmente eram para mim um *caos de sensações,* elementos b; operados pela função a, foram *alfabetizados* (Grotstein, 1981, p. 7), transformados em elementos alfa, que se congregaram, formando imagens visuais e possibilitando que o balaio surgisse dentro de minha imaginação e que a interpretação fosse dada... Ou seja, a interpretação foi organizada de uma forma *narrativa,* a partir dos elementos b e a iniciais.

No caso da paciente n. 3, algo semelhante se passou... Ela ninando o filho, cantando a versão brasileira da *Berceuse,* de Brahms... Naquele estado de *rêverie* compartilhado com a analisanda, meu ouvido interno captou a canção como eu costumava ouvir lá na fazenda... Quando pequenino... Que minha mãe tantas e tantas vezes tocava no antigo gramofone... Assim pude transformar a *música* em interpretação...

Vejamos agora o outro elemento fundamental destacado – as *invariantes.*

Na paciente n. 2, algo igualmente interessante ocorreu: a pintora (a serem corretas as informações da paciente e, por outros dados, penso que são), provavelmente ao pintar o quadro – possivelmente sem ter uma clara percepção – estava descrevendo seu mundo interno... Sua luta... Trabalhar por quatro... Sua trilha... Seu balaio... Isso tudo ela transformou em linguagem plástica. Muito bem. Minha analisanda, ao olhar o quadro e ao "se colocar dentro dele", procede de forma análoga a Freud (1914/1955a), ao postar-se em frente ao Moisés, de Michelangelo. Assim, ao sintonizar-se com o quadro, foi capaz de captar (ou sentir em si) o mundo interno da pintora, e comprou o quadro... Pois inconscientemente re-conheceu sua trilha... Sua sina... Ter que ser quatro... E ciente inconscientemente disso, traz para a análise... Eu, ao ouvi-la, entro em contato com seu mundo interno... Por meio de todos os processos já descritos, faço uma verdadeira condensação e de-codificação do material no sentido reverso ao da pintora, no instante em que o balaio re-surgiu dentro de mim, ou melhor, na minha imaginação... Isso me possibilitou fornecer a ela a interpretação... Assim, o elemento aí *invariante* foram as quatro trabalhadoras em sua luta, que aparecem no quadro, em minha analisanda e na imaginação do analista, na forma de quatro em um dentro do balaio. Penso que a essa altura o que ocorreu foi algo análogo ao apontado por Freud em seu trabalho "The Moses of Michelangelo" (1914/1955a, p. 212): "O que o artista objetiva é despertar em nós a mesma constelação mental que produziu nele o ímpeto para criar".

Em relação à paciente n. 3, enquanto descrevia a angústia de seu filho e a forma como ela o acalentava (mesmo não mencionando a música que ela cantava), alguma coisa em sua descrição e naquele estado de *rêverie* compartilhado tangeu meu inconsciente e despertou em mim velhas e saudosas memórias... A mesma música... A fazenda... Minha mãe... Recordações amargamente doces... Bem, Brahms, enquanto compunha esse extraordinário momento musical, o fez com tanta realidade e verdade que, ao lado de *Rêverie*, de Schumann (sétima variação das *Cenas infantis*) e de *Canções que minha mãe me ensinou*, de Dvořák, constituem paradigmas musicais da relação mãe-bebê. Ao entrar em sintonia com o mundo interno de minha analisanda, à minha intuição se me apresentaram cenas da infância. Penso então que as *invariantes* saudosamente dolorosas que Brahms transmite se conservaram na versão de minha paciente, foram por mim captadas e transformadas em interpretação. Nesse sentido, quando o que o paciente diz provoca ou evoca conflitos no analista, se o analista for capaz de contê-los e elaborá-los, terá feito o que Money-Kyrle (1956) chamou de pós-graduação em sua análise. Isto é, a contratransferência, se adequadamente elaborada – seja pela autoanálise no momento da sessão, seja pela análise do analista –, é fator de transformação e integração no mundo de seus objetos internos.

E mais, se o terceiro analítico é uma criação assimétrica entre as intersubjetividades de analista e analisando, há de haver um elemento comum – uma *invariante* – entre as associações livres do analisando e a atenção flutuante do analista (Bion, 1977/1989, p. 30-31) que dê continuidade, identidade, validade e qualidade transformacional à experiência emocional, para a criação desse terceiro analítico naquele elusivo e evanescente momento. No caso da paciente n. 2, qual seria o terceiro analítico e as *invariantes* captadas no momento pelas intersubjetividades do analista e da paciente? Penso que as quatro trabalhadoras, caminhado pela sua trilha e buscando seu destino. Isso foi captado por minha analisanda em sintonia com o mundo interno da pintora e que a impeliu a comprar o quadro. Inconscientemente, ao entrar em contato com seu mundo interno, isso foi por mim captado na forma das quatro trabalhadoras dentro do balaio. Então podemos dizer que o terceiro analítico – as quatro trabalhadoras – foi uma criação compartilhada, sucessivamente, entre a pintura, a analisanda e o analista!

Da mesma forma em relação à terceira paciente. A *rêverie* seria o estado mental em que uma mãe sensível se coloca para estar aberta a todas as comunicações que partem de seu bebê. Esse estado é descrito e transformado em uma experiência emocional musical, por exemplo, por Brahms, Schumann e Dvořák, nos trechos musicais já citados. O terceiro analítico, no material clínico apresentado, seria a *Berceuse*, de Brahms. Brahms, ao compor esse momento musical, descreve, em música, o que me parece ter sentido como o evocar da relação mãe-bebê... Ao acalentar seu filho, a analisanda o faz, cantarolando, com o auxílio da música de Brahms. Isso ajuda o bebê a sintonizar-se com o mundo interno da mãe, o que o leva a ser acalentado, tranquilizado e sentir-se amado... Essa cena provoca e evoca em mim vivências profundas... Cenas de meus próprios acalantos... E permitem-me que transforme a música em interpretação. Novamente, o terceiro analítico, nesse caso, seria uma criação conjunta e assimétrica, sucessivamente, entre Brahms, a analisanda e o analista.

Considerações finais

Assim afirma Freud:

> *Ele (doutor) deve tornar o seu próprio inconsciente como um órgão receptor para o inconsciente transmissor do paciente. Ele precisa ajustar a si mesmo ao paciente, como um receptor telefônico é ajustado ao microfone transmissor. Assim como o receptor converte de volta em ondas sonoras as oscilações na linha telefônica, que foram produzidas pela onda sonora, assim o inconsciente do médico é capaz, pelos derivados do inconsciente que foram comunicados a ele, de recons-*

truir esse inconsciente, que determinou as associações livres do paciente. (1912/1958, pp. 115-116)

Para tanto, afirma Freud:

> *A experiência logo mostrou que a atitude que o médico analista pode adotar com maior vantagem será de entregar-se a si mesmo à sua atividade mental inconsciente e, em estado de atenção flutuante, evitar o tanto quanto possível reflexão e construção de expectativas conscientes, tentando não se fixar em nada que ouviu, particularmente em sua memória e, por esse meio,* captar o significado [*to catch the drift*] do inconsciente do paciente com o seu próprio inconsciente. *(Freud, 1923/1955c, citado por Ogden, 1997, p. 110, grifo do autor)*

Em seguida, vemos Bion fazendo uma reformulação, um refinamento e uma expansão dessa posição de Freud, em que Bion nos aconselha a trabalhar sem memória, desejo ou compreensão (Bion 1967d, 1970/1977c). Isto é, em estado de *rêverie* (Bion 1962/1977a), abertos a todas as impressões que provêm tanto de nosso analisando como de nosso próprio inconsciente. Com base em tais conceitos, assim entendo, Ogden chega à formulação do terceiro analítico, trazendo uma contribuição importante ao desenvolvimento atual da técnica. Penso, no entanto, que falta ao conceito de terceiro analítico algo para dar sentido e continuidade à experiência: a noção de *invariante*. Por outro lado, qual seria a função e finalidade da transferência e da contratransferência? Por que e para que transferimos e contratransferimos? O que está faltando que complementaria e daria um sentido a elas? Em última instância, qual é a função da transferência e da contratransferência? Entendo que elas são fatores da transiência, ou seja, o que objetivamos, com nossa busca, com nossas transferências e contratransferências, com nossa curiosidade de saber, de conhecer, com o que Melanie Klein denominou de instinto epistemofílico (Klein 1923/1975a, p. 87, 1928/1975b, pp. 188, 190-191, 193, 1930/1975c, pp. 227-228), é, em última instância, o nosso próprio conhecimento. Nesse sentido, a análise oferece um meio ímpar, para atingir, ou melhor, para aproximarmo-nos desse inatingível fim... Entendo que, ao trabalhar, o analista precisa *crer* que há uma verdade e uma realidade última (Bion, 1970/1977c), ainda que inatingível, a ser buscada e, ao passo que dela o analisando se aproxima, é beneficiado, libertado – "e conhecereis a verdade e a verdade vos libertará", afirma Jesus (Bíblia Online, n.d., João 8-32).

Caper (1997, p. 271), a meu ver, tem um ponto de vista análogo a esse quando diz que é o amor à psicanálise, como um objeto interno, que permite ao analista, em vez de se identificar, ficar preso, entranhado, no emaranhado de identificações projetivas do paciente, ser capaz de ter uma mente própria (*a mind of ones's own*) e, assim, dispor das necessárias condições para analisá-lo. Quando falo em crer, não penso em nada mítico ou religioso, simplesmente no fato de que a verdade é fundamental e o seu conhecimento tem, entre outras consequências, a de promover uma maior integração do *self*. Se a verdade não nos fizer mais felizes, pelo menos mais tranquilos com ela ficaremos. Fundamentalmente, parto do pressuposto de que existe uma parte não psicótica funcionando *pari passu* com uma parte psicótica da mente (Bion, 1957/1967b, 1967a), e são esses aspectos não psicóticos do paciente que buscam a análise, dando origem aos fenômenos transferenciais e contratransferenciais, positivos ou negativos, vistos como acidentes importantes, necessários, mas transitórios, do caminho, que nos fazem dar um passo além... Assim, encoberto por essa massa de neurose ou psicose, há uma mente, alguém que busca a verdade, que anseia pela liberdade...

Já em meu trabalho "Metapsicologia dos processos cognitivos e misconceptivos do analista e analisando" (Junqueira de Mattos, 1989) eu via a interpretação como produto da relação analítica:

> *A interpretação é o fator essencial que emerge, de um lado, das associações do analisando que, buscando um sentido profundo, revelador, encontra de outro lado, na atenção flutuante do analista, um estado mental propício para apreendê-las, revelá-las... Do interjogo dinâmico desse binômio, eis que ela surge a catalisar ideias e emoções, dando coerência ao que antes estava vago, disperso... É o inconsciente a se tornar consciente... É o desconhecido, que assusta, a se transformar no conhecido que liberta, abrindo o caminho para novas expansões, para o mais além, para o incognoscível... Novas associações surgem imprecisas, angustiosas... A intuição se liberta das peias turvosas, opacificadoras, da memória e do desejo, a ideia é captada... Outra interpretação se vislumbra, é comunicada... Eis que tudo novamente se transforma nesta forja dinâmica conteúdo-continente (♂♀). Assim, de indagação em indagação, nesta turbulência criadora, duas mentes analista-analisando se agitam e se préparam para novas buscas, novas descobertas e novos desconhecidos... É o trabalho incessante da análise em busca da síntese unificadora...*

Hoje, eu acrescentaria que essa síntese é uma esperança... É um projeto... Trata-se de um acreditar que há uma *verdade última* sem

346 TRANSFERÊNCIA E CONTRATRANSFERÊNCIA COMO FATORES...

saber nunca qual seja, como uma mera aspiração... Dando-nos a certeza de que temos um caminho, não sabemos qual, de que ele existe... E que *o caminho se faz ao caminhar*... Gostaria mesmo de frisar que acho muito difícil, mesmo impossível, trabalhar com o nosso paciente em análise, sem acreditar que há uma verdade que tem de ser perseguida; é uma ponte que, uma vez alcançada, nos remete para novas veredas...

O que acho importante ressaltar, quando uso palavras como transferência ou contratransferência, é que todos esses são estados ou momentos que podem ser extremamente fugazes, dinâmicos, e que, por sua natureza intrínseca, são essencialmente transitórios, desde que, no justo instante em que o analista fornece uma interpretação e o analisando a re-conhece como verdadeira, há uma mudança imediata no campo analítico, dando lugar a novos estados de expectação com paciência, que serão seguidos de novos estados de conforto com segurança (Bion, 1970/1977c, p. 124). A dinâmica da sessão analítica não comporta fragmentação nem descontinuidade; esta, porém, é necessária no momento em que se fala sobre análise ou transferência. No entanto, estas palavras *transferência* e *contratransferência* se tornam importantes: ainda que não saibamos em toda sua essência o que significam, servem, quando não, para nomear e designar o que e de que estamos falando.

Como consequência do que acabo de mencionar, penso que o próprio conceito de transferência e contratransferência precisa ser re-pensado, pois, se a interpretação é uma criação compartilhada do analista e do analisando, o terceiro analítico, se a transferência do analisando pode determinar a contratransferência do analista, se essa contratransferência, por sua vez, vai modificar a transferência do analisando, se essa transferência, ainda uma vez mais, vai atuar sobre à contratransferência do analista, assim, indefinidamente, estamos diante de algo que é um produto específico daquela relação, daquela experiência emocional compartilhada, vista em termos de continente-conteúdo ($\male$ $\female$), naquele exato instante no tempo, e que, em outro dia, em outra hora, em outro minuto, ou no segundo seguinte, pode ser diferente... Assim, podemos estar presenciando o des-velar de algo que é absolutamente novo para analista e analisando e que não se enquadra no conceito clássico de transferência-contratransferência! Dessa forma, entendo que a importância da transferência e da contratransferência está em sua finalidade, ou seja, são fatores da transiência, a qual é vista como uma função da personalidade que busca o conhecimento, portanto, ligada ao complexo de Édipo e ao vínculo K, como foi dito anteriormente.

Nota final

Bion, em *Seminari italiani*, a respeito de nossa herança hereditária e psíquica, diz o seguinte no "2º seminário":

> *Assim espero, porque desconfio bastante diante de um método de tratamento que surja de improviso do chão ou que surja do céu. Não sei por que, mas sou preconceituosamente inclinado a reconhecer o meu débito de gratidão para com meus antepassados. Não acredito que me importe muito por ser acusado de culto aos ancestrais B, gostaria de estar em condições de reconhecer algum gênero de gratidão para com os meus ancestrais. Tomemos um antigo habitante desta cidade [Roma]; ele diz: Vixere fortes ante Agamennora multi, sed omnes illacrimabiles urgentur ignotique longa nocte, carent quia vate sacro. Muitos corações corajosos viveram antes de Agamemnon, mas todos viajaram para a longa noite não louvados e não cantados por falta de*

um poeta sagrado.[15] *É reconfortante ouvir que as nossas brilhantes teorias psicanalíticas não constituem necessariamente uma barreira que, mesmo nos colocando sem dúvida numa posição de superioridade em relação aos nossos ancestrais, não nos isola deles para sempre. Não tenho nenhum motivo para me lamentar da satisfação causada por uma sensação de sucesso por ter alcançado um* insight *analítico, mas é uma grande pena se este se tornar ossificado e fibrosado, em uma espécie de diafragma impenetrável que nos separa para sempre dos nossos ancestrais. Se Horácio pôde reconhecer a existência de poetas que viveram muito tempo antes dele, não acredito que haja algum mal no fato de que nós reconheçamos a existência de nossos predecessores mesmo se nunca ouvimos falar deles.*

E no "3º seminário":

Como eu disse ontem, creio que seja positivo sermos capazes de reconhecer a dívida que temos para com nossos antepassados nossos antepassados mentais. Que nós, como analistas, conheçamos o significado dos termos "transferência" e "contratransferência", assim como eram utilizados por Freud, Abraham, Melanie Klein, ou por qualquer outro, é inteiramente oportuno somente se aprendermos a esquecer tudo isso de maneira a estarmos abertos a captar o próximo movimento feito pelo paciente à próxima etapa, por assim dizer.

Paciente com antecedentes genéticos bem-dotados, um pai e uma mãe muito inteligentes, X é produto daquilo

---

15 Horácio, *Odes* IV, IX.

que os biólogos definem como uma "relação sexual" entre aquele pai particular e aquela mãe particular, e, portanto, se desenvolve de um germe que tem cromossomos derivados de ambas as partes. Se o desenvolvimento se manifesta adequadamente em termos físicos, pode então ser traduzido nos termos daquele gênero de hereditariedade. Mas, se há algo de parecido a uma mente, um espírito ou uma alma, pode ser que não siga as mesmas leis de hereditariedade de Mendel. Como psicanalistas que acreditam na existência de uma mente, devemos considerar quais sejam as leis da hereditariedade da mente. Provisoriamente, transitoriamente, caminhando em direção a algo de melhor, gostaria de propor algo como "fenótipos" em contraposição a "genótipos". Supondo algo desse tipo, poderíamos ter condições de descobrir as leis, a hereditariedade, as características adquiridas que, segundo Mendel, não são transmitidas. Eu presumo que exista a imaginação especulativa, a razão especulativa, para o desenvolvimento precoce daquelas características que são mentais e que, como já sugeri, possuem uma forma de hereditariedade diferente dos genótipos.

Cada um de nós individualmente encontraria enormes dificuldades para descrever o próprio percurso mental e a própria hereditariedade mental. Quem ou o que foram os seus pais? Não quero que vocês me falem de seus pais genéticos; quem são os outros? Vocês poderiam dar uma olhada no seu caráter ou na sua personalidade, essa estranha coisa de cuja existência eu estou certo? Convenci-me com base na minha experiência em parte como analista, mas também com base na totalidade da vida, que há algo como um ca-

ráter ou uma mente. Creio não ser sempre impressionado pelo aspecto físico de uma pessoa, mesmo que, graças ao predomínio da visão, é provável que o elemento cosmético influa muitíssimo e, portanto, podemos ser imediatamente tomados por uma sensação de simpatia ou de antipatia em relação a alguém. Não precisamos nem mesmo ir além da profundidade da pele, no sentido literal e metafórico. "Não gosto daquela pessoa, é um 'branco' ou um 'negro'". Seria ridículo que um médico se recusasse a examinar um paciente porque tem uma cor caquética ou porque tem sinais de inflamação ou icterícia. Espera-se que, como médicos, não tenhamos preconceitos desse tipo em relação ao que nos diz o corpo, porque presume-se que o exame que fazemos daquele corpo deva se aprofundar e não permanecer em nível cutâneo. A situação não é muito diferente se se presume que nós nos ocupamos da mente humana, ou do caráter, ou da personalidade. Se somos sensíveis a essa pressuposta "coisa", então é irrelevante o fato de não gostarmos daquela pessoa, ou aquele caráter, ou aquela personalidade. Inclusive presume-se que saibamos algo a mais do caráter ou da personalidade, quer gostemos, quer não.

Referências

Bíblia Online (n.d.). Evangelho segundo João. Recuperado de https://www.bibliaonline.com.br/acf/jo/8.

Bion, W. R. (1967a). *Second thoughts*. London: Heinemann.

Bion, W. R. (1967b). Differentiantion of the psychotic from the non-psychotic personalities. In *Second thoughts* (pp. 43-64). London: Heinemann. Publicado originalmente em 1957.

Bion, W. R. (1967c). A theory of thinking. In *Second thoughts* (pp. 110-119). London: Heinemann. Publicado originalmente em 1962.

Bion, W. R. (1967d). Notes on memory and desire. *The Psychoanalytic Forum*, *2*(3), 271-280.

Bion, W. R. (1977a). Learning from experience. In *Seven servants: four works by Wilfred R. Bion*. New York: Jason Aronson. Publicado originalmente em 1962.

Bion, W. R. (1977b). Elements of psycho-analysis. In *Seven servants: four works by Wilfred R. Bion*. New York: Jason Aronson. Publicado originalmente em 1963.

Bion, W. R. (1977c). Attention and interpretation. In *Seven Servants: four works by Wilfred R. Bion*. New York: Jason Aronson. Publicado originalmente em 1970.

Bion, W. R. (1977d). Transformations. In *Seven servants: four works by Wilfred R. Bion*. New York: Jason Aronson. Publicado originalmente em 1965.

Bion, W. R. (1978). *Four discussions with W. R. Bion*. Perthshire, Escócia: Clunie Press.

Bion, W. R. (1981). *Bion in New York and São Paulo*. Perthshire, Escócia: Clunie Press.

Bion, W. R. (1983). *Seminari italiani*. Roma: Ed. Borla.

Bion, W. R. (1987). Supervisão com Dr. Bion. *Ide*, (14), 2-5.

Bion, W. R. (1989). *Two Papers: The Grid and Caesura*. London: Karnac Books. Publicado originalmente em 1977.

Bion, W. R. (1995). Seminário clínico com Bion. *Ide*, *26*, 8-14.

Brun, J. (1991). *Os pré-socráticos*. Lisboa, Portugal: Edições 70. Publicado originalmente em 1968.

Caper, R. (1997). A mind of ones own. *Int. J. Psycho-Anal.*, *78*, 265--278.

Cassirer, E. (1972). *An essay on man: an introduction to a philosophy of human culture*. New Haven, CT: Yale University Press.

Chauí, M. (1994). *Introdução à história da filosofia* (Vol. 1). São Paulo, SP: Editora Brasiliense.

Freud, S. (1953). The interpretation of dreams. In *Standard edition* (Vol. V, pp. 339-628). London: Hogarth Press. Publicado originalmente em 1900.

Freud, S. (1955a). The Moses of Michelangelo. In *Standard edition* (Vol. XIII, pp. 209-238). London: Hogarth Press. Publicado originalmente em 1914.

Freud, S. (1955b). From the history of an infantile neurosis. In *Standard edition* (Vol. XVII, pp. 3-122). London: Hogarth Press. Publicado originalmente em 1918.

Freud, S. (1955c). Two encyclopaedia articles. In *Standard edition* (Vol. XVIII, pp. 233-254). London: Hogarth Press. Publicado originalmente em 1923.

Freud, S. (1957a). The dynamics of transference. In *Standard edition* (Vol. XIV, pp. 97-108). London: Hogarth Press. Publicado originalmente em 1912.

Freud, S. (1957b). The unconscious. In *Standard edition* (Vol. XIV, pp. 166-215). London: Hogarth Press. Publicado originalmente em 1915.

Freud, S. (1957c). On transience. In *Standard edition* (Vol. XIV, pp. 303-307). London: Hogarth Press. Publicado originalmente em 1916.

Freud, S. (1957d). Mourning and melancholia. In *Standard edition* (Vol. XIV, pp. 237-258). London: Hogarth Press. Publicado originalmente em 1917.

Freud, S. (1958). Recommendations to physicians practising psychoanalysis. In *Standard edition* (Vol. XII, pp. 109-120). London: Hogarth Press. Publicado originalmente em 1912.

Freud, S. (1963). General theory of neurosis. In *Standard edition* (Vol. XVI). London: Hogarth Press. Publicado originalmente em 1917.

Grotstein, J. (1981). Wilfred R. Bion: the man, the psychoanalyst, the mystic, a perspective on his life and work. In *Do I dare disturb the universe? A memorial to W. R. Bion* (pp. 1-35). Los Angeles: Caesura Press.

Homer (1978). The odyssey. In *Great Books of the Western World* (Vol. 4, pp. 183-322). London: Encyclopaedia Britannica.

Junqueira de Mattos, J. A. (1989). Metapsicologia dos processos cognitivos e misconceptivos do analista e analisando. *Congresso Brasileiro de Psicanálise*, Rio de Janeiro.

Junqueira de Mattos, J. A. (1992). A Contratransferência e a obra de Bion. *Revista Brasileira de Psicanálise*, *26*(3), 313-334.

Junqueira de Mattos, J. A. (1994). Contratransferência uma re-visão. *Revista Brasileira de Psicanálise*, *28*(2), 229-252.

Junqueira de Mattos, J. A. (1995a). Pré-concepção e transferência. *Revista Brasileira de Psicanálise*, *29*(4), 799-824.

Junqueira de Mattos, J. A. (1995b). Do soma para o psíquico: em busca do objeto psicanalítico. In L. C. U. Junqueira Filho (Org.), *Corpo mente: uma fronteira móvel* (pp. 429-460). São Paulo, SP: Casa do Psicólogo.

Junqueira de Mattos, J. A. (1996). Análise concentrada: três décadas de experiência. *Revista Brasileira de Psicanálise, 30*(2), 365-384.

Junqueira de Mattos, J. A. (1997, julho). Transferência e contratransferência como fatores da transigência. *Encontro Internacional Comemorativo do Centenário de W. R. Bion*, Turin, Itália.

Junqueira de Mattos, J. A. (2001). Transferência e contratransferência como fatores da transigência. *Revista Brasileira de Psicanálise, 35*(12), 335-358.

Junqueira de Mattos, J. A. (2016). Impressions of my analysis with Dr. Bion. In H. B. Levine & G. Civitarese (Ed.), *The W.R. Bion Tradition Lines of development: Evolution of Theory and Practice over the Decades* (pp. 5-21). London: Karnac Books.

Kant, I. (1994). *Crítica da razão pura*. 30. ed. Lisboa, Portugal: Fundação Calouste Gulbenkian.

Klein, M. (1968). Mourning and its relations to manic-depressive states. In *Contributions to psycho-analysis* (pp. 344-369). London: Hogarth Press. Publicado originalmente em 1940.

Klein, M. (1975a). Early analysis. In *Love, guilt and reparation and other works 1921-1945* (pp. 77-105). London: Hogarth Press. Publicado originalmente em 1923.

Klein, M. (1975b). Early stages of the oedipus conflict. In *Love, guilt and reparation and other works 1921-1945* (pp. 186-198). London: Hogarth Press. Publicado originalmente em 1928.

Klein, M. (1975c). The importance of symbol-formation in the development of the ego. In *Love, guilt and reparation and other works 1921-1945* (pp. 219-232). London: Hogarth Press. Publicado originalmente em 1930.

Klein, M. (1975d). A contribution on the psychogenesis of manic-depressive states. In *Love, guilt and reparation and other works 1921-1945* (pp. 262-289). London: Hogarth Press. Publicado originalmente em 1935.

Klein, M. (1975e). Notes on some schizoid mechanisms. In *Envy and Gratitude and other Works 1946-1963* (pp. 1-24). London: Hogarth Press. Publicado originalmente em 1946.

Mello e Silva, M. (1978). Bion the Man. *Ide, 4*(6), 23-30.

Milton, J. (1894) *Paradise Lost: Illustrated by Gustave Doré*. London: Cassell & Company Limited.

Money-Kyrle, R. E. (1956). Normal counter-transference and some of its deviations. *Int. J. Psycho-Anal., 37*(4/5), 360-366.

Ogden, T. H. (1994). The analytic third: working with intersubjective clinical facts. In *Subjects of analysis* (pp. 61-95). London: Karnac Books.

Ogden, T. H. (1997). *Reverie and interpretation*. New York: Jason Aronson.

Plato (1952). Phaedrus. In *Great Books of the Western World* (Vol. 7, pp. 115-141). London: Encyclopaedia Britannica.

Shakespeare, W. (1969). *The complete works*. New York: Viking Press.

9. Anorexia nervosa: um novo paradigma para as perversões[1]

> *A sexualidade masculina é muito concentrada no pênis.*
> *A nossa não, está no corpo todo.*
>
> Sandra Lesbaupim, 1996

Introdução

Neste artigo, pretendo chamar a atenção para os fatos de que as perversões são distúrbios do pensamento e as contribuições de Bion, essenciais para o entendimento da gênese, da formação e das disfunções do pensamento, lançam uma luz para o entendimento dos estados perversos. Penso que situar as perversões entre esses distúrbios pode oferecer um novo instrumental técnico para lidar com elas. É assim que a ansiedade de castração, o *splitting* do ego, tão fundamental desde Freud para o entendimento das perversões, as defesas contra as angústias da fase de separação/individuação, a

---

1 Uma versão anterior deste texto foi publicada em Junqueira de Mattos (1998, 2012).

tendência tão frequente nos perversos de tratar seus objetos como coisa, a idealização da sexualidade infantil em detrimento da sexualidade adulta, entre outros estados e defesas, têm sua origem nos primórdios da formação do pensamento e do "aparelho" para pensá-lo, ou seja, nas primeiras relações de objeto do bebê com o seio e com os pais; ou até mesmo antes delas, se levarmos em conta a teoria das pré-concepções de Bion.

O pensamento e suas vicissitudes

Bion, em "A theory of thinking" (1962/1967b), classifica os pensamentos, de acordo com o seu desenvolvimento, em pré-concepções, concepções e conceitos. Os pensamentos precedem o pensador e criam a necessidade de um "aparelho" para pensá-los e não o contrário (Bion, 1962/1967b). O bebê, ao nascer, traz em estado pré-conceptivo[2] algo que corresponde à necessidade de ser alimentado. Ao entrar em contato com a experiência real com o seio, se satisfaz; temos aí a concepção ligada às experiências somáticas de satisfação, portanto, gratificadoras, que, para Bion, não são ainda o pensamento propriamente dito; este se estrutura a partir de experiências frustradoras. O bebê com fome sente-se "atacado" por ela internamente. Assim, com "medo do aniquilamento", procura se livrar de tais sentimentos por meio da identificação projetiva, na mãe, ou melhor, no seio materno. A mãe, se capaz de entender a "linguagem" de seu bebê e de estar em íntima sintonia ou em contato psíquico com ele – o que Bion denominou de *rêverie* –, acolhe os sentimentos, "desintoxicando-os" de sua qualidade "excessiva", e os "devolve" novamente de forma a serem toleráveis. O excessivo nesse contexto acompanha a crença na onipotência de poder se

---

2 Algumas palavras aparecem separadas por hífen quando, gramaticalmente, não possuem. A intenção é chamar a atenção do leitor para a sua etimologia.

livrar de tais sentimentos aniquiladores, projetando-os na mãe, ou melhor, no seio. A identificação projetiva assim empregada pelo bebê em sua jornada pelo seio materno e novamente introjetada e com este identificado é por Bion denominada de "identificação projetiva realista". Assim, o bebê recebe da mãe conforto material pela fome saciada e também conforto psíquico e emocional, ao se sentir "amado" e "compreendido" por ela, que deu um sentido tolerável à sua angústia. Em outras palavras, a identificação projetiva com que o bebê se "faz" presente "dentro" da mãe é uma primitiva e fundamental forma de comunicação. A mãe pode responder ou reagir de várias maneiras: da forma normal, que Bion denominou "realista", quando ela reage à necessidade do bebê, transformando o pavor em segurança... Desconforto em repouso... Anseio em encontro. Temos aí os primórdios do nomear... O início dos significados... As origens dos símbolos... Essa operação se dá e resulta no que Bion denominou "função alfa", ou seja, ao se identificar com essa mãe continente, o bebê abre um espaço interno (conteúdo) para a estruturação de uma díade em íntima sintonia (relação entre conteúdo-continente) pela internalização do aspecto emocional do amor materno (Bion, 1962/1977a). Para isso, é necessário que tanto a capacidade inata do bebê de tolerar frustração como a receptividade materna (capacidade para *rêverie*) se harmonizem. Assim, quando a mãe, ou melhor, o seio materno não está presente, o "não-seio" ou o "seio-ausente" é imaginativamente criado em sua mente – a dolorosa presença da ausência ou uma ausência dolorosamente presente. Penso ser isso o que Meltzer (1992, pp. 404--405) denominou "seio pensante". Encontramos aí a matriz inicial de um pensamento e os primórdios do "aparelho" para pensá-lo. Quando isso não se processa a contento ou realisticamente, temos a formação prematura de uma consciência, que é muito pré-matura para suportar as exigências da realidade externa, por meio de seus órgãos sensoriais, e das experiências emocionais que partem do translado das vivências de seu mundo interno. Uma das consequências disso é que o bebê "ataca" o sentido de "dualidade" (*twoness*), ou seja, o sentimento da necessidade e da dependência do outro, e tenta se "fundir" na mãe, em busca do estado primitivo de fusão com ela ou de "unidade" (*oneness*), como defesa contra a angústia de perceber a separação e seus concomitantes de luto, dor, solidão e isolamento (Bion, 1962/1967b). No meu entender estão aí, possivelmente, a origem de ansiedades e defesas da fase de individuação/separação da mãe e da necessidade de se fundir (*merge*) com ela; responsável, para muitos autores (veja citação mais adiante), pela etiologia de muitos casos de perversões.

Portanto, o pensamento simbólico está ligado à ausência, à falta, à frustração e à capacidade de tolerá-los. Por outro lado, havendo o momento prévio da concepção, com as experiências sensoriais do contato físico, a falta é sentida também em nível sensorial, ou seja, só podemos sentir falta de algo que já contatamos antes. Com isso, se pudéssemos imaginar um estado ideal de ausência absoluta de frustrações, o bebê, teoricamente, poderia ficar nesse estado idílico de fusão indefinida, ou melhor, de confusão indefinida entre *self* e objeto e, portanto, não necessitaria criar o "aparelho" para poder pensá-los. Mas a fome aí está... E por mais que ele alucine o seio, essa alucinação não é capaz de *realmente* satisfazê-lo... Faz-se necessária a experiência emocional e real com o seio. Assim, a frustração, a falta e a ausência são elementos indispensáveis à criação do pensamento simbólico.

Bion, em "Learning from experience" (1962/1977a, p. 54), conclui que as teorias dos processos primário e secundário, bem como da consciência, eram insuficientes para integrar os dados da experiência clínica quando se tratava de pacientes psicóticos ou limítrofes. Para tais e tantos, postulou a existência de uma única função, a *função alfa*, a exercer o trabalho dos processos primário e secundário integrando objetos sensoriais com as emoções por eles estimuladas. A função alfa, atuando, de um lado, sobre os dados da experiência sensorial, por meio de nossos cinco sentidos, a nos ligar ao mundo externo, e, de outro lado, sobre o translado da experiência emocional que nasce da experiência de nosso eu (*self*), ou de nosso mundo interno, em nós mesmos (*ourselves*), transforma-os em elementos alfa, que se unem para formar a "barreira de contato" entre inconsciente e consciente. Esses elementos alfa servem de elementos padrões, matriz inicial a fornecer os dados para a estruturação do pensamento, tanto em vigília como dormindo. Por deficiência da função alfa, entretanto, os dados da experiência não podem ser "alfabetizados" (Grotstein, 1981, p. 7); há prevalência da produção de elementos beta, com dispersão da barreira de contato, e desenvolvimento e erupção da parte psicótica da personalidade. Para Bion, portanto, não existe repressão no domínio da personalidade psicótica. Assim, temos a função alfa estruturando os elementos alfa (que são um fenômeno mental ou psíquico) e os elementos beta (como coisa concreta, não são um fenômeno mental nem podem ser simbolizados). Esse é o limite entre o normal e o defeituoso funcionamento, ou da reversão da função alfa (Bion, 1962/1977a, p. 25), ou entre o que é pensamento simbólico e o que não é, ou entre a parte psicótica e não psicótica da personalidade.

Vamos ver as vicissitudes pelas quais passa a pré-concepção edípica, essencial não só para entendermos o papel do incesto, do parricídio, da formação do superego, como também para compreender perversões, fundamentais, da mesma forma, por estarem ligadas à curiosidade e à busca do conhecimento (vínculo K) para a estruturação dos pensamentos e do "aparelho" para pensá-los (Bion, 1962/1977a, 1963/1977b).[3]

---

3 Citando Bion, Joyce McDougall (1972, 1992, p. 76-80) nos mostra que o importante na ansiedade de castração não é a perda em si, mas o *significado dessa perda*. Ela vincula a gênese da perda ao fenômeno -K (Bion 1962/1977a).

Nesse sentido, em "Elements of psycho-analysis" ele afirma:

> *Resumindo, postulo uma versão elemento alfa do mito edípico que é o meio, a pré-concepção, em virtude da qual o bebê é capaz de estabelecer contato com os pais como eles existem no mundo real. O encontro desse elemento alfa da pré-concepção edípica com a realização dos pais reais tem como resultado a concepção dos pais. . . . Se, por inveja, voracidade, sadismo ou outra causa, o bebê não pode tolerar a relação dos pais e a ataca destrutivamente, de acordo com Melanie Klein, a personalidade que ataca é ela mesma fragmentada por meio da violência dos ataques dissociados [splitting attacks]. Reafirmando essa teoria em termos da pré-concepção edípica: a carga emocional que possui o elemento alfa da pré-concepção edípica é tal que essa pré-concepção é destruída. Como resultado, o bebê perde o aparelho essencial para ganhar a concepção da relação entre os pais e, consequentemente, para a resolução dos problemas edipianos: ele não fracassa na resolução desses problemas – ele nunca os atinge. (Bion, 1963/1977b, p. 93)*

Nesse mesmo livro, Bion afirma algo semelhante quando fala dos pacientes muito comprometidos que, ao atacar com violência

---

McDougall afirma que "Alguns dos fatores assinalados por Bion (1967), em relação à formação do pensamento psicótico e esquizofrênico, parecem, para mim, aplicar-se também àquelas crianças que se tornam perversas" (1990, p. 79). Penso que sua formulação se completaria, se essa importante autora considerasse que na gênese do fenômeno -K estão os ataques à pré-concepção edípica, levando às distorções da *função alfa*, bem como o papel desempenhado pelo *splitting* forçado.

os objetos, sentem que desintegram não só os objetos como também sua própria personalidade. Diz Bion:

> Este mito privativo [Édipo], em seu papel de investigação, é impedido, ou mal desenvolvido, ou sujeito a um estresse tão grande que desintegra; os seus componentes são dispersos e o paciente fica sem o aparelho que lhe capacitaria compreender a relação parental e se ajustar a ela. (1963/1977b, pp. 66-67, grifo meu)

Acredito que isso possa, entre outras consequências, levar a uma negação patológica da diferenciação sexual anatômica entre mãe e pai, ou mesmo a uma confusão das diferentes funções que cada sexo tem e à negação da origem da criança da união sexual entre ambos; sintomas frequentemente encontrados em casos de perversão e psicose, como veremos posteriormente.

Em seguida, Bion afirma que os "fragmentos", "pedaços" (*debris, scraps*) contêm elementos que deveriam operar como pré-concepção do mito e afirma que esses elementos aparecem fragmentados e dispersos ao longo do tempo no trabalho analítico e que o problema da interpretação é associar esses elementos dissociados, mostrando a correlação que existe entre eles, ou seja, de integrá-los novamente. O desenvolvimento em análise integra esses diferentes aspectos usando a relação transferencial. Tais "fragmentos" se relacionam com a patologia da função alfa.

Como vimos anteriormente, se o bebê tolera a ausência da mãe, pode transformar o "não-seio", ou seja, a ausência do seio, em um pensamento, na imagem, na representação da mãe ou do seio. Quando isso não é possível, o "não-seio" é equiparado a um objeto mau presente, pronto apenas para ser evacuado, por meio da identificação projetiva, como um objeto mau, indesejável e ameaçador

(1962/1967b, 1967/1977b, pp. 112-113; Britton, 1992, pp. 39-40). Dessa forma, não há a internalização de uma relação continente-conteúdo (♂ ♀) positiva, ou de uma díade, que estruturará o aparelho para pensar os pensamentos, e sim a formação de um objeto interno voraz que desnuda de sentido e "retira o que há de bom de tudo o que o bebê recebe ou dá" (Bion, 1967c, p. 115). Isso dá origem ao que Bion (1962/1977a, pp. 96-97) chamou de vínculo -K,[4] ou seja, o anti-conhecimento, o anti-pensamento. O mesmo se dá com a pré-concepção da relação parental, ou seja, com a pré-concepção edípica, quando esta não é tolerada pelo bebê. Com isso teremos a produção de elementos beta, e o bebê nesse momento se "sentirá" cercado de objetos inanimados, isso é, o seio não terá o caráter de algo vivo e sim de coisa inanimada, concreta. Entendo que temos aí, no início da patologia da função alfa, o ponto nodal da gênese dos estados perversos da mente. Daí que, com tanta frequência, o perverso trata seu objeto não como um ser humano vivo, mas sim como uma *coisa*, sem consideração para com o outro. O outro é manipulado, não tem existência própria; sua função é a de desempenhar o papel que a finalidade perversa lhe designa.[5]

Em *A memoir of the future: the past presented* (1991), Bion refere-se à sexualidade em muitas passagens, mas de uma forma que não é teórica, por exemplo, em "Book I" (pp. 45, 174-175) e "Book II" (pp. 286-287, 303). Ele não trata *especificamente* das perversões, mas nos fala em toda sua obra de pacientes psicóticos. No

---

4 Inicial de *knowledge*, que, em inglês, significa conhecimento.
5 Desenvolvendo o tema, Bach (1994) afirma: "Desde muito antes da Guerra de Troia até o universo dos campos de concentração de nosso século, o homem sempre possuiu e sempre usou seu potencial para tratar outro ser humano como uma coisa. É esse tratamento da outra pessoa como coisa, em vez de ser humano, que vejo como perversão nas relações de objeto e isso forma a essência deste livro" (p. XV).

entanto, com muita frequência, tais distúrbios se confundem (Socarides,1988; Socarides & Volkan, 1990, p. 22).

Rosenfeld (1949) mostrou que a homossexualidade é uma defesa contra angústias persecutórias. O mesmo mostra Limentani, em sua lúcida classificação da homossexualidade (1996, pp. 220--221). Da mesma forma, tive a ocasião de observar clinicamente que o fetichismo era uma defesa contra angústias persecutórias latentes e um meio de lidar com elas. Fica, assim, implícito que as formulações de Bion situam as perversões dentro dos distúrbios do pensamento. O limite entre o funcionamento psicótico e não psicótico da personalidade é particularmente sutil nos perversos, porque neles – fora do ato perverso manifesto – os fenômenos, inclusive os transferenciais, conferem uma pseudonormalidade nem sempre fácil de detectar. Penso que, se considerarmos o funcionamento da parte psicótica da personalidade – isto é, dos fracassos na operação da função alfa – teremos uma abrangência que vai desde os fenômenos mais grosseiros, inicialmente descritos por Bion nos esquizofrênicos, como os "elementos beta" e a "tela beta", até os fenômenos mais sutis das transformações no domínio da *alucinose*. E se juntamos a esses as perversões, em que o atuar mentalmente sobre os outros por meio da identificação projetiva tem um papel relevante (1962/1977a), a continuidade conceitual entre psicose e perversão revela-se mais compreensível.

Ansiedade de castração, splitting do Ego e função alfa

Desde Freud, em "Three essays on the theory of sexuality" (1905/1953), os autores são unânimes em ressaltar a importância da resolução do complexo de Édipo para o desenvolvimento

366 ANOREXIA NERVOSA: UM NOVO PARADIGMA...

harmônico da personalidade e da importância das falhas de uma solução satisfatória desse complexo, na gênese das neuroses e perversões. Como consequência, ansiedades e defesas derivadas da constelação edípica, como a ansiedade de castração (Amati-Mehler, 1996; Chasseguet-Smirgel, 1986, pp. 74-77; Fenichel, 1946, pp. 325-386; Greenacre, 1996, pp. 91, 96; Lemlij, 1992; Loeb, 1996, p. 155; McDougall, 1972, 1992, p. 66; Rosen, 1996a, pp. 56-59, 1996b, pp. 180, 182-183; Socarides, 1988, pp. 40, 46) e do *splitting* do ego (Amati-Mehler, 1996; Chasseguet-Smirgel, 1981, pp. 521--524; Fenichel, 1946, pp. 341-345; McDougall, 1972, 1992, pp. 75--79) têm sido apontadas por quase todos os autores, desde Freud, que se ocupam do tema.

Da importância inicial atribuída à fase genital, na etiologia das perversões, os fatores pré-genitais passaram a assumir um papel cada vez mais importante em sua gênese (Socarides, 1988; Socarides & Volkan, 1990) – e, acrescentaria também, nos distúrbios do pensamento. Depois das contribuições de Mahler (1968), entre os fatores pré-genitais, está sendo cada vez mais destacada a importância das ansiedades da fase individuação/separação da mãe e as defesas contra ela, ou seja, o desejo de se fundir (*merge*) com a mãe (Chasseguet-Smirgel, 1981, p. 513; Glasser, 1996, pp. 284--285; McDougall, 1972, p. 379; Rosen, 1996a, pp. 61, 63-65; Socarides, 1988, pp. 42-47). A contribuição de Bion, com "A theory of thinking" (1962/1967b) já ante-cipa as formulações de Mahler, tão importantes, atualmente, para o entendimento das perversões.

Freud nos fala da ansiedade de castração como o medo real que o menino tem de ter o pênis cortado como, em suas fantasias, a menina teria tido o seu. No entanto, em "Analysis of a phobia in a five-year-old boy" (1909/1955), em um lampejo de gênio, ele já pré-vê que a importância da ansiedade de castração não está exatamente na perda real do pênis, mas de seu significado, como o protótipo de toda e qualquer perda. Assim diz Freud:

> *Tem sido enfatizado que, toda vez que o seio da mãe é retirado de um bebê, ele é impelido a sentir isso como uma castração, (ou seja, como a perda de algo que ele considera como a mais importante parte do seu próprio corpo)... Conquanto reconheçamos todas essas raízes do complexo, tenho, no entanto, mantido o ponto de vista de que o termo "complexo de castração" deve ser limitado àquelas excitações, e consequências, que estão relacionadas à perda do pênis. (1909/1955, p. 8)*

Por outro lado, Freud des-cobriu a importância do *splitting* do ego (1927/1961, 1940/1964) associado à ansiedade de castração como fundamental não só para o entendimento do fetichismo como também para a compreensão das perversões em geral. Gostaria de fazer uma aproximação da afirmação citada de Freud ao que Bion, no capítulo cinco de "Learning from experience" (1962/1977a), nos mostra, ou seja, a importância das angústias que levam determinados bebês a um *splitting* forçado (*enforced splitting*) e ao sentimento da perda do objeto bom, o seio.

Ao fazer uma aproximação entre, de um lado, o *splitting* forçado de que nos fala Bion e, do outro lado, o *splitting* do ego e a ansiedade de castração de que nos fala Freud, não estou querendo dizer que sejam iguais. Penso que são diferentes os níveis conforme o modelo teórico que usamos – assunto muito bem tratado por Amati-Mehler (1996). Por exemplo, Freud coloca a ansiedade de castração na fase genital. Penso que o *splitting* forçado acontece nos três primeiros meses de vida, portanto, em plena posição esquizoparanoide. O *splitting* do ego no fetichismo tem a função, de um lado, de negar a castração e, de outro, de considerá-la (Freud, 1927/1961, 1940/1964). Essas duas partes ficam cindidas e toda a dinâmica dessa perversão está no precário equilíbrio criado. No *splitting* forçado, o bebê, da mesma forma, "reconhece" a perda (castração) do seio. Fica, a partir daí, em busca de algo bom perdido – ao mesmo tempo que nega a perda (castração), pois "coisifica" o seio e o leite para poder continuar a ser alimentado.

Bion (1962/1977a) afirma que o bebê recebe do seio não somente sustento material, mas também amor e entendimento. Se o bebê for dominado por emoções fortes, como inveja e medo que estimulam a agressão, pode acontecer que o impulso para procurar o seio e de ser por ele alimentado seja bloqueado. Por outro lado, o amor que une o bebê à mãe é inseparável da rivalidade e dos ciúmes que despertam nele um terceiro objeto que é excluído. Para que o bebê possa se permitir alimentar, faz uma clivagem (*splitting*) entre o seio material, que fornece o alimento, e o seio como uma expressão da experiência emocional de sentimentos de amor e entendimento. Bion afirma que:

> *A inveja despertada pelo seio que provê amor, entendimento, experiência e sabedoria coloca o problema que é resolvido pela destruição da função alfa. Isso faz com que o seio e o bebê pareçam inanimados... A necessidade de amor, entendimento e desenvolvimento mental, desde que não possa ser satisfeita, é deflectida para a busca de conforto material. Uma vez que o desejo por conforto material é reforçado, a necessidade de amor permanece insatisfeita e se transforma em uma voracidade insaciável e mal direcionada. Esse* splitting, *que é reforçado pela fome e pelo medo da morte – pela fome, de um lado, e pelo amor e pelo medo associados a uma inveja e ódio assassino, de outro lado –, produz um es-*

tado mental em que o paciente vorazmente persegue toda e qualquer forma de conforto material. Desde que esse estado se originou da necessidade de se livrar de todas as complicações emocionais concomitantes à conscientização [awareness] da vida e do relacionamento com objetos vivos, o paciente parece ser incapaz de gratidão ou de real interesse [concern], seja por si ou por outros. Esse estado implica a destruição do respeito [concern] pela verdade. Considerando que esses mecanismos falham na função de livrar o paciente de suas dores, as quais ele sente como sendo por falta de algo, sua busca de uma cura toma a forma de uma busca por objetos perdidos *e termina em um aumento, cada vez maior, de sua dependência de conforto material; a quantidade é a preocupação que impera, e não a qualidade. (1962/1977a, p. 11, grifos meus)*

No "*splitting* forçado", o adjetivo *forçado* refere-se ao papel da inveja como fator propulsor, ou seja, a inveja lhe dá uma característica própria que faz com que difira de outras formas de *splitting* (Bion, 1962/1977a). Entendo que o *splitting* forçado ocorra na fase *oral primitiva* (Meltzer, 1973, p. 24), na fase *pré-edípica* (Socarides, 1988, pp. 69-74) ou na fase *oral pré-genital*, em que prevalecem as relações parciais de objeto, de acordo com Rosen (1996a, pp. 49-56). Acontecendo em fase tão primitiva, é razoável supor que todo o desenvolvimento psicossexual posterior seja influenciado ou comprometido.

A teoria mencionada explica muitos casos de psicose, mas como separar psicose de perversão? Como entender, por exemplo, um analisando meu homossexual que buscava, sofregamente, sugar um pênis atrás do outro, noite adentro, e terminava totalmente insone e insatisfeito ao fim da madrugada? Depois de quatro ou mais encontros, em que o nome, o rosto, a identidade do outro não importavam, percebi que o paciente buscava, mamando e sugando, um objeto parcial seio-pênis, que de fato representava o seio primordial que um dia perdera. Ou, se pensarmos nos casos dos grandes obesos, da bulimia, há uma fome que não pode ser satisfeita, porque o que se busca não é o alimento físico, material, mas algo imaterial, expressão emocional de algo bom perdido e representante simbólico da castração.

Material clínico

Trata-se de uma adolescente diagnosticada como portadora de anorexia nervosa. Ao me procurar para análise, Ariadne tinha 14 anos, media 1,60 m e pesava 23,400 kg. Aluna inteligente e brilhante, vinha sendo havia muitos anos a primeira de sua classe. Dada a dinâmica familiar, poderíamos dizer que ela foi criada como filha única, pois o mais novo de seus irmãos era nove anos mais velho que ela.

Aparentemente, tudo começou com regimes e dietas para não engordar. Em dez meses, passou dos 37 kg para pouco mais de 23 kg! Quando fui procurado por ela e pelos pais, iria se internar no dia seguinte e, a pedido do médico responsável, procurou-me para análise. Apesar de não ter janelas em meus horários habituais, passei a atendê-la, dada a gravidade do caso, inicialmente com seis vezes por semana, depois cinco e, finalmente, quatro, até a interrupção da análise. No início da análise, ela já estava, no entender da equipe clínica, começando a queimar órgãos essenciais, como fígado e rins, correndo iminente risco de morte.

Tinha, mesmo em nível consciente, uma rivalidade com a mãe e um ódio dela, bastando, por exemplo, a última fazer qualquer alusão à comida para que ela fizesse exatamente o contrário do que a mãe lhe pedia. Chegava ao cúmulo de contar os grãos de arroz que comia em um dia. Isso ela usava como arma para controlar a mãe. Foi extensamente visto, na transferência e na relação com os pais, como ela se sentia arrogantemente superior a eles, principalmente à mãe, e a mim também, podendo manipulá-los com a arma de que dispunha: comer ou não.

Frequentemente, no início de nosso trabalho, fora da sessão, surpreendia-me pensando na analisanda e percebia-me pré-o-cupado, chegando mesmo a sonhar com ela. Contratransferencialmente, esse material era usado para formular interpretações de como ela "criava" em mim a necessidade de pensar nela e de pré-ocupar-me com ela, quando, na verdade, ainda que não percebesse, a função de cuidar dela era responsabilidade dela; e isso ela estava inconscientemente delegando a mim ou a sua mãe. Por outro lado, o medo de morrer, que deveria ser sentido por ela, ela "fazia" com que eu o sentisse e me angustiasse com ele, quando, de fato, a função de preservar sua vida, ainda que isso não lhe fosse claro, era dela e não minha. Quando digo que ela "criava" ou "fazia" com que sentisse, refiro-me a um mecanismo de identificação projetiva/introjetiva entre ela e o analista, ou seja, ela não poderia criar se não houvesse a contrapartida no analista, o que Bion denominou de identificação projetiva realista (Bion, 1959/1967a, pp. 103-106, 114-116).

Quando o ódio à mãe aparecia, muitas vezes, eu lhe mostrava, em linguagem simples e direta, que ela não percebia que estava morrendo, simplesmente negava. Mostrava-lhe que o ódio que ela sentia em relação à mãe estava sendo dirigido não apenas à mãe lá fora, mas a uma mãe objeto interno, que ela mataria levando consigo para a sepultura! Em outro momento, pude mostrar-lhe que a sua teoria de que era superior e de que poderia, inclusive, sobreviver sem comida (havia de fato uma fantasia inconsciente de que poderia sobreviver sem comer, como se já fizesse parte de um mundo etéreo) nada mais representava que um repúdio a sua condição humana, ao ser biológico, à sua sexualidade, e um repúdio inconsciente a toda e qualquer responsabilidade pela sua vida. Paradoxalmente, ela ali estava cada vez mais dependente de mim, dos pais e da equipe médica para sobreviver! De fato, ela não tinha uma consciência de que estava macérrima e de que isso lhe estava custando a vida. Por exemplo, qualquer doença intercorrente, uma gripe, um resfriado, uma pneumonia, poderia ser fatal – dadas as condições de debilidade orgânica em que se encontrava. Inclusive, havia parado de frequentar as aulas por se cansar muito ao subir as escadas, a fim de economizar preciosas calorias. Essa clivagem, que levava a uma inconsciência de seu estado, ficou clara na análise quando ela trouxe um desenho, autorretrato, que fizera de si mesma. Nele, ela aparecia com traços normais, até um pouco "gordinha".[6] Essa "gordinha" tinha para ela uma existência real, era uma verdadeira alucinose, no sentido em que Bion (1965/1977c) usa essa palavra. Tratava-se de uma alucinose muito sutil, difícil de ser percebida, mas que, uma vez detectada, deu-me a convicção de estar diante de um quadro de uma clivagem profunda que a levava a um delírio. Chamei-lhe a atenção para o fato de que, na verdade, ela não se sentia magra e, sim, o contrário! Disse-lhe claramente que ela estava delirando, pois negava a evidência que seus olhos lhe diziam: de que ela era um saco de ossos! Disse-lhe que alucinava,

6 Lembrei-me agora de um proverbio inglês, já citado alhures (Junqueira de Mattos, 1992, p. 459), que diz: "Todo gordo tem dentro de si um magro lutando para escapar", ou, fazendo variações do tema, posso também dizer: todo magro tem dentro de si um gordo assustador do qual quer se livrar; ou, inversamente: todo gordo tem dentro de si um magro esfaimado a quem precisa desesperadamente alimentar.

pois negar o que existia (o profundo emagrecimento) correspondia, alucinatoriamente, a "ver" o que não existia (estar "gordinha").

Uma das suas angústias, que logo no início de sua análise apareceu, foi a de que, se começasse a comer, não conseguisse parar mais. Pude mostrar-lhe que, no fundo, essa fantasia significava que ela percebia que havia algo na comida ou que a comida representava algo de que ela necessitava desesperadamente. Esse outro sentido da comida era, de uma forma inconsciente, percebido por ela como se sua mãe, junto com o seio e o leite, provavelmente tinha lhe dado também amor e entendimento. Isso ela queria negar, ou seja, que sua mãe tivesse lhe dado algo de bom. Ao temer começar a comer e não parar, disse-lhe, mais do que buscando a comida, ela estava buscando aquela relação de amor que um dia tivera e perdera. Isso ficou muito claro na transferência e na contratransferência. Um dia, um pernilongo adejou a janela, entrou pela sala, pousou em seu braço e começou a sugar seu sangue! Instintivamente levantei-me e matei o pernilongo... Só depois percebi que a fantasia que fiz, subjacente a esse *acting-in,* foi a de que uma simples e minúscula gota de seu sangue era preciosa para mantê-la viva! Como se ali estivéssemos lutando contra um vampiro interno que avidamente sorvia todas as suas forças e energias. A analisanda não usava o divã, mas conversava e associava normalmente. Sentava-se à minha frente e me olhava. A pele sobre os ossos era como que uma luva a modular a ossatura do rosto. Os olhos muito vivos, encovados no orbitário da face, eram como que mensageiros de outro mundo e pareciam ser o último reduto de uma força que a mantinha viva, dentro daquele corpete macilento, emaciado. Um dia, em que fixamente me olhavam, buscando algo tão avidamente, senti que pareciam querer me engolir. Disse-lhe que parecia que ela queria me "comer" com os olhos. Mas o que ela queria comer? De que alimento ela precisava? Mostrei-lhe que havia ali algo que buscava que nada tinha a ver com a comida em si, mas que pudesse nutrir sua mente, pudesse levá-la a se manter viva e a poder comer de fato.

A partir daí, e em diferentes momentos de sua análise, pude lhe mostrar que esse algo perdido representava um aspecto do amor de sua mãe que ela um dia tivera, valorizara, mas que agora, por uma razão sua, que poderíamos descobrir ali na análise, ela tentava negar. Outras vezes, pude lhe mostrar que era esse algo negado, esse bem que um dia teve e perdeu, que fazia com que ela viesse à análise, não faltasse, buscando-o insistentemente ali na minha pessoa. Por outro lado, ela desejava provar, por inveja, para ela mesma em primeiro lugar, que sua mãe nada lhe dera, ou que eu, ou a análise, da mesma forma, pouco poderia lhe dar também. Ademais, essas ideias suas, essa sua teoria, estavam lhe custando a vida, pois ela parecia disposta a provar, morrendo, que ela nada tinha recebido dos pais; sendo maus, não souberam mantê-la viva! Da mesma forma, o analista não conseguiria ajudá-la sem que ela pudesse ajudá-lo a ajudá-la. Ou, inversamente, se ficasse viva e boa, ela seria um atestado vivo do quão bons seus pais foram, o quanto também boa sua análise estava sendo. Temos aí, no meu entender, a gênese de sua *compulsão à repetição* e dos traços marcadamente obsessivos de sua personalidade. Ou seja, ao afirmar que o seio ou que sua mãe, pai ou o analista nada lhe deram, ela teria de continuar a provar, até com sua morte, que nada havia recebido... Dessa forma, teria de continuar a vir compulsiva, repetitiva e indefinidamente à análise para provar que também o analista, apesar de todo seu esforço (dela) e assiduidade, nada lhe dava e não seria capaz de ajudá-la. Ao longo dos três primeiros meses de análise, esse foi um tema recorrente. Ela claramente fazia uma clivagem, uma cisão (*splitting*), de um lado ela tentava negar a perda do seio (castração) e o luto concomitante e, de outro, queria provar para si mesma, não comendo, que não precisava dele (seio), assim como não precisava dos pais, da análise nem de ninguém. O que é importante assinalar é que ela se defendia permanentemente de sentir inveja, pois a inveja ameaçava seu ego de uma desintegração e fragmentação constantes.

Aos poucos, foi se revelando como ela usava o corpo e o seu estado físico, sem se dar conta, para manipular e controlar os pais; como uma arma que ela lançava principalmente contra a mãe, comendo ou recusando a comida. Isso era acompanhado de um sentimento hipomaníaco de satisfação. Paulatinamente, ficou evidente que a paciente recusava qualquer responsabilidade por seu estado físico, afirmando que não comia porque não tinha fome. O que aparentemente era verdadeiro, pois que ela conseguia inibir, pela cisão, mesmo em nível consciente, o desejo de comer e a sensação física de sentir fome. Assim, não se sentia responsável por nada... Por outro lado, ainda que ela não sentisse fome, as fantasias inconscientes que apareciam na análise e retratadas no teor de suas associações eram invariavelmente sobre comida... Ou seja, ela só se lembrava daquilo que não conseguia esquecer... O que evidenciava a tenacidade (estava fazendo face à morte) e ao mesmo tempo a fragilidade (sentia-se perseguida pelo que não conseguia esquecer) do *splitting* forçado dentro de seu sistema defensivo.

Além do mais, antes da análise e durante, ela era dominada por atitudes e comportamentos obsessivos quanto a horários, ordem com seus objetos pessoais, limpeza etc., representando defesa contra angústias persecutórias profundas. Seus horários eram rigorosamente cumpridos – jamais chegou atrasada à análise e controlava o tempo do analista. Religiosamente, chegava em casa e ia imediatamente fazer as lições do colégio. Como não tinha amigos e estava sempre só, sozinha também estudava e sozinha procurava solucionar as dificuldades. Aí residia outra fonte de atrito com a mãe, pois, ainda que fosse a primeira da classe, não confiava em seus conhecimentos e estava permanentemente insatisfeita consigo e querendo saber mais... Devorava, disse-lhe um dia, os livros com os olhos! Como nunca estava segura se sabia ou não, culpava a mãe. Nessa linha de pensamento, interpretava que havia algo que ela buscava e que não estava nos livros nem em seus estudos, que, por mais que tentasse, não resolveriam, pois se relacionava com algo bom perdido. Temos aí uma nuance diferente do que foi apontado sobre sua *compulsão à repetição*, na forma, agora, de uma busca compulsiva de conhecimento.

Ligada à recusa inconsciente em aceitar responsabilidade pelo seu estado, havia nela a dificuldade de perceber um sentimento muito primitivo e universal a que todo ser humano está sujeito, ou seja, de ser só e dependente do outro (*"to be dependent and all alone"*, Junqueira de Mattos, 2016), ou seja, de que um dia dependeu e recebeu cuidados de uma mãe ou de que agora dependia de um analista para se conhecer. À medida que tal constelação de sentimentos foi analisada, uma série de defesas apareceu, por exemplo, o processo de emagrecimento, de 37 kg para 23,400 kg, demorou aproximadamente dez meses. Antes do aparecimento dos sintomas de anorexia, ela já tinha 13 anos e não havia menstruado ainda. Portanto, até aquela data, não podemos atribuir ao emagrecimento e à desnutrição a falta da menarca. Dentro da dinâmica que apareceu na análise, ter a menarca significava aceitar sua sexualidade, sentir desejo, necessidade e dependência do outro para a realização de tais desejos. Não menstruar era ser assexuada no nível genital, portanto, estar acima de necessidades biológicas que ela odiava. Por outro lado, admitir sua sexualidade era admitir também a sexualidade dos pais e toda a constelação de inveja e ciúmes inerente a ela. E, mais que isso, em nível mais primitivo, era admitir também que dependeu de um casal para nascer, precisou de um par, de pais, e permitir que eles tivessem relações sexuais.

Certa vez, disse-lhe que ela se sentia como um pinto apto para nascer, mas que não aceitava ter de quebrar a casca do ovo com seu próprio bico e assumir as responsabilidades que a vida e o viver impõem a todos nós. Daí a necessidade que tinha de ficar dormindo e de passar boa parte do tempo deitada. Dessa forma, ela procedia como se não tivesse nascido psiquicamente. Com isso, o que ela ansiava, dormindo, era voltar a um útero, o útero de sua mãe, ao estado em que estava antes do nascer, como uma maneira de se defender de um mundo que ela odiava e que lhe trazia necessidades biológicas e sexuais inaceitáveis.

Penso que, ao se identificar com o que lhe foi mostrado e perceber isso em sua análise, ela pôde também reconhecer o quão magra ela estava, sua tendência autodestrutiva, em que não comer representava uma ação suicida e de entender o sentido de sua sexualidade e das defesas contra ela, o ódio aos pais etc. Ela chegou a verbalizar isso dizendo que esteve "doida". Resumindo: pôde restabelecer o funcionamento de sua função alfa.[7]

Ao cabo de seis meses de análise, a analisanda pesava 40 kg, ou seja, estava acima de seu peso habitual. Conservou esse peso até a interrupção de seu trabalho comigo.

---

7 O tema da internalização da função alfa do analista pelo analisando está exposto com clareza e precisão por Lansky (1981, p. 431): "Ao perceber o significado filosófico de colocar o fenômeno da identificação projetiva em termos de continente-conteúdo, Bion é capaz de localizar a tarefa da análise da parte psicótica da personalidade com a internalização da função alfa (continente) provida pelo analista ao receber os elementos beta evacuados pela identificação projetiva. Trabalhando com um mínimo de pressuposição, Bion é capaz de focalizar claramente o efeito terapêutico do processo de interpretação. Esse é o processo de internalização da relação analista-paciente como uma relação continente-conteúdo que permite a transformação e a dominância do princípio da realidade, como oposta à evacuação pela identificação projetiva (ou a dominância do princípio do prazer)". Em contexto diferente, Meltzer (1986, p. 36), desenvolve o mesmo tema.

A analisanda já havia interrompido sua análise quando, por intermédio do trabalho de Amati-Mehler (1996), entrei em um contato inicial com as ideias de Estella Welldon (1988) sobre a sexualidade feminina, especialmente as perversões na mulher. Pude então fazer uma retrospectiva e entender que, no caso de minha analisanda, os aspectos psicóticos se confundiam com os aspectos perversos. Ainda que os ataques ao seu corpo pudessem ter sido considerados como pertencentes ao grupo das perversões, por serem ignorados na época, não foram importantes para determinar o rápido desenvolvimento que teve sua análise. Na verdade, o que foi analisado *foi o que veio antes* dos ataques ao corpo, ou seja, as vivências primitivas que levaram à psicose. Isto é, o que de fato funcionou foi a possibilidade de analisar suas ansiedades e defesas muito primitivas, relacionadas aos ataques à realização das pré-concepções edípicas, utilizando, entre outros mecanismos, o *splitting* forçado, já descrito. Em outras palavras, se tais ansiedades e defesas primitivas não tivessem sido analisadas, é razoável supor que os sintomas da "anorexia nervosa" ou da perversão continuariam, ainda mesmo que o diagnóstico de uma perversão tivesse sido brilhantemente feito... Assim, penso que na origem de tais ataques ao corpo e às representações mentais dele está uma patologia da função alfa, levando a mecanismos primitivos como o *splitting* forçado.

Welldon (1988) desenvolve um ponto extremamente original e criativo. Para ela, estando a ansiedade de castração centrada no pênis, como as mulheres não dispõem desse órgão, estariam banidas do universo das perversões... Por outro lado, se os homens utilizam o pênis como instrumento para conseguir seus fins perversos, a mulher se caracteriza pelo fato de que usa todo o corpo e também suas representações mentais para expressar sadismo, hostilidade e atitudes perversas, muitas vezes de forma autodestrutiva, como na anorexia nervosa e na bulimia (Welldon, 1988, pp. 12, 33-34). Ou seja, para Welldon, a sexualidade feminina não se restringe aos órgãos genitais, mas se espraia por todo o corpo. Essa autora enfatiza o fato de que a anorexia nervosa nada mais é do que uma perversão sexual. Portanto, a serem válidas as ideias que aqui defendo, as perversões sexuais nada mais são do que distúrbios do pensamento.

Comentários adicionais

Vimos, em "A theory of thinking" (1962/1967b), que Bion elabora o pensar e a "construção" interna de um "aparelho para pensar os pensamentos" como provenientes do interjogo dinâmico envolvendo, de um lado, uma capacidade inata de tolerar frustração e, de outro, a capacidade de *rêverie* materna, ele afirma:

> *Se a intolerância à frustração não for tão intensa para ativar os mecanismos de evasão, mas intensa o suficiente para tolerar o predomínio do princípio da realidade, a personalidade desenvolve a onipotência. . . . Isso leva ao uso da onisciência como um substituto do* aprender com a experiência *pela ajuda dos pensamentos e do pensar. Assim, não existe nenhuma atividade psíquica para discriminar o que é falso e o que é verdadeiro. (p. 114, grifo meu)*

Penso que essa afirmativa, ao lado do que foi dito antes sobre a realização *mal desenvolvida* da pré-concepção edípica, leva-nos a pressupor que haveria uma gradação do comprometimento dela, originando graves distúrbios psicóticos, perversões e neuroses obsessivas...

380 ANOREXIA NERVOSA: UM NOVO PARADIGMA...

Então, se partirmos do pressuposto de que, de um lado, essa analisanda – e muitos outros pacientes ou os seres humanos em geral – utiliza o pensamento e o pensar onipotentes e a onisciência como substitutos do aprender com a experiência para criar ou alucinar uma realidade inexistente e de que, de outro lado, uma das primeiras constatações que o bebê faz, derivada da pré-concepção edípica, concomitante à descoberta da mãe, é a existência de um pai, as primeiras frustrações com que temos de lidar são a de que nascemos de um casal e a de que, como afirmou Freud (1905/1953, p. 31), "Inter urinas et faeces nascimur" [Entre urina e fezes nascemos].

Dentro dessa linha de pensamento, em *Seconds thoughts*, Bion afirma que:

> *Desde que ele/ela [paciente] admita o fato da relação sexual [intercourse] entre os pais ou o relacionamento verbal [verbal intercourse] entre o psicanalista e ele, ele/ela se torna simplesmente um monte de fezes, o produto de um casal. Tendo em vista que se considera como o seu próprio criador, ele se desenvolveu do infinito. Suas qualidades humanas [limitações] são devidas aos pais, por meio de sua relação sexual, que o roubou de si mesmo (equiparado com Deus). (1967c, p. 165)*

Nesse sentido, e considerando tudo o que foi dito, penso que uma das origens do ódio dessa analisanda à realidade, e acrescentaria dos seres humanos em geral, pode ter uma de suas gêneses – como uma defesa contra sentimentos de dependência e solidão inerentes a todo ser humano – no desejo de agir e de se sentir como se fosse Deus, por meio de ações e do pensar onipotentes. Como isso é permanentemente questionado pelos fatos e pelas frustrações que a realidade negada impõe, nasce o ódio. Visto desse ângulo, penso que o mito da origem autóctone, partenogenética dos seres humanos, tem sua gênese em tais estados de sentimentos e saberes onipotentes. Nesse sentido, Grotstein, ao desenvolver a teoria da realidade proposta por Bion, afirma:

> *Claude Lévi-Strauss (1957, Cap. XI), o antropólogo estrutural, ensinou-nos que talvez o significado mais profundo do "Enigma de Esfinge" e do "Complexo de Édipo" é a noção da teoria do nascimento. Ele postula que há duas teorias nas culturas primitivas acerca do nascimento e também duas estruturas na mente primitiva do ser humano: as teorias autóctone e genital. Por autóctone, ele quer dizer nascido de si mesmo, autogerado etc., enquanto a teoria genital implica a necessidade de ter sido concebido por uma relação sexual entre os pais. (1981, p. 25)*

Citando o mito do nascimento de Cristo, que teve origem em Maria, por ação do Espírito Santo, e de Palas Athena, que derivou da cabeça de Zeus, reitera ainda a frequência com a qual essa teoria autóctone subjaz em muitos delírios psicóticos. Muitos estudiosos dos mitos são unânimes em assinalar a universalidade deles. Tais ideias encontram-se espalhadas em muitas peças do teatro clássico grego, bem como penso estarem na gênese dos mitos que tratam das teorias do nascimento e da busca do conhecimento (vínculo K ligado a uma função psicanalítica da personalidade [Bion, 1962/1977a]), como o mito de Édipo, do Éden, da Torre de Babel etc.

Socarides (1988, pp. 3-4, 1996, pp. 255-256; Socarides & Volkan, 1990, p. 9) aponta que a afirmativa de Freud de que "a perversão era o negativo da neurose", e de que o perverso, ao contrário do neurótico, não reprimia seus impulsos, levou muitos à falsa conclusão de que as perversões, por serem egossintônicas, eram difíceis de serem analisadas, pois, não havendo nada reprimido, nada restava a ser analisado. Assim, muitos analistas ficaram desestimulados a analisar perversos. Com o tempo, no entanto, ficou (Socarides, 1988, pp. 3-4) "cada vez mais aparente que o perverso reprime algo: a parte infantil de sua sexualidade. A parte que foi admitida à consciência e permitida de ser gratificada estava ligada a uma forte fixação pregenital destinada a eliminar o perigo da castração". Socarides mostra ainda que os instintos parciais passam por mudanças e disfarces, condicionados pelas defesas do ego perverso, a fim de serem gratificados por ações perversas. E mais, há frequentemente nas perversões uma idealização da sexualidade infantil, que nega a imaturidade sexual da criança e sua impotência. Ela passa a ser vista como superior e nada devendo à sexualidade adulta. Com isso, a criança nada tem a invejar dos adultos (Chasseguet-Smirgel, 1974, 1981, p. 518, 1991, pp. 402-403, 408; Meltzer, 1973, p. 88). Para Chasseguet-Smirgel, a inveja parece não ter a importância fundamental na gênese das perversões:

> *todas as perversões, qualquer que seja seu conteúdo, se desenvolvem a partir de um pano de fundo anal sado-masoquístico e tem como objetivo destruir a realidade. Uma realidade que, do ponto de vista psíquico-sexual, pode ser definida como resultante da existência de um pai separado da mãe e da criança... Isso leva à ideia de que a destruição da realidade é equivalente à destruição do universo parental. (1991, p. 399)*

Em outro exemplo, no artigo "Perversion and the universal law" (1983), Chasseguet-Smirgel mostra que as perversões negam e subvertem, destruindo toda a ordem universal natural e criando uma nova realidade: "O herói de Sade coloca a si mesmo na posição de Deus e se torna, por meio de um processo de destruição, o criador de uma nova realidade" (p. 295). Ali a autora cita Freud (1907/1959), quando ele mostra que o universo das perversões é o universo de Lúcifer e que "as perversões são a religião do Demônio". No entanto, nesse artigo germinal, nenhuma menção é feita ao papel da inveja. A autora uma vez mais utiliza o mundo do Marquês de Sade, no diálogo entre Bressac e Justine (*La nouvelle Justine*), antes do assassinato da própria mãe:

> *A criatura que estou destruindo é minha mãe; assim, é deste ponto de vista que eu irei examinar o assassinato... Uma criança nasce; a mãe a alimenta. Ao fazer esse serviço para a criança, nós podemos estar certos de que ela (a mãe) é tomada pelo impulso natural que a impele a se desfazer de secreções que, de outra forma, provariam ser perigosas para ela. Visto isso, não é a mãe que está prestando à criança um serviço quando ela o alimenta: pelo contrário, é a criança que está prestando um serviço à mãe... O quê! Preciso eu dever a esta pessoa alguma coisa por ter me feito um favor que eu poderia perfeitamente dispensar, alguma coisa que satisfaz a necessidade dela somente? Assim fica claro que em todas as ocasiões da vida em que a criança se encontra na posição de desfazer-se de sua mãe ela deve fazê-lo sem o menor escrúpulo; ela deve mesmo fazê-lo de propósito, porque não deve nada mais do que odiar essa mulher, e a vingança é fruto do ódio, e o assassinato, o meio da vingança. Assim deixe que ela sem piedade assassine essa criatura que erroneamente pensa que o filho lhe deve muito; deixe que ela*

384 ANOREXIA NERVOSA: UM NOVO PARADIGMA...

> *sem consideração retalhe o seio que a alimentou.*
> *(Chasseguet-Smirgel, 1983, p. 29)*

Admitindo o papel fundamental da inveja, estaríamos em linha com toda a tradição religiosa tão citada por Chasseguet-Smirgel. É sobejamente conhecido o mito do Éden, tema de *Paraíso perdido*, em que Milton (1894) nos traz Lúcifer, em sua nobre posição de anjo caído por inveja e lançado ao Inferno ("Melhor ser senhor no Inferno do que escravo no Paraíso"), bem como seu retorno disfarçado na forma de serpente para tentar Eva. A inveja tem, entre os sete pecados capitais, o papel de mãe dos outros: ira, gula, avareza, cobiça, luxúria, preguiça.

O valor que Chasseguet-Smirgel e outros autores já citados dão à fase de individuação/separação da mãe, das fantasias de fusão com ela, bem como do papel exercido pelas defesas obsessivas, da fase sádico-anal e dos dois níveis de *splitting* do ego que admite nas perversões, teria o seu significado ampliado com as contribuições de Bion. Por exemplo, a ênfase no desejo de "fusão" que pude observar em minha analisanda difere da encontrada por ela quando afirma:

> *o rompimento da fusão primária, quando ela é seu próprio ideal, resulta de seu sentimento original de indefensibilidade: ele depende do objeto para sua satisfação e, portanto, é forçado a reconhecer o "não eu". Desse ponto de vista, o desejo de reexperienciar o sentimento de fusão com a mãe persistirá sempre. (1991, p. 513)*

Na minha analisanda, a ênfase no desejo de "fusão" (*merge*) com a mãe decorreu mais de dificuldades suas de aceitar sentimentos de solidão e de dependência e, concomitantemente, de ter de lidar com sentimentos de responsabilidade, inclusive pela sua sexualidade, do que de buscar prazer por meio de uma união indefinida com o objeto, representante de seu próprio *ideal de ego* – como entende Chasseguet-Smirgel, citando como suporte de suas ideias as teorias da genitalidade que Ferenczi expõe em *Thalassa: a theory of genitality* (1989). Considerando isso, a autora mostra que:

> *o desejo de retornar ao útero materno constitui um desejo humano fundamental, que, num sentido, pode ser preenchido por meio do coito. Se seguirmos essa teoria, ela nos levará à conclusão de que o cume do desenvolvimento sexual humano contém a promessa, até mesmo a satisfação, do mais arcaico desejo, o desejo de retornar ao útero materno e para a fase narcisística primária, em que não há distinção entre* self *e* não self*. (Ferenczi, 1989, p. 513)*

Finalmente, concordo com Meltzer (1973, p. 21) quando afirma que um estreito respeito ao método psicanalítico e à aderência ao critério científico de observação, ao longo de mais de 45 anos de prática clínica, levou Freud a constantemente revisar os conceitos psicanalíticos, particularmente os relacionados ao desenvolvimento da personalidade. Nessa linha de pensamento reside minha finalidade: chamar a atenção para o fato de que as contribuições de Bion para a compreensão dos distúrbios do pensamento permitem uma nova compreensão das assim chamadas perversões. É na relação analítica, e não fora dela, que o caminho para a compreensão das perversões precisa ser buscado e onde tais distúrbios precisam ser tratados: na transferência, na relação analista-analisando, como uma relação conteúdo-continente, em contínua transformação e de contínua mudança para o analisando e para o analista.

Referências

Amati-Mehler, J. (1996). Perversões: estrutura, sintoma ou mecanismo? *Revista Brasileira de Psicanálise, 30*(2), 429-438.

Bach, S. (1994). *The language of perversion and the language of love.* New York: Jason Aronson.

Bion, W. R. (1967a). Attacks on linking. In *Second thoughts* (pp. 93--109). London: Heinemann. Publicado originalmente em 1959.

Bion, W. R. (1967b). A theory of thinking. In *Second thoughts* (pp. 110-119). London: Heinemann. Publicado originalmente em 1962.

Bion, W. R. (1967c). *Second thoughts.* London: Heinemann.

Bion, W. R. (1977a). Learning from experience. In *Seven servants: four works by Wilfred R. Bion.* New York: Jason Aronson. Publicado originalmente em 1962.

Bion, W. R. (1977b). Elements of psycho-analysis. In *Seven servants: four works by Wilfred R. Bion.* New York: Jason Aronson. Publicado originalmente em 1963.

Bion, W. R. (1977c). Transformations. In *Seven servants: four works by Wilfred R. Bion.* New York: Jason Aronson. Publicado originalmente em 1965.

Bion, W. R. (1991). *A memoir of the future: the past presented.* London: Karnac Books.

Britton, R. (1992). The Oedipus situation and the depressive position. In Robin Anderson (Ed.), *Clinical lectures on Klein and Bion* (pp. 34-45). London: Routledge.

Chasseguet-Smirgel, J. (1974). Perversion, idealization and sublimation. *Int. J. Psycho-Anal.*, *55*(3), 349-357.

Chasseguet-Smirgel, J. (1981). Loss of reality in perversions-with special reference to fetishism. *J.A.P.A.*, *29*, 511-534.

Chasseguet-Smirgel, J. (1983). Perversion and the universal law. *Int. Rev. Psycho-Anal.*, *10*, 293-300.

Chasseguet-Smirgel, J. (1986). *Sexuality and mind: the role of the father and the mother in the psyche.* London: Karnac Books.

Chasseguet-Smirgel, J. (1991). Sadomasochism in the perversions: some thoughts on the destruction of reality. *J.A.P.A.*, *39*(2), 399-415.

Fenichel, O. (1946). *The psychoanalytic theory of neurosis.* London: Routledge.

Ferenczi, S. (1989). *Thalassa: a theory of genitality.* London: Routledge.

Freud, S. (1953). Three essays on the theory of sexuality. In *Standard edition* (Vol. VII, pp. 135-243). London: Hogarth Press. Publicado originalmente em 1905.

Freud, S. (1955). Analysis of a phobia in a five-year-old boy. In *Standard edition* (Vol. X, pp. 5-149). London: Hogarth Press. Publicado originalmente em 1909.

Freud, S. (1959). Obsessive actions and religious practices. In *Standard edition* (Vol. IX, pp. 115-127). London: Hogarth Press. Publicado originalmente em 1907.

Freud, S. (1961). Fetishism. In *Standard edition* (Vol. XXI, pp. 152-157). London: Hogarth Press. Publicado originalmente em 1927.

Freud, S. (1964). Splitting of the ego in the process of defense. In *Standard edition* (Vol. XXIII, pp. 275-278). London: Hogarth Press. Publicado originalmente em 1940.

Glasser, M. (1996). Aggression and sadism in the perversions. In Ismond Rosen (Ed.), *Sexual deviation* (pp. 279-299). 3. ed. Oxford: Medical Publications.

Greenacre, P. (1996). Fetishism. In Ismond Rosen (Ed.), *Sexual deviation* (pp. 88-110). 3. ed. Oxford: Medical Publications.

Grotstein, J. (1981). Wilfred R. Bion: the man, the psychoanalyst, the mystic, a perspective on his life and work. In *Do I dare disturb the universe? A memorial to W. R. Bion* (pp. 1-35). Los Angeles: Caesura Press.

Junqueira de Mattos, J. A. (1992). Entrevista com Bion. *Revista Brasileira de Psicanálise, 26*(3), 443-464.

Junqueira de Mattos, J. A. (1998). Anorexia nervosa: um novo paradigma para as perversões. *Revista Brasileira de Psicanálise, 32*(1), 47-66

Junqueira de Mattos, J. A. (2012). Anorexia nervosa: um novo paradigma para as perversões. In Cassia A. N. B. Bruno *Distúrbios alimentares uma contribuição da psicanálise*. Rio de Janeiro, RJ: Imago.

Junqueira de Mattos, J. A. (2016). Impressions of my analysis with Dr. Bion. In H. B. Levine & G. Civitarese (Ed.), *The W. R. Bion Tradition Lines of development: evolution of theory and practice over the decades* (pp. 5-21). London: Karnac Books.

Lansky, M. R. (1981). Philosophical issues in Bion's thought. In James Grotstein (Ed.), *Do I dare disturb the universe? A memorial to W. R. Bion* (pp. 427-439). Los Angeles: Caesura Press.

Lemlij, M. (1992). Como, onde e a quem? Notas sobre as perversões. *Ide, 22*, 30-39.

Lesbaupim, S. (1996, outubro 7). Quando o pinto é problema. *Jornal Folha de S.Paulo*, Caderno Folhateen, p. 1.

Lévi-Strauss, C. (1957). *Antropologia estrutural.*Rio de Janeiro, RJ: Tempo Brasileiro.

Limentani, A. (1996). Clinical types of homosexuality. In Ismond Rosen (Ed.), *Sexual deviation* (pp. 216-226). 3. ed. Oxford: Medical Publications.

Loeb, L. R. (1996). Childhood gender-identity disorders. In Ismond Rosen (Ed.), *Sexual deviation* (pp. 134-157). 3. ed. Oxford: Medical Publications.

Mahler, M. S. (1968). *On human symbiosis and the vicissitudes of individuation* (Vol. 1). New York: International Universities Press.

McDougall, J. (1972). Primal scene and sexual perversion. *Int. J. Psycho-Anal., 53*, 371-84.

McDougall, J. (1992). *Plea for a Measure of Abnormality.* London: Free Association Books.

Meltzer, D. (1973). *Sexual states of mind.* Perthshire, Escócia: Clunie Press.

Meltzer, D. (1986). *Studies in extended metapsychology.* Perthshire Escócia: Clunie Press.

Meltzer, D. (1992). Além da Consciência. *Revista Brasileira de Psicanálise, 26*(3), 397-408.

Milton, J. (1894). *Paradise Lost: Illustrated by Gustave Doré.* London: Cassell & Company Limited.

Rosen, I. (1996a). Integrating the general psychoanalytical theory of perversion. In *Sexual deviation* (pp. 43-75). 3. ed. Oxford: Medical Publications.

Rosen, I. (1996b). Exhibitionism, scopophilia, and voyeurism. In *Sexual deviation* (pp. 174-215). 3. ed. Oxford: Medical Publications.

Rosenfeld, H. A. (1949). Remarks on the relation of male homosexuality to paranoia, paranoid anxiety and narcissism. *Int. J. Psycho-Anal., 30*, 36-47.

Socarides, C. W. (1988). *The preoedipal origin and psychoanalytic therapy of sexual perversions.* New York: International Universities Press.

Socarides, C. W. (1996). Advances in the psychoanalytic theory and therapy of male homosexuality. In Ismond Rosen (Ed.), *Sexual deviation* (pp. 252-278). 3. ed. Oxford: Medical Publications.

Socarides, C. W., & Volkan, V. D. (1990). *The homosexualities: reality, fantasy, and the arts.* New York: International Universities Press.

Welldon, E. V. (1988). *Mother, madonna, whore: the idealization and denigration of motherhood.* New York: Guilford Press.

10. Dos distúrbios obsessivo--compulsivos às relações continente-conteúdo[1]

Introdução

A intenção deste capítulo é traçar uma linha evolutiva do pensamento psicanalítico sobre os chamados distúrbios obsessivo--compulsivos desde Freud até os nossos dias e ressaltar as consequências que as ideias de Wilfred R. Bion têm para o entendimento e para uma aproximação clínica de tais estados dentro da relação analítica, metaforicamente vista como uma relação continente--conteúdo.

Como material clínico, há o caso de um paciente com uma chamada "neurose-obsessiva" muito severa. Uma sessão do caso, da qual o autor foi o apresentador, foi supervisionada por Bion, em 1975, em Brasília (DF). Naquela ocasião, Bion chamou a atenção para o fato de que o paciente trazia no material o que poderia ser

---

[1] Uma versão anterior deste texto foi publicada em Junqueira de Mattos (1999). Algumas palavras aparecem separadas por hífen quando, gramaticalmente, não possuem. A intenção é chamar a atenção do leitor para a sua etimologia. Todas as traduções dos textos originalmente em inglês foram feitas pelo autor.

considerado como a "gênese de sua repetição-compulsão" (Bion, 1975).

Ainda que Bion não trate, ao longo de toda sua obra escrita, que eu saiba, dos estados obsessivo-compulsivos nem de nenhuma forma particular de compulsão à repetição, preferindo estudar neuroses e psicoses dentro da teoria das transformações (Bion, 1965/1977c, p. 15) – coerente, portanto, com seu modelo de mente e seu funcionamento – entendo que seus conceitos de pré-concepção (especialmente a pré-concepção do seio e da relação parental, a pré-concepção edípica), função alfa, relações continente-conteúdo e suas teorias sobre as transformações (que usarei para uma aproximação com a compreensão do caso presente), ou seja, suas contribuições para a teoria do pensamento e de seus distúrbios, oferecem um arcabouço conceitual atual para um melhor entendimento desses estados, bem como um novo instrumental técnico para tentarmos lidar com eles.

No entanto, a contribuição de Bion tem sido ignorada; por exemplo, o mais recente livro sobre o tema na época da publicação original deste texto, que traz *Essential papers on obsessive-compulsive disorder* (Stein & Stone, 1997) e faz parte de uma conhecida série sobre os temas centrais da psicanálise, não faz nenhuma referência a Bion.

Histórico do caso

O paciente, quando procurou a análise, no primeiro semestre de 1973, tinha aproximadamente 21 anos, havia abandonado um curso universitário por dificuldades de se relacionar com pessoas, em razão de sua intolerância e agressividade, bem como por conta de intensos sintomas obsessivo-compulsivos que quase o incapacitavam de conviver em grupo, pois tinha medo de ser tocado e se contaminar. Ele veio à análise quatro vezes por semana durante cinco meses e interrompeu por sua própria iniciativa. Depois de um ano, recomeçou e permaneceu em análise durante dez meses.

É o caçula de uma prole de dois. Os pais são relatados como pessoas severas, segundo ele, o que o levou a ter uma educação rígida.

Aos 14 anos, submeteu-se a uma psicoterapia por "problemas de comportamento e adaptação", que poderíamos compreender como uma agressiva intolerância ao contato com outros e rituais obsessivos, destinados a preveni-lo de uma contaminação, só magicamente possível.

Quando iniciou a análise, estava internado em um hospital psiquiátrico local, fundamentalmente porque sua convivência em casa se tornara quase impossível, pois chegou a agredir o pai, entrando em luta corporal com ele. Embora não tenha agredido fisicamente a mãe, relacionava-se de modo ainda pior com ela. O caso tornara-se muito grave, angustiante e desesperador para os pais, que se sentiam ameaçados e com muita raiva do filho. Outro membro da família, médico, chegou a cogitar fazerem no filho uma lobotomia! Vinha acompanhado às sessões e retornava ao hospital depois. Por essa mesma razão, já havia sido feita uma internação, pouco tempo antes, em um hospital psiquiátrico de outra cidade. Parte do arsenal terapêutico a que ele já havia se submetido incluía também descondicionamento por meio de terapia comportamental.

Na ocasião de sua entrevista inicial, o paciente estava muito ansioso e identificava suas dificuldades como uma "demora" em fazer coisas como ir ao banheiro, lavar as mãos e escovar os dentes. Bem, essa "demora" era algo mais... Por exemplo, quando ia lavar as mãos, fazia-o com tal intensidade e duração que elas ficavam com uma intensa vermelhidão, com descamação da pele – um quadro característico de dermatite de contato. Por outro lado, como para tomar banho chegava a gastar mais de um sabonete e, eventualmente, ficava até quatro horas no banheiro, o ato de se lavar tornou-se um verdadeiro tormento para ele; resultado: para evitar a angústia de ter de tomar "aquele" banho, limpo, imaculado, rigorosamente perfeito e que o deixasse absoluta e completamente limpo, ficava até três meses sem se lavar, chegando a exalar um cheiro desagradável, mas que, ainda que incomodasse as pessoas ao seu redor, era-lhe absolutamente indiferente. Seria essa uma defesa primitiva para repelir os outros com o seu fedor, a exemplo de certos animais que, quando ameaçados, exalam um odor fétido? Parte da mesma constelação de vivências relacionadas a suas dificuldades de tomar banho era o fato de que o banheiro, antes de ser usado, tinha de ser *rigorosamente* limpo, senão poderia contaminá-lo de volta...

Outro aspecto que, desde o início, emergiu na relação com o analista foi uma intensa *inveja* que se manifestava de muitas formas: ataques imediatos a toda interpretação boa que o analista fizesse, ataques ao próprio *setting*, por exemplo, ao divã, que na ocasião ficava muito próximo à parede do consultório. O paciente repetidamente raspava e chutava a parede, até que acabou quebrando o reboque e fazendo um buraco, o que levou o analista a colocar um lambri para proteger a parede, o qual, por sua vez, foi também danificado.

É importante assinalar que os dados mencionados não foram ditos a Dr. Bion. Em sua forma de supervisionar, os antecedentes do caso eram mencionados à medida que a necessidade de algum esclarecimento surgisse no material da sessão. Isso tem suas raízes, assim penso, nos seus conceitos do uso de memória e desejo (Bion,

1967c, 1970/1977d) na sessão analítica. O que foi dito é o que está no teor completo da supervisão, publicada em Junqueira de Mattos (1999). Estou trazendo os dados que entendo serem mais relevantes para o presente capítulo e que representam menos de um terço da supervisão.

Material supervisionado[2]

T – Nessa sessão, a primeira depois da interrupção, ele veio e se deitou no divã. Quando chegou, já estava vinte minutos atrasado. Ele já tinha deixado a casa dos pais, vivia em uma pensão. Mas a dona da pensão era uma mulher muito neurótica (no entender do paciente) e que tinha muitas dificuldades em criar os seus próprios filhos. Ele não podia usar o telefone; como ele gastava um tempo enorme usando o banheiro e um tempo imenso para fazer suas coisas, essas dificuldades criavam um clima de tensão entre ele e a dona da pensão. Finalmente, havia um leite que ele desejava esquentar e nisso ele gastaria (segundo ele) apenas um minuto. A mulher não permitiu que ele o esquentasse. Começaram a brigar porque ele insistia em esquentar o leite. A mulher pegou uma estatueta e atirou nele. Em seguida, atirou nele uma cadeira. Um filho dela apareceu e os separou. A dona da pensão pediu que ele se retirasse imediatamente. Ele foi para o quarto e começou a arrumar as malas. Como de hábito, levava um tempo enorme para fazer isso. Como foi mandado embora, pediu para a senhora devolver para ele o dinheiro devido do depósito que fez, porque, em vez de ficar todo o mês, ele somente havia ficado dezenove dias. Assim, ele desejava seu dinheiro – parte de seu dinheiro – de volta! Ela disse

---

2 Transcrição da fita gravada feita por Pola Moore Tompson e por mim, e traduzida do inglês por mim. T é o tradutor no momento em que a supervisão aconteceu.

que não, não devolveria nada para ele e que somente o devolveria para seus pais. Em seguida, ela o pegou pelo colarinho e o pôs na rua. Ele continuou protestando, dizendo que isso não era possível, porque, afinal de contas, havia um contrato entre eles e ele havia pagado adiantado.

Bion – Que contrato seria esse? Com uma criança ou um bebê? Como ele o pagou? Está bem que ele diga que pagou, que pagou o depósito etc. Que depósito teria ele pago para seu pai ou sua mãe? Que contrato, em outras palavras, seria esse em que os pais têm de criar a criança?

T – O analista fez uma interpretação transferencial, dizendo que ele o estava vendo como a essa mulher, era sentido como se tivesse quebrado um contrato e que ele estava querendo receber de volta seu dinheiro, uma indenização. Não era o sentido de devolver o dinheiro propriamente, mas pagar alguma coisa por romper, ter rompido o contrato.

Bion – Bem, poderíamos dizer: "Qual contrato existe entre analista e analisando?". Isso não é uma relação de parentesco. Ele não é a mãe nem o pai do analisando e, apesar disso, o paciente espera dele que faça algo que ninguém conseguiu fazer por ele até agora.

T – Quando ele fez essa observação, o paciente não a entendeu, então ele a repetiu, acrescentando que essa era uma situação já conhecida do paciente; ele sentia que as pessoas lhe deviam algo e, portanto, deveriam ter paciência e lhe dar atenção. Assim pensava, porque sentiu que havia sido maltratado por sua mãe. O analista fez aqui uma relação entre o que ele, paciente, disse e o fato de que ele tentara esquentar o leite. O leite estava em duas embalagens de plástico na geladeira e estava frio... Isso o lembrou (o analista) de um seio frio, e ele disse ao paciente que sentia que o analista não estava dando a ele um bom leite, o leite que sua mãe lhe deu.

Bion – Mas, supondo que ele estivesse quente, quem o teria esquentado? Que contrato seria esse de que alguém deve esquentar o leite? Eu lhes chamo a atenção para isso, porque, mesmo racionalmente, os pacientes esperam obter alguma cooperação e assistência da análise ou do analista. Nós sabemos que isso não é uma garantia. De onde esse paciente tirou essa ideia? O único contrato que um analista estabelece é o de fazer o seu trabalho o melhor possível, mas não pode garantir que terá sucesso.

T – Os participantes estão falando a respeito da teoria de que o paciente sente, que é baseada no fato de que, desde que ele foi, quando bebê, privado [*deprived*] do cuidado da mãe, espera receber isso... Ele tem o direito de receber isso de qualquer pessoa com quem se relaciona.

Bion – De novo, eu diria: "De onde esse direito veio? Por que uma mãe tem de amar o seu filho? Por que um bebê deve pensar que sua mãe ou seu pai lhe deve uma educação, uma criação?". Você pode chamar a atenção do paciente dizendo: "Você está falando como se tivesse a experiência de um contrato que obriga alguém a lhe dar uma vida feliz. Mas nós não sabemos de onde você tirou essa ideia". Os pacientes frequentemente dizem toda espécie de coisas: como e quando seus pais se comportam, que maus pais e mães eles são ou foram. Mas, de onde essa ideia de que existem um bom pai e uma boa mãe veio? O que se pode dizer é: pode-se entender por que o paciente *não* espera ter da análise um tratamento ruim, pobre, mas isso não explica por que o paciente pensa que ele obterá um tratamento bom. Eu poderia ir um pouco além e dizer: existe aí a ideia contida de que alguém vai pagar para o analista ser adequadamente analisado e supervisionado, mas isso existe? Quem provê o analista com os conhecimentos que ele deve ter? Isso é uma expectativa, mas é muito difícil dizer de onde essa expectativa vem, de onde essa ideia vem... A não ser que tenha existido uma *mãe que de fato* cuidou dele. Essa mãe deve ter existido. Quando eu digo uma mãe, a mãe real talvez, ou uma tia, ou tio, alguém. Porque ele, de fato, deve ter tirado essa ideia de algo. Deve existir alguma razão pela qual ele espera que o analista seja adequadamente preparado.

T – Ele (participante) pensa que o paciente tende a preservar a teoria da necessidade de sentir seus pais hostis... Ou sua hostilidade contra seus pais.

Bion – É muito possível. Mas, se esse for o caso, isso o levará à necessidade de continuar provando que ele tem também uma análise ruim ou, se a análise for boa, isso só servirá para mostrar como teve uma criação ruim e como foi mal-educado por seus pais – tanto assim que precisou de análise! Esse é um exemplo que podemos traduzir em termos técnicos, dizendo: "Isso é a gênese de uma repetição-compulsão". Seu paciente tem de continuar a vir, hora após hora e, ainda assim, continuar tendo uma análise ruim! É muito difícil proceder diferente. Agora você pode ir a uma conferência a respeito da "repetição-compulsão" ou mesmo ler sobre isso em um livro, muito difícil, porém é reconhecer o animal quando você o vê na análise... Na prática, você verá uma personalidade complexa. A teoria é muito útil para nós, por exemplo, que desejamos *falar sobre* psicanálise – não é útil, de nenhuma forma, na prática da análise. Eu não diria que não é útil de nenhuma forma, mas... muito pouco! Porque a teoria não lhe diz como a coisa se apresenta ou se parece, ou mesmo como uma *transferência* ou *contratransferência* é na prática. São coisas que *dependem da experiência*. Depende de uma experiência, a qual você vai descobrir por você mesmo. Em seguida, você vai verificar se já existe ou não existe um nome para isso. Eu mencionei esse último tópico porque você pode deparar com algo para o qual ainda não existe um nome adequado.

Comentários

Penso que um ponto fundamental dessa supervisão é quando Bion pergunta: "de onde essa ideia de que existem um bom pai e uma boa mãe veio?". E responde a seguir: "A não ser que tenha existido uma *mãe que de fato* cuidou dele". De acordo com "A theory of thinking" (Bion, 1962/1977a, 1962/1967b, p. 111), os pensamentos se originam a partir de pré-concepções, passando para concepções e depois para conceitos. O modelo que Bion utiliza é o de que o bebê traz, já ao nascer, a expectativa de que há algo que vai corresponder à sua necessidade de alimento e amor. Ou seja, o bebê não tem ainda a representação nem o conceito de uma mãe, ou melhor, do seio. Mas ele traz *algo* que lhe permitirá, em contato com o seio, tendo a experiência real com ele, ter uma concepção do seio. Esse *algo* Bion chama de *pré-concepção*, que equipara ao conceito de *pensamento vazio* de Kant (Bion, 1962/1977a, 1962/1967b). O conceito de pré-concepção tem estreita analogia com o que Kant entendia como "categorias". As categorias de Kant nos falam da "pré-disposição inata da mente para receber a experiência" (Lansky, 1981). A pré-disposição, portanto, não deriva da experiência. Do encontro da pré-concepção com a experiência, nasce a *concepção*. O que é fundamental é o fato de que, de dentro da teoria do pensar de Bion, a experiência só é possível desde que haja no *sujeito,* que a vivencia, uma pré-concepção, ou seja, uma pré-disposição inata para recebê-la, senão ele não seria capaz de re-conhecê-la, ou seja, a experiência não seria possível e, como consequência, não se formaria o "aparelho" para pensá-la. Daí deriva a ideia, original e extremamente significativa, de que o

400 DOS DISTÚRBIOS OBSESSIVO-COMPULSIVOS ÀS RELAÇÕES...

pensamento pré-cede ao pensador; bem como de que são os pensamentos que *forçam* a existência de um "aparelho" para pensá-los. A concepção, no entender de Bion (1962/1967b, p. 111), não é ainda um pensamento no nível simbólico; isso acontece com o início dos *conceitos* que nascem a partir do momento em que o bebê, por sucessivas experiências de frustração, dadas pela ausência da mãe, ou melhor, do seio, é capaz de re-criá-lo imaginariamente em sua mente. Temos assim o início dos processos de representação mental em nível simbólico.

Visto isso, voltando ao paciente, penso estarmos agora em condições de entender a questão levantada por Bion de que ele, de fato, deveria ter tido a experiência de uma mãe que um dia dele cuidou, ou de um seio que um leite quente um dia lhe deu... Porque, se não tivesse tido essa experiência com a mãe, ele não poderia estar agora reivindicando o que nunca experimentou. Entendo que esse analisando deve ter tido uma boa relação inicial com esse seio, a qual, por uma intolerância à frustração ou por inveja, ele foi incapaz de manter.[3]

Bion (1962/1977a) sublinha o fato de que o bebê recebe da mãe ou, melhor ainda, do seio (desde que as primeiras relações de objeto são relações parciais de objeto) não somente o alimento concreto, material, mas também amor e entendimento, aí já em um nível não sensorial, e sim psíquico. No entanto, se o bebê for portador de uma intensa inveja, pode acontecer que fique incapaz de suportar

---

3 Se entendemos que a intolerância à frustração deriva de fatores inatos, já presentes por ocasião do nascimento, e que levam o bebê a uma intolerância de tudo o que represente vida mental, podemos pensar então que a intolerância à frustração precede à inveja; isso levaria a questionar uma inveja primária, como postula Melanie Klein. Esse assunto foi muito bem elaborado por Elizabeth Bianchedi et al. (1997). Para o que postulo neste trabalho, não é relevante se a inveja é primária ou secundária, em todo o caso, remeto o leitor interessado para esse trabalho.

ser alimentado pelo seio, objeto da inveja. Assim, o impulso a ser alimentado pode ser bloqueado. Para que o bebê possa sobreviver, ou seja, se o sentido de realidade prevalecer, o bebê para continuar a ser alimentado e, ao mesmo tempo que inveja o seio, faz uma clivagem (*splitting*) entre o seio como expressão material, que fornece o alimento, e o seio como uma expressão da experiência emocional que provê amor e entendimento. Afirma Bion:

> *A inveja despertada pelo seio que provê amor, entendimento, experiência e sabedoria, coloca o problema que é resolvido pela* destruição da função alfa. *Isso faz com que o seio e o bebê pareçam inanimados . . . Esse estado implica a destruição do respeito [*concern*] pela verdade. Considerando que esses mecanismos falhem na função de livrar o paciente de suas dores, as quais ele sente como falta de algo, sua busca de uma cura toma a forma de* uma busca por objetos perdidos *e termina em um aumento, cada vez maior, de sua dependência de conforto material; a quantidade é a preocupação que impera não a qualidade. (1962/1977a, p. 11, grifos meus)*

Acho razoável supor que, no caso presente, na relação transferencial, o paciente buscava um alívio para seu sofrimento. No entanto, para consegui-lo e ter seu ego integrado, ele teria de lidar com sentimentos de ódio provocado tanto por intolerância à frustração como por sua inveja e também por ódio à realidade psíquica. Mas como conscientizar e ser responsável por tais sentimentos? Penso que a cada instante ele se defendia deles, pois ameaçavam seu ego de fragmentação e de destruição constantes. Por outro lado, entendo que suas primitivas relações com o seio apareçam no material simbolicamente representado pelos dois sacos plásticos que continham o leite que ele reivindicava. Assim, é razoável supor que a pré-concepção do seio, no momento de sua realização, no contato com a experiência real com o seio, foi atacada. É fundamental considerar que a pré-concepção do seio só podia ser atacada pela inveja depois que o seio pudesse ser sentido como algo fundamentalmente bom e, portanto, contendo qualidades que despertassem inveja. Por outro lado, Bion nos fala também que a pré-concepção edípica (intimamente relacionada à pré-concepção do seio), ou seja, a pré-concepção da relação parental (Bion, 1963/1977b, p. 93; Grinberg, Sor & Bianchedi, 1971/1993), pode ser atacada, entre outros, pela inveja, pela voracidade e pelo sadismo, levando a uma destruição dela. Como consequência, diz Bion: "o bebê perde o aparelho essencial para obter a concepção da relação parental e, consequentemente, para a resolução dos problemas edípicos: ele não falha em resolver esses problemas – ele nunca os atinge".[4]

Bem, se isso pode ocorrer com certos bebês, o que vamos ter? Um comprometimento acentuado de sua mente, por falha no desenvolvimento de sua função alfa, levando ao predomínio do funcionamento psicótico sobre o não psicótico na personalidade; em que o aprender pela experiência, com seus concomitantes de tolerância à dor psíquica e à frustração, é substituído por um funcionamento onipotente e omnisciente, em que a experiência com a realidade é substituída por alucinações que atendem, *ad hoc,* a uma necessidade imediata interna. Estamos aí no domínio das transformações em alucinose de que nos fala Bion (1965/1977c). Voltarei a esse ponto mais adiante.

---

4 Penso ser interessante comparar com o entendimento de Freud acerca de neurose obsessiva, que resulta de um conflito edípico não resolvido e consequente regressão da libido em nível pré-genital, sádico-anal. De acordo com Bion, para a mente se formar, é necessário que a realização da experiência emocional, resultante do encontro da pré-concepção edípica e do contato com os pais no mundo da realidade objetiva, seja tolerada pelo bebê.

Portanto, a relação transferencial, que poderia levar o paciente a ter consciência de sua realidade psíquica e de sua inveja, era sentida como muito ameaçadora por re-viver sentimentos contra os quais se defendia desde os primórdios de sua existência. Assim, sentir inveja correspondia a sentir-se ameaçado de ter seu ego engolfado, inundado e fragmentado por emoções de ódio e medo.

Nessa linha de pensamento, o paciente não podia admitir o analista como alguém ali disponível para atendê-lo, ouvi-lo. O analista era, para ele, o que a sua atividade alucinada criava a cada instante, atendendo às suas necessidades do momento. Por outro lado, teria de admitir também que a mãe, a dona da pensão ou o analista lhe deram algo de bom ou estavam dando, para com isso dar início a que sentimentos de reparação e gratidão tomassem o lugar do ódio, estimulado pela inveja (Klein, 1957/1975d). Se isso acontecesse, estaria aberto o caminho para que o analisando realizasse uma re-visão em todas as suas teorias, como a de que o mundo ou as pessoas algo lhe deviam, estando sempre na posição de reivindicar, cobrar e exigir atendimento e atenção. Como essa revisão não era possível de ser tolerada, o paciente teria de continuar a vir compulsiva e obsessivamente para a análise para provar, em primeiro lugar para ele mesmo, que, apesar de todos os seus esforços, o analista, como as demais pessoas, pouco ou nada lhe deu, o que o colocava sempre na posição de vítima reivindicadora e com direito a compensações. Era o *splitting forçado* que, de um lado, o protegia de sentir inveja e, de outro, o levava sempre à *compulsão repetitiva* de uma busca de algo bom perdido. Temos aí, como assinalou Bion durante a supervisão, a "gênese de sua compulsão à repetição".

Por outro lado, a incapacidade de suportar sua realidade interna, levava-o à substituí-la por uma atividade alucinada, criando, com isso, um núcleo paranoide, persecutório, responsável, por

404 DOS DISTÚRBIOS OBSESSIVO-COMPULSIVOS ÀS RELAÇÕES...

exemplo, pelo medo que sentia em ser contaminado pelo banheiro e daí sua necessidade de limpar o banheiro antes, para não o contaminar de volta. Entendo que as consequências do *splitting forçado* se manifestavam em dois níveis distintos, mas complementares: no nível físico, pelos rituais obsessivo-compulsivos de limpeza que correspondiam, no nível psíquico, a tentar o controle onipotente e maníaco de seus objetos, e pela necessidade de se sentir vítima e digno de indenizações por ter tido *algo* valioso que um dia lhe foi subtraído. Assim, poderíamos supor que os seus rituais obsessivos podem ser vistos como uma defesa contra um núcleo paranoide latente originário do *splitting forçado*, que, com o ataque à pré-concepção da relação parental, o levaram a uma parada ou um comprometimento de seu desenvolvimento psíquico e, como consequência, à substituição do aprender com a experiência por uma atividade alucinada, aí já no domínio das *transformações em alucinose* (Bion, 1965/1977c), defendendo-o da conscientização de sentimentos de medo e ódio à realidade psíquica e à inveja. Por outro lado, como inconscientemente ele sabia que havia perdido algo bom e essencial, a relação analítica prestava-se muito bem a que ele re-vivesse a perda, na forma de "memórias em sentimentos"[5] (Klein, 1957/1975d, p. 180). Porém, isso não foi possível, menos

---

5 Assim se expressa Melanie Klein: "Tudo isso é sentido pelo bebê de uma forma muito mais arcaica do que a linguagem é capaz de expressar. Quando essas emoções pré-verbais e fantasias são revividas na situação transferencial, elas aparecem como 'memórias em sentimentos', como eu prefiro chamá-las, e são reconstruídas e colocadas em palavras com a ajuda do analista. Da mesma forma, as palavras têm de ser usadas quando estamos reconstruindo e descrevendo outros fenômenos pertencentes a estágios arcaicos do desenvolvimento. De fato, nós não podemos traduzir a linguagem do inconsciente para a consciência sem que emprestemos a ele palavras que são do domínio consciente" (1957/1975d, p. 180).

talvez por falha do analisando do que por falta de *rêverie* no analista, ou seja, por suas dificuldades em se oferecer como transformador e moderador de seus sentimentos de inveja e ódio, como vemos mais adiante.

A contribuição de Freud e de autores pós-freudianos

Com seu magistral trabalho "Notes upon a case of obsessional neurosis" (1909/1955b), Freud lançou luz sobre essa, até então, obscura entidade que foi por ele nomeada e descrita, pela primeira vez, na literatura psiquiátrica e psicanalítica. Ali ele estabeleceu os fundamentos psicodinâmicos da neurose obsessiva, constituindo-se, em sua essência e em seu entender, de um conflito edípico não resolvido e consequente regressão da libido em nível pré-genital, sádico-anal, com predomínio dos componentes pulsionais parciais, sádico-anais, sobre os genitais e o aparecimento, em toda sua plenitude, da *ambivalência* pulsional. Com detalhes que revelam a capacidade extraordinária de observação de Freud, são mostrados os mecanismos como característicos, para ele, da neurose obsessiva: isolamento, anulação e formação reativa, bem como a tendência à intelectualização, racionalização e ao uso de pensamento mágico. Em "The disposition to obsessional neurosis" (1913/1958b) ele formaliza o conceito de uma organização pré-genital da libido, que aparece quando "a primazia das zonas genitais não foi ainda estabelecida" (p. 321), sendo que os "componentes instintivos que dominam essa organização pré-genital da vida sexual são o anal-erótico e o sádico" (p. 321). Freud considera também muito importante o fato de que há um descompasso entre um desenvolvimento precoce do ego e o desenvolvimento da libido. Assim afirma: "Uma precocidade dessa natureza necessitaria da escolha de um objeto sobre a influência dos instintos do ego em um tempo em que os instintos sexuais ainda não assumiram sua forma final, e a fixação a um estágio de organização sexual pré-genital já foi efetivada".

Em "Inhibitions, symptoms and anxiety" (1926/1959), Freud tratou novamente da neurose obsessiva afirmando que "A neurose obsessiva é inquestionavelmente o mais interessante e recompensador tema da pesquisa psicanalítica. Mas como problema esse tema ainda não foi dominado" (p. 113). E mais adiante: "A neurose obsessiva sem dúvida se origina da mesma situação da histeria, ou seja, de repelir as exigências libidinais do complexo de Édipo" (p. 113). Freud reafirmou que, na neurose obsessiva, a organização genital da libido mostra-se frágil, levando o ego a uma regressão para níveis anteriores, ou seja, para a organização sádico-anal (p. 113). Dentro da constelação edipiana, ele sublinha a importância da angústia de castração (p. 114). Ele nos informou também que um superego compatível com uma fase genital pode sofrer uma regressão em níveis pré-genitais, com o aparecimento de um superego muito severo, com características sádico-anais, responsável pelo aparecimento de intensas formações reativas que tomam a forma de escrupulosidades, rituais de limpeza etc. Igualmente, é interessante assinalar que Freud apontou que, antes mesmo de se tornarem conscientes, as ideias obsessivas, causadoras de conflito e dor, foram objeto de intensa repressão por parte do ego; dessa forma, o que penetra a consciência é apenas um substituto distorcido, com uma característica muito vaga, como em um sonho, e travestido de tal forma que não é reconhecido (p. 117).

Num levantamento sucinto entre as mais importantes publicações psicanalíticas, chama a atenção o fato de que muito pouco foi acrescentado às formulações essenciais feitas por Freud em relação à neurose obsessiva. No 24º Congresso Internacional de Psicanálise, em 1965, em Amsterdã (Países Baixos), que teve como tema principal o estudo da neurose obsessiva, Sandler (1965) afirmou:

> *Em um levantamento da literatura psicanalítica sobre os distúrbios obsessivo-compulsivos não deixamos de nos impressionar pelo fato de que parece haver uma necessidade constante de re-examinar este tópico. Apesar de tudo, com o passar dos anos, muito pouco de essencial mudou em nossa visão do fenômeno obsessivo. Sem dúvida, as ideias de Freud sobre esta matéria resistiram ao teste do tempo e da experiência clínica, e o fato de que muitos autores chegaram a formulações que são fundamentalmente idênticas às de Freud reafirma isso; ao mesmo tempo, a necessidade que temos de explorar e re-explorar este assunto atestam a percepção de que o tema está longe de ser entendido.*

Palavras semelhantes vamos encontrar em Esman (1989), que fez um levantamento, até aquela data, da literatura psicanalítica sobre a neurose obsessiva-compulsiva. Ali ele afirmou que: "apesar do interesse que acerca da matéria, que um dia foi considerada como o 'protótipo de uma neurose', muito pouco havia sido publicado até aquela data, e as publicações existentes nada de essencial acrescentaram aos achados clínicos sistematizados por Freud".

Podemos dizer algo semelhante do sumário feito por Anna Freud (1966) sintetizando as contribuições feitas durante o referido congresso, em 1965. Nagera (1976) não fugiu a essa regra na opinião de Esman (1989) e Rubin (1979). Podemos também dizer isso das principais publicações psicanalíticas em inglês[6] que

---

6 *Contemporary Psychoanalysis, The International Review of Psycho-Analysis, The International Journal of Psycho-Analysis, The Journal of the American*

408   DOS DISTÚRBIOS OBSESSIVO-COMPULSIVOS ÀS RELAÇÕES...

são muito poucas sobre os assim chamados distúrbios obsessivo-compulsivos. Stein e Stone (1997), ainda que tragam importantes contribuições em outras áreas, como neurobiologia, farmacologia etc., pouco acrescentaram à teoria metapsicológica deste tópico. Afirmam Stein e Stone (p. 1): "Os distúrbios obsessivo-compulsivos passaram a ocupar o último lugar na psicanálise moderna. Os anos recentes têm visto muito poucas contribuições sobre esse tema. Mas ainda não está claro que a psicanálise seja um tratamento útil para tais distúrbios".

É verdade que Freud já havia intuído e nos alertado, em "Further recommendations on technique" (1913/1958a, p. 124), que um quadro de histeria ou neurose obsessiva com sintomas de aparecimento recente – especialmente aqueles que imaginamos poderem ser adequados para a análise – é justamente o que pode estar mascarando um quadro de "demência precoce" ou esquizofrenia. Essa passagem é citada por Pious (1950), que fez um levantamento da literatura existente até aquela data, dos casos com sintomas obsessivo-compulsivos em incipiente esquizofrenia. Penso que Freud, ainda que genialmente ante-visse essa possibilidade, acreditava que os psicóticos tivessem "uma incapacidade para fazer transferência" e que os levava a uma "inacessibilidade aos esforços terapêuticos" (1915/1957c, pp. 196-197). Por outro lado, ele não dispunha de arsenal técnico necessário para um entendimento mais profundo dos mecanismos psicóticos, que só foi possível a partir das contribuições de Klein, como o conceito de posições esquizoparanoide e depressiva, a noção da existência de um ego e seus mecanismos de *splitting* e identificação projetiva a partir do nascimento. Tais noções possibilitaram que os autores pós-kleinianos, como Bion (1962/1967b), Rosenfeld (1965), Hanna Segal

---

Psychoanalytic Association, The Psychoanalytic Quarterly e The Psychoanalytic Study of the Child.

(1981/1983) e Meltzer (1975, 1992), pudessem trabalhar com psicóticos e tornar o funcionamento psicótico um pouco mais acessível ao trabalho analítico.

A contribuição de Melanie Klein

É interessante assinalar que, nas publicações que pude consultar, com exceção de Liberman (1966) e Grinberg (1966), muito pouca referência é feita à contribuição de Melanie Klein sobre o tema. No entanto, Klein desde cedo se interessou pela neurose obsessiva. Os anos e a evolução que tiveram suas descobertas clínicas levaram-na a observar e chegar à "fundamental conclusão de que a neurose obsessiva nada mais era do que uma defesa contra ansiedades paranoides latentes e mais profundas" (1929/1975a, p. 199). Em seu fundamental trabalho "Notes on some schizoid mechanisms" (1946/1975b, p. 13), ela mostrou que as relações primitivas de objeto derivam de processos primitivos de introjeção e projeção, são marcadamente narcísicas e podem vir acompanhadas de características obsessivas, pela necessidade do controle onipotente do objeto que contém as partes projetadas no *self*. Afirmou: "Uma das raízes dos mecanismos obsessivos pode ser encontrada na identificação particular que resulta dos processos projetivos infantis. Essa conexão pode também lançar alguma luz no elemento obsessivo que tão frequentemente entra na tendência para reparação" (p. 13). Para ela, ainda que os mecanismos obsessivos tenham sua raiz na posição esquizoparanoide, o seu desenvolvimento característico pressupõe um ego mais desenvolvido já em uma fase sádico-anal posterior. Assim disse ela (1957/1975d, p. 221): "Como sugeri (em meu trabalho de 1952), no segundo ano de vida os mecanismos obsessivos aparecem e a organização do ego ocorre sob a dominância de impulsos e fantasias anais". No citado trabalho (1952/1975c, pp. 84-86), Melanie Klein mostrou claramente como angústias de natureza psicótica profundas mobilizam defesas obsessivas. Afirmou ainda (1952/1975c, p. 86):

> *Se eles [os mecanismos obsessivos] são excessivos e se transformam na defesa principal, isso pode ser tomado como uma indicação de que o ego não pode lidar com ansiedades de natureza psicótica e que uma neurose obsessiva severa está se desenvolvendo na criança.*

A contribuição de Wilfred R. Bion

As teorias de Klein espalhadas ao longo de sua obra, principalmente as contidas em *Inveja e gratidão*, a meu ver, tiveram uma nítida influência nas formulações de Bion sobre o *splitting forçado,* o interjogo dinâmico (PS↔D) entre continente-conteúdo (♂ ♀) e fenômeno -K,[7] o des-conhecimento (*un-learning*, Bion, 1962/1977a, p. 98). Tais conceitos complementam o que disse sobre os ataques à pré-concepção do seio e à pré-concepção edípica. Tento trazê-los, relacionando-os com os dados do paciente apresentado. Ainda que parta de Freud e de Melanie Klein, a contribuição de Bion é singular e deles difere, a meu ver, pois para Freud e Melanie Klein o complexo de Édipo faz parte do *conteúdo* da mente, e para Bion a pré-concepção edípica é *continente* da mente, ou seja, não há mente sem a pré-concepção edípica, pois se não houvesse a pré-concepção edípica, ou do seio, o bebê não seria capaz de re-conhecer e ter a experiência de um seio ou de seus pais, e, com isso, dar início à estruturação da mente com os processos de simbolização. Temos aí um *continente,* a pré-concepção, em busca de um *conteúdo,* um recheio, a experiência. Para Bion, é essencial o conceito de uma

---

7 Inicial de *knowledge*, que, em inglês, significa conhecimento.

parada no desenvolvimento, pois se as pré-concepções edípica e do seio não se realizam, ou se realizam parcialmente, temos a prevalência de um funcionamento psicótico sobre os aspectos não psicóticos da mente. Ainda que Freud falasse de uma herança filogenética, em um complexo de Édipo filogenético (Freud 1915/1957d, p. 269, 1917/1963, pp. 361-362, 370-371, 1918/1955a, pp. 97, 119-120), ele se refere ao complexo de Édipo como parte do *conteúdo* da mente e não como condição prévia, *sine qua non*, para o desenvolvimento dela. Para Freud, as forças instintivas ou pulsionais,[8] originando-se no corpo e atingindo a mente, são a fronteira entre o soma e o psíquico. No corpo, manifestam-se pela "necessidade", que é biológica, neurofisiológica, e que não tem ainda um conteúdo psicológico, que só aparece quando surge o *desejo* (Beres, 1962, p. 317). Muito esquematicamente, para Freud, a mente, ou aparelho psíquico, forma-se a partir da atuação das pulsões, que criam a *necessidade*. Quando a criança tem essas necessidades satisfeitas, pela sua contínua repetição, criam-se os "traços mnêmicos"; quando há a frustração, esses traços mnêmicos são ativados e temos aí o início da formação da mente para Freud. Quando Freud refere-se ao inconsciente, é quase sempre ao *inconsciente dinâmico*, ou seja, um inconsciente adquirido como parte dos processos de repressão (Freud, 1915/1957b). Por outro lado, penso que, quando Melanie Klein não acreditava na necessidade de se postular a ideia de uma pré-concepção inata do seio (Bion, 1965/1977c, p. 138), *não* se dava conta da enorme contribuição que Bion estava trazendo para a psicanálise e para a teoria da qual vem o conhecimento.

---

8 Não entro aqui na discussão de qual seria a melhor tradução da palavra *Trieb*, desde que na *Standard edition* foi traduzida por instinto e que os autores mais atuais preferem traduzir por pulsão. Esse assunto foi muito bem trabalhado por Strachey em "Editor's notes" (1957, pp. 111-116) no trabalho de Freud "Instincts and their vicissitudes" e por Laplanche e Pontalis (1967/1986, pp. 506-510), a quem remeto o leitor interessado.

412 DOS DISTÚRBIOS OBSESSIVO-COMPULSIVOS ÀS RELAÇÕES...

Devo assinalar que Bion, ao longo de sua obra, não lidou, que eu saiba, diretamente com os estados obsessivo-compulsivos. Preferiu estudar neuroses e psicoses em geral, à luz das teorias sobre as transformações (Bion, 1965/1977c, p. 15), o que faz muito sentido dentro do modelo de mente com que ele trabalha, diferente do modelo freudiano e kleiniano. Assim, dentro da teoria das transformações, penso que os conceitos mencionados nos ajudam a entender um pouco mais sobre as causas do desenvolvimento dos, assim chamados, estados obsessivo-compulsivos e fornecem um arcabouço teórico para uma tentativa de trabalho nessa área obscura da investigação psicanalítica.

Em "Learning from experience" (1962/1977a), Bion desenvolveu a ideia de que os processos de pensar e a formação do aparelho para pensá-los nasce do uso primitivo dos mecanismos de identificação projetiva. Baseado em noções de posição esquizoparanoide e depressiva, ele elabora outro conceito fundamental que são as relações dinâmicas entre continente-conteúdo (PS↔D) (♀♂), ou seja, o que é projetado não é projetado no vazio, há um continente receptáculo de tais projeções identificativas. Com base em tais conceitos, ele conclui pela existência de um fator fundamental de crescimento e desenvolvimento do bebê que é a noção de uma *rêverie* materna, como transformadora e moderadora das angústias do bebê nele identificativamente projetadas, o que Bion chamou de "identificação projetiva realista" (Bion, 1959/1967a, 1962/1967b), como a mais primitiva forma de comunicação. É importante assinalar, que, em linha com o conceito de uma pré-concepção edípica, ou seja, uma relação tríplice, o conceito de uma *rêverie* materna inclui também o pai e o tipo de vínculo dele com a mãe (Bion, 1962/1977a, p. 36). Isso se torna um elemento essencial de desenvolvimento, primeiro na relação pai-mãe-bebê e, futuramente, na relação analista-analisando, quando o analista é (se assim o for) capaz de transformar, pela sua função alfa, os elementos beta originários do analisando em elementos alfa. Ou seja, quando o paciente é incapaz de lidar com sentimentos de dor, frustração ou inveja e os projeta identificativamente no analista, o analista, a partir de sua *rêverie*, acolhe-os, retirando desses sentimentos sua qualidade de medo, ódio e concretude e devolvendo-os com uma nova qualidade, a simbólica, a qual contribui para tornar possível os sentimentos serem tolerados pelo paciente. O analisando, se capaz, agora, de tolerar sentimentos de dor, por ser responsável por sua realidade psíquica e sua inveja, vai introjetá-la de tal forma que haverá um crescimento da dupla analista-analisando ou uma relação positiva (♀ ♂) (Bion, 1962/1977a, pp. 96-99), ou seja, uma relação simbiótica (Bion, 1970/1977d, p. 95).

Vamos ver o que se passa quando a relação continente-conteúdo é negativa, de que o caso clínico apresentado parece ser um exemplo. Refiro-me às primitivas relações do bebê com o seio, quando o fator dominante é a *inveja*. No trecho que cito a seguir, Bion expande as noções do *splitting forçado* já mencionadas. Bion afirma que:

> *O bebê cinde [splits] e projeta seus sentimentos de medo para dentro do seio com a inveja e o ódio de um seio que não se perturba. A inveja bloqueia uma relação comensal. O seio em K modera o medo de estar morrendo, que foi projetado para dentro dele. O bebê no devido tempo re-introjeta essa parte de sua personalidade que se tornou tolerável; ela, consequentemente, torna-se uma parte que estimula o crescimento de sua personalidade. Em -K o seio é sentido como invejosamente removendo o elemento bom existente no medo de estar morrendo e força esse resíduo, agora sem valor, de volta para o bebê. O bebê que iniciou com um medo de estar morrendo termina por conter um pavor sem nome. (Bion, 1962/1977a, p. 96)*

Temos aí o que Bion denominou de uma *relação parasitária* (Bion, 1970/1977d). Dessa forma, podemos concluir que o bebê, para poder ser capaz de continuar se alimentando, lança mão de defesas como o *splitting forçado*, como vimos.

Voltando agora ao meu paciente, uma das características de seu relacionamento comigo, bem como com as atendentes que trabalhavam na clínica na qual tinha consultório na ocasião, ou seja, com todo o *setting* analítico, era seu desejo de dominar e impor sua vontade. Ele tentava controlar seus horários por meio do controle das atendentes, que comunicavam por interfone quando ele chegava. Ele tentava me controlar por vários meios: o pagamento dos honorários, que ele atrasava e nunca sabia a quantia. Se eu escrevia a quantia, ele "perdia" o papel etc. As atendentes da clínica tinham medo e raiva dele, chegando um colega de consultório a sugerir que aquele era um caso de internação e não para ser tratado no consultório. Isto é, ele criava todo um clima de hostilidade e ressentimento que se espraiava por tudo e todos por onde ele passasse ou com quem convivesse. Suas relações eram sempre permeadas por raiva, consequente a uma inveja, da qual ele não tinha consciência, mas que a tudo contaminava. O fator determinante da interrupção de sua análise foi que ele tentava controlar, nos últimos meses que precederam a interrupção, de forma onipotente e reivindicadora, os horários da sessão: era rigorosamente pontual em seu atraso: chegava sempre entre quatro e cinco minutos antes do horário da sessão e invariavelmente queria que eu não só o atendesse nos minutos devidos, como, de maneira intrusiva e muitas vezes querelante, exigia que eu prolongasse sua sessão. Por outro lado, eu era rigorosamente pontual com ele, ou seja, dava-lhe os quatro ou cinco minutos restantes. Cheguei até a pegá-lo pelo braço e retirá-lo da sala. Na ocasião, sentia contratransferencialmente que não podia fazer nenhuma concessão, pois sempre resultaria em mais exigências e necessidade de me controlar ainda mais para ficar senhor da situação. Sentia que ele não tinha consideração, nem por ele nem por mim, ali na sessão, o que resultou na proposta de interrupção do trabalho. Hoje, entendo que, se ele assim procedia por ser a forma que lhe era possível ser, o que houve foi que ele, na ocasião, excedeu os *meus* limites, ou seja, não tive continência, paciência ou tolerância para o seu estado. Talvez outro analista pudesse ter feito por ele o que eu não pude fazer.

Em período anterior a esse, algumas vezes em que trabalhávamos o porquê de ele chutar e fazer um buraco na parede e depois no lambri que mandei colocar para protegê-la, dizia que sentia que possuía um "demônio" dentro de si que o tornava furioso, com raiva de tudo e de todos. Não que ele delirasse estar possuído pelo demônio, não chegou, naquela ocasião, a esse ponto, mas o que ele de fato desejava controlar, de que demônio ele se defendia? Penso ser "monstro de olhos verdes que zomba da própria carne de que se alimenta" (Shakespeare, *Otelo*, citado por Melanie Klein, 1957/1975d, p. 182). Ali afirma Klein que o invejoso "morde nas mesmas mãos que o alimentam". Depois de dizer que, para Klein, Shakespeare não fazia uma diferença nítida entre ciúmes e inveja, ela entendia que havia uma profunda "ligação entre ciúmes, voracidade e inveja". Klein entendia ainda que a pessoa muito invejosa é absolutamente insaciável, porque a inveja provém de *algo* localizado em seu interior. Assim, o invejoso sempre encontra alguém para invejar... De que recurso ele lançava mão para se "proteger" de conscientizar sua inveja? Penso que de defesas ligadas à onipotência, à onisciência e ao controle maníaco de seus objetos. Assim, afirmou Bion: "A onisciência substitui a discriminação entre verdade e falsidade por uma afirmação ditatorial de que uma coisa é moralmente certa e outra errada" (1962/1967b, p. 114). Em "Learning from experience" (1962/1977a), Bion desenvolveu mais o assunto concluindo que se trata de "uma invejosa afirmativa de uma superioridade moral sem nenhuma moral" (p. 97).

No material mencionado, o paciente sentia que tinha "direito" a um leite quente que lhe era negado pela dona da pensão. Assim como sentia que sempre estava certo e que tinha direito a que eu prolongasse sua sessão, e outros tantos direitos que lhe eram devidos, ainda que não soubéssemos de onde esses direitos partiam ou quem a ele os houvesse outorgado. Em contrapartida, não se sentia com compromisso ou responsabilidade alguma. Em casa nada fazia, achava sempre o que criticar em tudo, em todos. A menor solicitação de seus pais era sempre negada e criticada por ele, criando toda sorte de confusão e um ambiente muito difícil de ser tolerado. Na análise, ele desenvolveu uma maneira, diria mesmo uma técnica, muito peculiar de lidar com as observações e interpretações que fazia. Ele ouvia o que interpretava +(%) e depois passava a repetir o que lhe era dito, ora acrescentando, ora suprimindo ou criticando algo, de tal sorte que aquilo que era interpretado acabava perdendo o sentido original, transformando-se em algo destituído de conteúdo e sem valor. Era como se sua mente fosse uma espécie de máquina de triturar e destruir −(&), que despojava de sentido o que de bom havia na interpretação +(%). Isso fazia com que eu, frequentemente, ficasse irritado com o paciente e o rejeitasse. Por outro lado, como nos últimos meses em que ele esteve em análise, somente vinha para os quatro minutos finais da sessão, essa situação foi sentida, na ocasião, como de um impasse para o analista, levando-o a não ter, ou a não vislumbrar, outra saída que não a proposta de interromper a análise. Na verdade, como o analista não teve condições de tolerar as características peculiares desse paciente, ou seja, a maneira como lhe era possível fazer análise, criou-se uma *relação parasitária* em que ele aparentemente não se beneficiava da sessão, e o analista, por outro lado, não se sentia disposto a prosseguir uma relação que, naquele momento, era sentida como muito desgastante, tanto para o paciente como para o analista. Isto é, uma relação com as características de uma *relação parasitária*, em que o continente suga e desnuda de sentido o conteúdo (Bion, 1962/1977a, pp. 90-98, 1970/1977d). É possível que outro analista pudesse ter feito para ele mais do que fui capaz, no entanto, não podemos idealizar a psicanálise vendo-a como uma panaceia para todo e qualquer distúrbio psíquico. Parafraseando o que Bion (1962/1977a, p. 37) falou da relação mãe-bebê e fazendo uma analogia com a relação analista-analisando, poderíamos dizer que:

> *um analisando com marcada capacidade para tolerar frustração pode sobreviver ao ordálio de um analista incapaz de* rêverie *e, portanto, incapaz de suprir suas necessidades psíquicas. No outro extremo, um analisando com marcada incapacidade de tolerar frustração não consegue sobreviver, sem um colapso psíquico* (breakdown)*, ainda mesmo quando as experiências, por meio de identificações projetivas, sejam com um analista capaz de* rêverie; *nada mais do que um seio que o alimentasse incessantemente serviria...*

Se entendemos que os fenômenos obsessivo-compulsivos parecem resultar de uma parada ou comprometimento acentuado do desenvolvimento psíquico com base em um ataque às pré-concepções tanto do seio como dos pais, levando às transformações em alucinose, como parece ser o caso apresentado, e, se aproximamos o que foi dito com o que Bion em "A theory of thinking" (1962/1967b) nos apontou, chegamos a conclusões muito importantes. Nesse trabalho, Bion (1962/1967b, p. 114) descreveu um aspecto muito interessante naqueles pacientes que, sendo incapazes de tolerar a frustração em um nível no qual o princípio da realidade prevaleça, mas conservando ainda certo contato com a realidade, podem desenvolver a onisciência, como substituto do aprender com a experiência. Ou seja, em vez do encontro entre a pré-concepção e a realização negativa, que resulta no conceito de seio, desenvolvem onipotência e omnisciência que negam a necessidade do aprender com a experiência e seus concomitantes de tolerância a dor, frustração e inveja, pavimentando o caminho para as transformações em alucinose e o funcionamento psicótico da personalidade. Assim diria que o limite entre o funcionamento psicótico e não psicótico da personalidade é difícil e sutil de se delinear ou de se limitar em certos pacientes, como no caso mencionado. O paciente frequentemente mostrava um comportamento nitidamente psicótico. Assim, como já disse anteriormente (Junqueira de Mattos, 1997), se considerarmos o funcionamento da parte psicótica da personalidade, isto é, dos fracassos na operação da função alfa, teremos uma abrangência que vai desde os fenômenos mais grosseiros, inicialmente descritos por Bion nos esquizofrênicos, tais como os "elementos beta" e a "tela beta" (1962/1977a), aos fenômenos mais sutis das transformações no domínio da *alucinose* (Bion, 1970/1977d), até as chamadas perversões sexuais (em que o atuar mentalmente sobre os outros pela identificação projetiva tem um papel relevante),[9] passando pelos sintomas obsessivos (aqui no limite entre a personalidade psicótica e não psicótica), o que nos leva a considerar que a continuidade conceitual entre psicoses, perversões e "neurose obsessiva" se revela mais compreensível.

Assim, supomos que, nos momentos de desintegração psicótica, com falhas no funcionamento de sua função alfa, o paciente operava com mecanismos notadamente psicóticos, como *splitting,*

---

9 No trabalho "Sexualidade e função alfa: um novo modelo para as perversões" (Junqueira de Mattos, 1998) descrevo um caso de perversão sexual, manifesta por sintomas anoréticos, na qual a paciente apresentava uma estrutura obsessiva, como defesa contra ansiedades psicóticas latentes. Nela, também, ficava nítida a necessidade de continuar vindo à análise para provar para ela mesma que nada de bom havia recebido dos pais, principalmente da mãe e, transferencialmente, do analista.

identificação projetiva, transformações em alucinose etc., e, nos momentos de maior integração, o que aparecia eram, prevalentemente, os sintomas obsessivos, aí já no limite entre a parte psicótica e não psicótica da personalidade.

Penso que no exemplo clínico apresentado, a importância da teoria da função alfa, como uma contribuição significativa à teoria psicanalítica, fica patente; desde que ela nos dê o limite entre o funcionamento psicótico e não psicótico da personalidade. Ela foi concebida por Bion (1962/1977a, p. 54) como se destinando, nas personalidades psicóticas e *borderline*, a englobar, numa só teoria (função alfa), as teorias de Freud sobre os processos primário e secundário. Por outro lado, se entendemos que a função alfa transforma os elementos beta em elementos alfa, que servem para a formação da "barreira de contato" que se interpõe entre o que está inconsciente e o que está consciente, vemos que, do ponto de vista teórico, podemos traçar uma linha limítrofe entre a parte psicótica e a não psicótica da personalidade. Mas o que vamos ver na prática? Na prática, encontramos "uma personalidade complexa", pois função alfa e elementos alfa e beta, relações –(&%) são abstrações teóricas que nos ajudam a entender, classificar e ordenar os fenômenos clínicos *só* depois que esses são passíveis de apreensão pela experiência clínica.

Finalmente, Bion, em "Transformations" (1963/1977b, p. 15), afirmou: "Entendo que os distúrbios mentais caem em uma ou outra dessas categorias, neurose ou psicose, e ignorando os critérios existentes usados para distinguir uma categoria da outra,[10] tento

---

10 Penso que a função alfa pode e deve, dentro do referencial bioniano, ser o critério existente para distinguir uma categoria da outra, devendo ser o fiel da balança; quando atuante, leva aos elementos alfa e, consequentemente, aos processos de simbolização, e, quando não atuante ou quando sofre uma reversão, leva aos elementos beta e aos processos mentais evacuatórios, em que os pensamentos são sentidos concretamente como excrescências indesejáveis.

distingui-las com base na teoria das transformações". Sabemos que os processos de transformação se iniciam com função alfa e os elementos alfa por ela produzidos, os quais se congregam para a formação dos pensamentos desde os mais primitivos até os mais complexos. Em termos da Grade (Bion, 1977/1989), desde os elementos beta até o cálculo algébrico, ou seja, da categoria A até a H. Por outro lado, se entendemos que, depois que os elementos alfa e a barreira de contato são formados, eles podem sofrer o ataque da parte psicótica da personalidade, com as consequentes reversão e destruição da função alfa (Bion, 1962/1977a, pp. 24-25), isso nos põe diante de uma situação dinâmica. Assim, não faz sentido o diagnóstico estático de "neurose obsessiva". Portanto, seria mais adequado falarmos de "estrutura obsessiva" ou "desenvolvimento obsessivo". Com isso, chegamos à conclusão de que as chamadas neuroses obsessivas nada mais são que distúrbios do pensamento que aparecem e podem ser trabalhados na relação transferencial, no interjogo dinâmico entre continente-conteúdo (♀ ♂).

Referências

Beres, D. (1962). The unconscious fantasy. *Psycho-Anal.Quart., 31,* 309-328.

Bianchedi, E. T. et al. (1997). Pre-natales-post-natales: la personalidad total: memoria del futuro/furturo del psicoanálisis. *International Centennial Conference on the Work of W. R. Bion,* em Turin, Italia.

Bion, W. R. (1967a). Attacks on linking. In *Second thoughts* (pp. 93--109). London: Heinemann. Publicado originalmente em 1959.

Bion, W. R. (1967b). A theory of thinking. In *Second thoughts* (pp. 110-119). London: Heinemann. Publicado originalmente em 1962.

Bion, W. R. (1967c). Notes on memory and desire. *The Psychoanalytic Forum*, *2*(3), 271-280.

Bion, W. R. (1975). Supervisão com Bion. *Ide*, *28*, 80-84.

Bion, W. R. (1977a). Learning from experience. In *Seven Servants: four works by Wilfred R. Bion*. New York: Jason Aronson. Publicado originalmente em 1962.

Bion, W. R. (1977b). Elements of psycho-analysis. In *Seven servants: four works by Wilfred R. Bion*. New York: Jason Aronson. Publicado originalmente em 1963.

Bion, W. R. (1977c). Transformations. In *Seven servants: four works by Wilfred R. Bion*. New York: Jason Aronson. Publicado originalmente em 1965.

Bion, W. R. (1977d). Attention and interpretation. In *Seven Servants: four works by Wilfred R. Bion*. New York: Jason Aronson. Publicado originalmente em 1970.

Bion, W. R. (1989). *Two papers: the grid and caesura*. London: Karnac Books. Publicado originalmente em 1977.

Esman, A. H. (1989). Psychoanalysis and general psychiatry: obsessive-compulsive disorder as paradigm. *J.A.P.A.*, *37*(2), 319-336.

Freud, A. (1966). Obsessional neurosis: a summary of psycho-analytic views as presented at the congress. *Int. J. Psychoanal.*, *47*, 116-122.

Freud, S. (1955a). From the history of an infantile neurosis. In *Standard edition* (Vol. XVII, pp. 3-204). London: Hogarth Press. Publicado originalmente em 1918.

Freud, S. (1955b). Notes upon a case of obsessional neurosis. In *Standard edition* (Vol. X, pp. 151-318). London: Hogarth Press. Publicado originalmente em 1909.

Freud, S. (1957a). The instincts and their vicissitudes. In *Standard edition* (Vol. XIV, pp. 109-140). London: Hogarth Press. Publicado originalmente em 1915.

Freud, S. (1957b). Repression. In *Standard edition* (Vol. XIV, pp. 141-158). London: Hogarth Press. Publicado originalmente em 1915.

Freud, S. (1957c). The unconscious. In *Standard edition* (Vol. XIV, pp. 159-204). London: Hogarth Press. Publicado originalmente em 1915.

Freud, S. (1957d). A case of paranoia. In *Standard edition* (Vol. XIV, pp. 261-272). London: Hogarth Press. Publicado originalmente em 1915.

Freud, S. (1958a). On beginning the treatment: further recommendation on the technique of psycho-analysis. In *Standard edition* (Vol. XII, pp. 121-144). London: Hogarth Press. Publicado originalmente em 1913.

Freud, S. (1958b). The disposition to obsessional neurosis: a contribution to the problem of choice of neurosis. In *Standard edition* (Vol. XII, pp. 311-326). London: Hogarth Press. Publicado originalmente em 1913.

Freud, S. (1959). Inhibitions, symptoms and anxiety. In *Standard edition* (Vol. XX, pp. 75-174). London: Hogarth Press. Publicado originalmente em 1926.

Freud, S. (1963). General theory of neurosis. In *Standard edition* (Vol. XVI). London: Hogarth Press. Publicado originalmente em 1917.

Grinberg, L. (1966). The relationship between obsessive mechanisms and a states of self disturbance: depersonalization. *Int. J. Psycho-Anal., 47*, 177-182.

Grinberg, L., Sor, D. & Bianchedi, E. T. de (1993). *New introduction to the work of Bion*. New York: Jason Aronson. Publicado originalmente em 1971.

Junqueira de Mattos, J. A. (1997). Anorexia nervosa: um novo paradigma para as perversões. *Congresso Internacional de Psicanálise*, Barcelona, 40.

Junqueira de Mattos, J. A. (1998). Sexualidade e função alfa: um novo modelo para as perversões. *Rev. Bras. Psicanal.*, *32*(1), 47-66.

Junqueira de Mattos, J. A. (1999). Dos distúrbios obsessivos-compulsivos às relações continente-conteúdo. *Revista Latino-Americana de Psicanálise*, *3*(1), 47-68.

Klein, M. (1975a). Personification in the play of children. In *Love, guilt and reparation and other works 1921-1945* (pp. 199-209). London: Hogarth Press. Publicado originalmente em 1929.

Klein, M. (1975b). Notes on some schizoid mechanisms. In *Envy and Gratitude and other Works 1946-1963* (pp. 1-24). London: Hogarth Press. Publicado originalmente em 1946.

Klein, M. (1975c). Some theoretical conclusions regarding the emotional life of the infant. In *Envy and Gratitude and other Works 1946-1963* (pp. 61-93). London: Hogarth Press. Publicado originalmente em 1952.

Klein, M. (1975d). Envy and Gratitude. In *Envy and Gratitude and other Works 1946-1963* (pp. 176-235). London: Hogarth Press. Publicado originalmente em 1957.

Laplanche, J. & Pontalis, J. B. (1986). *Vocabulário da psicanálise*. São Paulo, SP: Martins Fontes Editora. Publicado originalmente em 1967.

Lansky, M. R. (1981). Philosophical issues in Bion's thought. In James Grotstein (Ed.), *Do I dare disturb the universe? A memorial to W. R. Bion* (pp. 427-439). Los Angeles: Caesura Press.

Liberman, D. (1966). Criteria for interpretation in patients with obsessive traits. *Int. J. Psycho-Anal.*, *47*(2/3), 212-217.

Meltzer, D. (1975). *Exploration in autism.* Perthshire, Escócia: Clunie Press.

Meltzer, D. (1992). *The claustrum: an investigation of claustrophobic phenomena.* Perthshire, Escócia: Clunie Press.

Nagera, H. (1976). *Obsessional neurosis.* New York: Jason Aronson.

Pious, W. L. (1950). Obsessive-compulsive symptoms in an incipient schizophrenic. *Psycho-Anal Quart.*, *19*, 327-351.

Rosenfeld, H. A. (1965). *A psychotic states: a psychoanalytical approach.* London: Maresfield Reprints.

Rubin, L. R. (1979). Obsessional neuroses: developmental psychopathology. *Psycho-Anal Quart.*, *48*, 511-514.

Sandler, J. (1965). Notes on obsessional manifestation in children. *Psychoanal. Study Child*, *20*, 425-438.

Segal, H. (1983). *A obra de Hanna Segal.* Rio de Janeiro, RJ: Imago. Publicado originalmente em 1981.

Shakespeare, W. (1969). *The complete works.* New York: Viking Press.

Stein, D. J., & Stone, M. H. (1997). *Essential papers on obsessive-compulsive disorder.* New York: New York University Press.

Strachey, A. (1957). Editor's note. In Sigmund Freud, *Standard edition* (Vol. XIV, pp. 111-116). London: Hogarth Press.

11. Tomar notas e o uso de memória e desejo[1]

Introdução

Na sessão anterior à relatada aqui, o autor teve o desejo de fazer algumas anotações, durante a sessão, que lhe permitissem, segundo supunha, recordar com mais facilidade o ocorrido na sessão e que possibilitassem uma transcrição mais *fiel* do que ocorrera. Essa intenção foi captada pela paciente, dando origem ao material relatado. O autor comenta as experiências emocionais vividas tanto pela paciente como por ele durante a sessão e aponta as *falhas* que houve em sua tentativa de anotar e no fato de isso ter sido omitido à paciente. A analisanda evidencia uma clara percepção que tem de que, se o analista anota durante a sessão, ele cria um terceiro objeto – a anotação – que se interpõe entre ela e o analista,

---

1 Este artigo é uma versão modificada e re-visada do texto "A tentação de anotar como equivalente ao uso de memória durante a sessão", apresentado em agosto de 1977, na Sociedade Brasileira de Psicanálise de São Paulo (SBPSP), como critério para obtenção do título de membro associado dessa sociedade, tendo como comentadora a professora Virgínia Leone Bicudo. O texto atual, em sua versão em inglês, está publicado em Reppen (2002).

comprometendo o vínculo analista-analisando. Essa percepção da paciente equivale ao uso de memória e de desejo durante a sessão, como preconizado por Bion (1967d). Pelo desenvolver das experiências emocionais intersubjetivas, compartilhadas pela dupla, fica patente a necessidade da correta observação dos fatos que se sucedem durante a sessão, os quais muitas vezes acontecem diante dos olhos do analista e que, de tão óbvios, passam despercebidos. No caso presente, o analista não viu o óbvio e precisou ser alertado pela paciente de que estava introduzindo entre ambos um corpo estranho à sessão: a *anotação*. Considerações teóricas sobre os inconvenientes do uso de memória, desejo e compreensão são desenvolvidos. Concluindo, o autor preconiza que, se memória e desejo *não* são estados desejáveis durante o trabalho analítico, o estado de mente mais adequado ao analista é o de ter "fé", a crença de que há uma verdade inconsciente a ser des-coberta,[2] ou melhor, a ser aproximada. Porém, essa verdade nunca é atingida, pois, à medida que dela analista e analisando se aproximam, novos e renovados caminhos se descortinam à sua frente.

Material clínico e comentários

Pelo interfone, o autor pediu para a secretária solicitar que a paciente entrasse. No tempo que mediou entre a paciente percorrer o corredor e acercar-se da porta do consultório, o analista pegou uma folha de um bloco para anotações. No momento em que a paciente adentrou o consultório, o analista estava dobrando e pondo a folha no bolso. A paciente se deitou no divã e permaneceu calada, o que não era comum para ela. Depois, perguntou ao analista se ele anotava durante a sessão. O analista limitou-se a dar uma resposta

---

2 Algumas palavras aparecem separadas por hífen quando, gramaticalmente, não possuem. A intenção é chamar a atenção do leitor para a sua etimologia.

evasiva que não foi satisfatória para a paciente e tampouco para ele. A partir daí, desistiu de tomar qualquer anotação nas sessões.

A sessão descrita a seguir foi a seguinte ao episódio mencionado e ocorreu dois anos e dois meses após o início da análise, com quatro sessões por semana.

Por razões particulares dessa paciente, excepcionalmente, foi uma sessão dupla, sem intervalos, isto é, uma sessão de cem minutos.

O autor denominará P a paciente, A o analista e C os comentários que faz do que teria ocorrido naquela sessão, principalmente das experiências emocionais dentro do vínculo analítico, como percebidas pelo analista.

[A paciente se deita no divã e permanece calada por cerca de dez minutos, o que não é o seu habitual.]

A – Por que o silêncio?

P – Parece que o senhor reprova alguma coisa em mim, ou então sou eu quem gostaria de ser diferente. Outro dia o senhor disse que eu estava dificultando o trabalho do Dr. F. [Pausa.] Na última vez, o senhor não disse se anota ou não. Sempre foi muito importante eu dizer a verdade aqui. O senhor deu uma resposta evasiva, gostaria de saber diretamente se o senhor anota ou não. Nunca achei que o senhor anotasse. Eu gostaria de sentir que o senhor está comigo enquanto estou aqui.

C – A paciente percebe claramente a evasão do analista. Parece que ela gostaria de saber se ele anota ou não para avaliar como ele, na sessão, se relaciona com ela. O autor sente que teria sido melhor ter admitido claramente para ela o desejo de anotar e a renúncia ao mesmo. Sua falha em não ter podido admitir isso diretamente para a paciente criou dois problemas. Por um lado, ela ficou perseguida, imaginando que estivesse dificultando o trabalho analítico – alusão ao Dr. F. Por outro lado, o analista entendia, naquela ocasião, que não cabia a ele confessar seus erros e falhas, sobrecarregando o analisando com problemas e dificuldades suas. Ainda que isso seja verdade, naquele momento – e isso mudou no transcorrer dessa sessão – esse pensamento foi uma racionalização contra um sentimento de culpa que o analista estava tendo por não ter tido condições, naquele instante, de ser sincero com a paciente.

A – A senhora sente que há algo entre mim e a senhora, e a senhora chama isso de *anotação*.

C – *Hoje talvez dissesse: "A senhora sente que eu coloquei algo entre nós". A percepção do analista é de que havia colocado um terceiro objeto – a anotação – entre ele e a paciente.*

P – Mas o senhor não respondeu, queria uma resposta direta.

A – Eu penso que, se a senhora insiste em algo, em uma resposta direta, persevera nisso, é que cria a dificuldade. O insistir impede que o trabalho prossiga.

C – *Penso ser essa outra racionalização, baseada em um mecanismo de identificação projetiva, ao achar que sua insistência em querer uma resposta direta representasse o desejo de controlar o analista ali durante aquela sessão. Na verdade, não podendo o analista ser sincero no momento, quem alimentava inconscientemente desejo de controlar a paciente era o analista...*

P – Eu nunca menti aqui e nunca senti o senhor mentindo. Sempre pude dizer o que sentia; agora parece que, pela primeira vez, não sinto isso aqui. O que sentia aqui achava que era direto, entre o senhor e mim, sem nenhuma interferência. Sempre achei que houvesse uma situação de uma pessoa para outra. Não dizer o que sinto é negar o óbvio. Não gostei de me sentir na posição de uma pessoa observada, de um caso clínico.

C – *A paciente percebe a necessidade da verdade e conta com a disponibilidade do analista para a verdade; sente claramente que na mentira não há conhecimento e, portanto, não há crescimento. Por outro lado, se o analista anota, ela sente que passa a ser um caso clínico, um objeto de estudo. A atenção do analista não estaria voltada para ela como um ser humano, e sim para finalidade e curiosidade científicas, sem preocupação com os seus sentimentos. A função da análise se deslocaria de um fim para o qual a analisanda procurou a análise para um fim de interesse do analista. O analista estaria se "apossando", por meio da tentativa do uso de identificações projetivas, da mente da analisanda para convencê-la de que era a sua insistência em saber a verdade que estaria criando as dificuldades no momento, e não o fato de o analista ter sido evasivo. E mais, ao procurar a análise, a analisanda veio em busca do entendimento de suas relações com o esposo, numa tentativa de salvar seu casamento e não para desempenhar o papel de um caso clínico – objeto, portanto, da curiosidade e do desejo do analista. Isso caracteriza, ainda que momentaneamente, um vínculo parasítico (Bion, 1970/1977c), que despojou, naquele instante, a relação analítica de vitalidade e criatividade, tornando-o, para a analisanda, persecutório e confuso, e para o analista, fonte de angústia e culpa.*

A – A senhora está sentindo isso agora?

P – Sim. Eu nunca me senti assim aqui antes. Sempre senti que havia algo direto. Sentia o senhor comigo. Algo como nunca havia ocorrido antes. Sentia que estava nascendo dentro de mim algo muito bom, vindo de um lugar distante de mim. Ter um sentimento de algo comigo. Agora acontece isso! Vai ser a primeira vez que me sinto assim! Quando eu fiz aquele tratamento lá, eu havia feito uns testes, que vieram para aquele médico. Eu perguntei para ele se ele havia lido os testes. Ele não respondeu e disse que eu teria de ficar na dúvida. Não tive vontade de retrucar, mas depois não tive vontade de dizer mais nada. Eu achava que, se ele conhecia os testes, não necessitava mais da minha participação. Perguntei para ele por que não responder se aquilo era simples e importante para mim.

C – *A paciente fala da experiência psíquica que está tendo de um relacionamento criativo na análise, caracterizado por:*

- *não mentir;*

- *não interferência de um terceiro objeto.*

O relacionamento criativo vem do conhecimento obtido na relação direta com o analista; do aqui e agora, das experiências emocionais, intersubjetivas, no vínculo analítico. O que ela fala é que é o importante, não o que está contido nos testes, ou anotado. É algo dinâmico, criado no perpassar elusivo daquele instante da ligação analista-analisando; portanto, exige a participação atual de ambos. A não participação de um interfere nesse dinamismo, e impede a evolução na sessão (Bion, 1959/1967b) e, portanto, o aparecimento do novo, que constitui a criatividade do vínculo. A angústia da paciente é devida ao medo de que, se o analista anota, não abre um espaço mental dentro dele para ela. A relação analítica se empobrece, tornando-se momentaneamente estéril. Por outro lado, sente-se perseguida e com medo de que um relacionamento que vinha se desenvolvendo bem para ela possa agora ser ameaçado pela introdução de um terceiro objeto anômalo à sessão: a anotação.

A – Penso que a senhora sente que, se eu tenho tudo já *anotado*, não precisa a senhora contribuir agora. É só eu usar a anotação, a memória. Com isso evitamos estar presentes.

P – Não sinto assim. Isso de estar presente é só comigo. O senhor precisaria anotar, de ter alguma coisa para saber que existiu. Quando há um sentimento real, não depende de memorização, é por si. Antes, no outro tratamento, às vezes eu sentia necessidade de escrever. Ficava com medo de não conter em mim. Mas aqui com o senhor só aconteceu no começo. Agora não. Eu sinto que o senhor está agora nessa posição, não eu. Não sinto necessidade de escrever porque sinto o senhor dentro de mim. Quando fazia aquele outro tratamento, sentia-me perdida, distante, sem retorno de nada. Chegava em casa, via os meninos. Sentia que havia uma barreira intransponível. Às vezes, eu escrevia tudo o que havia acontecido e conseguia reproduzir com muita fidelidade. Muitas vezes queria me lembrar do que havia acontecido – isso depois de algum tempo –, mas não conseguia, tinha que ler. Não estava dentro de mim, estava *anotado*. Hoje encontro o senhor dentro de mim, não depende de anotação. Se o senhor anota, não me tem dentro do senhor.

C – Penso que aqui ela faz, por um lado, a distinção entre a memória, que leva a uma relação parasitária, e a relação simbiótica, produto da elaboração do desenvolvimento entre continente-conteúdo (Bion, 1970/1977c, p. 95).[3] Por outro lado, implícita também está a distinção que faz entre a memória como uma tentativa consciente de se lembrar, recordar, da memória com as características de um sonho – de aparecimento súbito, atemporal. Se a análise se presta para um bom relacionamento continente-conteúdo, é completamente dispensável memória ou anotação. Por outro lado, ela percebe que uma relação que dependa de memória ou anotação é fraca, artificial. Bion nos fala de uma "memória" essencial no trabalho analítico, que denominou de "memória sonho" (1967d, 1970/1977c, pp. 107-108). Voltarei a esse assunto mais adiante.

---

3 Correndo o risco de uma simplificação muito grande, a relação é parasitária quando é mutuamente destrutiva tanto para o continente como para o conteúdo, levando ao empobrecimento ou destruição do vínculo analítico. O contrário ocorre com a relação simbiótica, que é mutuamente benéfica e promove o desenvolvimento tanto do continente como do conteúdo e, portanto, crescimento da dupla analítica.

A – A senhora leu sobre isso em algum livro de psicanálise?

P – Não, senhor, é como eu sinto. Não li em livro nenhum.

C – *A analisanda traz tão nitidamente o modelo do vínculo continente-conteúdo (Bion, 1962/1977a, 1970/1977c) na relação analítica que levou o analista a lhe perguntar se havia lido em algum livro – ainda que a paciente não pertencesse à área. Isso nos mostra, uma vez mais, de quanto o observar corretamente – como a analisanda estava fazendo naquele momento – é importante e o quanto podemos aprender com os pacientes. O que eventualmente eles podem trazer não são apenas teorias encontradas em um livro de psicanálise, mas sim algo vivo que se desenrola à frente de ambos e observável, tanto para o analista como para o paciente, desde que o analista "tenha olhos para ver" e não se "cegue" pelas suas próprias necessidades, como a de tomar notas durante a sessão...*

A – A senhora imagina que eu anoto durante ou depois da sessão?

P – Durante a sessão. E, durante a sessão, eu sinto como se fosse repelir o que eu estou falando no momento. Depois é diferente, o senhor pensa, concentra-se, fecha-se naquilo, aí eu estou com o senhor.

A – Eventualmente, os analistas anotam alguma coisa. Eu não estou dizendo que eu anoto ou não. Mas isso é feito depois da sessão. Mas se isso é importante para a senhora, eu não trabalho anotando durante a sessão. [Alguns minutos de silêncio.]

C – *O clima da sessão mudou e a paciente se mostrou muito aliviada. Por outro lado, o analista sentiu-se aliviado também. Foi como se lhe tivesse dito: "Eu posso contê-la dentro de mim; agora eu tenho um espaço dentro de mim para a senhora". Re-estabeleceu-se o clima de entendimento e troca. A "falha no tratamento psicanalítico"*

("Failures in psychoanalytic treatment") pôde ser reparada. Se pensarmos em termos de relações internas de objetos, poderíamos dizer que a dupla passou de um momento esquizoparanoide para um momento depressivo, em que a analisanda estava deprimida, pois se sentia perseguida pelo medo de perder a análise e o analista, como um bom objeto interno e angustiado, perseguido pela culpa de não ter podido ser sincero com a paciente.

P – Uma das grandes coisas que melhorei aqui foi o trato com meus filhos. O senhor disse uma vez que não havia lugar para o D. dentro de mim. Isso o impediria de se aproximar de mim. Agora isso mudou. Por isso é que análise é tão importante para mim. É a primeira vez na vida que encontro uma correspondência, que há um lugar dentro do senhor para mim. Uma dificuldade que tenho com meu marido é que ele sempre responde de uma maneira transversa, em diagonal. Por isso, estava com muito medo, porque sentia que, se o senhor não respondesse, alguma coisa poderia se quebrar dentro de mim, eu vir aqui e não conseguir falar, embora quisesse.

C – A paciente ressalta que a análise lhe tem sido útil porque tem ajudado a desenvolver as funções de continente, para as capacidades positivas e negativas. O filho a que ela alude é o caçula. Uma das suas queixas é que ela não tinha podido ser mãe dos outros filhos como estava podendo agora ser desse. Não havia podido se aproximar deles e com a análise, vinha progressivamente desenvolvendo as funções de continente (desenvolvo esse tema mais adiante). A paciente sente que é essencial ter uma correspondência, isto é, que exista espaço em ambos, dentro da relação analítica. O marido, no entender da paciente, não dá espaço. Sua angústia é que, se o analista anota, não há espaço dentro dele para ela; não há correspondência, ou seja, no justo instante em que presta atenção no que anota, não está psiquicamente disponível para ouvi-la, passando a relação, ainda que por pequenos momentos, de uma relação simbiótica para uma relação parasitária. O que ela entende por correspondência é uma relação continente-conteúdo dinâmica, por meio de experiências emocionais intersubjetivas. E mais, a paciente tem uma clara percepção dos fenômenos inconscientes e dos mecanismos de defesa inconscientes. Metaforicamente, estava dizendo que suas pernas a poderiam trazer à sessão, mas que sua língua poderia permanecer muda, paralítica, ou seja, a disponibilidade interna não depende de um controle de vontade consciente.

P – O meu marido diz que estou recitando para o D. uma cartilha chinesa, falando *mãe*, para ele aprender a falar, e perguntou por que eu não falo *pai* também.

A – Penso que a senhora quer colocar dentro do seu filho a mãe para que ele a sinta como mãe. Como a senhora tem dificuldades de sentir sua mãe dentro de si, a senhora quer colocar o que falta na senhora nele. Penso que tem o sentimento de ter uma mãe dentro da senhora, mas está muito distante. Com a análise, está começando a ressurgir mais intensamente o sentimento de ter tido uma mãe.

C – Ainda que tais elementos estivessem nas associações da analisanda, penso que aqui fui traído, em parte, pelo menos, pelo uso de memória. A paciente desde menina tem dificuldades sérias com a mãe. Sempre diz que não tem noção de mãe. Durante a análise des-cobrimos que tal dificuldade teria se originado quando era bebê, por ter sido deixada com a avó, aos 4 meses, quando os pais viajaram para a Europa e retornaram cinco meses depois. Ela não mais aceitou a mãe, passou a ser cuidada pela avó. A paciente refere que soube ter sido um bebê alegre, mamava ao seio até esse episódio. Depois não tolerou nem mesmo a mamadeira, tendo a avó de alimentá-la em pequenas colherinhas. Na verdade, a paciente tem a experiência de ter tido uma mãe dadivosa, digamos de um seio bom. O que ela lamenta é a falta, a separação, a perda da mãe ou do seio. Tem a ideia de ter tido a experiência de algo bom perdido, disso ela sente falta, está nostálgica, tem saudades (Klein, 1957/1975d). Essa teoria é a que o analista trouxe ali na sessão, um tanto deslocada do contexto, pois lhe parece que, naquele momento, ela estava falando de outra coisa, ou seja, o que o marido se queixava é de que o filho, para se desenvolver bem, tinha de introjetar não somente a mãe, a figura da mãe, como também a do pai, do homem; se isso não ocorre, algo falta, a solução normal do conflito edípico pode ficar comprometida.

P – A análise tem me ajudado muito a me comunicar com os meus filhos.

A – Sim, a senhora sente que está aprendendo a ser mãe, por começar a sentir melhor uma mãe dentro da senhora. É possível que me sinta como podendo despertar essa mãe dentro da senhora, que estava aí em um lugar muito distante.

C – O analista trabalha com a ideia de que, por meio do processo analítico, análogo[4] às primeiras relações com a mãe, e, mais primitivamente ainda, com o seio materno, é possível ao analisando criar o "aparelho para pensar" pela criação das funções de continente, a partir da internalização da função alfa do analista. Assunto no qual o autor se estende adiante.

P – Acho que sim. Mas é muito complexo e variado o que eu sinto pelo senhor. Fui convidada para ser paraninfa de uma turma de meninas. Terei de fazer um discurso ao microfone. Eu sinto que, se fosse para falar diretamente com as meninas, não teria problema

---

4 Utilizo a palavra analogia no sentido com o qual Brugger (1977) a define, ou seja, algo é análogo quando, "entre ambos existe, ao mesmo tempo, coincidência e diversidade. Sem coincidência, não há possibilidade alguma de comparação; sem diversidade, a comparação subministra apenas mera repetição do mesmo, sem novo esclarecimento".

algum, mas agora, ter de falar ao microfone... Isso me parece algo programado, sinto que ficarei distante, causa-me dificuldades.

A – O microfone seria a anotação, teria de lembrar para poder dizer, isso cria a barreira.

C – *A paciente volta a falar em um terceiro objeto, agora o microfone, a se interpor entre ela e a audiência. É interessante assinalar que, no início da sessão anterior, o autor havia solicitado à secretária que a analisanda entrasse. Nesse tipo de funcionamento, a secretária pode, com frequência, atuar ou ser sentida, também como um terceiro objeto entre analista e paciente. E mais, esse tipo de* setting *permite, mesmo quando a funcionária é alertada (pois, muitas vezes, está em jogo fatores inconscientes), todo tipo de atuação e manipulação, tanto pelo analisando como pela secretária. Por essa razão, isso já não ocorre no atual consultório do autor em que, agora, a secretária fica em outra sala, à qual os analisandos não têm acesso. O autor entende ser esse um ponto relevante para a técnica, em relação à preservação do* setting *analítico.*

P – Isso me lembra também que uma prima pediu para eu escrever o discurso de formatura dela, ela será a oradora da turma. Ela me mandou alguns tópicos desconectados do que queria que escrevesse. Isso há muitos dias, e eu não consegui escrever nada. Ontem ela me telefonou e eu disse que não havia escrito ainda e comecei a conversar com ela a respeito do discurso. Ela foi falando, conversamos mais de uma hora. Ela me disse que era aquilo mesmo que ela queria que eu escrevesse, que era só eu escrever sobre o que havíamos conversado. Depois que desliguei o telefone senti que tudo aquilo estava distante, como se tivesse desaparecido de minha mente, como se existisse só no instante em que eu falava com ela e que talvez não conseguisse mais reproduzir; se escrevesse, seria já algo diferente.

C – A sessão terminou, não houve tempo de dizer, mas me parece que o artificial é que a prima queria que ela escrevesse algo que só ela, a prima, podia sentir. Da mesma maneira fica artificial se o analista traz o passado, a memória, conectada com alguma teoria que imagina que a paciente esteja usando no momento. Ela chama a atenção do analista para o que está ocorrendo, que é complexo e variado, e, portanto, não cabe nos limites estreitos de teorias. Ou seja, ainda que nossas teorias sejam preciosas, indispensáveis, elas são incapazes de conter e de explicar todos os fenômenos que a experiência analítica, ou mesmo a experiência de vida em geral, com toda a sua polissemia, oferece-nos. Assim como na conversa com a prima, a conversa analítica se constrói a dois, não pode ser produto de uma mente só: ela fala, a prima responde, isso leva a novos esclarecimentos que remetem a novas associações etc. E mais, a paciente assinala que o que ocorre em uma conversa ou em uma sessão não é passível de registro. Porque, ao ser escrito, sofre uma transformação, é algo novo, diferente e, portanto, não pode ser nunca re-produzido.

Além do mais, se o analista vorazmente tenta anotar tudo o que o paciente diz, penso que incorre no perigo alertado por Bion:

> *O continente (♀) extrai tanto o conteúdo (♂) que o conteúdo fica sem substância. O continente esprime tudo "para fora" do conteúdo, ou a "pressão" é exercida pelo conteúdo, de modo que o continente se desintegre. Uma ilustração é a palavra usada como metáfora, até que o pano de fundo se perca e a palavra fique sem significado. (1970/1977c, p. 107)*

Se o analista-continente ouve o que o paciente-conteúdo diz, cria um espaço internamente para o que o paciente transmite; teríamos, usando uma linguagem bioniana, um vínculo simbiótico. Porém, se

438 TOMAR NOTAS E O USO DE MEMÓRIA E DESEJO

ele avidamente quer anotar tudo o que o paciente diz, o perigo é despojar o que o paciente diz de significado, porque o que está sendo dito não está sendo captado, contido e transformado pelo analista, mas anotado, não assimilado, um corpo estranho dentro do analista, caracterizando um vínculo parasitário.

Bion afirma: "Assim, um paciente extremamente voraz quer obter o mais que pode de sua análise, dando o mínimo possível; espera-se que isso apareça em acontecimentos frequentes nos quais o continente despoja o objeto contido, e vice-versa" (1970/1977c, p. 109).

Eu diria que o analista que anota durante a sessão estaria na posição desse paciente voraz, levando ao empobrecimento ou à destruição da relação continente-conteúdo. Penso que a paciente estava dizendo algo equivalente quando na sessão terminou: "E, durante a sessão [a anotação], eu sinto como se fosse repelir o que eu estava falando no momento. Depois [depois da sessão] é diferente, o senhor pensa, concentra-se, se fecha naquilo, aí eu estou com o senhor".

Considerações teóricas

A recomendação de que, em toda sessão analítica, o analista deve trabalhar evitando "memória, desejo e compreensão" é uma das contribuições mais germinais que Bion fez à técnica psicanalítica (Bion, 1967d, 1970/1977c). Assim, se estamos inseridos em um tempo que "passa" continuamente, se o analista pre-ocupar-se com o que o analisando disse há quinze minutos, há meia hora, ou ontem, ou anteontem, ou no mês passado, ou há seis meses ou no ano anterior, tem sua atenção des-viada daquilo que está ocorrendo *agora, neste exato instante...* Da mesma forma, ao tentar compreender o que o paciente acabou de dizer, deixa, imediatamente, de ouvir o que o paciente está, *neste exato momento*, dizendo. E também interfere com o que poderia "ouvir" daquilo que o paciente, dizendo, está "criando" dentro dele, do analista... Penso (Junqueira de Mattos, 1996) que essa proposta de Bion tem uma fundamentação teórica e filosófica naquilo que nos ensina Santo Agostinho:

> *De que modo se diminui e se consome o futuro que ainda não existe? E de que modo cresce o passado que não é mais, senão porque na alma existem três coisas: presente, passado e futuro? A alma de fato espera, presta atenção e lembra, de modo que o que ela espera, por meio daquilo a que ela presta atenção, passa para o domínio da memória. Ninguém nega que o futuro ainda não existe; mas já existe na alma a expectativa do futuro; ninguém nega que o passado não mais existe, mas existe ainda na alma a memória das coisas passadas. E ninguém nega que ao presente falte duração porque logo cai no passado; mas dura a atenção pela qual o que é agora presente se afasta em direção ao passado. (Augustine, 1978)*

Essa proposição fundamental de Santo Agostinho está por ele mesmo condensada na afirmação: "Não existem, propriamente falando, três tempos, o passado, o presente e o futuro, mas somente três presentes: o presente do passado, o presente do presente e o presente do futuro" (Augustine, 1978).

Ou seja, a sessão analítica, como tudo mais, só acontece no presente. Assim, quando um analisando se refere ao passado, que já não existe, ou a um futuro, que ainda não existe, o que está sentindo se dá no exato instante. Portanto, não pode, rigorosamente, ser re-vivido nem ante-cipado!

440 TOMAR NOTAS E O USO DE MEMÓRIA E DESEJO

Em trabalho anterior (Junqueira de Mattos, 1999), procurei elaborar a questão de que toda experiência analítica é transitória, cada sessão analítica tem uma história própria e não se repete jamais, ficando apenas as *invariantes* no processo de transformação (Bion, 1965/1977b), a preservar o sentido de identidade. Visto desse ângulo, se o analista trabalha evitando o uso de memória e desejo, o que ele objetiva captar é o que Bion (1967d) chama de *evolução*, ou seja, o que *evolve* a partir do contato entre o inconsciente de ambos, gerando experiências emocionais compartilhadas, intersubjetivas, e que se tornam presentes com base em imagens visuais, associações livres etc. Essa *evolução* representa o que é novo e desconhecido, até então, tanto para o analisando como para o analista. Afirmou Bion (1967d):

> *Em cada sessão uma evolução acontece. Da escuridão e da falta de forma algo evolve. Esta evolução pode ter uma semelhança superficial com memória, mas uma vez experienciada não pode mais ser confundida com ela. Ela partilha com os sonhos a qualidade de ser totalmente presente ou inexplicável e repentinamente ausente. Esta evolução é o que o psicanalista precisa estar pronto para interpretar.*

À medida que essa evolução é captada e que o analista fornece sua interpretação, há uma mudança no campo analítico que remete à dupla analítica para novos estados de mente, para novos momentos criativos, para novos desconhecidos, para algo mais além... Porém, aquele justo instante no tempo não tem retorno e jamais se repetirá... Nesse sentido, se toda sessão analítica ocorre no *presente* e se o passado já não mais existe e se o futuro ainda não existe, se só vivemos no presente e se este é fugaz e efêmero, é no uso da memória, como um mecanismo de defesa, que nos liga ao passado, e do desejo, que antecipa o futuro, que temos a *ilusão* da continuidade das experiências no tempo. Para o uso de memória (recordar) o tempo é essencial, enquanto para a *evolução* e para a memória com as características de um sonho, o tempo é irrelevante, pois essas são súbitas e atemporais (Bion, 1970/1977c, pp. 107-108). Na verdade, todas as vivências dentro da sessão, a não ser pelas *invariantes* mantidas durante o processo (Bion, 1965/1977b), são feitas de momentos descontínuos que mudam sempre em função das experiências emocionais intersubjetivas, compartilhadas pela dupla analítica, dentro do processo de *evolução* da sessão. Penso que podemos estender isso para nossa experiência de vida como um todo, em que cada dia é um novo dia e cada instante uma nova oportunidade de renovação face ao desconhecido que o momento seguinte sempre nos reserva.

O uso de memória e desejo está ligado ao princípio do prazer ou ao de evitar a dor ou desprazer, a eles intimamente conectados, para fugir das experiências frustradoras do desconhecido que nos bate à porta (Bion, 1970/1977c). Assim, se tentamos nos lembrar do que o paciente disse, a sessão analítica não para, prossegue, portanto, estamos psiquicamente ausentes para ouvi-lo e captar o que evolve naquele justo momento no tempo – isso parece ficar claro no material clínico apresentado. Por outro lado, tanto a memória como o desejo estão ligados a experiências sensoriais, isto é, estão vinculados às experiências ligadas aos nossos cinco sentidos e ao princípio do prazer. Mas, como afirma Bion (1970/1977c), a realidade psíquica não é sensorial, a ansiedade não tem cor, cheiro nem sabor... O analista que tenta a disciplina de trabalhar evitando memória, desejo, mesmo o desejo de compreender o que está se passando, coloca-se em um estado de consciência que não é o seu habitual, em que o princípio do prazer *não* prevalece. Isso o leva frequentemente a se sentir perseguido, pois oscila entre estados de caos, incompreensão, face a face com o desconhecido, até que algo

442 TOMAR NOTAS E O USO DE MEMÓRIA E DESEJO

evolva, vislumbre-se e dê coerência ao que antes era vago e disperso. Temos aí a emergência do *fato selecionado*[5] a dar coerência ao que antes era incoerente, fragmentário. Nesse justo momento, o analista passa de um estado análogo, ao oscilar entre as posições esquizoparanoide e depressiva (PS↔D), ou seja, os estados de "paciência" para os de "segurança" (Bion, 1970/1977c, p. 124).

Memória e desejo evitam a cesura (Bion, 1977/1989), o descontínuo necessário para captar o novo, o desconhecido, daí vivermos, se seguimos essa disciplina de não trabalhar com memória e desejo, no vórtice de micromomentos de angústias catastróficas (Bion, 1970/1977c). Como habitualmente estamos inseridos em um estado de mente regido pelo princípio do prazer, há a tendência de nos agarrarmos ao já conhecido, memórias e desejos, na vã tentativa de escapar da angústia fundamental que o desconhecido produz... O analisando, inconscientemente, sabe disso e, quando o analista tenta evitar o uso de memória e desejo, esse estado de mente do analista é indesejável ao paciente, gerando nele a tentativa de induzir o analista, com base em mecanismos de identificação projetiva, a entreter estados de mente saturados, opacificados por memória e desejo – com isso, evitando o pensar e seus concomitantes de sofrimento, de desenvolvimento e de conhecimento.

O pensar é um processo que envolve a ausência. O ser humano tem horror ao desconhecido, diante dele sente medo e curiosidade.

---

5   O fato selecionado foi o nome dado por Poincaré a uma formulação matemática que, uma vez di-visada, dava coerência, consistência e integração a uma série de elementos matemáticos não relacionados até então. Bion toma essa conceituação e a aplica ao funcionamento mental em geral. É curioso assinalar que Poincaré percebeu ser a mente humana muito frágil, tão frágil como os sentidos que nos guiam e que, entregue a si mesma, ela se perderia na complexidade do mundo que a cerca, se não pudesse ver o conjunto como um todo harmonioso. Terminou dizendo: "os únicos fatos que merecem nossa atenção são aqueles que introduzem ordem na complexidade e, assim, tornam a complexidade acessível a nós" (Poincaré citado por Bion, 1962/1977a, p. 72).

Os poucos em que a curiosidade prevalece – como aconteceu com Eva no Paraíso, em que ela, desafiando as ordens do Onipotente, come o fruto da árvore do conhecimento – colocam-se em um estado de mente rigorosamente científico – como Eva nesse modelo mítico, pois acreditava ou teve fé de que havia algo mais naquela bela árvore de dourados pomos. Assim, graças à sua curiosidade e a ter ousado transgredir nós nos humanizamos... Com isso, estava inaugurado o espírito científico, que faz com que avancemos nesse imenso oceano de angústias que o desconhecido nos reserva.

Sabemos, de acordo com Bion, que o pensamento resulta de um processo de luto, que está ligado à ausência, à falta, à frustração e à capacidade de tolerá-los. Estados que temos de fazer face quando trabalhamos com a disciplina de evitar memória e desejo (Bion, 1957/1967a, 1959/1967b, 1970/1977c). Assim, em cada sessão analítica temos de passar por angústias que têm analogias com aquelas que originaram inicialmente, no bebê, a formação do "aparelho para lidar com os pensamentos" (Bion, 1967e). Isso equivale à passagem do princípio do prazer para o princípio da realidade.

Vou desenvolver o que já mencionei, ainda que de forma dispersa e em contextos diferentes, em trabalhos anteriores (Junqueira de Mattos, 1995, 1997, 1998b).

O bebê com fome sente-se "atacado" por ela internamente. Assim, com "medo do aniquilamento", procura se livrar de tais sentimentos, projetando-os, por meio da identificação projetiva, na mãe, ou melhor, originalmente no seio materno. A mãe, se capaz de entender a "linguagem" de seu bebê e de estar em íntima sintonia ou em contato psíquico com ele – o que Bion denominou de *rêverie* – acolhe tais sentimentos, "desintoxicando-os" de sua qualidade "excessiva" e os "devolve" novamente por meio da identificação projetiva, de uma forma a ser tolerável. O bebê os introjeta com essa nova qualidade, com essa nova significação. A identificação projetiva assim empregada pelo bebê em sua jornada pelo seio materno e novamente introjetada, e com o seio identificado, é por Bion denominada "identificação projetiva realista" (Bion, 1959/1967b, 1962/1967c, 1967d, 1957/1967a, pp. 102-106, 114). Assim sendo, o bebê recebe da mãe não apenas conforto material pela fome saciada como também, e principalmente, conforto psíquico e emocional, ao se sentir "amado" e "compreendido" por essa mãe, que deu um sentido tolerável à sua angústia. Em outras palavras, a identificação projetiva com que o bebê se "faz" presente "dentro" da mãe, é a mais primitiva e fundamental forma de comunicação existente. Estão aí lançadas as bases de uma teoria da comunicação. A mãe pode responder ou reagir de várias maneiras: da forma normal, que Bion denominou realista, quando ela reage à necessidade do bebê, transformando o pavor em segurança... Desconforto em repouso... Anseio em encontro. Temos aí os primórdios do nomear... O início dos significados... As origens dos símbolos... Essa operação se dá e resulta no que Bion denominou *função alfa*. Ou seja, ao se identificar com essa mãe continente, o bebê abre um espaço interno (conteúdo) para a estruturação de uma díade em íntima sintonia (relação mais conteúdo-continente), pela internalização da função alfa da mãe – aspecto emocional do amor materno. Para que isso se processe satisfatoriamente, é necessário que tanto a capacidade inata do bebê de tolerar frustração como a receptividade materna (capacidade para *rêverie*) se harmonizem ou estejam em estado de ressonância. Assim, quando a mãe, ou melhor, o seio materno não está presente, o "não-seio" ou o "seio-ausente" é imaginativamente criado em sua mente – a dolorosa presença da ausência ou uma ausência dolorosamente presente... Temos aí a matriz inicial de um pensamento e os primórdios do aparelho para pensá-lo. Quando isso não se processa a contento ou realisticamente, uma das primeiras consequências é a formação prematura de uma consciência, que é muito pré-matura para suportar as exigências que sobre ela pressionam tanto a realidade externa, por meio de seus órgãos sensoriais, como as experiências emocionais, que partem do translado das vivências de seu mundo interno. Uma das consequências disso é que o bebê "ataca" o sentido de "*twoness*"[6] (dualidade), ou seja, o sentimento da necessidade e da dependência do outro, e tenta se "fundir" na mãe, em busca do estado primitivo de fusão, de união com ela ou de "*oneness*" (unidade), como defesa contra a angústia de perceber a separação e seus concomitantes de solidão e isolamento.[7]

Em "Learning from experience" (1962/1977a), Bion desenvolve a ideia de que os processos de pensar e a formação do aparelho para pensá-los nascem do uso primitivo dos mecanismos de identificação projetiva. A partir das noções de posição esquizoparanoide e depressiva, ele elabora outro conceito fundamental, que são as relações dinâmicas entre continente-conteúdo (PS↔D), ou seja, o que é projetado não é projetado no vazio, há um continente receptáculo de tais projeções identificativas. Com base em tais conceitos, ele conclui a existência de um fator fundamental de crescimento e desenvolvimento do bebê, que é a noção de uma *rêverie* materna, como transformador e moderador das angústias do bebê nele identificativamente projetadas, o que Bion chamou de "identificação projetiva realista" (Bion, 1959/1967b, 1962/1967c, 1957/1967a, pp. 102-106, 114), como a mais primitiva forma de comunicação. É importante assinalar que, em linha com o conceito de uma pré-concepção edípica, ou seja, uma relação tríplice, o

---

6 Posteriormente, Bion, em "Learning from experience" (1962/1977a), a partir da formulação de que o bebê nasce com a pré-concepção, a pré-concepção edípica, a relação do bebê é sempre triangular, pois a existência da mãe, ou do seio, pressupõe a existência do pai.

7 Essa busca de primitivos estados de "fusão" pode ser a causa de distúrbios do pensamento e da origem de perversões sexuais; tema que o autor desenvolve em seu trabalho sobre perversões, apresentado no Congresso Brasileiro de Psicanálise, em 1997 (Junqueira de Mattos, 1998b).

conceito de uma *rêverie* materna inclui também o pai e o tipo de vínculo deste com a mãe (Bion, 1962/1977a, p. 36). Isso se torna um elemento essencial de desenvolvimento, primeiro na relação mãe-pai-bebê e, futuramente, na relação analista-analisando, quando o analista é (se assim o for) capaz de transformar, pela sua função alfa, os elementos beta originários do analisando em elementos alfa. Ou seja, quando o paciente for incapaz de lidar com sentimentos de dor, frustração ou inveja e os projetar identificativamente no analista, o analista, com base em sua *rêverie* os acolherá, retirando deles sua qualidade de medo, ódio e concretude, e os devolverá com uma nova qualidade, a simbólica, a qual torna possível a dor ser tolerada pelo paciente. O analisando, se capaz, agora, de tolerar sentimentos de dor, por ser responsável por sua realidade psíquica e sua inveja, vai introjetá-la de tal maneira que haverá um crescimento da dupla analista-analisando ou uma relação + (♀ ♂) (Bion, 1962/1977a, pp. 96-99), ou seja, uma relação simbiótica (Bion 1970/1977c, p. 95).

Para Bion, a função alfa integra sensações provindas dos sentidos com as emoções que essas percepções sensoriais evocam ou provocam, ou seja, integra objetos sensoriais com as emoções por eles estimuladas. Para Bion, a função alfa, atuando, de um lado, sobre os dados da experiência sensorial, por meio de nossos cinco sentidos, a nos ligar ao mundo externo, e, de outro lado, sobre o translado da experiência emocional que nasce da experiência de nosso eu (*self*) ou de nosso mundo interno, em nós mesmos (*ourselves*), transforma-os em elementos alfa, que se unem para formar a "barreira de contato" entre o inconsciente e consciente. Esses elementos alfa servem de elementos padrões, matriz inicial a fornecer os dados para a estruturação do pensamento, tanto de vigília como dormindo. Por deficiência da função alfa, entretanto, os dados da experiência podem não ser "alfabetizados" (Grotstein, 1981, p. 7); há prevalência da produção de elementos beta, com dispersão da barreira de contato e desenvolvimento e erupção da parte psicótica da personalidade. Para Bion, portanto, não existe repressão no domínio da personalidade psicótica. Assim, temos a função alfa estruturando os elementos alfa, os quais são um fenômeno mental ou psíquico. E os elementos beta, que, como coisa concreta, não são um fenômeno mental nem podem ser simbolizados. Esse é o limite entre o normal e o defeituoso funcionamento, ou da reversão da função alfa (Bion, 1962/1977a, p. 25), ou entre o que é pensamento e o que não é, ou entre a parte psicótica e não psicótica da personalidade. Sem pretender uma reificação simplista, penso que a função alfa seria análoga ao funcionamento do Windows, sistema operacional de computador. É o Windows que faz a função de ligação entre o *hardware* (parte física do computador) e o *software* (programa utilizado). Sem ele, o computador não funciona, não opera. A função alfa seria essa "interface" a operacionalizar a percepção sensorial, a experiência emocional, dando coerência, consistência, representatividade interna e posterior discriminação entre a realidade interna e externa.

Com base nas teorias mencionadas, se voltamos para a sessão analítica descrita, nos momentos em que o analista é tentado a anotar, ele introduz um terceiro objeto entre ele e a paciente ou, quando ele tenta, de uma forma *intrusiva*, convencer a analisanda de que é a sua insistência em querer uma resposta que está criando um impasse na análise, nesse momento, falando em termos microscópicos, a função alfa do analista está operando não a serviço da busca da verdade, mas da criação de elementos beta, a serem utilizados nos processos de identificação projetiva, no sentido intrusivo, visando a "dominar" a mente da analisanda, tentando convencê-la e controlá-la. Nesse momento, criou-se, no analista, um estado alucinatório, que Bion denominou de transformações em alucinose (Bion, 1965/1977b). As transformações em alucinose são, frequentemente, difíceis de serem captadas no paciente;

448 TOMAR NOTAS E O USO DE MEMÓRIA E DESEJO

o que dizer então no próprio analista, quando está envolvido no processo? Assim, ao trabalhar com memória e desejo ou anotação, o analista cria um estado de alucinose ou, eventualmente, de um sonhar acordado, que pode ter pouco a ver com o paciente e muito a ver com ele próprio. Inversamente, se o analista trabalha com a disciplina de evitar memória e desejo e se está em estado de *rêverie* aberto a todas as impressões que provenham tanto de seu paciente como de seu mundo interno, ele pode se tornar capaz de "sonhar", por meio de sua função alfa (Bion, 1962/1977a, 1992, pp. 62-68), aquilo que o paciente por si só não foi capaz, e de lhe fornecer sua interpretação.

Porém existe aí um problema, assim colocado por Bion (1967e, p. 164): "Como podemos explicar a diferença entre uma alucinação e a interpretação de uma experiência analiticamente intuída?".

Penso que a resposta, ainda que não seja fácil, deve ser procurada na experiência emocional do que está acontecendo na sessão. No caso presente, o analista começou a duvidar de sua posição após o argumento de que era a insistência da analisanda em querer uma resposta que estava prejudicando o andamento da sessão. A paciente respondeu dizendo que não gostou de ser sentida como um caso clínico, objeto de estudo. A partir daí, o analista começou a se dar conta de estar angustiado e com culpa. Esse estado de angústia e culpa ficou patente quando ela disse que não havia lido nenhum livro de psicanálise e que o que estava sentindo era fruto de sentimentos seus e de sua observação. Portanto, foram a angústia e a culpa os sinais de alerta que assinalaram ao analista que algo estava desarmônico, levando-o a tomar consciência do que estava ocorrendo ali na experiência emocional com a paciente.

Bem, se memória e desejo são estados indesejáveis para o analista, qual seria então o estado de mente desejável? Assim afirmou Bion (1970/1977c, p. 31):

Pode-se perguntar qual é o estado de mente que é bem--vindo quando memória e desejo não o são. Um termo que poderia expressar aproximadamente o que necessito expressar é "fé" – fé de que há uma realidade e verdade última –, o desconhecido, o incognoscível, "infinito informe".

Para não me tornar repetitivo, vou citar o que mencionei em trabalho anterior, em que analiso a transferência e a contratransferência como fatores inerentes à *transiência* e afirmo que o uso de memória e desejo tem, na sessão analítica, a função encobridora de que toda experiência é transitória, de que há uma descontinuidade das experiências no tempo, e de que a função da transferência e da contratransferência é a de nos aproximar de uma verdade sempre à nossa frente. Daí a importância de o analista ter fé de que há algo inconsciente a ser des-coberto – isso seria como um antídoto a entreter memórias ou desejos. Nesse trabalho, questionei:

Em última instância, qual a função da transferência e da contratransferência? Entendo que elas são fatores da transiência, ou seja, o que objetivamos, com a nossa busca, com nossas transferências e contratransferências, com nossa curiosidade de saber, de conhecer, com o que Melanie Klein denominou de "instinto epistemofílico" (Klein 1923, pp. 87, 1928, pp. 188, 190, 191, 193, 1930, pp. 227, 228), é, em última instância, o nosso próprio conhecimento. Nesse sentido, a análise oferece um meio ímpar, para atingir, ou melhor para aproximarmo-nos desse inatingível fim... Entendo que, ao trabalhar, o analista precisa ter fé, crer que há uma verdade e uma "realidade última" (Bion, 1970), ainda que inatingível, a ser buscada e, na medida em que dela o analisando se aproxima, é beneficiado, libertado – "e conhecereis a verdade e a verdade vos libertará", afirma Jesus (João 8-32). Capper (1997, pp. 271), a meu ver, tem um ponto de vista análogo a esse quando diz que é o amor à psicanálise, como um objeto interno, que permite ao analista, em vez de se identificar, ficar preso, entranhado, no emaranhado de identificações projetivas do paciente, ser capaz de ter uma "mente própria" (A mind of one's own) e, assim, dispor das necessárias condições de analisá-lo. Quando falo em fé ou crer, não penso em nada mítico ou religioso, ao contrário, penso ser uma posição rigorosamente científica, ligada ao fato de que a verdade é fundamental e o seu conhecimento tem, entre outras consequências, a de promover uma maior integração do self. Se a verdade não nos fizer mais felizes, pelo menos mais tranquilos com ela ficaremos. Fundamentalmente, parto do pressuposto de que existe uma parte não psicótica funcionando pari passu *com uma parte psicótica da mente (Bion 1957, 1967a), e são esses aspectos não psicóticos, ligados ao "instinto epistemofílico", nos pacientes que buscam a análise, dando origem aos fenômenos transferenciais e contratransferenciais, sejam positivos ou negativos, vistos como acidentes importantes, necessários, mas transitórios do caminho, e que nos levam a um passo além... Assim, encoberto por essa massa de neurose ou psicose, há uma mente, alguém que busca a verdade, que anseia pela liberdade... (Junqueira de Mattos, 1999)*

Penso que as contribuições de Bion sobre memória, desejo e compreensão, bem como o fato de ele ter sido o primeiro a reconhecer na identificação projetiva não apenas um mecanismo para livrar o psiquismo de emoções e ideias indesejáveis como também uma forma de comunicação, são das mais importantes contribuições à técnica psicanalítica e serviram de base para as formulações de autores contemporâneos sobre a intersubjetividade, especialmente o conceito de "terceiro analítico intersubjetivo" de Ogden (1994, 1997). Isso está muito bem descrito por Ogden em "Privacy, reverie, and analytic technique", que é o capítulo 4 de seu livro *Reverie and interpretation* (Ogden, 1997). Ali ele parte do conceito de "atenção flutuante" de Freud como o estado de mente mais apropriado para permitir que o inconsciente do analista entre em ressonância com o inconsciente do analisando e de ser capaz então de "captar o significado [*to catch the drift*] do inconsciente do paciente, utilizando seu próprio inconsciente" (Ogden, 1997). O estado de atenção flutuante assinalado por Freud é análogo ao estado de *rêverie*, como preconizado por Bion, que é atingível pela supressão de memória e desejo (Ogden, 1997, pp. 132-133). Por outro lado, o estado de *rêverie* permite, primeiramente à mãe e posteriormente ao analista, estar permeável (ser sensível e não controlado) às identificações projetivas do paciente, como a forma mais primitiva e profunda de comunicação existente, e que Bion, como vimos, denominou identificação projetiva realista. A partir daí, por sua função alfa, o analista pode ser capaz de transformar tais identificações projetivas em elementos comunicativos intersubjetivos, com base na formação de elementos alfa, em nível simbólico, capazes, portanto, de representação e formulação pela interpretação.

Como epílogo, cito Bion, que, em *Brazilian lectures*, sintetiza tudo o que pretendi transmitir neste texto:

> *Torna-se uma matéria séria se o analista está presente em mente, mas preocupado em tentar se lembrar. Ten-*

*tar se lembrar, é, em minha opinião, estar "analitica-
mente" e essencialmente ausente. É precisamente, durante esses curtos cinquenta minutos, que não devemos
permitir a nós mesmos "lembrar" ou "ter esperança"
ou "desejar", ou ainda mesmo "compreender" o que o
paciente está falando. Dessa maneira, o analista não
será capaz de tomar notas, mas deve ser capaz de "tomar as notas" essenciais para a psicanálise. Eu não
posso oferecer nenhuma sugestão como, onde ou de
que modo essas notas são tomadas, mas na minha experiência elas o são. (1990, p. 185)*

Referências

Augustine, St. (1978). Confessions. In *The great books* (Vol. 18). London: Encyclopaedia Britannica.

Bion, W. R. (1967a). Differentiantion of the psychotic from the non-psychotic personalities. In *Second thoughts* (pp. 43-64). London: Heinemann. Publicado originalmente em 1957.

Bion, W. R. (1967b). Attacks on linking. In *Second thoughts* (pp. 93-109). London: Heinemann. Publicado originalmente em 1959.

Bion, W. R. (1967c). A theory of thinking. In *Second thoughts* (pp. 110-119). London: Heinemann. Publicado originalmente em 1962.

Bion, W. R. (1967d). Notes on memory and desire. *The Psychoanalytic Forum, 2*(3), 271-280.

Bion, W. R. (1967e). *Second thoughts*. London: Heinemann.

Bion, W. R. (1977a). Learning from experience. In *Seven servants: four works by Wilfred R. Bion*. New York: Jason Aronson. Publicado originalmente em 1962.

Bion, W. R. (1977b). Transformations. In *Seven servants: four works by Wilfred R. Bion*. New York: Jason Aronson. Publicado originalmente em 1965.

Bion, W. R. (1977c). Attention and interpretation. In *Seven servants: four works by Wilfred R. Bion*. New York: Jason Aronson. Publicado originalmente em 1970.

Bion, W. R. (1989). *Two papers: the grid and caesura*. London: Karnac Books. Publicado originalmente em 1977.

Bion, W. R. (1990). *Brazilian Lectures*. London: Routledge.

Bion, W. R. (1992). *Cogitations*. London: Karnac Books.

Brugger, W. (1977). *Dicionário de filosofia*. 30. ed. São Paulo, SP: Editora Pedagógica e Universitária.

Capper, R. (1997). A mind of one's own. *Int. J. Psycho-Anal.*, *78*, 265-278.

Grotstein, J. (1981). Wilfred R. Bion: the man, the psychoanalyst, the mystic, a perspective on his life and work. In *Do I dare disturb the universe? A memorial to W. R. Bion* (pp. 1-35). Los Angeles: Caesura Press.

Junqueira de Mattos, J. A. (1995). From the soma to the psych: in search of the psychoanalytical object. In Luiz Carlos Uchôa Junqueira Filho (Org.), *Corpo mente: uma fronteira móvel* (pp. 429-460). São Paulo, SP: Casa do Psicólogo.

Junqueira de Mattos, J. A. (1996). Análise concentrada: três décadas de experiência. *Rev. Bras. Psicanal.*, *30*(2), 365-384.

Junqueira de Mattos, J. A. (1997). Dirtúrbios compulsivo-obsessivos e as relações continente-conteúdo. *Simpósio Internacional W. R. Bion 100 Anos*, Rio de Janeiro, RJ, e Ribeirão Preto, SP.

Junqueira de Mattos, J. A. (1998a). Pre-conception and transference. *Congresso Internacional*, São Francisco, CA.

Junqueira de Mattos, J. A. (1998b). Sexualidade e função alfa: um novo modelo para as perversões. *Rev. Bras. Psicanal.*, *32*(1), 47-66.

Junqueira de Mattos, J. A. (1999, julho). Transferência e contra-transferência como fatores da transiência. *Encontro Internacional Comemorativo do Centenário de W. R. Bion*, Turin, Itália.

Junqueira de Mattos, J. A. (2016). Impressions of my analysis with Dr. Bion. In H. B. Levine & G. Civitarese (Ed.), *The W.R. Bion Tradition Lines of development: Evolution of Theory and Practice over the Decades* (pp. 5-21). London: Karnac Books.

Klein, M. (1975a). Early analysis. In *Love, guilt and reparation and other works 1921-1945* (pp. 77-105). London: Hogarth Press. Publicado originalmente em 1923.

Klein, M. (1975b). Early stages of the oedipus conflict. In *Love, guilt and reparation and other works 1921-1945* (pp. 186-198). London: Hogarth Press. Publicado originalmente em 1928.

Klein, M. (1975c). The Importance of symbol-formation in the development of the ego. In *Love, guilt and reparation and other works 1921-1945* (pp. 219-232). London: Hogarth Press. Publicado originalmente em 1930.

Klein, M. (1975d). Envy and Gratitude. In *Envy and Gratitude and other Works 1946-1963* (pp. 176-235). London: Hogarth Press. Publicado originalmente em 1957.

Ogden, T. H. (1994). The analytic third: working with intersubjective clinical facts. In *Subjects of analysis* (pp. 61-95). London: Karnac Books.

Ogden, T. H. (1997). *Reverie and interpretation*. New York: Jason Aronson.

Reppen, J. (Ed.) (2002). *Failures in psychoanalytic treatment*. New York: International Universities Press.

A tentação de anotar como equivalente ao uso da memória durante uma sessão[8]

Virgínia Leone Bicudo

> *Quando há um sentimento real, não depende de memorização, é por si.*
>
> Fala de uma paciente

O autor do relatório nos apresenta *em primeiro plano sua experiência* na relação com a paciente e, em segundo plano, a experiência da paciente relacionando-se com ele; portanto, a ênfase da contribuição do autor para a discussão está colocada na direção do analista para a paciente. Esse posicionar-se público do analista não é frequente; comumente, o analista se oculta sob a racionalização de que não está sendo analisado. Convém lembrar que, ao discutirmos um material clínico apresentado, o analisando também não está sendo analisado. Tanto em supervisão como em seminários clínicos,

---

8 Comentário sobre o trabalho apresentado em agosto de 1977, na Sociedade Brasileira de Psicanálise de São Paulo (SBPSP), como critério para obtenção do título de membro associado dessa sociedade.

encontramos oportunidade para considerações sobre o material apresentado e não sobre a sessão psicanalítica, dada a impossibilidade de ser transcrita. O material clínico inclui sempre a relação nas duas direções, isto é, do analisando para com o analista e vice-versa.

Sobre o material apresentado

O autor nos informa sobre o seu desejo de fazer anotações durante a sessão, por não confiar em sua memória, deixando implícita sua intenção de, anotando, superar os fenômenos das transformações e do esquecimento.

A paciente inicia a sessão em silêncio. Relaciona seu silêncio com a lembrança do acontecido na sessão anterior. Refere-se ao fato de ter percebido a intenção de o analista anotar, em termos de fato intruso no relacionamento entre ambos, dizendo: "O senhor deu-me resposta evasiva; quero saber se anota; quero saber a verdade; quero que esteja comigo". A intenção de anotar e as respostas realmente evasivas do analista foram sentidas pela paciente como *distanciamento* dele para com ela, o que o levava a afastar-se. Com sua reação, a analisanda comunicava que, assim como a memória pode surgir na sessão, como elemento estranho ao aqui e agora, a anotação se constitui em um terceiro elemento interferindo na relação entre ambos.

Sob nossa consideração, o autor coloca:

- seu gesto de munir-se de uma folha de papel percebido pela analisanda;
- sua má consciência manifesta em respostas evasivas;
- sua percepção de que fora traído pelo uso da memória e, a nosso ver, estendeu-a para uma situação de uso adequado da memória.

a) Enquanto a analisanda pôde reclamar quanto ao seu desejo de ter toda a atenção voltada para si e toda a verdade sobre esse desejo, o analista teve de lidar, ao mesmo tempo, consigo próprio e com ela, passando a acusar-se interiormente ("teria sido melhor ter admitido meu desejo de anotar..."). Nesse momento, estava estabelecido um relacionamento recíproco em função de angústia persecutória: a paciente perseguida pela evasão do analista, e este perseguido por suas autoacusações. De um lado, o analista tentando ocultar o que estava claro para ambos, de outro, a paciente reclamando pelo que é essencial no relacionamento, isto é, a verdade sobre a realidade psíquica de ambos. Todavia, o que realmente a paciente desejava saber era a verdade sobre si própria. No momento em que o analista retoma essa posição, novamente se habilita para lidar com sua própria realidade e voltar-se para a paciente, que esclarecia que o que a importunava era sentir-se tratada como um "caso clínico para ser observado", e não como pessoa com significação amorosa.

Quando o analista deixou de se defender e se voltou para ela, indagando "A senhora está sentindo isso agora?", a paciente passou a colaborar, em lugar da insistência por determinada resposta. A paciente sentia-se perseguida entendendo que o analista teria um conhecimento sobre ela que o guardava nas anotações sem lhe comunicar, para um uso a distância dela. Algo de temido e relacionado com o inconsciente entrava no relacionamento com seu analista (nos testes) sem que ela pudesse ter acesso. Em comentário, o autor aborda esse aspecto de crescimento emocional na experiência de ambos.

b) O modelo continente-conteúdo no relacionamento é trazido pela paciente. Ela insiste em que, "quando há um sentimento real, não depende de memorização . . . no outro tratamento . . . Ficava com medo de não conter em mim [o que ouvia e então escrevia]".

458 TOMAR NOTAS E O USO DE MEMÓRIA E DESEJO

Esclarece ainda ao analista que o usa como um continente que flui para ela, e não aprisiona nele o que é dela, pois cada um contém o outro livre e não aprisionado.

O autor nos informa que se manteve aprisionado em seu sentimento de culpa, evadindo-se durante um período da sessão. Em seguida, ainda sem a liberdade para pensar sobre as associações da paciente, manteve-se aprisionado por seu ponto referencial de não uso da memória.

O analista finalmente se alivia para dizer à paciente "não anoto", o que para a paciente significa "posso contê-la dentro de mim". E o autor nos deixa com o tema continente-conteúdo não somente na relação com a paciente como também na relação com seu próprio mundo interno.

c) O autor comenta sua intervenção sobre as identificações projetivas e introjetivas da paciente como resultado de ter sido traído por sua memória. A meu ver, no momento descrito, o uso de sua memória se fez presente pelas associações da paciente e não por suas teorias. A paciente nos oferece uma ilustração sobre o desenvolvimento psíquico em função dos mecanismos psíquicos de identificação projetiva e introjetiva, dinamizando o modelo continente-conteúdo.

Em seu comentário, o autor qualifica a relação continente-conteúdo de comensal, no momento em que se trata de uma relação de produtividade recíproca e, portanto, cabendo a qualificação de relação simbiótica. E, para terminar meus comentários, espero ter correspondido à expectativa do autor, colocando-se no material apresentado, para ser discutido no presente e não como deveria ter sido.

12. Os cinco últimos quartetos de Beethoven[1]

A música é uma revelação superior
a toda sabedoria e filosofia

Beethoven

If Music be the food of love, play on

Shakespeare

Os cinco últimos quartetos de Beethoven (*Opus* 127, 130, 131, 132 e 135) foram compostos entre os anos 1822 e 1826 e publicados antes de sua morte, em 1827. Por várias razões, eles se tornaram únicos e extremamente importantes não apenas na música de Beethoven como também na música em geral.

---

1 Trabalho apresentado ao curso de inglês do English Language Service (ELS), em Los Angeles, Estados Unidos, em agosto de 1979, como pré-requisito para a obtenção do título de proficiência em inglês.

Esses trabalhos não foram bem recebidos pela audiência nem pelos críticos daquela época; pelo contrário, foram vistos como incompreensíveis, estranhos e sem estilo. Muitos afirmaram que Beethoven, incapaz de ouvir o que compunha, havia perdido controle sobre o que escrevia. Alguns não hesitaram em afirmar que ele estaria louco e que aquela música só poderia ser produzida por uma mente doente. Beethoven, impressionado com a falta de compreensão e entendimento da audiência e da crítica em relação àquilo que tentava transmitir, concordou com o conselho de alguns amigos e retirou do quarteto o *Opus* 130, seu último movimento – aquele mesmo que o público e os críticos não suportaram de maneira nenhuma –, e o publicou separadamente com o nome de *Grande fuga* (*Opus* 133). Essas músicas só se tornaram populares com o avanço de técnicas modernas de gravação do século XX. *Grande fuga* tornou-se uma incomparável peça musical e, com os cinco últimos quartetos, possibilitou a técnica polifônica.

O que fez esses quartetos parecerem estranhos e incompreensíveis foi o fato de serem diferentes na forma e na estrutura, o que reforçava uma tendência sua já presente na *Sétima sinfonia*. Eles não respeitavam – os críticos então disseram – as leis fundamentais da harmonia. No entanto, deram origem a um novo estilo melódico, a polifonia independente da harmonia tradicional. Com eles, Beethoven plantou as sementes da técnica dodecafônica, que abriu o caminho para Béla Bartók, César Franck, Richard Wagner, Arnold Schönberg, Ígor Stravinsky etc.

Apesar de esses quartetos representarem o repositório, a essência do que existe na música de câmara, foram compostos numa época em que Beethoven estava pleno de novas ideias e novos projetos, como a *Décima sinfonia* e um réquiem, os quais ele não pretendia que fossem seu testamento nem sua última mensagem ao mundo. Isso contrasta com Bach e Brahms, que, no fim de suas vidas, pareciam estar satisfeitos com suas conquistas, mas Beethoven não: ele ainda buscava novas maneiras de expressão e novos estilos nos quais pudesse dar representação para a sua sempre renovada inspiração, que parecia forçá-lo de dentro, ou seja, pré-concepções em busca de ligações. Na época em que compôs *Opus* 131, ele afirmou: "Graças a Deus nunca tive tanta inspiração como antes". A cerca desse quarteto, afirmou Stravinsky: "é a maior e a mais perfeita expressão em música".

De meu ponto de vista, tenho experenciado muitas e muitas vezes que a música, em geral, a música de Beethoven, em particular, e, acima de tudo, esses quartetos têm o potencial de expandir minha capacidade intuitiva, aumentando a possibilidade de um melhor entendimento dos problemas e conflitos de meus pacientes. Essa música, de uma maneira que não é clara para mim, coloca-me em um estado de mente em que problemas e conflitos podem ser mais bem entendidos e aproximados. Eu concordo inteiramente com Spohr quando disse: "A luz que estes quartetos lançam sobre a mente e o espírito de um ouvinte receptivo pode ser transfiguradora". Eu sinto que Beethoven, nesses quartetos, aproximou e pôde revelar uma verdade pela música que outros fizeram por outros meios: Milton e Dante, pela poesia; Platão e Nietzsche, pela filosofia; Da Vinci e Van Gogh, pela pintura; e Newton e Einstein, pela física. Aqueles que são capazes de ouvir e entrar em sintonia com a mensagem que Beethoven transmite nessa música estão sujeitos a experimentar e partilhar os efeitos que emanam dela. Como Scott escreveu: "Os últimos cinco quartetos de Beethoven emanam de seu mundo metapsicológico. A vida em sua realidade metapsicológica havia se tornado clara para ele" (1974).

Ainda que eles não pudessem ser entendidos durante a vida de Beethoven, são os precursores da música moderna e ainda representam o melhor que existe em música de câmara. Eles são um caminho que pode nos aproximar da verdade, do desconhecido... Sinto que nos ajudam a atingir o paradoxo, como Coppola (n.d.) escreveu: "O paradoxo que quando você atinge o mais profundo, você está nas alturas – e quando você penetra o invisível, você depara com o sol". Em razão de sua beleza incomparável e sua significação transcendental, eu o considero como um dos maiores momentos criadores que o espírito humano jamais atingiu. Concordo inteiramente com o príncipe Galítsin quando afirmou, em carta escrita a Beethoven, em 1824:

> *O seu gênio está séculos à nossa frente, e, no presente, existem pouquíssimos ouvintes que são suficientemente iluminados para apreciarem a beleza completa desta música; mas a posteridade lhe prestará homenagem e abençoará sua memória, muito mais que os contemporâneos são capazes de fazê-lo. (Lam, 1975)*

Estas foram, sem dúvida, palavras proféticas, pois foram necessários mais de cem anos para que elas se revelassem verdadeiras.

Referências

Coppola, V. V. (n.d.). *The three types of logic and the beginnings of the ethics of the Übermensch.*

Lam, B. (1975). *Beethoven string quartets 2.* Seattle, WA: University of Washington Press.

Ludwing, E. (1945). *Beethoven.* São Paulo, SP: Companhia Editora Nacional.

Rolland, R. (1959). *A vida de Beethoven.* São Paulo, SP: Atena.

Rolland, R. (1960). *Beethoven*. Lisboa, Portugal: Cosmos.

Scott, M. M. (1974). *Beethoven*. London: J. M. Dent Sons.

Adendos

Quando escrevi este singelo trabalho, ao final de minha análise, isto é, há mais de quarenta anos, não havia ainda me debruçado sobre a teoria da transformação nem sobre o conceito de *atonement*, muito menos sobre a transformação em "O". Se eu os tivesse presentes, não teria sido difícil perceber o que a música facilitava em minha atividade analítica: ela me colocava em um estado de mente em que me aproximava a O; e, portanto, amplificava a minha intuição; assim, eu percebia melhor os conflitos, os problemas e as qualidades de meus analisandos.

Em seus comentários a "Supervisão A15", de Bion, Dr. Deocleciano Bendocchi Alves afirmou, citando a poesia de T. S. Eliot:

> *Esses versos foram escritos por T. S. Eliot, após ouvir os quatro últimos quartetos para cordas de Beethoven. Relata-se que Eliot ficou muito emocionado com a música, com a genialidade de Beethoven, e se propôs a escrever um poema sobre esses quartetos, que tivessem uma qualidade criativa apreciável. Assim, diante de uma obra criativa, sentiu-se emocionalmente tocado e despertado para ser criativo também. Que a supervisão de Bion estimule a nossa criatividade tornando criativo esse encontro.*[2]

---

2 D. B. Alves (comunicação pessoal, 2018).

Quatro Quartetos

O tempo presente e o tempo passado

Estão ambos talvez presentes no tempo futuro,

E o tempo futuro contido no tempo passado.

Se todo o tempo é eternamente presente

Todo o tempo é irredimível.

O que podia ter sido é uma abstracção

Permanecendo possibilidade perpétua

Somente num mundo de especulação.

O que podia ter sido e o que foi

Tendem para um só fim, que é sempre presente.

Sons de passos ecoam na memória

Descem o caminho que nós não seguimos

Em direcção à porta por nós nunca aberta

Para o jardim de rosas. As minhas palavras ecoam

Assim, no teu espírito.

Mas com que propósito

Perturbam o pó numa taça de folhas de rosa

Não sei.

Outros ecos

Habitam o jardim. Vamos seguir?

Depressa, disse a ave, procura-os, procura-os,

Na volta do caminho. Através do primeiro portão,

No nosso primeiro mundo, seguiremos

O chamariz do tordo? No nosso primeiro mundo.

Ali estavam, graves, invisíveis,

Moviam-se sem pressa, sobre as folhas mortas,

No calor do outono, pelo ar vibrante,

E o pássaro chamou, em resposta

À inaudível música oculta nos arbustos,

E o invisível relance perpassou, pois as rosas

Tinham o ar de flores que são olhadas.

Ali estavam como convidadas nossas, acolhidas e
[acolhedoras.

Assim nós e elas avançámos, num padrão formal,

Pela alameda vazia, no círculo de buxo,

Para olhar para dentro do lago esvaziado.

O lago seco, cimento seco, de bordos castanhos,

E o lago encheu-se com água feita de luz do sol,

E os lótus subiu, devagar, devagar,

A superfície cintilou do coração da luz,

E ficaram por detrás de nós, reflexos no lago.

Passou então uma nuvem, e o lago ficou vazio.

Ide, disse o pássaro, pois as folhas estavam cheias de
[crianças,

Em excitação escondidas, refreando o riso.

Ide, ide, ide, disse o pássaro: a espécie humana

Não pode suportar muita realidade.

O tempo passado e o tempo futuro

O que poderia ter sido e o que foi

Apontam para um só fim, sempre presente.

(Eliot, 2004)

A recomendação de que, em toda sessão analítica, o analista deve trabalhar evitando "memória, desejo e compreensão" é uma das contribuições mais germinais que Bion fez à técnica psicanalítica (Bion, 1967, 1970/1977b). Assim, se estamos inseridos em um tempo, que "passa" continuamente, se o analista pré-ocupar-se[3] com o que o analisando disse há quinze minutos, há meia hora, ou ontem, ou antes de ontem, ou no mês passado, ou há seis meses ou no ano anterior, tem sua atenção des-viada daquilo que está ocorrendo *agora, neste exato instante*... Da mesma forma, se tentar compreender o que o paciente acabou de dizer, deixa, imediatamente, de ouvir o que o paciente está, *neste exato momento*, dizendo. E também interfere com o que poderia *ouvir* daquilo que o paciente, dizendo, está *criando* dentro dele, analista... Penso (Junqueira de Mattos, 1997) que essa proposta de Bion tem uma fundamentação teórica e filosófica naquilo que nos ensina Santo Agostinho:

> *De que modo se diminui e se consome o futuro que ainda não existe? E de que modo cresce o passado que não é mais, senão porque na alma existem três coisas: presente, passado e futuro? A alma de fato espera, presta atenção e lembra, de modo que o que ela espera, por*

---

3 Algumas palavras aparecem separadas por hífen quando, gramaticalmente, não o possuem. A intenção é chamar a atenção do leitor para sua etimologia.

meio daquilo a que ela presta atenção, passa para o domínio da memória. Ninguém nega que o futuro ainda não existe; mas já existe na alma a expectativa do futuro; ninguém nega que o passado não mais existe, mas existe ainda na alma a memória das coisas passadas. E ninguém nega que ao presente falte duração, porque logo cai no passado; mas dura a atenção pela qual o que é agora presente se afasta em direção ao passado. (Augustine, 1978).

Essa proposição fundamental de Santo Agostinho está por ele mesmo condensada na afirmação: "Não existem, propriamente falando, três tempos, o passado, o presente e o futuro, mas somente três presentes: o presente do passado, o presente do presente e o presente do futuro" (Augustine, 1978).

Ou seja, a sessão analítica, como tudo mais, só acontece no presente. Assim, quando um analisando se refere ao passado, que já não existe, ou a um futuro, que ainda não existe, ele está sentindo o que está sentindo no exato instante. Portanto, não pode, rigorosamente, ser re-vivido nem ante-cipado!

Em relação à sua intuição, às suas aplicações e às consequências, eu não imaginava que suas implicações abrangessem um tão amplo espectro do saber humano. Em *Einstein: sua vida, seu universo*, encontramos inúmeras passagens em que vemos o quanto ele deveu à intuição a descoberta e formulação da teoria geral da relatividade. Ele era um virtuose ao violino, chegando mesmo a dar concertos, em que tocava principalmente as sonatas para violino e piano e os trios de Mozart, Beethoven, Brahms, Schumann etc. Einstein adorava Mozart. Assim, quando, em suas ciclópicas e universais elucubrações, deparava com problemas físicos ou matemáticos particularmente difíceis e nunca antes intuídos e resolvidos,

468 OS CINCO ÚLTIMOS QUARTETOS DE BEETHOVEN

ele, a qualquer hora do dia ou da noite (era tão concentrado em seu trabalho que às vezes se esquecia de se alimentar e de dormir), lançava mão do violino e começava a tocar.

A música não era apenas diversão. Pelo contrário, ajudava-o a pensar. "Sempre que ele sentia que chegara ao fim da linha ou se deparava com um desafio muito grande em seu trabalho", declarou o filho Hans Albert, "refugiava-se na música, e isso resolvia todas as dificuldades." O violino, portanto, provou-se útil nos anos em que ele viveu sozinho em Berlim, às voltas com a relatividade geral. "Ele costumava tocar violino na cozinha, tarde da noite, improvisando melodias enquanto ponderava problemas complicados", recordou um amigo. "E, de repente, no meio da música, anunciava, excitado: 'achei!'. Como por inspiração, a solução do problema surgia enquanto ele tocava". Seu apreço pela música, e especialmente por Mozart, pode ter refletido em seu sentido de harmonia do universo. Como notou Alexander Moszkowski, que escreveu uma biografia de Einstein em 1920 baseando-se nas conversas com ele: "Música, Natureza e Deus se mesclaram dentro dele num sentimento complexo, numa uniformidade moral cujos traços jamais desapareceram" (Isaacson, 2007, p. 34).

Gostaria de lembrar também que foi Arquimedes[4] quem primeiro disse esse "achei!", quando, imerso em uma banheira,

---

4 Algumas lendas dizem que Arquimedes descobriu, enquanto tomava banho, que um corpo fica mais leve quando está imerso na água em razão de uma força vertical para cima que o líquido exerce sobre esse corpo. Essa força que o líquido exerce sobre o corpo é chamada empuxo.

percebeu que sua perna ficava mais leve. Diz a lenda que ele teria saído nu gritando: *"Eureca, eureca"* ["Achei, achei"].

Estou aqui fazendo uma analogia entre o papel da intuição na física, na matemática e na hidráulica, de um lado, com a intuição na prática psicanalítica, de outro, ao mesmo tempo que chamo a atenção dos colegas para a importância da música na expansão e no refinamento da intuição em nosso trabalho clínico. Finalmente, gostaria de aproximar os conceitos de associação livre de Freud do conceito do fato selecionado de Poincaré[5] e esse "achei!" de Einstein e Arquimedes, que, no meu entendimento, são fenômenos absolutamente análogos.

Referências

Augustine, St. (1978). Confessions. In *The great books* (Vol. 18). London: Encyclopaedia Britannica.

Bion, W. R. (1967). Notes on Memory and Desire. *Psychoanalytic Forum, 2*(3), 271-280.

Bion, W. R. (1977a). Learning from experience. In *Seven servants: four works by Wilfred R. Bion.* New York: Jason Aronson. Publicado originalmente em 1962.

---

5 Fato selecionado foi o nome dado por Poincaré a uma formulação matemática que, uma vez di-visada, dava coerência, consistência e integração a uma série de elementos matemáticos não relacionados até então. Bion toma essa conceituação e a aplica ao funcionamento mental em geral. É curioso assinalar que Poincaré percebeu ser a mente humana muito frágil, tão frágil como os sentidos que nos guiam e que, entregue a si mesma, ela se perde na complexidade do mundo que a cerca se não pode ver o conjunto como um todo harmonioso, e termina dizendo: "os únicos fatos que merecem nossa atenção são aqueles que introduzem ordem na complexidade e, assim, tornam a complexidade acessível a nós" (Poincaré citado por Bion, 1962/1977a, p. 72).

Bion, W. R. (1977b). Attention and interpretation. In *Seven servants: four works by Wilfred R. Bion*. New York: Jason Aronson. Publicado originalmente em 1970.

Eliot, T. S. (2004). *Quatro Quartetos*. (G. Cunha trad.). Lisboa, Portugal: Relógio D'Água Editores.

Isaacson, W. (2007). *Einstein: sua vida, seu universo*. São Paulo, SP: Companhia das Letras.

Junqueira de Mattos, J. A. (1997). Concentrated analysis: a three-decade experience. In J. L. Ahumada, A. K. Richards & J. Olagaray (Ed.), *The perverse transference & other matters*. New York: Jason Aronson.

Junqueira de Mattos, J. A. (2002). Tomar notas e o uso de Memória e Desejo. In J. Reppen (Ed.), *Faillures in psychoanalytic treatment* (pp. 219-242). New York: International Universities Press.

13. O *Amadeus* de Miloš Forman: um olhar psicanalítico

Apesar de ser um filme belíssimo, vencedor de oito prêmios Oscar, e de ter estética e musicalidade perfeitas – com regência a cargo de *Sir* Neville Marriner –, *Amadeus* presta um grande desserviço à história, à memória de Mozart e aos fatos, pois muito pouco do que ali aparece aconteceu de fato. Mozart é retratado simplesmente como infantil, debochado e alcoólatra. Enquanto Salieri, por não ter sido "dotado por Deus", como se acreditava que Mozart era, desenvolve contra Mozart uma inveja profunda e mortal.

Em síntese, toda a história do filme revive o mito do Éden – de *Paraíso perdido*, de John Milton (1894) –, reeditando a história de Satã, que, depois de ter perdido a guerra no empíreo, na qual foi derrotado pelas legiões do anjo Gabriel, é lançado e relegado ao Inferno. De lá, incapaz de empreender qualquer vingança contra o Onipotente, volta seu ódio e sua inveja contra Adão e Eva que, felizes, estão no Paraíso. Ou seja, incapaz de derrotar o criador, volta-se contra a criatura. Ataca a obra para atacar o autor.

Mozart, o gênio

Todos sabem que Mozart foi um dos gênios mais precoces que a humanidade conheceu. Sua curiosidade musical já estava presente quando, aos 3 anos, observava a irmã Nannerl, de 7 anos, tocar cravo: "o irmão se sentiu inspirado a experimentar por conta própria" (Gay, 1999, p. 17). O pai deu a ela um caderno de notas com exercícios em ordem crescente de dificuldade. Mozart apoderou-se desse caderno e, já aos 5 anos, tocava perfeitamente bem o minueto e o trio que ele continha. Também foi com essa idade que surgiram suas primeiras composições.

Quanto ao violino, já aos 7 anos tocava com técnica e desembaraço suficientes para apresentar recitais em público. Aos 8 anos, escreveu sua primeira sinfonia e, aos 12, uma ópera completa – *La finta semplice* [A falsa simples].

Em 1774, aos 18 anos, tinha escrito mais de uma dúzia de sinfonias e atingido o ápice da técnica musical e de sua capacidade criativa, com a sinfonia n. 29 (Gay, 1999), considerada uma de suas mais importantes, criativas e geniais produções. De acordo com Johannes Brahms, acerca de *As bodas de Fígaro*: "cada música na Fígaro de Mozart é para mim um milagre; não consigo compreender de modo algum como uma pessoa pode criar algo assim tão absolutamente perfeito; nada semelhante jamais foi feito de novo, nem mesmo por Beethoven" (Gay, 1999, p. 133).

Em uma turnê pela Europa, que durou mais de três anos (entre junho de 1763 e novembro de 1766), acompanhado de seu pai e de sua irmã, Mozart mostrou seus talentos mundo afora e também ganhou muito dinheiro. Nessa longa turnê, ele conviveu com a elite da época: reis, papa, arcebispos, banqueiros, grandes comerciantes etc., e aprendeu várias línguas: "ele estava então com 10 anos e amadurecido como instrumentista e compositor" (Gay, 1999, p. 18).

Salieri e sua inveja

Em *Amadeus*, vemos um Salieri que está saindo da infância e é profundamente amante de música, orando a Jesus para que o torne um grande compositor para que, pela eternidade afora, possa louvá-lo e engrandecê-lo. Para ele, esse milagre ocorre, pois credita a morte do pai às suas orações, fato que lhe faculta a liberdade de sair de sua obscura cidade e ir para Viena, a cidade da música! No filme, todo o sucesso que Mozart atinge é acompanhado *pari passu* por Salieri, que passa a nutrir por Mozart uma progressiva, atroz e mórbida inveja. Em suas orações, Salieri oferta tudo a Jesus, até a sua castidade, para que tenha os mesmos dons e talentos de Mozart. Salieri não consegue compreender como ele, que por tudo se sacrificou, que tudo fez em prol de sua fidelidade a Jesus, compõe apenas mediocridades. Como, questiona-se, sendo um casto fervoroso, a genialidade da qual se sente merecedor lhe é negada e, em vez disso, concedida a um libertino, debochado e alcoólatra como Mozart? A Mozart, supõe ele, as músicas chegam prontas das mãos de Deus, não necessitando nem mesmo de uma correção. Se não era para lhe dar o talento e a genialidade, por que, pergunta-se, Deus implantou nele a adoração pela música e o imenso desejo de compor?

Sua revolta chega ao extremo, quando percebe que Mozart teve um caso amoroso[1] com uma jovem cantora, aluna dele, por quem está perdidamente apaixonado. Naquele momento, terrivelmente revoltado, Salieri resolve romper com Jesus e atira o crucifixo ao fogo, jurando a mais terrível das vinganças: assassinar Mozart. Na verdade, o problema de Salieri não é com Mozart, mas sim com Deus. Em seu desejo de vingança, incapaz de atingir o criador,

---

1 Mozart teve um caso amoroso com Constanze Weber, com quem, posteriormente, se casou.

volta-se contra a criatura, a exemplo de Satã, que, impotente contra o Onipotente, volta-se contra a obra dele: Adão e Eva, em *Paraíso perdido* (Milton, 1894). A partir de então, Salieri começa a arquitetar um plano para assassinar Mozart. Para tanto, contrata uma empregada doméstica para Mozart, a fim de vigiar e delatar todos os passos de Mozart e Constanze.

Parte de seu plano era conseguir que Mozart compusesse um réquiem, apossar-se de sua autoria após seu assassinato e, em seguida, reger suas exéquias como uma homenagem ao seu grande ídolo. É tempo de assinalar aqui a profunda clivagem e a ambivalência em que Salieri se encontrava, pois não só tinha uma inveja mortal de Mozart como era também o seu mais profundo admirador. E essa clivagem o estava levando ao desespero e à loucura.

Salieri procura, disfarçadamente, por Mozart, encomenda-lhe a missa e paga adiantado cinquenta ducados com a promessa de pagar o restante quando a obra estiver pronta – o que, de acordo com Mozart, ocorrerá dentro de trinta dias.

Pelo fato de estar compondo o réquiem, a saúde de Mozart vai progressivamente se deteriorando até que, durante a regência de *A flauta mágica*, ele desmaia e levam-no para casa. Salieri passa a cuidar dele, pois a esposa de Mozart estava em uma estação balneária. A essa altura, Salieri se oferece para ajudá-lo a escrever o réquiem. Assim, Mozart passa a ditar-lhe a partitura até quando, exauridas suas forças, morre.

Novamente, tudo não passa de uma mera fantasia de Miloš Forman, uma vez que o misterioso mensageiro que encomendou o réquiem foi o conde Frans von Walsegg (Gay, 1999; Zaslaw, 1990). O conde, que era um músico diletante, havia perdido a esposa havia pouco mais de um ano e queria homenageá-la com uma missa como se fosse o compositor.

Por outro lado, nunca ficou provado que Salieri tivesse, de fato, prejudicado Mozart. Mozart, na realidade, tinha alunos e recebia pelas aulas dadas (Gay, 1999), ainda que não gostasse dessa atividade. O problema era gastar sempre mais do que ganhava. Dessa forma, estava sempre devendo, e ao morrer deixou numerosos débitos.

Quanto a Salieri ter envenenado Mozart, isso não passa de uma mera lenda que surgiu em uma peça teatral em versos de Aleksandr Púchkin, ou seja, uma pura invenção. Inclusive, certa vez, Mozart disse a sua esposa, Constanze, que havia levado Salieri para ver *A flauta mágica* e que ele gostara e a elogiara muito (Gay, 1999). Se houve, de fato, alguém que o envenenou, foram seus ilustres médicos com tratamentos primitivos que consistiam em uso abusivo e recorrente de sangrias e falta de esterilização dos materiais utilizados, provavelmente causando-lhe septicemia. Na verdade, Mozart morreu de um fortíssimo episódio de febre reumática, da qual ele já tivera outros episódios anteriormente (Gay, 1999).

Como mencionado, no filme, Salieri aparece transcrevendo a partitura que Mozart ditava, e isso é absolutamente falso! O discípulo que ajudou Mozart a compor foi Franz Xaver Süßmayr (Gay, 1999; Zaslaw, 1990). Contudo, um ponto controverso é o quanto, nos trechos finais do réquiem, era composição de cada um.

Um aspecto importante a comentar é a complexa relação de dependência, rebeldia e culpa que Mozart desenvolve em relação ao pai. Na sua infância, e depois nos longos períodos em que esteve fora de Salzburgo, o pai foi também seu professor, companheiro, guia etc. Dessa relação, Mozart desenvolveu sentimentos de dependência e culpa dos quais jamais se livrou. Mudar-se para Viena aos 26 anos, contrariando a vontade expressa do pai, e, principalmente, ter se casado com Constanze Weber nessa mesma época foram atitudes que o pai nunca perdoou – inclusive, em seu testamento, o pai deixa seus bens para a irmã em detrimento de Mozart (Gay, 1999). Esses atos de rebeldia eram fontes de muita culpa, a qual foi responsável pelas cartas humilhantes que escrevia aos endinheirados da época pedindo, humildemente, dinheiro emprestado. Mozart jamais pôde se libertar totalmente do jugo de seu pai. Também não foi capaz de elaborar seus sentimentos edipianos, o que fica muito claro no filme. Ali, assim como na ópera *Don Giovanni*, esse aspecto é muito bem trabalhado e elaborado: há um fantasma que volta para se vingar, mas, no caso de Mozart, o pai "volta" para se vingar do filho.[2]

Referências

Amadeus. Direção: Miloš Forman. Produção: Saul Zaentz. Intérpretes: F. Murray Abraham; Tom Hulce; Elizabeth Berridge. Roteiro: Peter Shaffer. Los Angeles: Orion Pictures, 1984. (161 minutos) son., color.

Gay, P. (1999). *Mozart*. São Paulo: Objetiva.

Milton, J. (1894). *Paradise Lost: Illustrated by Gustave Doré*. London: Cassell & Company Limited.

Zaslaw, N. (1990). *The Complete Mozart: a guide to musical works of Wolfgang Amadeus Mozart*. New York: W. W. Norton & Company.

---

2 Penso que Miloš Forman está inconscientemente correto, desde que Mozart nunca elaborou seu complexo de Édipo e projetou em Leporello seus sentimentos em relação ao pai.

GRÁFICA PAYM
Tel. [11] 4392-3344
paym@graficapaym.com.br